Objetos & Memórias

Organizado por Roseli Bueno

Objetos & Memórias

São Paulo 2011

Copyright © 2011 by Roseli Bueno

COORDENADORA EDITORIAL	Leticia Teófilo
DIAGRAMAÇÃO	Claudio Tito Braghini Junior
CAPA	Carlos Eduardo Gomes
IDEIA DE CAPA	Camilo Jouclas
	Edemilson Sastre Danna
CARICATURA DA ORGANIZADORA	Paulo Stocker (hqstock@hotmail.com)
REVISÃO	Thiago Fraga
	Ana Cristina Teixeira

TEXTO DE ACORDO COM AS NORMAS DO NOVO ACORDO ORTOGRÁFICO DA LÍNGUA PORTUGUESA (DECRETO LEGISLATIVO Nº 54, DE 1995)

DADOS INTERNACIONAIS DE CATALOGAÇÃO NA PUBLICAÇÃO (CIP)
(Câmara Brasileira do Livro, SP, Brasil)

Bueno, Roseli
   Objetos e memórias / Roseli Bueno. -- Osasco, SP : Novo Século Editora, 2011.
   1. Crônicas brasileiras I. Título.

11-09222   CDD-869.93

Índices para catálogo sistemático:
1. Crônicas : Literatura brasileira 869.93

2011
IMPRESSO NO BRASIL
PRINTED IN BRAZIL
DIREITOS CEDIDOS PARA ESTA EDIÇÃO À
NOVO SÉCULO EDITORA LTDA.
Rua Aurora Soares Barbosa, 405 – 2º andar
CEP 06023-010 – Osasco – SP
Tel. (11) 3699-7107 – Fax (11) 3699-7323
www.novoseculo.com.br
atendimento@novoseculo.com.br

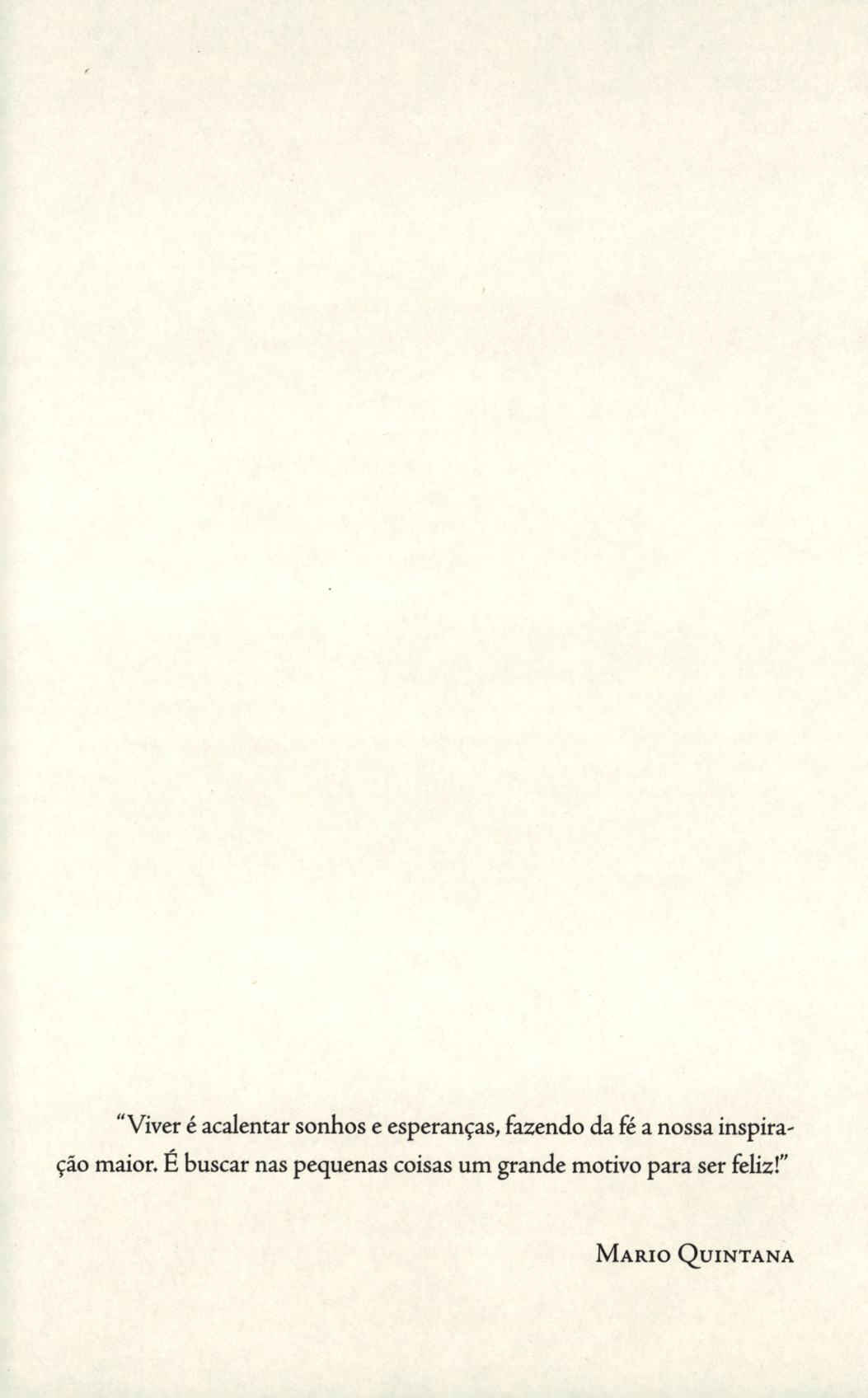

"Viver é acalentar sonhos e esperanças, fazendo da fé a nossa inspiração maior. É buscar nas pequenas coisas um grande motivo para ser feliz!"

Mario Quintana

Sumário

Dedicatória. 13
Dedicatória Especial 15
Agradecimentos 17
Prefácio 19
Apresentação. 23
Introdução 25

Assuntos de interesse geral 29

Elaine de Oliveira 31
Heloisa Maria Rodrigues de Souza 39
Luciana Graci Rodela 45
Maria Goretti Gerevine 58
Maria de Lourdes Ferreira Machado 62
Roseli Bueno 72
Pedro Sinkevicius Neto 81
Viviane Ribeiro Felix 85

Objetos & Memórias..91

Adilson Silva Júnior..93
Adria Norma Riedo..95
Adriano Segal...98
Adriany Carvalho...101
Agnaldo Timóteo...104
Ailton Ferreira da Silva 108
Aldenoura de Sá Porto...111
Aldir Clementi 115
Alexandre Nascimento Salles..120
Alexandre Soares 123
Alvaro Martins Alonço Neto – Elvinho (cover do Elvis Presley).......126
Ana Maria Soares 130
Ana Paula Arcuri 133
Andréia Cristina Tafuri Milagres..135
Angela Maria Pappiani...138
Ângelo Máximo (Ângelo Ismael Máximo)....................................141
Anna Helena Krum de Almeida...144
Antonio Aguillar..147
Antonio Saturnino Junior 151
Padre Armênio Rodrigues Nogueira..153
Beatriz Castellano de Almeida..155
Breno Guimarães...161
Carlos Alberto de Oliveira..164
Carlos Eduardo Guidetti...167
Carlos Eduardo de Moraes Sacchiero..170
Carlos Henrique Virtuoso da Silva...173
Carmélia Alves Carvalho..176
Carminha Mascarenhas – Cantoras do Rádio...............................181
Chayenne Mika Matsumoto Pinto...186
Claudia Maria Bezerra de Menezes de Sousa Pacheco 189
Claudia Spinelli...191
Claudia Tenório..194
Claudio Fontana...196

Claudio Padovani	203
Claudio Torres Ribeiro	206
Cleise Helena Garbin	208
Cristhian Leão	211
Cristiane Sambugaro	214
Débora Barros	216
Demétrio Zahra Neto	218
Djanira Pereira Zinn	220
Edemilson Sastre Danna	223
Edna Sanches Santos de Mello	226
Edson dos Santos Gonçalves Junior	228
Eduardo Affonso	231
Eduardo Barbosa	234
Eduardo Bueno Tavares	237
Carlos Eduardo Porta Martini	239
Edvaldo de Sousa Silva	241
Elaine de Oliveira	243
Elaine Oliveira da Silva	246
Elba Silva	248
Eli Corrêa – Antonio Eli Corrêa	250
Eli Corrêa Filho	252
Eliana Ferrari Danna Marques	255
Elias Awad	257
Elias Moizes dos Santos	260
Emerson Tchalian	262
Ernesto Henrique Eilers	265
Eunice Bueno Tavares	267
Fabiana Taques Maia Overcenko	269
Fabio Luis dos Santos Gato	271
Felipe Cardoso D'avila	273
Fernanda Trindade Monteiro	276
Fernando Rodrigues Vieira (Fofão)	279
Flavia Almeida de Oliveira	282
Flávio Malheiros Menezes Borges	285
Frederico Adolpho Timm Jr. (Fred Timm)	288

Gabriel Cruz 291
Geraldo Blota Filho 293
Geraldo dos Santos Matos Lima 295
Helena Maria de Souza 297
Heloisa Maria Rodrigues de Souza 299
Iracema Candida Silva Mestiço 301
Isabel Cristina de Lourenço 303
Izzy Gordon 309
Jair Rodrigues de Oliveira 312
Janice Pereira 316
Jarbas Duarte 318
Jean Garbin 320
Jerry Adriani 322
João Leite Neto 327
João Paulo Alves Cavalcante 330
José Carlos Carturan Filho 332
José Ricardo de Souza Ferreira (Ricardo Black – Artístico) 335
Leonor Bueno Pires 338
Lilian Blanc 341
Liliana de Araujo Nascimento 344
Luciana Graci Rodela 347
Luciano Machado Rodrigues 351
Lucila Lopes Miranda 353
Luis Roberto Abreu Sampaio de Souza 355
Luis Camilo Galvão Jouclas 358
Luiz Gonzaga Kedi Ayrão (Luiz Ayrão) 361
Luiz Roberto Serrano Ceará – Luiz Ceará 366
Luiz Henrique – Mamma Bruschetta 368
Luiz Rangel 370
Luiza Paz Carlos 373
Magdalena Figueiras Salinas 375
Marah Silva 377
Marcelo Guagliumi Ayres Rocha 379
Márcia Maia Bueno 381
Marcia Janete de Freitas 383

Marco Albuquerque	385
Marcondes Manchester Mesqueu (Marcondes Mesqueu)	387
Maria Aparecida	390
Maria Augusta da Silva Rosa Nani	392
Maria das Graças Bittencourt Macedo Moura	395
Maria de Lourdes Ferreira Machado	397
Maria Goretti Gerevine	399
Maria Hortência Carneiro Spring	402
Maria Sastre Danna	405
Maria Victoria Carmona Delfin	407
Marilsa Ribeiro Mendes	409
Mario Pinheiro de Almeida	411
Mario Cardoso	414
Martinha– Martha Vieira Figueiredo Cunha	417
Maurício Camargo Brito	421
Mauro Martiniano de Oliveira	424
Michael Anderson Persaud – S-UNO	427
Monica Carvalho	430
Nelson César Júnior (Junior Voz)	433
Nelson Cônsolo Junior	436
Neusa de Fátima Mariano	439
Neuza Bueno Balikian	441
Olga Regynna Calçada Weinheber	443
Orlando Alvarado (José Señor)	446
Osmar Santos	449
Penelope Charmosa – Patricia Fortes Silva	454
Paula Quinaud	457
Paula Cristina Dias	460
Paulo Stocker	462
Pedro di Alcantara	465
Philippe P. M. Garai	467
Priscila Gonçalves Boaventura	469
Priscila Bueno Danna	471
Rafael Tavares de Jesus	474
Regiane Stella Jouclas	477

Renata Maranhão 480
Ricardo Fortunato de Moraes...482
Ricardo Leite 484
Roberto Rossi Jung...488
Rodrigo Cruz Chiado..490
Rodrigo de Queiroz Martins Silva...493
Rosa Marya Colyn (nome artístico)...496
Roseli Bueno Pires Danna 499
Rosemeire Alves de Barros 524
Rosemeire Bueno Pires 527
Salvatore Ponte..529
Sergio Longo 531
Sérgio Ivanchuk Lopes 534
Sérgio Reis 536
Shigueo Shimosakai...540
Suely Pingo de Ouro – Suely Aparecida Sagres......................543
Tatiana de Freitas Luchezi 545
Telmo Paulo Jaconi 547
Teresa Cordioli...550
Thaianie Gomes Pires..553
The Platters 556
Théo Vitor..560
Thiago Rizzo Zuppo...563
Túlio Monegatto Tonheiro 569
Vanessa Goulartt – Vanessa de Micheli..................................571
Vera Nilce Cordeiro Corrêa...573
Vida Amélia Alves Gasparinetti – Vida Alves 576
Viviane Camargo de Aquino 578
Volney Takao de Souza Shigeoka – Eric Weber (artístico).....582
Wagner Montenegro 585
Waldireni Fraraccio 588
Walmer Ramos Rosa..591

Música Melhor Idade..593
Referências Bibliográficas 595

Dedicatória

Dedico este livro especialmente a Deus e ao Senhor Jesus Cristo, que olham por nós sempre. Aos meus pais, que me deram a oportunidade de estar neste mundo. Aos meus avós, em especial à minha avó Alexandrina da Cunha Bueno, que estiveram sempre presentes. Dedico aos amigos (as), aos autores (as) que me enviaram suas histórias individuais. E aos idosos que estão nas entidades que serão agraciadas com o auxílio que a renda deste livro proporcionará.

Dedicatória Especial

Edemilson,

Conheci-o em um momento feliz e inusitado, guardo em minha memória muitos momentos surpreendentes e mais, *maravilhosos* com você. Seu amor, dedicação, capacidade de construir, suas ideias, emoções, seu caráter, dinamismo, humor (característica marcante) me fazem muito feliz.

O resultado de toda dedicação que você teve durante todos esses anos é absolutamente incontestável, é visível e digno de cada fruto que hoje você colhe com mãos de anjo.

Agradeço imensamente pela dedicação e carinho que você teve desde o primeiro momento que lhe falei sobre este projeto, pela disciplina em me ajudar com algumas tarefas domésticas, por cuidar dos animais e me levar, na mesa de trabalho, alimentos em mãos, porque muitas vezes eu não tinha como parar nem para comer; e você cuidou de mim, me apoiou, repassou informações, montou e revisou textos comigo, adentrou também neste universo, apesar de todos os seus compromissos profissionais administrar uma fábrica metalúrgica, o meu setor financeiro, uma construção que estava somente no início, e hoje está quase finalizada, os animais que temos na fábrica (dois dálmatas e três gatos), e tantas outras coisas que você deu conta, por amor. Muito obrigada por existir e ser assim tão compreensivo e dedicado comigo e com tudo em que se engaja.

Você é um ser humano abençoado, seu brilho me enche de luz e faz com que os meus dias sejam lindos e que eu não tenha medo de nada; você é um protetor maravilhoso. Eu te amo e vou te amar para sempre, além da eternidade.

Priscila,

Ser sua mãe é uma bênção. Desejo que tenha um lindo futuro e agradeço por todo o empenho em administrar a casa enquanto eu me dedicava ao livro, por realizar, na empresa, algumas tarefas das quais me ausentei durante o período de finalização desta obra.

Também agradeço por me ajudar a organizar o blog e desenvolver o site do livro, ele ficou maravilhoso! Você é uma GUERREIRA, com letras maiúsculas, porque, durante esses cinco meses que estive ausente de algumas coisas, você me ajudou, mesmo tendo um zilhão de compromissos com o desenvolvimento e a finalização de seu TCC (Trabalho de Conclusão de Curso) de Turismo, com exigência diferenciada pela Universidade de São Paulo. Desejo-lhe todo sucesso, felicidade, amor e saúde!

Agradecimentos

Em primeiro lugar, gostaria de agradecer imensamente e parabenizar aos amigos (as) que, de alguma forma, os ajudaram e se mobilizaram com essa causa nobre que estou defendendo: o grupo da terceira idade. Não é novidade para ninguém e, segundo dados do IBGE, seremos um país de idosos nos próximos trinta anos!

Ora, se não podemos controlar o crescimento da população da terceira idade, porque não nos juntarmos a ela e tentarmos identificar quais ações podemos fazer para amenizar, colaborar e contribuir. Agir é sinônimo de maturidade e de responsabilidade... Colocar a culpa em outros grupos, governo, prefeitura, hospitais e instituições é tão mais fácil! Falar é fácil demais!

Agir é complicado... Cada um está em seu mundo... Com muitos compromissos... Mas uma dedicação não custa dinheiro, ao contrário, tenha certeza que lhe dará imensa satisfação!

Multiplicar este PROJETO tem sido meu objetivo, de todas as maneiras, com todas as ferramentas que posso dispor, contando com a ajuda de todos que quiserem, e não que puderem... Porque aprendi desde criança que *querer é poder,* e foi assim que superei as dores nos braços (por tanto digitar), as vezes que não pude almoçar ou que não pude dormir!

Essa superação não é porque posso! Porque durante o processo de organização deste livro tive problemas de saúde, pela brusca alteração de hábitos alimentares e das noites mal dormidas. É porque *quero*. Quando imaginei este livro, no início tudo parecia tão difícil, mas prossegui porque acreditei neste sonho, e procurei forças da minha alma, do meu ventre, como se estivesse gerando um filho. E, com Deus, segui buscando as mãos que muitos de vocês me deram! E agradeço, agradeço, agradeço!!!!

Meu Deus, como agradeço! Estou em plenitude de carinho e plantando uma sementinha que vai gerar a maior e mais bela árvore. E, mais ainda, se todos puderem me ajudar a regar esta semente!

Quero pedir a todos que de alguma forma quiserem participar, da maneira que puderem, estejam à vontade para acessar o site do livro e entrar em contato. *Acredito na união de forças. Um pouquinho de cada um... Será o bastante para esses idosos que estão abandonados, carentes...*

Aproveito a oportunidade para agradecer a participação aos amigos (as) que enviaram suas histórias e aos autores que aceitaram o convite para ilustrar e enriquecer esta obra com assuntos atuais e pertinentes ao público em geral, e será como um alerta à sociedade.

Prefácio

    Roseli, dona do projeto, mulher jovem, bem-sucedida e feliz acima de tudo, mas que carrega em si brechas, verdadeiras feridas abertas dentro do coração e que sangram ao ver um necessitado.

    Nada mais justo que as minhas primeiras palavras, sejam para explicar por que este livro foi escrito e por que foi escrito da maneira como se apresenta.

    O *Objetos & Memórias* não surgiu de nenhuma inspiração momentânea; pelo contrário, é fruto de anos de preocupação e dedicação aos mais necessitados.

    O intuito da Roseli não é se destacar na mídia, mas sim de estar acendendo uma luz para conseguir chamar a atenção nas trevas do descaso com os idosos. E de que maneira conseguiria sozinha chamar a atenção do público falando dos idosos?

    Passados mais de cinco anos da promessa feita à sua avó materna, de que tentaria fazer algo pelos idosos, eis que surge uma luz. Chegando às vésperas do aniversário de sua mãe, Roseli e sua filha Priscila, de posse de sua máquina fotográfica, vai até a casa de sua genitora com intuito de fotografá-la e também de fotografar tudo o que a rodeava, para montar um foto-book e presenteá-la na passagem de seu aniversário. Nesse dia, Roseli relata que quis fotografar a mãe e todos os seus pertences, a casa construída com sacrifício e muito amor, os móveis e seus enfeites. Roseli se emocionou diante de um prato de porcelana azul com a inscrição "DEUS PROTEJA ESTA CASA", o qual pertenceu à sua avó. Esse pequeno prato lhe fez voltar no tempo e relembrar a linda infância e juventude junto àquela sábia mulher e de uma conversa que tiveram nas vésperas do falecimento de sua avó.

Diante dessa lembrança surgiu a brilhante ideia, porque não reunir pessoas de diferentes etnias, idades e profissões para falar de sentimentos, saudades e emoções ligados a objetos que todos nós guardamos e que marcaram nossas vidas.

Eis que surgiu *Objetos & Memórias*.

Lendo as diversas histórias narradas por convidados de diversos grupos sociais e culturais vejo a felicidade da ideia, são histórias, objetos e valores diferentes, mas todas as histórias aqui registradas foram contadas com a mesma emoção e intensidade.

O objetivo do livro é levantar verbas para instituições que cuidam de idosos, causa nobre e de muita necessidade. Noventa por cento dos donativos são dedicados à entidades que cuidam de menores. Sabemos que as crianças necessitam, e muito, de cuidados, educação e boa alimentação, no entanto não podemos nos esquecer dos idosos, muitas das vezes abandonados e que já nos ajudaram muito com seu trabalho. Hoje é nossa vez de retribuir, e foi pensando assim que Roseli se dedicou ao projeto deste livro.

Há um provérbio da sabedoria oriental que diz: "Para uma pessoa ser feliz, três coisas são necessárias: plantar uma árvore, ter um filho e escrever um livro". Muitos dos participantes deste livro já tiveram filhos e plantaram uma árvore, agora passaram a fazer parte de um livro, podendo então se considerar felizes.

Finalmente, desejo que este livro possa atingir seus objetivos e obter pleno sucesso.

Parabéns, Roseli! Não a conheço há tanto tempo, mas tempo mais do que suficiente para avaliar sua educação, capacidade e cultura.

Teresa Cordioli,
amiga, poetisa, alguém que ainda crê no amor...

Objetos & Memórias

Recordações e lembranças se eternizam,
Nos objetos que guardamos com carinho,
Peças que carregam a marca de uma vida,
Lembranças que jamais serão esquecidas.

Objetos agregados em nossas memórias
São obras mais preciosas do que ouro,
Marcas que tatuamos em nossas histórias,
Para estarem presentes em nosso futuro.

Como o primeiro caderno que foi rabiscado,
Guardado como prêmio na velha prateleira,
Ou o primeiro presente ganho do namorado:
Uma rosa seca envolta em uma linda pulseira.

Um guardou uma caneta, o outro um violão,
Hoje, um escreve poema, o outro faz a canção.

Poesia de autoria de Teresa Cordioli, março/2011. Cedida gentilmente ao projeto deste livro.

Apresentação

O mundo mudou! Hoje estamos na era da informação. Conteúdo, cultura, contracultura, redes sociais e tudo mais que a tecnologia da informação pode nos proporcionar está ao nosso alcance apenas com um clique. Portanto, cabe ao internauta decidir o que vale a pena ou não.

A corrida pela atualização das informações, a reciclagem e o aprendizado constante garantem ou pelo menos presumia que pudéssemos garantir os nossos empregos. Sim, é o que buscamos. Manter nossos postos de trabalho, para garantir a sobrevivência e outras coisas mais. O que torna nosso cotidiano muitas vezes insuportável, porque o dia com vinte e quatro horas não está sendo o bastante para podermos nos dedicar às coisas que são relevantes e de maior importância: a família, os filhos, os netos, os idosos, um passeio, uma convivência saudável e de boa vizinhança também.

Preocupada com todas essas questões e principalmente com a questão do idoso que está à margem da sociedade, internado em asilos carentes, idealizei esta obra. Um livro que pudesse se transformar em algo palpável, com a finalidade de reverter a renda, que por ventura advir, em produtos de uso pessoal e contínuo dos idosos, bem como utensílios e alimentos. E, assim, amenizar uma situação precária e dar à sociedade a possibilidade de ajudar e valorizar esse idoso que muito fez pelo seus famíliares e pelo Brasil, quando era produtivo.

A renda líquida deste livro será revertida integralmente aos idosos, a fim de buscar meios para garantir bem-estar e melhor qualidade de vida àqueles que estão confinados em asilos e casas que se propõem a amparar e garantir a sobrevivência o mais saudável e possível de pessoas que estão abandonadas, ou que foram encaminhadas para esses locais por outros problemas, tanto de saúde, como de indigência ou falta de condição financeira de seus famíliares.

Introdução

  Quando pensei neste livro, imaginei as pessoas abrindo seus baús de quinquilharias, ou de coisas que guardam a sete chaves, mas à medida que fui fazendo o convite, cada uma me disse que seu objeto faz parte do universo atual, do seu cotidiano. Uns disseram até que precisam tocar em seus objetos para que seu dia tenha uma boa energia, entre outras coisas.

  Um objeto pode contar muito sobre um indivíduo, eles guardam afetos e sentidos singulares. Essa vivência propõe exercitar a memória individual de cada participante, que contará um fragmento de sua história por meio de um objeto pessoal, e a memória coletiva com o entrelaçamento dos diversos depoimentos. Sendo assim, percebi que em geral as pessoas alimentam sonhos, lembranças. Muitas disseram gostar muito de reviver, e sentiram-se muito felizes em poder dividir e demonstrar seus sentimentos positivos. Outras disseram-se surpresas pela emoção que sentiram e que nem imaginavam o quanto aqueles determinados objetos significavam realmente, e que só conseguiram entender o verdadeiro peso sentimental deles quando começaram a recordá-los e sobretudo escrever sobre eles.

Portanto, este livro traz em cada página uma pessoa, um universo, um mundo particular, uma vida real, vivências e fatos verdadeiros. Não estamos aqui falando de sonhos, mas de fatos reais, de momentos vividos, de fragmentos individuais que fizeram a diferença e a razão de viver de todos que participaram e contam suas histórias neste livro.

Vale ressaltar que, dentro da psicologia, o homem evolui no processo interpsíquico, estabelece a estrutura da sua psique com a integração dinâmica entre mente-corpo-ambiente, sendo o objeto o elemento que cria o vínculo psicológico do homem com a natureza e sua personalidade. Podemos entender o vínculo como uma dinâmica constante em que o estímulo externo impulsiona o interno e vice-versa, um processo que traz prazer ao indivíduo e satisfação pessoal.

Tendo o homem uma atitude natural de aprendizagem, os objetos podem ser condutores emocionais contínuos e constantes, fazem despertar nele a criatividade e espontaneidade. Neste contexto, os objetos são registrados em sua memória e criam vínculos através dos aspectos e cenas, interiorizando os elementos que farão parte de sua estrutura emocional, por meio de condutas e experiências vividas.

Os objetos que potencializam o universo do indivíduo, tornando-se um elemento que traz uma gama de lembranças, que se interpõe e se entrelaça na vida da pessoa, independente de tempo e idade, os elementos dançam e flutuam em nossa memória e se conversam, tornando a lembrança delicada, sutil e extremamente fundamental, mesmo que as histórias não tenham, sem dúvida, nada a ver umas com as outras. Elas dão as mãos, dançam e permeiam o universo imaginário de lembranças, criando o mosaico interior do homem, que transforma e o capacita para exercer seu papel na sociedade.

Sabemos que muito embora os objetos sejam estáticos e as matérias evidenciem muito além, pois resultam em processos sistemáticos de conduta e de relações humanas, sobretudo as relíquias ou lembranças de família, são capazes de resgatar, apesar de sua materialidade, momentos de pessoas distantes, épocas diversas, espelhando o retrato cultural, social, comportamental e crítico, tanto individual quanto coletivo da sociedade.

O objeto transcende sua característica física e estética, ou mesmo de utilidade quando se torna elemento de memória de uma pessoa, pois se transforma em uma ferramenta com potencialidade que exerce influências e alterações não só no indivíduo como seus possuidores, mas envolve o seu significado, gerando a construção de identidade individual e coletiva.

O objeto é meio de autoexpressão, tem significado cultural, potencial comunicativo e forte relação com a personalidade, já que tem a função de motivação, diferenciação, identificação, exclusividade, processos que se contradizem se analisarmos pelo aspecto pessoal, em que existe a diferença do padrão de comportamento na aquisição de determinado objeto. Porém, os mesmos objetos podem contribuir para a identificação de determinados grupos sociais; contudo, tendo os objetos propriedades simbólicas, acrescentam significados e lembranças ao universo emocional do homem, e pode influenciar sua personalidade, sendo ele dotado de pensamento, sentimentos e ações independentes. É o chamado individualismo que determina o quanto de emoção, sentimento e lembrança um indivíduo transfere para um objeto, dentro de cada situação, consciente ou inconsciente.

O homem está propenso ao apego pelos objetos, quando estes têm efeito positivo sobre sua vida, pelo sentimento de bem-estar que lhes proporciona, e, assim, adquiri o vínculo que impede o descarte dos objetos, tornando-os insubstituíveis e de alta relevância, independente se cumprem ou não sua função, pois no momento em que o aspecto emocional se aflora, a função dele muitas vezes é o que menos importa, visto pela ótica psicológica na qual o indivíduo sente-se possuidor exclusivo, e esse sentimento contribui para ser intensificado o grau de vínculo e apego.

Com o hábito de guardar objetos, o homem expõe sutilmente suas preferências, seu estilo, sua visão sobre o mundo, com relação ao que decide guardar ou descartar. Esse comportamento configura a trajetória individual de cada um, externalizada por meio dos objetos que a pessoa decide manter ao longo da vida. Esse padrão de comportamento humano nos leva a refletir que nos relacionamos com os objetos com o propósito de manter vivas as lembranças de pessoas que já se foram, ou de encurtar distâncias podendo utilizá-los com uma conexão mágica com pessoas e momentos passados, tendo assim a sensação de que se pode perpetuar as boas sensações através da memória que aqueles objetos materiais podem nos transmitir.

Assuntos de interesse geral

Elaine de Oliveira

Oniomania – a compulsão por comprar quando o prazer se torna um estresse

É difícil encontrar alguém que não tenha prazer em comprar algo para si: uma roupa nova, sapatos, bolsas, alguma novidade eletrônica (e são tantas hoje em dia...), ou algo de seu interesse em especial.

Ter uma quedinha por liquidações, ou adorar bater perna por aí vendo shoppings e o que há de novidades em vitrines, feiras e mercados, de maneira geral, faz parte da nossa cultura e não significa que há um desequilíbrio à vista.

Comprar sem parar, gastar mais do que ganha e ver a vida financeira no fundo do poço pode não ser apenas um problema de desequilíbrio financeiro. Comprar demais pode ser uma doença: a *oniomania* (mania de comprar), um dos transtornos do impulso, reconhecido pela Sociedade Brasileira de Psiquiatria.

O transtorno, caracterizado pelo descontrole dos impulsos, atinge cerca de 3% da população. Os portadores de *oniomania*, também conhecidos como *shopaholics* ou consumidores compulsivos, frequentemente não conseguem resistir à tentação de comprar. Chegam a não pagar contas essenciais para gastar com supérfluos. A gratificação e a satisfação obtidas na compra não os permitem avaliar a possibilidade de futuros prejuízos.

Entre os comportamentos mais comuns dos *shopaholics* estão:

- Esconder as compras da família ou do parceiro;
- Mentir sobre a quantidade verdadeira de dinheiro gasto em compras;
- Gastar em resposta a sentimentos negativos como depressão ou tédio;
- Sentir euforia ou ansiedade durante a realização das compras;
- Sentir culpa, vergonha ou autodepreciação como resultado das compras;
- Dedicar muito tempo fazendo "malabarismos" com as contas ou com as dívidas para acomodar os gastos;
- Ter uma atração incontrolável por cartões de crédito e cheques especiais.
- Acumular bens de forma desordenada ao ponto de nem saber direito o que têm.

Uma pessoa só é considerada um consumidor compulsivo se é incapaz de controlar o desejo de comprar e quando os gastos frequentes e excessivos interferem de modo importante em vários aspectos de sua vida. Antes de cometer o ato do qual não tem controle, é comum esse consumidor apresentar ansiedade e/ou excitação. Já durante a execução do ato, experimenta sensações de prazer e gratificação. E quando, por algum motivo, são impedidos de comprar, os pacientes costumam relatar sensações como angústia, frustração e irritabilidade. A maioria apresenta culpa, vergonha ou algum tipo de remorso ao término do ato. As compras compulsivas podem levar a sérios problemas psicológicos, ocupacionais, financeiros e famíliares, e incluem depressão, enormes dívidas e graves problemas nas relações amorosas. Vários estudos revelaram que a idade e a situação econômica são os principais fatores de risco para o desenvolvimento desse transtorno. Os investigadores descobriram um percentual mais elevado em jovens que ganham menos em relação aos indivíduos mais velhos e em melhor situação econômica.

O comprador compulsivo consome pelo prazer de consumir e não pela real necessidade do objeto, e compra mais produtos relacionados à aparência: roupas da moda, sapatos, joias e relógios. O descontrole é sem limites. Podemos traçar um paralelo entre as compulsões por compras e as dependências químicas. Em ambas há perda de controle e o paciente se expõe a situações danosas para si e também para os outros. Assim como em alguns casos os dependentes químicos roubam para custear seus vícios, o compulsivo também pode se utilizar de meios ilegais para continuar comprando.

Compras compulsivas são muito frequentes na fase maníaca do transtorno bipolar de humor, de exaltação do humor, quando existem sentimentos intensos de alegria e otimismo associados à falta de capacidade para julgar com clareza as consequências dos atos cometidos; e também podem ser encontradas em portadores de transtorno obsessivo compulsivo (TOC), principalmente em pacientes com compulsões de *colecionismo* (quem compra muito e acumula coisas que não usa e sempre tenta justificar a "necessidade de ter").

Embora a compulsão por compras possa estar relacionada a outros transtornos, alguns fatores presentes no dia a dia são facilitadores da compra descontrolada. Produtos à venda pela internet, canais de venda na televisão ou grandes promoções de queima de estoque são um grande perigo.

Infelizmente, a maioria dos *shopaholics* só costuma procurar ajuda quando as dívidas estão grandes e os gastos exagerados já acarretam problemas famíliares, nos relacionamentos, em situações legais, ou até quando dão origem a episódios depressivos de intensidade importante. Em alguns casos, os portadores do transtorno só chegam aos consultórios trazidos por famíliares, amigos ou pelo cônjuge. Quanto à origem do transtorno, acredita-se que haja algum déficit do neurotransmissor serotonina, que reconhecidamente proporciona menor ocorrência de impulsividade. Dessa forma, o tratamento pode envolver medicamentos como antidepressivos ou agentes estabilizadores do humor, e psicoterapia cognitivo-comportamental.

Dependendo do caso, duas outras medidas também devem ser levadas em consideração: frequentar grupos de autoajuda, como os devedores anônimos (DA), e nomear algum conselheiro financeiro que possa orientar o paciente sobre suas movimentações financeiras. Quando esse último procedimento ocorre, o paciente continua com a responsabilidade de pagar suas contas, porém não tem acesso a cartões de crédito e a cheques. É dado a ele, semanalmente, uma quantia previamente combinada à qual deve se adequar. Além disso, as contas são acompanhadas por meio do fornecimento de recibos ao conselheiro financeiro. Essa é uma das formas de tentar combater a possibilidade de episódios de compulsão por compras. Conforme o indivíduo obtém progressos, ele retoma aos poucos o pleno controle sobre suas finanças.

É importante ressaltar que esse distúrbio não é um defeito de caráter, é uma doença mesmo; a pessoa não é desonesta, mas é incapaz de controlar esse impulso. Ela chega ao tratamento porque acabam atrapalhando a vida dos outros.

Além de sua compulsão em comprar, quem sofre de *oniomania* apresenta outros tipos de impulsividades, como fazer muito exercício, comer exageradamente, ter comportamentos controladores sobre pessoas e situações ao seu redor, e trabalhar muito. Ao comprar, não pensam em colecionar coisas, mas acabam sempre comprando um determinado tipo de objeto. Uma pessoa assim pode ter, por exemplo, 120 pares de sapato, outra mais de 600 CDs; há casos que o indivíduo gasta um talão de cheques inteiro em um só dia, ou, ainda, possuir 30, 40 vestidos semelhantes e que nem são usados... Exemplos reais de pacientes oniomaníacos.

Muita gente acha que o consumidor compulsivo compra apenas por problemas emocionais. A depressão pode estar ligada a isso, mas não é o que determina o impulso. Os compulsivos, mesmo quando tratados com medicamentos antidepressivos, não deixam de ter seus impulsos e, quando conseguem se recuperar, passam por uma crise de abstinência parecida com a dos usuários de drogas pesadas. O compulsivo acaba comprando excessivamente porque não resiste ao seu impulso, e, enquanto não realizar a compra, sente-se ansioso, irritado e suas mãos ficam suadas. Tudo volta "ao normal" quando ele faz compras, e muitas vezes pouco importa o que compra.

O mito de que "eu vou comprar porque estou me sentindo mal-amado" não tem a ver com o transtorno do impulso.

Apesar de essas pessoas com transtorno viverem em uma sociedade que respira propaganda, o professor Dilson Gabriel dos Santos, da Faculdade de Economia e Administração da USP, nega que esse seja o principal motivo para o consumidor se tornar um compulsivo. "Nos Estados Unidos, antes de chegar nos caixas de supermercado, você tem que passar por um 'corredor polonês' cheio de produtos. Aqueles são produtos típicos de compra por impulso, mas que atingem todos os tipos de consumidor. No caso dos consumidores compulsivos, eles tornam-se presa fácil para os estímulos do marketing". E complementa: "O marketing não tem o propósito de agir sobre as pessoas compulsivas, e nem tem como distinguir quem é normal e quem compra compulsivamente".

Às vezes, o fato de um produto estar bem colocado na vitrine, ou em promoção, ou até sendo degustado em um supermercado, pode levar o compulsivo a comprá-lo porque chama sua atenção, mas ele poderia comprar qualquer outro produto, pois é o impulso que lhe faz comprar independe do que ele vai adquirir. Imagine a pessoa que está propensa a comprar. Ela responde bem a esses estímulos, e muitas delas sentem uma sensação de completude. Por não ser uma compra planejada, ela pode comprar aquilo que estiver chamando mais a atenção na hora.

Nos casos de compra por internet ou TV, por exemplo, há muita devolução de produto justamente porque ele não é o mais importante naquele momento. Quando o produto chega em casa, a pessoa percebe que comprou algo inútil e o devolve.

A seguir, um teste simples desenvolvido por pesquisadores do Ambulatório do Jogo Patológico e Outros Transtornos do Impulso (AMJO) do Instituto de Psiquiatria do Hospital das Clínicas, para detectar a *oniomania*.

Faça o teste:

1. Você não resiste ao impulso de comprar?

2. Gasta mais do que o planejado e se prejudica financeiramente?

3. Impede ou prejudica seus planos de vida e das pessoas à sua volta?

4. Pede dinheiro emprestado para os outros e até aplica golpes para poder saldar a dívida?

5. Precisa fazer a compra de qualquer maneira, independentemente do produto que está comprando?

6. Percebe que está comprando coisas que não usa ou usa muito pouco?

7. Assume dívidas acima de cinco vezes o valor de sua renda mensal?

Atenção, este teste tem a descrição dos sintomas mais comuns apresentados pelos oniomaníacos e serve para indicar uma possível compulsão por compras.

Preencher a maioria dos critérios já aponta para problemas com o hábito de comprar, mas o diagnóstico exato só pode ser dado por um profissional especializado.

Tratamentos

Nas terapias com profissionais especializados, a primeira etapa é passar o controle dos bens para alguém de confiança, e a segunda é o autoconhecimento e a busca do motivo pelo qual a pessoa compra compulsivamente, trabalho que pode ser realizado por diversos segmentos de profissionais (psicoterapeutas e *coaches* especializados são os mais indicados).

É indicado tratamento secundário com antidepressivos nos casos em que o paciente apresenta quadro de depressão.

Há a fase da negação. Por isso, na maioria dos casos, as pessoas já chegaram "no fundo do poço". Alguns, por não terem mais crédito, acabaram roubando. Há casos em que a pessoa desvia recursos, por exemplo, da empresa onde trabalha para poder comprar, e acaba demitida por justa causa.

Onde obter ajuda profissional?

Em grupos de autoajuda, como o DA (devedores anônimos) de São Paulo, que fica na Rua Santa Ifigênia, 30, Igreja Santa Ifigênia, no Centro Fone: (011) 229-6706 ou 229-4066.

O Hospital das Clínicas de São Paulo oferece tratamento gratuito, basta ligar e se inscrever. A grande dificuldade é que o paciente demora a reconhecer que precisa de tratamento.

Como todo distúrbio comportamental, os pensamentos e conceitos nos quais esses indivíduos acreditam se tornam "verdades" inquestionáveis, eles criam uma realidade paralela que, com a ajuda de pessoas qualificadas e métodos apropriados, podem ser trabalhados e modificados, na medida em que têm acesso a ferramentas de investigação desses conceitos.

Um método inovador que tem apresentado resultados excelentes nos diversos distúrbios compulsivos, entre outras dificuldades comportamentais, é o The Work, uma ferramenta acessível e de aplicação muito prática. No Brasil, o Instituto Interagir trabalha com o método e forma facilitadores.

Elaine de Oliveira
Coaching **integral e nutrição funcional**

O Instituto Interagir é referência em *coaching integral* e na implantação do The Work (o trabalho de Byron Katie), no Brasil. Há mais de vinte anos, investimos constantemente em pesquisas e no desenvolvimento de metodologias inovadoras, reafirmando o compromisso de satisfazer nossos clientes, oferecendo as melhores técnicas e soluções em qualidade de vida, excelência e liderança.

Para mais informações acesse:

www.institutointeragir.com

Heloisa Maria Rodrigues de Souza

Qualidade de vida na terceira idade

Estamos envelhecendo

A Assembleia Mundial sobre o Envelhecimento, convocada pela Organização das Nações Unidas (ONU) e realizada na cidade de Viena em 1982, definiu o idoso como a pessoa com 70 anos ou mais. Desde então, esse critério tem sido adotado tanto pela ONU, como pela Organização Mundial de Saúde (OMS) e Organização Pan-americana da Saúde (OPS). Na Conferência Internacional de Envelhecimento, Demografia e Bem-Estar, realizada na América Latina, também foi utilizado o critério de sessenta anos para o idoso.

Convencionou-se considerar como idoso, o indivíduo com 65 anos ou mais para os países desenvolvidos e com 60 anos para os países em desenvolvimento.

Esses dados levaram em consideração a expectativa de vida das respectivas populações. Entretanto, a partir de 2000, a ONU resolveu unificar seus critérios, adotando a idade de 60 anos para designar o indivíduo idoso. O objetivo dessa conduta foi padronizar os percentuais estatísticos.

Uma expressão usada comumente para definir o idoso é terceira idade, que popularizou-se com rapidez no vocabulário brasileiro. Mais do que referência a uma idade cronológica é uma forma de tratamento das pessoas idosas. A expressão originou-se na França, país onde os primeiros gerontólogos brasileiros foram formados com a implantação, nos anos 1970, das *Universités Du Troisième Age*. Da mesma forma, a expressão *third age*, apareceu no vocabulário anglo-saxão, com a criação das *Universities Of The Third Age* em Cambridge, na Inglaterra, em 1981.

No caso do idoso, tem-se utilizado também frequentemente o termo "melhor idade" para definir esse grupo. O termo surgiu como uma necessidade do mercado para atrair indivíduos dessa faixa etária.

O termo velhice tende a ser abandonado, pois sugere perdas e provoca desconforto. Finalmente, melhor idade indica uma fase da vida em que o indivíduo pode aumentar as possibilidades de realizar concessões para si e fazer, sem culpas, coisas que não teve oportunidade anteriormente, devido às obrigações impostas pela idade adulta.

Aspectos sobre o envelhecimento populacional

A população mundial, incluindo-se a brasileira nesse contexto, vem envelhecendo rápido.

Em 1999, estimava-se que a população idosa mundial era constituída por cerca de 600 milhões de indivíduos. Para 2050, técnicos da ONU projetam a existência de 2 bilhões de pessoas nessa faixa etária, o que mostra um nítido crescimento desse segmento da população (ONU, 1999). Desses, 335 milhões (60%) vivem nos países em desenvolvimento, países esses que terão a mais alta porcentagem do crescimento do número de idosos até 2050.

Outro aspecto relevante é que a própria população de 70 anos ou mais está envelhecendo. As projeções indicam que a faixa de pessoas com 80 ou mais é a que está tendo crescimento mais acelerado.

O contínuo aumento no número de idosos observado ultimamente de se deve ao fato de que as pessoas estão vivendo mais tempo. Na década de 1990, porém, o número de idosos cresceu mais devagar, devido à grande diminuição no número de crianças nascidas durante os anos da Depressão. Entretanto, a partir de 2000, o crescimento do número de idosos tem sido bem mais rápido. Esse aumento reflete o envelhecimento dos que nasceram depois da Depressão, quando, então, os índices de nascimentos passaram a ser mais altos. Quanto ao aumento no número de pessoas com mais de 85 anos, ele tem sido quase que inteiramente devido a uma redução na mortalidade de grupos jovens.

O aumento do número de idosos também se traduz no aparecimento de númerosos problemas para os indivíduos mais jovens da sociedade. Por exemplo, cerca de 30% dos recursos destinados à área da saúde são voltados ao cuidado de pessoas com 65 anos ou mais. As projeções indicam que essa percentagem chegará aos 50% em 2030. Além disso, os idosos, devido à características próprias, necessitam de serviços sociais de nível mais elevado. Pelo fato de os idosos serem cada vez mais ativos, necessitam de serviços recreacionais mais especializados. Os indivíduos dessa faixa etária não querem mais "ficar sentados vendo o tempo passar". Ao contrário, desejam interagir com outros da mesma faixa etária e com outros segmentos da sociedade. Entretanto, esses serviços e atividades requerem altos investimentos. Esse é um problema que os mais jovens têm de resolver, pois a maneira mais comum de obter suporte financeiro para empreendimentos desse tipo é cobrando altas taxas das pessoas.

Os indivíduos da terceira idade necessitam de uma oferta compatível com sua disponibilidade de tempo e de recursos, além de um atendimento específico no que tange às suas características específicas e adequadas às suas capacidades físicas, psíquicas e sociais.

Qualidade de vida na terceira idade

Vários fatores possibilitaram que as pessoas chegassem à terceira idade com melhor qualidade de vida do que há alguns anos. Entre eles, podemos citar os progressos da medicina e dos sistemas de atendimento à população.

É inegável que os idosos hoje têm melhor qualidade de vida do que as pessoas da mesma faixa etária de décadas atrás. Nos dias atuais, muitos indivíduos com mais de 60 anos conseguem manter a mesma vitalidade e expectativas que possuíam aos 40.

Não podemos esquecer também da eficiência dos modernos sistemas de informação que propiciam aos indivíduos conhecimentos sobre os mais diferentes assuntos, como saúde e lazer, até então exclusivos de profissionais específicos das diferentes áreas.

Finalmente, a criação de diferentes grupos de atividades para a terceira idade tem contribuído, com eficiência, para a valorização e integração do idoso na manutenção de sua qualidade de vida.

A incomparável transformação do perfil etário da população verificada no século passado, sobretudo nas suas últimas décadas, decorreu de vários fatores, entre os quais a melhora do saneamento básico e das condições de saúde pública. Ademais, a expectativa média de vida para quase toda a humanidade ainda deve aumentar consideravelmente e acima de tudo para os habitantes de países em desenvolvimento, em relação aos números verificados atualmente.

Vivemos, desse modo, um momento marcante e inusitado na história do homem: nunca tantos viveram tanto.

Temos, portanto, que escolher o nosso futuro modificando, de maneira eficaz, o nosso atual modelo de envelhecimento; caso contrário, estaremos condenados a viver em meio a uma grande comunidade de idosos dependentes e mal assistidos. Apenas essa opção nos permitirá atingir os reais benefícios que essa grande revolução etária pode propiciar ao ser humano: além de viver mais, viver melhor.

A busca ativa pelas melhores condições do envelhecimento é denominada Promoção da Saúde do Idoso que, segundo a OMS (1982), foi conceituada como "ações que se manifestam por alterações no estilo de vida e que resultam em uma redução do risco de adoecer e de morrer".

Por entender ser essa questão eminentemente gerontógica, o Prof. Dr. Wilson Jacob Filho criou em 1985 o termo senecultura, definindo-o como "conjunto de ações interdisciplinares cujo resultado contribui, efetivamente, para a Promoção da Saúde do Idoso".

Dentre os inúmeros fatores que podem contribuir para a obtenção desses resultados, a prática de atividade física vem assumindo papel fundamental nos diferentes níveis de intervenção. Infelizmente, porém, apesar do grande acúmulo de evidências que justificam os seus benefícios, todos os avanços tecnológicos têm propiciado uma progressiva redução das atividades motoras, seja no âmbito da moradia, do trabalho ou do lazer.

Ao invés de nos lamentarmos por estarmos envelhecendo e de buscarmos obstinadamente as modernas fontes da juventude, é necessário que estejamos atentos aos verdadeiros inimigos da saúde em qualquer idade: os fatores determinantes ou predisponentes das doenças.

Com o avanço da idade, as pessoas ficam mais propensas a desenvolver doenças crônicas. Em parte por alterações orgânicas próprias do envelhecimento, mas sobretudo por hábitos inadequados que, durante toda a vida, prejudicam os determinantes básicos da saúde. Infelizmente a maioria das pessoas só se lembra de cuidar das doenças que já produziram sintomas e, como consequência, só poderão, na melhor das hipóteses, ser controladas ou atenuadas. Poucos são aqueles que na fase adulta preocupam-se com prevenção, e essa é, sem dúvida, a nossa melhor arma para atingir o envelhecimento saudável.

Heloisa Maria Rodrigues de Souza é graduada em Turismo pela Faculdade Ibero-americana de Letras e Ciências Humanas, Mestre em Ciências da Comunicação, com ênfase em Turismo e Lazer pela Universidade de São Paulo (USP) e Especialista em Gerontologia (Gerontóloga) pela Sociedade Brasileira de Geriatria e Gerontologia (SBGG). Desde 2000 ministra disciplinas em cursos superiores de Turismo e de 2001 a 2003 coordenou o Curso de Turismo na Universidade Nove de Julho (UNINOVE).

Luciana Graci Rodela

Sustentabilidade e consumismo

Desde algumas décadas, a problemática ambiental vem sendo tratada em termos de abrangência da devastação e na busca por soluções. Esses são assuntos recorrentes sobre preservação da natureza, recursos naturais, impactos, sustentabilidade, tecnologias alternativas, responsabilidade socioambiental, consumismo, etc. Ações voltadas para a melhoria do meio ambiente, do qual fazemos parte, são realizadas em todos os setores econômicos, educacionais, políticos, culturais, de lazer e de saúde, por organizações governamentais, não governamentais, instituições, indivíduos, etc. No entanto, as pessoas e instituições em geral ainda têm muito a fazer para contribuir com a qualidade de vida que podem e devem ter hoje e que almejariam deixar como herança para o futuro.

Tomando-se considerações básicas sobre a nossa atualidade – amplo crescimento populacional em um planeta com recursos limitados, e estruturas econômicas e sociais que incentivam o consumismo –, é fato que é preciso transformar urgentemente, individual e coletivamente a visão que temos sobre a natureza. A visão de mundo atual ainda é obsoleta e inadequada para lidarmos com problemas sistêmicos, portanto interdependentes, globalmente interligados, em que a interferência em um setor ambiental desencadeia o desequilíbrio do todo, e as únicas soluções viáveis são as sustentáveis.

Meio ambiente e sustentabilidade

O meio ambiente é constituído por todos os recursos que temos disponíveis para nossa sobrevivência e desenvolvimento: os naturais e os humanos. No entanto, os naturais ainda são muitas vezes utilizados sem que pessoas e grupos se deem conta de sua importância e da necessidade real de estabelecer seu uso ambientalmente sustentável. Embora haja ampla documentação a respeito da extensão e da importância dos problemas ambientais, ainda possuímos grandes desafios para superar os impactos negativos que causamos sobre o ambiente planetário. Nossos recursos vêm sendo degradados, poluídos, escasseados ou extintos. Os principais impactos geram poluição da água, do ar, degradação dos solos, extinção de espécies animais e vegetais, interferência e perda de culturas e conhecimentos tradicionais, pobreza, opressão de indivíduos, grupos sociais e étnicos, por sociedades sustentadas por estruturas econômicas, políticas e religiosas que beneficiam minorias.

Para muitos dos impactos negativos causados ao meio ambiente, talvez ainda não existam soluções ou estas esbarram em estruturas rígidas de poder político e econômico que desfavorecem a sustentabilidade. Daí a crise também ser considerada por Leff (2002) uma "crise do conhecimento" e "uma crise de civilização", que deveria nos fazer repensar o ser e as relações entre o ser e o mundo, que se encontra economizado, arrastado por um processo incontrolável e insustentável de produção capitalista.

Além disso, tem ocorrido uma apropriação indevida do saber ambiental com estudos inadequados e insuficientes para verificar os diversos tipos de impactos negativos que as atividades econômicas, sociais e culturais produzem ou produzirão sobre uma área, ou, pior ainda, esses impactos são totalmente ignorados por razões financeiras e/ou de poder. Entretanto, a falta de proteção e o esgotamento dos recursos levariam ao colapso o próprio desenvolvimento.

O desenvolvimento é desejo de todos os povos: sintetiza as aspirações de cada pessoa e povo, em suas histórias diárias por melhores condições de vida, o que representa não só o crescimento, ou seja, o progresso econômico, distribuição de renda, distribuição de bens, serviços, indústrias, produção, mas também o desenvolvimento das áreas de ciência, tecnologia, emancipação política e econômica, progresso social, educação e saúde.

Por sua vez, desenvolvimento sustentável possui várias dimensões, e destacamos, por exemplo, a necessidade de planejamento; conservação e reserva dos recursos naturais; diversificação de espécies da flora e fauna; minimização dos impactos ambientais negativos; estabelecimento da capacidade de suporte e rendimento dos recursos naturais; estimulação de impactos positivos por meio do desenvolvimento, etc. É necessário refletir, conceituar e dar suporte a práticas estratégicas adequadas para produtividade econômica viável, minimizando-se a degradação ambiental com programas sustentáveis, considerados como meios de reduzir problemas complexos, em subelementos mais cômodos de se manusear/controlar, mas sem perder de vista a totalidade do meio ambiente. Shih (2009) adverte sobre a importância da vontade política e ideológica de uma nação em encerrar uma lei fundamental comprometida com a proteção ao meio ambiente. Entretanto, sabemos que essa compreensão ainda não despontou na maioria de nossos líderes políticos.

Embora ainda insuficientes, várias ações sustentáveis vêm sendo realizadas e evidenciadas a cada dia, traduzidas em leis, políticas públicas, estudos, proteção, manejo de recursos, programas de usos do solo, produtos e serviços com elementos de sustentabilidade, isto é, produtos com valor socioambiental agregado, educação ambiental, coleta seletiva, reciclagem de lixo, reutilização de recursos e materiais, certificação ambiental, implantação de infraestruturas e instalações com fontes alternativas de energia elétrica e materiais de menor impacto ambiental, inserção de comunidades locais em projetos de desenvolvimento participativos, utilização de sistemas de gestão ambiental com controle e monitoramento de poluentes, dentre outros. Tais ações são concretizadas e subsidiadas por governos, empresas, instituições, comunidades e indivíduos, e constituem-se em soluções embasadas no conhecimento científico, em novas tecnologias, ou ainda, surgem da criatividade ou de necessidade específica, ou mesmo por meio do resgate e da adaptação de conhecimentos de comunidades tradicionais sobre a natureza.

Também, um número considerável de empregos está cada vez mais ligado com serviços de ecossistemas e meio ambiente, abrangendo desde indústrias de tecnologia limpa até agricultura orgânica, manejo sustentável de florestas e ecoturismo, e o mercado relacionado à proteção ambiental tem sido considerado um ramo muito promissor. Assim, além de detectar e diagnosticar os problemas ambientais há décadas, tem-se buscado compreender e minimizar os impactos que nossas ações individuais e coletivas causam ao meio ambiente.

É certo que não existem atividades absolutamente sustentáveis, sempre há impactos que afetam a saúde, a segurança e o bem-estar de populações, as atividades sociais e econômicas; a biodiversidade; as condições estéticas e sanitárias do meio ambiente e a qualidade dos recursos naturais. Inclusive, Scharf (2004) defende que a sustentabilidade é um alvo móvel que nunca será atingido em seu centro, mas que ajuda a melhorar progressivamente nossa capacidade de nos apróximar dele.

A valorização da natureza

Podemos dizer que nosso planeta Terra é um oásis no espaço sideral. O que significa um oásis para quem vive no deserto? No mínimo, os recursos de um oásis são bem mais valorizados e reverenciados, a consciência humana permanece presente em cada momento em que se utilizam dos recursos, tais como os energéticos, a água, os alimentos, etc. A percepção de que não é possível controlar totalmente as forças da natureza é mais profunda para aqueles que conhecem o deserto, e talvez seja mais concreto o sentimento de que o homem faz parte da natureza e a natureza se encontra no homem. A grandiosidade da natureza e, consequentemente, o respeito a ela constituem o pensamento das pessoas que vivenciam o deserto. Tudo isso poderia ser considerado, ainda, em termos do sagrado, mas pelo menos em termos físicos, químicos, biológicos e energéticos somos uma extensão da natureza, do universo. Dessa forma, diriam os ecologistas profundos, o cuidado flui naturalmente se o 'eu' é ampliado e aprofundado de modo que a proteção da natureza seja sentida e concebida como proteção de nós mesmos.

Segundo Chopra (2010), à medida que a consciência se amplia, ensina os olhos, a mente e o ego a mudar, e em termos práticos, quando nos dedicamos à obtenção de uma consciência mais profunda, pedimos por novas convicções e um novo sentido para o 'eu', com uma visão mais criativa, que pode ser cultivada a cada dia.

A grosso modo, e com inspiração em Capra (1996), pode-se resumir a evolução histórica do pensamento sobre o meio ambiente em três grandes momentos: o antropocentrismo, o ecocentrismo e a visão integrativa, que representam as principais visões de mundo.

O antropocentrismo, que teria se iniciado com a Revolução Industrial, representa a valorização da natureza de forma instrumental, ou seja, a partir do valor econômico ou de uso que lhe atribuímos, isto é, a natureza é vista como recurso. Enquanto método se caracteriza pela visão setorial da realidade, uma visão reducionista e mecanicista. Com o advento tecnológico, a natureza e a degradação ambiental são vistas como aquelas que podem ser totalmente dominadas pelo homem (tecnicismo), com uma crença no progresso material ilimitado, e incentivos insustentáveis ao crescimento econômico por meio do consumismo. Apesar da crise ambiental em que vivemos, até hoje se observa tal pensamento expresso em muitos textos, instituições, ações, projetos, etc.

Por outro lado, o ecocentrismo representa uma visão baseada na existência de harmonia a partir da consideração do valor intrínseco da natureza, tida como inestimável e vital, nos colocando como dependentes de sua existência, qualidade e equilíbrio. Inicialmente, apresentou uma visão pelo preservacionismo radical; porém, possuía fundamentações frágeis, sob uma perspectiva não humanística, na qual o homem era considerado sob uma perspectiva naturalizante. Atribuía-se à natureza maior valor que ao homem, porém não havendo preocupação com as relações da própria sociedade.

A visão integrativa necessariamente incorporaria atitudes conscientes em relação aos impactos que cada indivíduo/comunidade pode causar sobre o meio ambiente. Isso significa uma consciência em nível crítico, com base no entendimento das origens, causas e consequências dos impactos gerados pelas atividades humanas, visando uma nova forma de vida coletiva, uma sociedade sustentável. Os valores que se tem buscado na visão integrativa são: a conservação, a cooperação e a qualidade; pois já existem de forma muito expressiva a dominação, a valorização da expansão, a competição e o consumismo.

Consumismo e consciência ambiental

Do ponto de vista do indivíduo, o que poderia representar uma visão antenada com a questão ambiental que vivemos hoje? A mesma visão, por exemplo, que se espera de uma pessoa que busca amadurecer ao invés de envelhecer, isto é, evoluir com base em sua consciência e com saúde no mais amplo sentido. Estar consciente de seu corpo, de seu espírito e de sua mente. Conscientizar-se das necessidades do corpo (exercícios físicos, boa alimentação, relaxamento...); conectar-se com sua alma ou espírito, procurando alimentar o conhecimento sobre si mesmo, de forma profunda, por exemplo, através da meditação e da verdadeira compaixão; compreender e apreciar a estrutura e o funcionamento da mente, de modo a torná-la um instrumento útil e amigável para si e para os de seu convívio. Além disso, buscar uma consciência ampla sobre os impactos que o mundo exterior provoca em sua individualidade e vice-versa. Se o indivíduo sentir prazer em se cuidar, saberá a importância de permanecer consciente em tudo o que faz e não agir sempre em função dos hábitos, da rotina, que em geral não são estruturados de forma consciente. É o que se denomina um ser total, holístico.

Nesse sentido, uma visão integrativa da natureza talvez seja privilégio dos que conseguem transcender esses pressupostos, pois a visão que o indivíduo tem sobre si mesmo interfere na visão que alimenta sobre as questões de sua época. A pessoa consciente sabe que sua inserção na atualidade passa por buscar ter pelo menos uma noção ou reflexão sobre o que é a natureza e os impactos que suas atitudes causam sobre ela, conhecimentos que podem ser adquiridos em direção a uma relação mais harmoniosa entre nós e nosso meio. Todas as nossas atitudes se refletem diretamente na constituição material e imaterial de nosso próprio espaço.

Nesse contexto, há um reconhecimento crescente do fato de que os modernos padrões de consumo, possibilitados pelas atividades varejistas, têm um impacto significativo sobre o meio ambiente, uma vez que o consumo mundial é cada vez maior, sobretudo em economias emergentes. Esse consumo, por um lado, está aumentando a pressão sobre as bases limitadas de recursos disponíveis e, por outro lado, resulta em volume crescente de resíduos (Fórum de Varejo e Consumo Sustentável, 2009).

Um número cada vez maior de habitantes pressiona fortemente o meio ambiente de localidades, regiões e de toda a Terra. Formamos uma multidão populacional de mais de 6 bilhões de pessoas que promete chegar aos 7 bilhões em 2011. Entretanto, do ponto de vista do mercado, segundo Mazon (2004), existem três economias, das quais cerca de 1 bilhão da população mundial são consumidores capazes de arcar com qualquer coisa que desejem e o consumo ocorre em níveis elevados; cerca de 2 bilhões são os consumidores emergentes, com poder de compra mínimo, ou seja, que podem satisfazer suas necessidades básicas de consumo, sendo que a rápida industrialização e migração urbana estão aumentando a demanda por produtos adicionais a esse mercado; e metade da humanidade, cerca de 3 bilhões de pessoas, com membros geralmente rurais e pobres, não podem atender suas necessidades básicas, ou seja, representam uma economia de sobrevivência. No Brasil, imagina-se que são 60 a 80 milhões de pessoas na rabeira do desenvolvimento social. O Brasil, de acordo com Mazon (2011), poderia acelerar sua marcha em direção a um estágio superior de desenvolvimento se adotar uma prática massiva de inclusão.

Cabe destacar, de acordo com Bittencourt (2011), que o ato de consumo propriamente dito é inerente à existência humana e se caracteriza, em especial, pela busca de recursos materiais ou simbólicos que favoreçam a manutenção saudável do organismo e da própria vida. Por sua vez, o ímpeto consumista subverte essa necessidade natural, tornando-se uma experiência de satisfação incontrolável de desejos estimulados pelo próprio sistema social do regime mercadológico estabelecido, o qual é dependente das inclinações consumistas dos indivíduos para que possa então prosperar economicamente.

Por sua vez, os consumidores conscientes se preocupam com a coletividade e sentem-se responsáveis pela melhoria da comunidade em que vivem. Segundo o Instituto Akatu (2011), o consumidor consciente reflete a respeito de seus atos de consumo e como eles irão repercutir não só sobre si mesmo, mas também sobre as relações sociais, a economia e a natureza, bem como, disseminar o conceito e a prática do consumo consciente, fazendo com que pequenos gestos promovam grandes transformações.

Produtos com valor ambiental agregado

Os produtos convencionais não têm contabilizados em seu valor monetário os custos/impactos socioambientais. Assim, os consumidores conscientes sempre que possível irão preferir consumir produtos que possuam elementos de sustentabilidade, valor socioambiental agregado, ou seja, os "produtos sustentáveis". Tais produtos podem ser assim considerados por gerar menos perdas, por serem recicláveis, mais duráveis, por conter menos substâncias prejudiciais ou tóxicas, porque seu processo de produção consome menos energia, porque geram renda a cooperativas, artesãos ou comunidades de baixa renda. Há também os produtos ecoeficientes, que são aqueles que gastam menos recursos durante sua utilização (tais como energia, água, etc.), na mesma linha do conceito de produção mais limpa (P+L), que utilizam menos recursos durante sua produção. Existe um grande número de produtos e serviços que são manufaturados por pequenos fornecedores e comunidades de baixa renda, a fim de gerar recursos financeiros para sua manutenção. Essas pequenas empresas e organizações veem o varejo como um parceiro que viabiliza a remuneração de seus produtos ou serviços.

Um outro exemplo é o de produtos certificados. Para dar garantias aos consumidores, as certificações são emitidas por órgãos independentes que desenvolvem regras e padrões para certificar produtos, serviços e produção, que preveem medidas e procedimentos que aumentam a eficiência no uso de recursos e a diminuição do impacto socioambiental nos processos envolvidos. Algumas certificações indicam que a empresa possui Sistema de Gestão Ambiental (SGA), ou seja, que garante o mínimo de segurança para os funcionários e para os recursos naturais, e que passa por auditorias; por exemplo, a série ISO, o Café 4C, ou ainda, a certificação de serviços, como o selo Eco-Hotel. Outras certificações afiançam determinadas características de um produto, por exemplo, o selo orgânico e o selo verde.

Entretanto, na prática nem sempre é fácil identificar um produto com variáveis sustentáveis. Entre as barreiras mais comuns estão a falta de informação e a dificuldade do consumidor em comparar diferentes características de um produto específico, pois fica difícil saber o que é melhor, se um produto gerou menos resíduos durante sua produção ou se consome um número menor de recursos em sua vida útil. A situação fica mais complexa quando se intenta adicionar os aspectos sociais à questão. O produto sustentável é considerado aquele que apresenta o melhor desempenho ambiental ao longo de seu ciclo de vida, com função, qualidade e nível de satisfação igual ou melhor, se comparado com um produto convencional.

Nesse contexto, ressalta Giordano (2008): as tendências e exigências dos consumidores globalizados, informados à velocidade da luz, necessitam de respostas na forma de garantias, pois não têm acesso direto aos processos de produção.

De acordo com o Intituto Brasileiro de Defesa so Consumidor (IDEC), as dicas para consumir de forma responsável são:

- Refletir sobre hábitos de consumo, reduzir, não desperdiçar e dar destinação correta ao resíduo ou ao produto pós-consumo;
- Escolher marcas de empresas reconhecidas por práticas responsáveis e éticas;
- Obter informações, por meio da mídia e das associações sociais, sobre os impactos sociais e ambientais da produção, do consumo e do pós-consumo de produtos e serviços;
- Entrar em contato com o SAC das empresas por telefone ou por escrito para questionar sobre os impactos e pressionar pela adoção de práticas sustentáveis de produção e pós-consumo;
- Procurar saber sobre o balanço social da empresa;
- Boicotar marcas de empresas envolvidas em casos de desrespeito à legislação trabalhista, ambiental e de consumo, por exemplo, consultando a lista de reclamações fundamentadas do Procon;
- Participar e apoiar associações de consumidores;
- Denunciar práticas contra o meio ambiente, contra as relações de consumo e de exploração do trabalho às autoridades competentes.

Tendências do consumo na atualidade

As questões socioambientais cada vez mais vêm estimulando consumidores a mudar seus hábitos de compra, inserindo novos critérios relacionados à sustentabilidade. Isso exige novo entendimento das demandas do consumidor, já que seu olhar está indo além de preço e qualidade, despertando o interesse para os componentes sustentáveis de produtos e serviços.

Pesquisas sobre o nível de consciência ambiental revelaram que existem cinco tipos de pessoas: os conscientes teóricos (conscientes pouco aplicados), os conscientes intuitivos (gostariam de saber mais sobre o assunto e ter mais consciência prática), os conscientes refratários (que pouco valorizam as causas ambientais e acham que isso não é um problema para as futuras gerações), os comprometidos (conscientes práticos, possuem pais mais conscientes), e os ecoalienados (não se interessam pelo assunto e são os que menos possuem ações ecologicamente corretas). Uma pesquisa realizada com jovens entre 12 e 30 anos das classes ABC, pela MTV Brasil (2008), constatou que 26% são teóricos, 21% são intuitivos, 20% são refratários, 17% são comprometidos e 16% são ecoalienados.

Segundo Scharf (2004), com base em pesquisa realizada pelo IBOPE em 2002, 81% dos brasileiros já teriam demonstrado ficar mais motivado em comprar um produto cuja embalagem indicasse que foi produzidos de maneira ambientalmente correta. Em outra pesquisa, (Rodela, 2004), levantou que, apesar de as pessoas ainda necessitarem rever suas atitudes quanto à forma como realizam o consumo no dia a dia, identificam-se muito com a ideia: "consumir de forma consciente faz parte de meus valores".

O Sebrae (2011) divulgou uma seleção das onze principais tendências críticas (e dinâmicas) de consumo para a atualidade, que já estão ocorrendo de alguma maneira. Apresentamos uma adaptação resumida:

1. Eventuais atos de bondade: espera-se que as empresas monitorem o humor dos consumidores em redes sociais e atue sobre ele, por exemplo, enviando um presente surpresa, o que pode ser das formas mais eficazes de se conectar com consumidores que anseiam por realismo, pelo toque humano.

2. Economia urbana os consumidores urbanos tendem a ser mais ousados, liberais, tolerantes, experientes, mais propensos a experimentar novos produtos e serviços.

3. Pandemônio da precificação: cada vez mais, os consumidores farão parte de redes ou grupos exclusivos para receberem ofertas especiais, demandar ou comparar preços on-line.

4. Feito para o BRIC (Brasil, Rússia, Índia e China): um número crescente de marcas "ocidentais" lançando novos produtos ou até mesmo novas marcas dedicadas a consumidores em mercados emergentes, no qual o dinheiro se encontra hoje;

5. Símbolos on-line de status: será visto um aumento de símbolos de status on-line, por exemplo, o número de visitantes para páginas e *blogs*, o número de amigos de redes sociais, seguidores, número de *check-in* realizados e uma série de outras medidas que indicam conexão;

6. Ser saudável: um número crescente de consumidores espera novos produtos e serviços para melhorar a qualidade de vida;

7. Consumidores gêmeos: consumidores irão contribuir para difundir, compilar, comentar, compartilhar e recomendar conteúdos, produtos, compras e experiências tanto para os amigos como o público em geral;

8. Generosidade emergente: em uma profunda mudança cultural, marcas e ricos cada vez mais doarão, darão atenção e simpatia em vez de apenas vender em seus países de origem e em escala global;

9. Espontaneidade planejada: saber onde o consumidor está e o que/quem está ao seu redor é a chave para a espontaneidade planejada, por meio da geolocalização, redes sociais e aplicativos da web;

10. Ecossuperior: o principal desafio para os governos, consumidores e empresas continua a ser a busca por sociedades e economias mais ambientalmente sustentáveis. Pode-se esperar por um aumento no produto ecossuperior: que não são apenas ecológicos, mas superiores aos que são poluentes de todas as formas possíveis, com mais qualidade e/ou economia;

11. Menos é mais: a posse tradicional implica em certo nível de responsabilidade, custo e compromisso, coisas que um consumidor que procura praticidade e ter o maior número possível de experiências não quer.

Tais tendências evidenciam a importância das tecnologias, estratégias de marketing, meio ambiente e das necessidades que o consumidor apresenta, ligadas às relações humanas, ao *status*, à igualdade social, à saúde e à vontade de não ser alienado no mais amplo sentido.

Considerações finais: incentivamos o que consumimos

A conscientização sobre nós mesmos e sobre nosso mundo sem dúvida é um desafio, mas é intrínseca à nossa evolução. Se estivermos consumindo produtos que são produzidos com exploração de trabalho infantil, tal prática estará sendo fortalecida. Se estivemos consumindo alimentos que dependem de desmatamento, de produtos tóxicos e de condições de trabalho rural opressivas, estaremos contribuindo para a manutenção dessa realidade. Quando consumimos, por exemplo, produtos industrializados de empresas que não se preocupam e não controlam seus resíduos poluidores de recursos naturais, estamos contribuindo para a poluição das águas, dos solos, do ar.

Dessa forma, a base da consciência ambiental passa pela percepção do poder de compra, não no sentido do quanto podemos gastar, nem do quanto podemos ter, nem de quais serviços podemos desfrutar, mas de sabermos que temos amplo poder de incentivar o que consumimos.

Luciana Graci Rondela é geógrafa e Doutora em Geografia Física pela Universidade de São Paulo (USP). Professora da Universidade Nove de Julho (UNINOVE)/SP. Líder dos Grupos de Pesquisa Científica "Região dos Cerrados" e "Turismo, Hospitalidade, Geografia e Recursos Naturais", certificados por UNINOVE/CNPq.

Maria Goretti Gerevine

Memória dos lugares

A saudade, os lugares e o souvenir

Falar de lugares distantes e objetos não é uma tarefa fácil. Um mundo de coisas que perpassam entre o real e o imaginário. Entre os seres, as coisas e os lugares. Sugere sintonia, afeto, amizade, lembrança, memória. Algo entre a ciência e a poesia.

Buscar em dicionários o significado de cada palavra dita não é suficiente para representar a qualidade e a quantidade de um sentimento. Não basta que as palavras "digam", de uma forma técnica, o que significam. Significa que todo um processo complexo é acionado. Viajar e levar uma pessoa no coração e nos pensamentos, como levá-la consigo a todos os cantos. A memória passa a trabalhar de uma forma muito mais complexa... Adquire peso, nome, perfume, voz... Intenção, atitude e exprime opinião.

Dessa forma, qualquer imagem vista pelo viajante, passa por processos intensos de emoção que inquietam o corpo e a mente. O viajante, mesmo acompanhado, está sozinho em aprendizado perceptivo, ficando exposto aos quitutes, aromas, sabores, sons e visões originais daquela terra. É o momento de compartilhar experiências. Hora em que as recordações afloram e a saudade de alguém especial aperta.

Os estudiosos dizem que Freud gostava de admirar os crepúsculos fabulosos das pequenas aldeias holandesas. E gostava de estar em meio a fotografias de família, objetos de arte e souvenirs de viagem. Teria ele se recordado de alguém enquanto via o pôr do sol nas aldeias holandesas?

Estar em um lugar (distante ou não) e se lembrar de uma pessoa, faz com que um sentimento suave invada a memória e impela a procurar uma recordação para essa pessoa... É como se ela estivesse junto no coração e no pensamento e ao mesmo tempo distante por vezes no tempo, outras vezes no espaço. É um canto suave que reaviva a memória. Não importa o quão longe o viajante estiver nesse percurso, a lembrança o acompanhará e com ela a preocupação com o ser querido. A lembrança causa saudade. Preocupação... Como demonstrar carinho, afeto, com aquela pessoa? A saudade impele o compartilhar. O viajante passa a pensar no presente a ser ofertado.

Durante esse processo, no qual o corpo é posto em situações de extrema emoção (raiva, amor e medo), criam-se imagens de amor, alegria, ternura, afeto que são projetadas no objeto comprado (adquirido para aquela pessoa específica). Em contrapartida, cabe ao amigo desvendar o mistério do presente, da lembrança recebida, da dádiva ofertada. Afinal, quem não teve prazer e curiosidade em retirar o lacre de uma caixa de presente após recebê-lo? Para algumas pessoas "presentear" é apenas um verbo, para outros uma dádiva. Nela reside o princípio da hospitalidade: dar, receber e retribuir. Presente significa estar presente em algum lugar e trazer consigo parte desse momento e ofetá-lo ao amigo. Ofertar ao amigo uma lembrança de viagem é aquietar o pássaro da saudade que canta na memória.

Nunca viajamos interiamente sozinhos. Sempre levamos alguém conosco. E quantas vezes já não viajamos sem nunca termos saído do perímetro de nosso quarteirão? O souvenir compensa a saudade e a viagem.

PS:

Saudade: 1. recordação distante; 2. pássaro saudade – tijuca atra – habitat – serra do mar – br., 3. bot. saudades-brancas - flor- asclépiadácea.

O lugar, a memória e o objeto

Na caidinha da noite, dois estranhos se encontraram, um de um lado vinha, o outro por outro lado voltava. Cansados e com a noite chegando, decidiram por ali ficar e começaram então a conversar. Cada qual mui respeitoso estava; afinal, eram dois estranhos. O mais novo e falante tomou a dianteira e começou uma prosa puxar. Coisa daqui, coisa de lá, um golinho acolá... Afinal, a noite tava geladinha, geladinha... Precisavam o corpo esquentá. Começaram então a falar de saudade e de coisas distantes, dos amores e de bem-querer... A viagem de ambos havia sido longa e a solidão apertava o coração.

Lá prás tantas, o mais velho e mais quieto, que trazia no peito uma cruz meio torta meio tosca, se pôs a falá:

— Caro amigo, escute bem o vou lhe dizê sobre o que é essa tal saudade... Mas antes veja com bastante atenção este objeto que trago bem junto ao peito, que é prá eu nunca, nunca esquecê nem de onde eu vim e muito menos de quem lá deixei.

"Como toda história tem início em um lugar, a minha não vai sê diferente, vem lá dos lados da Serra do Mar, entre as bandas das Gerais e a encosta do Rio de Janeiro. Lá entre matos e flores vive um passarinho brejeiro que canta triste e suave todo o dia, o dia inteiro.

"Esse passarinho brejeiro que vive lá vive cá em meu peito também. É o "Saudade" que nunca me deixa esquecer... Escuta só, amigo, como é triste seu piá... Nem dá mais vontade de falá... A gente sempre acaba se aquietando, pensativo, com olhar perdido, a lembrar de um não-sei-o-quê, distante, cheio de nostalgia... É a saudade que bate no peito, angustia o corpo, dá medo e raiva, dá ternura e amor, dá vontade de seguir e recuar ao mesmo tempo, de rir e de chorar...

"Diziam os antigos, das tropas vividas, que um bem-querê, seja ele qual for, era facilmente esquecido se três rios fossem atravessados em uma mesma viagem... Aí, a saudade que piava no peito ia piar cada vez mais longe e baixinho, até que definhava de vez. Morria o amor, a ternura e a lembrança. A saudade se calava.

"Ora, amigo, pois veja então que falar do ausente e do distante, do presente por meio deste objeto querido, tarefa fácil não é não. É ciência e poesia, misturando tudo bem misturadinho a lembrança, o afeto, a amizade, o amor, a saudade de um filho querido de uma mãezinha prestimosa, de um pai trabalhadô, de um cão vira-lata chamado Pingo, do terrero de manhã cedinho, da manga no pé, do cheiro da alfavaca, do café no coador.

"Ô, saudade, como dói a mardita!

"Nem por todos os livros do mundo, caro amigo meu, são suficientes para pesar bem pesado e medir na medida justa o sentimento que cada um tem dentro do peito e que aos poucos, quando a gente tá distante, vai tomando forma e corpo, cheiro e voz... De repente, o bem de nosso querer está aí diante pertinho entre eu e vossa mercê.

"Tá vendo este objeto? De madeira tosca foi esculpida pela mão de meu pai, que presenteou aquela que iria ser um dia minha mãe. Esta madeira torta é da serra de minha terra, onde mora e canta, pia e chora o pássaro Saudade. Este objeto querido, já enfeitô a parede da casa de minha infância, juventude e, agora, de minha jornada... Tantos anos... Tantas lembranças...

"Amigo, se eu me emociono agora, vendo esta cruz meio torta, meio tosca, é que a saudade sempre volta piando e cantando avisando que é hora de vortá... Prá casa de minha infância, de parede branquinha, de porta azul da cor do céu. Minha mãe nem meu pai não estão mais lá não. Tão morando com Nosso Senhô, numa casinha branca tar e quar lá na minha doce serra.

"Eu vorto. É tempo de relembrá. Do raio de sor na cama e do galo cantando. É por isso que eu nunca vô me separá deste lenho sagrado, que tanta alegria me dá, é sabê que eles num tão mais lá, mas tá tudo aqui ó... No meu coração, nas minha lembrança, nesta cruzinha e na minha voz que é pr'eu podê externá.

"Agora se o amigo me permite, eu vô é dormi... Amanhã cedinho eu pego a estrada e vortá prá minha serra serena, sentá na beira da varanda a escuitá o Saudade cantá o dia todo, todo o dia... Tá na hora d'eu me aquietá. Vai sê uma alegria só."

Maria de Lourdes Ferreira Machado

Use a memória e garanta a juventude para o seu cérebro

Pesquisas e observações têm mostrado que o cérebro bem estimulado (os dois hemisférios) permitem às pessoas viver mais tempo e com qualidade de vida.

Em matéria publicada na revista *Veja* (19/08/98), uma pesquisa realizada entre pacientes com mais de 65 anos, todos num mesmo bairro e mesma classe social, no Hospital Francês de Buenos Aires, revelou que 38% deles tinham desenvolvido o mal de Alzheimer... Este número, contudo caía para apenas 7% entre os pacientes de nível de instrução universitário. Quanto mais informação útil é armazenada no cérebro, melhor é seu desempenho... "O cérebro é uma máquina para usar e gastar", diz o professor Ivan Izquerdo (Universidade Federal do Rio Grande do Sul). "Quem estuda ou tem uma vida intelectualmente ativa vive melhor e geralmente mais." O uso adequado das potencialidades do cérebro também pode multiplicar muitas vezes a capacidade de aprendizado de uma criança, melhorar o desempenho de uma pessoa no emprego e aprimorar seus vínculos familiares e sociais.

O cérebro apesar de representar apróximadamente 2% do peso de uma pessoa, consome 20% de energia despendida por todo o corpo. Se gastássemos um segundo para estabelecer conexão de um neurônio com outro, seria preciso cerca de 32 milhões de anos para se concluir a tarefa. Sem dúvida é a máquina mais poderosa e fantástica criada por Deus, sobre a face da Terra. E mais importante: que pode se programar e reprogramar a qualquer tempo. Quanto mais conexões (sinapses-conexão de um neurônio a outro por onde passa a informação cerebral), mais inteligente será a pessoa.

Segundo o Prof. Gilberto Xavier, do Departamento de Fisiologia do Instituto de Biociência da USP, a década de 1990 foi marcada pelas descobertas sobre o cérebro, e o século XXI deverá ser o "século cerebral".

Curiosidade:

Você sabia?

• No início da gravidez, os neurônios do feto crescem à razão de 250 mil por minuto. A metade deles morrem antes do bebê nascer. É uma forma seletiva de apurar a qualidade das células cerebrais.

• A capacidade intelectual das pessoas tem como base 30% inata, determinada pela herança genética e 70% do uso e do aprendizado.

Enquanto a pessoa é mais jovem, ela pode ser mais inovadora ou revolucionária (vide Einstein e Marx), entretanto com o passar dos anos, assim como acontece com os vinhos raros, amadurecem e melhoram com o tempo.

• Albert Einstein ganhou Prêmio Nobel de Física aos 41 anos.

• Charles Darwin escreveu, ao 55 anos, *A Origem das Espécies*, obra que revolucionou a Biologia e o entendimento da vida na Terra.

• Karl Marx aos 69 anos concluiu sua obra prima *O Capital*;

• Leonardo da Vinci aos 54 anos pintou *Mona Lisa*.

O cérebro envelhece e decai como qualquer outra parte do corpo não utilizada. Atividades desafiadoras, inovadoras e complexas exercitam o cérebro e garantem uma vida de melhor qualidade e mais prolongada.

Quebrar rotinas, aprender uma nova língua, viajar, visitar novos lugares, fazer cursos produzem novas combinações dos neurônios e aumentam a capacidade intelectual, portanto use e abuse.

O cérebro é tão fantástico, que mesmo uma região lesionada, com exercício e treino uma outra região pode aprender outras funções como mostra o Dr. Jorge Pagura com o caso do locutor Osmar Santos, que, mesmo tendo perdido parte da massa encefálica, com exercícios já está conseguindo se comunicar por gestos e algumas expressões. O cérebro é capaz de se reorganizar.

Precisamos dar 'significado' às coisas, pois memorizamos melhor aquilo que mais significa, tem mais importância para nós.

À medida que os anos passam fazemos coisas menos interessantes, mas que "temos" de fazer. Interesses especiais estimulam a memória.

Guardamos mais facilmente aquilo que tem significado para nós. Interesses especiais estimulam a memória. Para que aprender, qual a importância em minha vida.

Lembre-se: estabelecer parâmetros, *metas* ajudam a manter o cérebro em plena atividade e aumentam a capacidade de armazenar.

A *meta* é como um imã, atrai, puxa com maior intensidade para perto si.

Edward Eagan conta uma experiência realizada a respeito desse tema. Envolvia um grupo de fazendeiros que sabia manejar com eficácia uma foice.

Os fazendeiros foram divididos em dois grupos e os grupos começaram a trabalhar em lados opostos de um grande campo de trigo. A única diferença era que em um lado do campo havia bandeiras vermelhas de dez em dez metros.

Os dois grupos começaram a ceifar o trigo ao mesmo tempo. Verificou-se, entretanto, que o grupo que trabalhava no lado do campo, marcado com as bandeiras, trabalhava muito mais depressa. E, quanto mais perto das bandeiras chegavam, maior era a eficiência e rapidez do desempenho.

A experiência foi repetida no dia seguinte, invertendo-se os grupos. Dessa vez o segundo grupo, agora trabalhando do lado marcado, saiu-se melhor que o primeiro.

Uma meta em vista ajuda a memória. Estabeleça o seu motivo de memória.

Segundo a Dra. Joyce Brothers, há dois tipos de motivos: conscientes e inconscientes:

• Inconscientes: desejo de dormir, fome, sede, impulso sexual. Raramente os percebemos, somente sentimos;

• Conscientes: desejo de vencer, ganhar, evitar censuras de pessoas que respeitamos, autorrespeito, desejo de ganhar dinheiro, segurança, sensação de valor pessoal.

Seus interesses levarão você a participar mais da atividade que gosta.

Uma pessoa pode achar que não tem memória boa para guardar número de telefone, mas guardará facilmente o número da pessoa que pretende conquistar. Seja o que for que deseje, o motivo é o que irá impulsioná-lo a conseguir: conhecimento, saúde, riqueza ou felicidade.

A necessidade de passar no vestibular ou no concurso, ou de se desempenhar melhor em qualquer atividade é o que levou você a ler este livro e adquirir ferramentas para melhorar sua memória, seu desempenho, e sua qualidade de vida.

Pense agora quais os motivos específicos que movem sua vida hoje, e escreva:

_____
_____
_____
_____
_____
_____

_____
_____
_____
_____
_____
_____
_____
_____
_____
_____

Lembre-se: a memória aumenta proporcionalmente ao motivo!

A repetição de qualquer coisa não basta para melhorar a retenção! Você olha para o relógio muitas ao dia, entretanto pode ser que neste exato momento não saiba me responder qual a marca dele ou se os algarismos são arábicos ou romanos.

Motivo: mais repetição é igual a retenção!

MANTENHA SUA "MÁQUINA FANTÁSTICA" SAUDÁVEL!

Vamos começar pela respiração. Faça o seguinte exercício: durante um minuto conte quantas vezes você inspira.

Inspiro _____ vezes por minuto.

O que é o cansaço?

Ao desempenhar suas atividades, durante o dia, seu organismo vai liberando determinadas substâncias que vão sendo acumuladas nas células do cérebro, o que vai gerar o cansaço e consequente diminuição na capacidade de raciocínio e retenção de novos conhecimentos.

É imprescindível, para um bom funcionamento do cérebro, que ele seja oxigenado regularmente pela respiração.

Expulse as toxinas inspirando profundamente de seis a doze vezes por minuto.

Acima ou abaixo desses números podem representar desde estado de depressão a alto grau de ansiedade.

Observe para que seus pulmões sejam plenamente preenchidos de ar, inflando o abdômen; é a chamada respiração diafragmática.

Segundo os professores Andrea Machado e Elson A. Teixeira em seu livro *Aprendendo Técnicas de Memorização*, com esse ritmo, haverá um fluxo de oxigenação ordenado, sua postura mental ficará mais ativada e relaxada, propicia à aprendizagem. Rever o processo respiratório é também um ato de carinho consigo mesmo.

Agora, vejamos o sangue, qual sua função no cérebro.

Ele circula por nosso corpo, passando apróximadamente quatrocentas vezes pelo cérebro a cada 1.440 minutos, daí a importância de que ele esteja ricamente abastecido de: vitamina B: frutas, verduras (verde-escuro), ovos, derivados de grãos, presunto, trigo; vitamina C: limão, laranja, acerola; colesterol: carnes, principalmente no miolo bovino; açúcar sem excessos e preferencialmente contido nas frutas.

Uma pergunta que sempre surge é: fosfato, vitamina b e lecitina de soja melhoram a memória?

Segundo equipe de neurologistas do Hospital das Clínicas de São Paulo, essa é uma afirmação falsa baseada num fundo de verdade. Fosfato, vitamina B e acetilcolina (neurotransmissor fornecido pela lecitina de soja, entre outros alimentos) são ingredientes necessários ao processo bioquímico da memória. No entanto, a alimentação normal, rica em frutas, verduras e legumes já garante a quantidade necessária desses nutrientes. Não está provado que ingerir essas substâncias em excesso possa melhorar a memória. Por enquanto a ciência ainda não descobriu nenhum remédio ou complexo vitamínico que melhore a memória de pessoas normais.

É importante diversificar o tipo de alimentos e de cor, para garantir assim, o combustível necessário para um bom funcionamento do cérebro.

Adote uma atitude mental otimista. Conforme Michael Fidlow, em *Como Melhorar a sua Memória*, fazer de sua memória um hobby: observando-lhe o desenvolvimento e ensinando-lhe a servi-lo melhor... É mais vantajoso cuidar da memória mantendo uma atitude otimista... Convença-se de que é capaz de atingir o objetivo que pretende! Confira periodicamente seu progresso, parabenize-se, isso é saudável!

Henry Ford fez uma afirmação fantástica: "Se você acredita que pode ou que não pode, de qualquer forma: você tem razão!".

Acredite você é capaz de memorizar 100% de tudo o que quiser!

Descubra em cada conhecimento a ser adquirido os benefícios que lhe traria ou os prejuízos que poderiam advir do fato de você esquecê-lo.

Use as palavras adequadas e programe sua mente para fixar e resgatar o que desejar, por exemplo, em vez de:

"Não posso me esquecer de ligar e marcar a consulta com o médico..." diga: "Ao abrir a porta de casa me lembrarei de ligar e marcar a consulta com o médico..." Associe a algo que necessariamente terá que fazer.

Verifique, no seu registro de memória, principalmente na infância e adolescência, frases ditas por pais, professores, expressões como:

— Menino você já fez tal coisa? Ainda não? Mas você tem uma cabeça oca! Nunca faz as coisas certas.

— Anotou a lista de compras? Se não, eu sei que vai esquecer...

— Não falei! Esqueceu de novo! Sem dúvida você não tem nada dentro dessa cabeça de vento...

— Com a cabeça que tem você, nunca vai ser nada na vida...

— Você é burro...

Afirmações como essas, proferidas repetidas vezes, por pessoas significativas, podem gerar na cabeça de uma criança ou jovem a falsa crença de que tem uma memória fraca ou incapacidade de aprender.

Se existe, elimine, pois elas geram falsas crenças impostas dentro da mente.

Use as palavras para alterar o que for necessário em sua mente e tenha o controle sobre sua verdadeira capacidade.

Repita muitas vezes por dia: "Tenho uma excelente memória!" "Memorizo 100% de tudo que desejar!" "Cada dia sinto mais facilidade em guardar e me lembrar das coisas que preciso fazer!".

Determine uma meta. Ao estabelecer uma meta, a fixação, a organização e a associação de ideias são mais rápidas e espontâneas, facilitando o trabalho da mente.

Monte um diário do sonho. Todos sonhamos, e lembrar dos sonhos é um bom exercício para a memória.

Keith Harrary em seu livro *Super Memória em 30 dias* dentre outras coisas propõe: coloque uma caneta e um caderno sob o travesseiro.

Em seguida, diga para si mesmo: "É aí que anotarei meus sonhos".

Tente imaginar, o que você poderia sonhar essa noite? E diga silenciosamente para você mesmo: "De agora em diante eu me lembrarei de meus sonhos".

Ao se deitar, programe sua mente quantas horas irá dormir e peça a ela inconscientemente para despertá-lo, use as palavras corretas:

Dormirei por tantas longas e deliciosas horas e acordarei exatamente às tantas horas descansado, pronto para um novo dia e com total lembrança de tudo que sonhei durante esta noite.

Ao acordar, de preferência sem despertador, rádio-relógio ou alguém o chamando, antes de abrir os olhos procure se lembrar, sem se preocupar com a ordem cronológica ou detalhes do sonho. Escreva e em seguida dê um nome ao sonho. Procure analisar e investigar a relação que existe entre os sonhos e suas preocupações e atividades cotidianas. Com certeza muitas soluções e respostas serão encontradas por você, dentro de si mesmo. Esse acesso à sua mente inconsciente lhe dará a sensação de maior autocontrole, assim como aumentará sua autoconfiança.

Lembre-se que a ciência já nos garante que podemos viver até 130 anos!

Exercite sua memória e garanta qualidade de vida até a quinta idade!

Este texto é uma compilação autorizada pela autora do livro de *Técnicas de memorização*. Você tem um tesouro sem preço, sua memória, use-a!

Maria de Lourdes Ferreira Machado, *Practitioner* em PNL, Coach, formada em Letras, Filosofia e Professora de Psicologia, começou sua vida profissional em 1969, e desde 1970 é profunda estudiosa do comportamento humano e das técnicas que facilitam o maior aproveitamento do potencial pessoal, em benefício do próprio homem, tendo aprimorado seus conhecimentos em PNL com o autor da técnica Dr. John Grinder.

Atuou durante vinte e dois anos recrutando, treinando, motivando e gerenciando equipes campeãs em vendas em todo o território nacional. São mais de 17 mil horas/aula, entre seminários, palestras, treinamentos abertos e fechados.

Desde 1986 é diretora da Lucla Assessoria e Russo & Ferreira – Treinamento, Consultoria e Coaching, empresas dedicadas ao setor de treinamento comportamental. Utiliza, entre outras técnicas, a programação neurolinguística aplicada em vendas, liderança, comunicação e expressão verbal, leitura dinâmica, memorização, expansão do potencial pessoal.

Autora do livro *Líder 24 horas por dia*. Já treinou mais de 85 mil profissionais em todos os setores.

Ministra treinamentos, palestras motivacionais para congressos nacionais e internacionais, empresas e eventos em todo o Brasil, tais como: Sebrae BH, Carrefour SP, Bertin/Contern, Medison do Brasil, Delphi Atomotive, CRC SP e BH, Senai (em várias cidades, dentre elas: Aracaju; Santa Bárbara D'oeste; Sorocaba; Santos; Itu) Confederação Nacional dos Diretores Lojistas, Federação dos Diretores Lojistas do Estado de

São Paulo, Sindicato dos Corretores de seguro, Sindicato do Comércio Varejista de Santos, Amway, Wizard, CNA, Amil, Enciclopédia Britânica, Banco Itaú, Associação Brasileira dos Distribuidores Ford (Abradif), Abifarma, Abcfarma, Editora Scipionne, ITA. Imobiliária, Petrobras, Associação Brasileira de Franchising, Paulus Editora, Drogafarma, Saga Veículos, Casa das Alianças, Kofar, Bradesco, Mercedes Benz, Banco Personnalité, Dell Anno, Elgin.

Roseli Bueno

Velhice, terceira idade e melhor idade

De modo geral e quase similar, todo homem aprende por semelhança, ou seja, as características que compõem o conjunto de usos e costumes ou das relações entre os fatores biológicos, psicológicos, sociais, econômicos e culturais são passadas de geração em geração, dentro das condições atuais e circunstanciais da vida em cada época.

À medida que fazemos uma análise estrutural do homem, observamos que ele é coberto por camadas ditas sociais e de costumes; estes funcionam como níveis sobrepostos pela seguinte ordem de prioridade: biológicos, fisiológicos, anatômicos, psicológicos, neurológicos, necessidades básicas e todo o resto que compõe a vida humana.

A velhice não é apenas uma fase cronológica da vida: é uma ética que se caracteriza ao mesmo tempo pela independência relativamente a tudo que não depende de nós (Corte *et al.*., 2006, p. 35 *apud* Foucault, 2004, p. 646).

Segundo os autores, uma vida constitui-se como um acontecimento, em um tempo que não pode ser medido. É única, singular, como marca, com possibilidades, conquistas e práticas distintas e que tomam sentido a partir do comportamento humano, e seus sentimentos, ideias, ideais, sonhos e expectativas. O homem depende de saúde, afeto, carinho, amor, compreensão, compaixão e amizade; sob esse peso, está sua imagem, seus limites, atitudes, exclusão, ou inclusão em um determinado grupo social.

Entendemos que, no caso do indivíduo da terceira idade, trata-se de se resgatar e reconstruir com processo passivo e organizado a autoestima por meio de sua valorização.

> Viver muito significa ter muitas experiências, poder orientar os mais jovens, guardar história em sua memória, preservar a cultura, ser um arquivo vivo seus contemporâneos. (Corte *et al.* (2006 p.83)

Os autores afirmam que o homem é um arquivo vivo, em que a velhice é uma etapa da vida que deve ser vivida no seu próprio tempo, com respeito, no esteio da família, valorizando sua história, vivendo conforme suas raízes, como um elo na corrente dos ancestrais. E recebendo dos mais jovens a confiança em sua capacidade de discernimento e no valor de suas experiências, buscando na vivência dos mais velhos aprofundamento e contato fertilizador consciente, íntimo, pessoal, interagindo com eles para atingir uma aproximação espiritual que transmita serenidade e certeza de que os idosos possuem em seu interior uma raiz que ele necessita perpetuar, que seja valorizada e que é muito maior do que nós podemos supor ou imaginar.

Porque as raízes constituem-se de memória viva da história de nossa gente, da nossa cultura como espelho de boas práticas realizadas ao longo da vida. Essas experiências e tradições devem ser perpetuadas, pois são cumulativas e orientam novas gerações.

Como princípio básico, todo homem inserido em seu meio social e cultural absorve e transmite conhecimentos inerentes à sua forma de viver, e os idosos acalantam e protegem, entre suas raízes, histórias, cartas, fotos que são surpresas para os jovens que adentram pela primeira vez no universo do idoso.

Pelo conhecimento e entendimento, os idosos invariavelmente alteram a visão que eles, possuem acerca do universo material, normalmente distanciam-se e criam outras expectativas; seus horizontes tornam-se mais espirituais, adotam novos valores que passam a internalizar os corações a almas ao chegarem à terceira idade. Ser idoso significa estar sempre ali, representando estabilidade e permanência, oferecendo indiscriminadamente conforto sem julgamento ou restrição, como uma apaziguadora canção de ninar, ou aquela receita antiga de uma comida que tem aromas que revivem outros tempos.

Com o intuito de redimensionar o homem idoso na sociedade, foram criadas novas formas de participação por meio de oficinas de cultura, como artesanatos, canto, dança, música, artes cênicas, entre outros. Essa iniciativa propicia a ele a distribuição e formulação de uma nova agenda ao seu cotidiano, visto que as oficinas são ministradas em cronograma de dias e horários bem flexíveis que se adéquam ao ritmo de vida dele; além de estimular, junto com a família, a permanência do idoso na comunidade, de modo a desempenhar papel social ativo, estimular autocuidado, desenvolver autoestima e incentivar a população a envolver-se nas ações sociais voltadas para os idosos.

Existe na sociedade uma crise no atendimento ao idoso e há necessidade de se repensar e de se criar quantos programas forem possíveis e necessários ao suporte e prioridade da terceira idade, no âmbito de saúde, social, cultural ou de necessidades básicas, em que o idoso seja respeitado e valorizado.

Felizmente, com o lançamento do Estatuto do Idoso, muitos problemas foram abordados e aos poucos sanados e compreendidos pela sociedade. O estatuto, foi sancionado pelo presidente da República Luiz Inácio Lula da Silva, em setembro de 2003, depois de sete anos tramitando pelo Congresso. Dispõe nos três primeiros artigos:

Art. 1º – É instituído o Estatuto do Idoso, destinado a regular os direitos assegurados às pessoas com idade igual ou superior a 60 (sessenta) anos.

Art. 2º – O idoso goza de todos os direitos fundamentais inerentes à pessoa humana, sem prejuízo da proteção integral de que trata esta Lei, assegurando, por lei ou por outros meios, todas as oportunidades e facilidades, para preservação de sua saúde física e mental e seu aperfeiçoamento moral, intelectual, espiritual e social, em condições de liberdade e dignidade.

Art. 3º – É obrigação da família, da comunidade, da sociedade e do Poder Público assegurar ao idoso, com absoluta prioridade, a efetivação do direito à vida, à saúde, à alimentação, à educação, à cultura, ao esporte, ao lazer, ao trabalho, à cidadania, à liberdade, à dignidade, ao respeito e à convivência familiar e comunitária.

O idoso tem plenos direitos e condições de ser incluído socialmente e exercer sua cidadania, bem como ter igualdade de oportunidades e participar com dignidade, direito que lhe assegura o Estatuto do Idoso. Considerando que nem todos os idosos do Brasil são atendidos em serviços públicos de saúde e constatando também que nem todos terão como custear as altas mensalidades dos planos de assistência médica, a iniciativa dos programas de saúde do governo são essenciais para suprir as necessidades dos idosos, porém ainda são insuficientes para o atendimento da população da terceira idade.

Para atendimento da demanda é necessária a aplicação de medidas emergenciais e de programas que contribuam positivamente para o aumento da qualidade de vida do idoso. Contudo, sabemos que há um esforço do poder público para tornar mais satisfatória a assistência médica a eles, inclusive existe programa de saúde com atendimento domiciliar para idosos com doenças mais graves ou crônicas. O ideal seria uma medicina preventiva, em que a população fosse orientada acerca de possíveis doenças que acometem o ser humano em suas diversas fases de vida, ou orientações de como se preparar para suportar as doenças existenciais e chegar à terceira idade com menos traumas, males ou doenças crônicas.

Infelizmente ainda presenciamos cenas de idosos sofrendo em filas dos hospitais; um verdadeiro caos na saúde pública. Podemos tentar entender que os motivos podem ser econômicos em contraponto aos altos custos dos equipamentos sofisticados, utilizados na medicina para detectar os quadros de doenças da população. Poucos hospitais da rede pública, ou mesmo da rede privada, dispõem de tal tecnologia avançada, incapaz de suprir a carência da população comum, muito menos da idosa.

Por outro lado, se analisarmos uma possível alternativa, focar o lado lúdico do idoso como forma de atenuar e fortalecer seu convívio em sociedade, retomar a criatividade na velhice é possibilitar transformações, e a expressão artística dá a possibilidade de ele exprimir emoções e encontrar maneiras saudáveis de preencher o tempo ocioso, encontrar novos prazeres, que poderão ser adquiridos pela satisfação da manifestação de suas qualidades ou aptidões, algo que lhe dê a sensação de plenitude e que afaste o tempo cronológico, tornando-o um indivíduo atuante, iluminado, íntegro, respeitado.

Nessa nova condição, o indivíduo idoso passa a ter autoconfiança e muitos entram em intensa atividade, demonstrando em seus projetos pessoais, artísticos, etc. sua verdadeira imagem psicológica, pela qual poderá expressar a maneira que ele observa e sente o meio em que vive e se relaciona, e até mesmo com o seu mundo inconsciente.

Normalmente o idoso cria relação entre o seu mundo espiritual e seu mundo físico, e esses múltiplos espaços podem ser retratados por meio de expressões artísticas e devolver a ele a liberdade de sua alma, aprisionada no medo, na depressão ou em síndromes que não podemos nomear ou detectar.

Ao ingressar nas práticas de trabalhos artesanais, nas artes plásticas, cênicas, músicais, ou de danças, etc., o idoso pode desenvolver suas habilidades ou potencializar as já existentes e sentir útil e com a alma fortalecida, pois, durante esse processo criativo, ele pode transformar conflitos emocionais em desenvolvimento pessoal. A atividade artística proporciona um contato direto com seu interior e reproduz uma linguagem especial que não pode ser dita em palavras.

> Que significa ser velho no Brasil hoje? Sentir e ser visto como um indivíduo operativo, aceito e valorizado, integrado? Ou o inverso?
> (Neri, 1991, p. 31).

A velhice não deve ser encarada como problema ou doença, estas são questões negativas, como um ponto determinante. Embora Neri (1991) faça indagações –, às quais não temos as respostas, porque as dificuldades na obtenção de informações são complexas, além da falta de interesse dos futuros idosos, ou dos mais jovens, pois em geral o tema levanta muitas teorias e preconceitos, equívocos e outros fatores que estabelecem o comportamento da sociedade por falta de conhecimento –, afinal, que idade deve ter uma pessoa para ser classificada como idosa?

Essa resposta é ambígua, pois a estimativa do início da velhice está condicionada à saúde, sexo, aposentadoria, nível econômico. Com frequência outros fatores que podem ser considerados também são personalidade, experiências anteriores e aos próprios sentimentos pessoais em relação à velhice, ou seja, como o indivíduo encara essa nova etapa de sua existência.

O tema velhice levanta preconceitos e polêmicas em torno da situação do idoso no que tange a mais vários fatores que incidem sobre seu cotidiano ou mesmo sua vida. Muitas vezes as deficiências dos idosos ou a falta de conhecimento são em decorrência das experiências passadas e, provavelmente, procuram hoje nos jovens a atenção que lhes faltam para preencher essa lacuna, como quando se lê um desses cartões de aniversário que ensaiam frases feitas que parecem não saírem do papel. Os idosos estão como frases bonitas para os jovens que não procuram ouvi-los ou compreendê-los.

Em nossa sociedade, o idoso tem pouca atenção por características de personalidade, problemas de ajustamento à sua própria condição, pois a velhice é um fenômeno que tem múltiplas questões, não só o envelhecimento como questão corporal do ponto de vista médico ou de saúde física, mas do psicológico, espiritual, em que o homem desenvolve uma série de pensamentos, questionamentos e neuroses que de certa maneira acabam por afastá-lo um pouco do contato social.

No primeiro momento quando o homem se dá conta do quão pequeno e reduzido ficou seu convívio social é muito difícil, porque nesse momento fixa-se uma prévia da depressão, que é uma dimensão muito perigosa por onde transita a mente em períodos ociosos e de turbulência mental.

Por outro lado, o idoso que sofre estímulos diversos como uma distração é uma forma de fazê-lo mais seguro, por sentir que está em um caminho amparado por famíliares, amigos e pela sociedade. Esses fatores auxiliam no equilíbrio, serenidade, confiança, pois a maior compreensão de todos os envolvidos valoriza o idoso que se sente mais útil.

Se considerarmos hoje a faixa salarial com que uma família é obrigada a sobreviver, podemos afirmar que não haverá como sustentar um idoso doente. Porém, há uma questão muito séria que acontece hoje no Brasil: a aposentadoria dele em alguns casos, é somada para agregar a renda famíliar e garantir, assim, o sustento e a sobrevivência não só do idoso, mas de todo o grupo. A situação é complexa porque muitas vezes o imóvel também é do idoso, e os filhos simplesmente o isolam, como se ele fosse um animal e não lhe dão nem mesmo unicamente a condição básica de sobrevivência, ou seja, um banho, uma cama quente e limpa, alimentos e um pouco de amor.

Por sorte hoje o abandono do idoso pela família é considerado crime no Brasil. Mas não é só isso, ele precisa exercitar a memória, ter uma atividade cultural que preencha seu tempo e que lhe dê prazer; sem contar que, mais do que prazer, o idoso deve ser valorizado por sua família, pela sociedade. Dessa maneira, o projeto deste livro será como uma sementinha para uma melhor conscientização da sociedade brasileira, visto pelo ângulo da movimentação que foi realizada por meio dos participantes e autores desta obra que visualizam e entendem que a união das forças em prol desta causa nobre será de fundamental importância não só para os idosos carentes, mas também para funcionar como uma semente boa em benefício dos futuros idosos deste país.

Nunca pensamos em perdas ou eventos não esperados, que são frequentes, principalmente na velhice, na qual ocorrem alterações devido aos distúrbios mentais, debilitações orgânicas e biológicas que levam o homem a se reciclar em busca de novos valores. E a tarefa central da velhice é redefinir sua identidade, reavaliar sua existência, seus valores, redefinir papéis, se posicionar perante a sociedade. O idoso não deve curvar-se aos mais jovens que foram gerados por eles e muito menos desencorajar-se achando que não pode ser útil ou sentir-se inferior, pois todo esforço que fez durante a fase adulta e a chegada à terceira idade são dignas de aplausos e de muita consideração da sociedade e de famíliares.

Ter problemas de saúde não desmerece nenhum ser humano, já que são involuntários e inerentes a qualquer pessoa, porque o organismo é passível de sofrer desgaste até mesmo por todo esforço realizado na juventude. Estudos mostram que cada vez mais o idoso é participativo em seu núcleo de convivência e busca fazer valer seus direitos, tendo atualmente conquistado espaço como consumidor, já que compõe uma importante e crescente fatia de mercado, pois alguns declaram ser parcialmente responsáveis pelas decisões de compra em seu lar. Por outro lado, os idosos excluídos que não se sentem capazes de serem reconhecidos pela sociedade ainda estão em grande número e isolam-se, afastando não só as pessoas, mas também afastam-se das informações. Somados aos descasos de seus famíliares, entram em processo depressivo de vitimização, que diminui a possibilidade de convívio em sociedade; quadro que pode ser revertido ou minimizado com pequenas ações como esta que estamos realizando por meio deste livro.

Pedro Sinkevicius Neto

A influência dos objetos na natureza humana

Como observador da natureza humana, pela ótica da prática da Medicina, digo que objetos, com suas memórias relacionadas e seus vínculos afetivos, perpassam toda a existência humana, desde o berço ao último suspiro.

Procurarei explicitar uma sutil diferença dos objetos de significado psicológico e "objetos de lembrança".

É notável como, desde bebê, na mais tenra idade, se fazem escolhas e predileções, subjetivas, individuais e únicas por determinados objetos.

Assim, aos primeiros objetos infantis – dos quais a criança praticamente não larga, reagindo com enérgico choro e esperneio quando tentam tirá-lo – vão se acrescendo outros que fazem parte essencial, por exemplo, do banho, da hora de comer, de dormir, de passear, dos momentos de medo ou de dor...

(Quero até este parágrafo ter provocado um sorriso espontâneo de cumplicidade do leitor, ter instigado na memória de cada um a lembrança de objetos pessoais históricos... Legal, né?)

Texturas, cores, sons, cheiros... Provavelmente cada conjunto de impressões sensoriais (que vêm pelos órgãos dos sentidos) forma no cérebro um signo/sinal único, identitório. E são "etiquetados" como referentes a uma vivência especial, única. E seguem nos registros mentais por toda a vida, por vezes excepcionalmente ativados, recuperados e lembrados por mecanismos cruzados, não biunívocos, subjetivamente relacionados, o que nos fazem perplexos e fascinados!

Assim, talvez, objetos que nos impactem emocionalmente *a posteriori*, na nossa vida adulta, nos remetam a vivências emocionais da nossa doce infância e a sua simbolização, em partes das características desses objetos-símbolos fundadores!

E a publicidade sabe muito bem disso!

Quanto do que desejamos e consumimos não vem da eterna busca psicológica pelos idílicos "bons tempos" simbolizados em algumas características de objetos?

Porque objetos *old fashioned* e moda "vintage" são sempre símbolo de exclusividade e personalização? É claro!

Não, não é uma crítica ou exaltação ao não consumo, e acredito, inclusive, que não exista o tal do consumo consciente, racional. Por mais que a escolha seja prática, pragmática e funcional, até nos objetos mais prosaicos e utilitários há uma influência afetivo-emocional na escolha!

Porque então haveriam de imprimir cores, formas e texturas até no papel higiênico?!

A minha observação vai à massificação dos produtos de consumo. Todos estão se tornando iguais, mundiais e descartáveis! Esses objetos brutalizam, despersonificam e massificam o próprio ser humano! Come-se igual, bebe-se igual, namora-se igual, vive-se igual!!!

Por acaso a sua ideia de sociedade ideal é uma colmeia de abelhas?

Credo! Desconjura! Anátema!

O ser humano só vive e tem significado na sua singularidade, na sua individualidade. A comunicação, massificação, estandardização da vida humana nos leva à barbárie, à anomia!

Vejam a questão dos órgãos, espaços e serviços públicos. O que não é identificado como "também-eu" – a sua cidade, a sua praça o seu espaço... – é ignorado, maltratado e abandonado, tratado com frieza e desconsideração.

Em lugares ditos "históricos" (turí$ticos) se veneram até as pedras do calçamento em que se pisa! (E se cobram, regiamente – o tal privilégio – movido pelas emoções que mobilizam!)

Bom, mas voltemos à ótica da vivência médica pela qual fui convidado a contribuir neste livro.

Nos espaços hospitalares e outros locais de saúde é tendência a humanização e personalização de cada ambiente e circunstância. A pediatria, a maternidade, o centro cirúrgico, a UTI, a geriatria...

Falando em geriatria, vamos aos velhos.

Como médico, faço questão, se possível, de visitar o idoso na sua casa, observar e ouvir seu ambiente e a história de seus objetos.

Por mais que digam que não, festejem, sim, todas e quaisquer datas!

Sugiro a delicadeza de anotar em um caderninho as datas das diversas histórias que eles contam, e marquem, sistematicamente, em um calendário: nascimentos, mortes, eventos históricos individuais, viagens, formaturas, casamentos e outras datas pessoais, datas de aniversários de amigos (vivos ou falecidos) e os lembrem! E, se possível, façam com eles algo especial para lembrar a data. Ir a lugares, rever fotografias, pedir para contarem, pela enésima vez, aquela história!

Alguém que vai "desmarcando" seus marcos e referências históricas vai, por assim dizer, deixando de existir...

Daí a tristeza de quando presenciamos alguém desenvolvendo uma doença demência (como a mal de Alzheimer).

A vida de cada ser humano é a sua história!

Não mexam na casa e nos objetos dos velhinhos (as)!!!

Todos e quaisquer daqueles objetos surrados pelo tempo, mesmo que quebrados ou sem aparente função, fazem parte da identidade histórica desse idoso.

Viveram por eles, objetos

e

seguem vivendo através deles

quando se vão...

Pedro Sinkevicius Neto é Médico formado pela Faculdade de Medicina de Santo Amaro, especialização em Psiquiatria no Juquery. Médico plantonista do pronto-socorro, Assistente do ambulatório e Preceptor em Psiquiatria para Alunos e Residentes do Hospital do Servidor Público Municipal de São Paulo.

Viviane Ribeiro Felix

A mídia e o consumo na sociedade contemporânea

Segundo Baudrillard (1995), o consumo é um modo ativo de relações, não somente com objetos, mas também, com a coletividade e o mundo. É um modo sistemático de atividade e uma resposta global, sobre a qual se fundamenta todo o nosso sistema cultural.

Caminhando pelos shoppings centers, deparamo-nos com uma imensa diversidade de produtos, expostos em amplas vitrines lindamente decoradas. O ambiente é planejado e convidativo, dispondo combinações de roupas e acessórios, cores e texturas que saltam aos olhos com o intuito de nos fazer consumir. As lojas envolvem e seduzem, anunciando promoções difíceis de resistir.

A estética das vitrines, um importante recurso de comunicação visual, é um incentivo ao consumo. O objetivo é atender aos desejos e às necessidades dos compradores. As mercadorias são dispostas respeitando as tendências da última moda. Criam uma estética do consumo. É venda, mas é também uma estetização das mercadorias e das práticas de consumo (Haug, 1997).

Surgem a cada dia novos centros comerciais. Grandes, confortáveis, seguros e que possuem de tudo. Produtos de segmentos variados: vestuário: alimentação, móveis, eletrodomésticos, eletrônicos e uma infinidade de outras coisas. Todo esse clima envolvente leva as pessoas a sentir o desejo de compra, principalmente por objetos de que não necessitam. Nesses espaços privados nos sentimos felizes e seguros. E mais propensos ao consumo.

De acordo com Slater (2002), o consumo está presente na sociedade contemporânea ocupando nosso imaginário. Possui um efeito socializante e é algo central na vida cotidiana. As relações humanas são estruturadas baseando-se no consumo.

Alguns indivíduos utilizam-se do consumo como forma de expressão, autoafirmação ou simplesmente aceitação no grupo ao qual pertencem ou desejam pertencer. Pertencer a um grupo e sobretudo, ser reconhecido dentro deste funciona como identificação social e é invariavelmente um quesito que faz parte da sociedade de consumo.

Os meios de comunicação têm um papel fundamental nas relações de consumo, atuam como parte integrante do processo produtivo. Comunicação e consumo estão intimamente ligados. Ambos se interdependem. As pessoas modelam comportamentos, estilos e atitudes pelas imagens e discursos presentes na mídia; os anúncios por ela veiculados de fato desempenham certo papel na manipulação da demanda do consumidor (Baccega, 1998).

Segundo a teoria da comunicação, mídia designa o conjunto de meios de comunicação de massa. Alguns desses meios são: televisão, rádio, revistas, jornais, etc. A mídia exerce grande influência nos hábitos, valores e costumes. E principalmente no consumo.

Conforme Moraes (2006), vivemos em uma sociedade midiatizada, em que a mídia desempenha uma função estratégica primordial enquanto máquina produtiva que legitima ideologicamente a globalização capitalista. "Os consumidores são visualizados em função de padrões similares de comportamento e de estilos de vida" (Moraes, 2006, p. 39).

Hoff e Camargo (2002) ponderam que convivemos com tanta familiaridade com as ideias e imagens veiculadas pela mídia, que aceitamos como verdade o que esses meios propagam, utilizando-os para guiar nossas decisões e escolhas na vida. Para os autores, o que a mídia apresenta a respeito dos muitos temas que aborda não é verdade absoluta, é apenas uma leitura possível e um dos muitos aspectos de um mesmo tema.

Ainda segundo Hoff e Camargo, a mídia tende a ser uma fonte hegemônica e homogeneizadora de informação, pois atinge um contingente numeroso e variado de pessoas. "Daí ser considerada uma espécie de opinião pública: 'o que' divulga e 'como' divulga torna-se conhecido e aceito por grande parte do público" (Hoff e Camargo, 2002, p. 55).

A mídia exibe imagens de celebridades lindas e famosas com as quais o seu público possa identificar-se e imitá-las. O intuito é a venda de produtos. O indivíduo é seduzido pelas mensagens de consumo. Conforme proposto por Slater e Baudrillard, as pessoas sentem-se incluídas por meio do consumo, portanto mais suscetíveis aos apelos midiáticos.

De acordo com Rocha (2005), o consumo possui uma presença marcante, tanto ideológica quanto prática na sociedade contemporânea, pois é um fato social que atravessa a cena contemporânea de forma inapelável. O consumo está no centro da vida cotidiana, ocupando nosso imaginário constantemente. "O consumo assume lugar primordial como estruturador dos valores e práticas que regulam relações sociais, que constroem identidades e definem mapas culturais" (Rocha, 2005, p. 124).

É importante ressaltar que a mídia difunde e reflete o que a sociedade de consumo transmite por meio de suas relações humanas, ou seja, as diversas possibilidades que o consumo pode oferecer ao indivíduo. A mídia exibe imagens de pessoas bem-sucedidas utilizando produtos com marcas globalmente reconhecidas e rodeadas de pessoas com essas características. Muitos indivíduos podem associar status, reconhecimento social e felicidade à boa aparência e ao consumo de bens.

Quando se analisa o consumo fica nítido que ele não tem apenas a finalidade de suprir necessidades, ele supre também desejos supérfluos. Muitas mercadorias possuem um valor simbólico para o indivíduo. O consumo também pode ser simbólico. Produtos de marca, tais como Chanel, Christian Dior e Polo Ralph Lauren, por exemplo, estão carregados de simbologia. Eles representam importantes fatores de identificação social: status, sentimento de pertencimento, etc. Para Slater (2002), a cultura do consumo trata da negociação de status e identidade, ressaltando a prática e a comunicação da posição social.

É complexo tentar definir quais são os reais motivos do consumo e seus estímulos, pois envolve uma série de fatores tais como desejos, hábitos, necessidades básicas, gostos, etc. No âmbito econômico é primordial para manter e sustentar o sistema capitalista. Sistema que se baseia na produção de bens e serviços e nas relações de consumo. Porém, torna-se importante refletir sobre como a sociedade contemporânea trata as diversas formas de consumo.

Soneto da feliz idade

Brancos, lindos cabelos brancos!
Que reluz toda a sabedoria da alma.
Olhar que irradia experiência de anos
e que refrigera todo nosso interior e nos acalma.

Como não ter em casa alguém afim,
que ensina que o saber vem com a idade.
Que nos olha com a alma e diz assim:
"Não me leve daqui, pois morrerei de saudade".

Como não ter em casa alguém assim,
que nos conforta nos momentos de aflição,
e estende as mãos ofertando o próprio coração.

Brancos, lindos cabelos brancos!
Que nos garante no dia a dia a felicidade,
nos abençoando com todo o saber da feliz idade.

*Soneto de autoria de Mauro Martiniano de Oliveira, abril/2011. Cedido gentilmente para este livro

Viviane Ribeiro Felix é mestra em Comunicação e Práticas de Consumo pela ESPM (Escola Superior de Propaganda e Marketing); Pós-graduada em Vendas (Account Manager) pela ESPM; Pós-graduada em Gestão de Serviços pelo Centro Universitário UniFMU; Formada em Ciências Econômicas pela Uni Sant'Anna; Docente há cinco anos no Ensino Superior; Atuação em Consultoria Empresarial e Treinamento; Gestora de equipes por dez anos e experiência profissional de mais de dezoito anos atuando nas áreas de prestação de serviços, marketing e comercial em empresas de grande porte, tais como Nestlé, Microsoft, Banco ABN - Real, Interclínicas, Bradesco e Teletech do Brasil/SA.

Objetos & Memórias

Nome completo: Adilson Silva Júnior

Idade: 35 anos   Cidade que reside: São Paulo

Profissão: Apresentador

Área de atuação: TV

Perspectivas para o futuro (pessoal ou global): Apresentar programas voltados ao público jovem com uma boa pitada de humor.

O maior dos presentes

Qual objeto vou eternizar?

Foi o que eu pensei quando recebi esse convite especial.

Meu coração desejou vários, mas, enfim, escolhi o mais valioso para mim. Ele marca a maior paixão e também o maior presente que já recebi, e o melhor de tudo? Foi dado por uma pessoa que tenho amor incondicional, meu companheiro, meu amigo, meu herói, MEU PAI.

Quando eu tinha 14 anos, ele me emprestou uma antiga TI 3000 – um modelo de raquete – e me levou para fazer a minha primeira aula de tênis. Foi paixão à primeira vista.

Ele mal sabia que ia ter tanto trabalho com esse esporte.

A frase que me marcou naquela época foi: "Você vai ter de comer muito arroz e feijão para ganhar de mim", dizia meu pai, que também jogava.

Suei, treinei, lutei, ganhei muitos torneios, perdi muitos, mas o que melhor ficou dessa história foi os momentos com o meu velho na estrada, do esforço que só eu sei que ele fez para bancar os meus treinos, da luta para conseguir patrocínios enquanto eu treinava, de olhar na arquibancada e ver o seu rosto tenso de pai, torcedor e maior fã do filhão nas quadras. Nos emocionamos, sonhamos com os grandes torneios profissionais, algumas vezes até brigamos e choramos juntos a cada vitória ou derrota.

Quantas coisas aprendi com esse esporte e com meu velho, coisas que levo até hoje comigo: força para virar um jogo, poder de decisão em horas difíceis, não ter pressa nos momentos tensos, e eu uso tudo isso principalmente na minha vida artística, na qual uma simples ação pode trazer vitória e sucesso, ou não.

E esse troféu vale mais do que qualquer um, pois ele é do Torneio Pais e Filhos, no qual fizemos uma dupla perfeita, em hotéis, clubes, academias, por onde passávamos com as nossas raquetinhas, todo mundo elogiava a nossa dupla. Cada jogo ao lado do meu velho era e é até hoje muito especial, até aqueles do final de semana no Nosso Clube em Guarulhos, e você sabe, né, pai? Fazemos essa dupla ser perfeita até hoje dentro e fora das quadras.

A saudade desse tempo que vivíamos sempre juntos é muito gostosa e ela é muito presente cada vez que eu olho esse *nosso troféu*, do mesmo jeito que você cuidou de mim eu quero cuidar de você.

TE AMO, PAI.

Curiosidade:

Esse troféu foi feito artesanal e especialmente para o Torneio Pais e Filhos.

Agora é a minha vez de encaminhar o meu filho e quem sabe ter o prazer de ganhar esse torneio, só que, agora, como pai.

Nome completo: Adria Norma Riedo

Idade: 44 anos			Cidade que reside: Sumaré-SP

Profissão: Relações Públicas

Área de atuação: Comunicação – Produções Artísticas & Entretenimento

Perspectivas para o futuro (pessoal ou global): Minhas perspectivas estão em me restabelecer profissionalmente, de forma a garantir o que puder de melhor a mim mesma, ao meu filho e à minha mãe. Dentre acertos e erros, conquistas e derrotas, sou uma pessoa que não perde a fé em Deus e não desiste do ser humano em hipótese alguma.

Costurando emoções

Máquina! Força motriz! Força feminina! Força materna!

Quantos caminhos traçados a partir dessa máquina de costura: medidas e moldes, cortes e recortes, pontos e pespontos, barras e remendos, peças novas e reformas. Sem contar as indispensáveis e inúmeras provas.

A máquina que nos vestiu, nos educou, nos sustentou e nos amparou. Com ela tanto se ajustou, tanto se acertou!

Sua agulha, que poderia ferir, sempre curou. Sua linha, que poderia ruir, alinhavou e costurou... Tudo com muita docilidade, competência e amor ao ofício e à família que dela dependeu.

Decidida, sempre soube que sua missão seria árdua. Seguindo firme, ponto a ponto, foi transformando metros e metros de tecido em vestuário, construindo peças que se tornavam "pão", sem esmorecer, mesmo tendo a consciência de que um dia haveria aqueles, dentre tantos, que dela se esqueceriam.

Anos se passaram e sua aparência já não era a mesma. Parecia tão obsoleta, tão velha, até caquética diante das outras. Entretanto, alguém a valoriza até hoje! Esse alguém é eterna e infinitamente grata a ela!

Não materialmente, mas sim espiritualmente ela reconduz há décadas quando, na infância, admirava a mãe, de família tradicional do interior paulista, costurava "para fora" e para os entes queridos, contribuindo, quando não "salvando" o orçamento doméstico.

Já, na maturidade, assistiu aos grandes carretéis de linhas se tornando brinquedos para os netos da guerreira. Afinal, a dedicação de mulher, esposa, mãe e avó faz parte da genética.

Cresci, amadureci e jamais me esqueci dessa imagem... A família foi se espalhando... Vovó se foi para outra dimensão. E, na partilha, não pedi muito... Para alguns não seria muito... Para mim era tudo... Ela mesma, a máquina, o instrumento que costurou emoções, vidas, sustento.

Seu gabinete de madeira foi consumido pelos cupins. Mas ela resisitiu! Resistiu ao tempo, ao vento, à poeira, ao trabalho interminável!

E não abro mão dessa máquina! Deixá-la seria abandonar a minha, a nossa história... Não abro mão de lembranças tão afáveis, tão amorosas, tão saudosas...

Máquina convencional superada pelas tecnológicas. E sobreviveu! Há mais de um século que aí está! É forte, é batalhadora! E, quando da restauração, o profissional exclamou: "Que ponto perfeito!". E ela, a singela máquina de costura, compreendeu e orgulhou-se, sem falsa modéstia.

Curiosidade:

A máquina de costura foi presenteada, na década de 1930 – século passado – pelo meu bisavô Ferdinando Cia à minha avó materna e madrinha Antonietta Cia Viel, quando ela tinha cerca de 20 anos de idade, haja vista que nasceu em 28 de fevereiro de 1910.

De "segunda mão", essa preciosidade foi uma das primeiras máquinas de costura SINGER alemãs que chegou a Americana, estado de São Paulo.

Encomendei sua restauração em 1994, quando estava em vias de me casar.

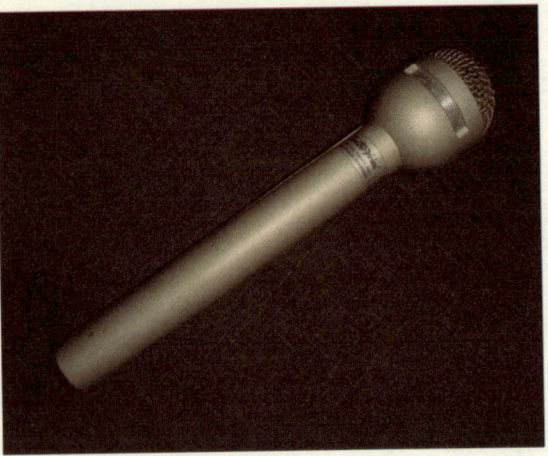

Nome completo: Adriano Segal

Idade: 48 anos   Cidade que reside: São Paulo

Profissão: psiquiatra

Áreas de atuação: cirurgia de obesidade, obesidade, transtornos alimentares, psiquiatria geral, divulgação de conhecimento médico nas área acima

Perspectivas para o futuro (pessoal ou global): Continuar trabalhando, estudando, ensinando, escrevendo e cantando.

Microfone genuinamente elvístico!

Sempre gostei de cantar. Minha mãe fala que, desde bem pequeno, eu ficava cantando em tudo que era lugar. Comecei a aprender inglês e francês aos 7 anos de idade. Sempre fui fã do Elvis. Quer dizer, não sempre, apenas depois que ele morreu em 1977. Juntando A com B com C, foi rápido o resultado: comecei a cantar as músicas dele (junto com os LPs que comprava quase que compulsivamente na Breno Rossi, Bruno Blois e Hi Fi). Por sorte, sou barítono e tenho uma razoável extensão de voz, o que me permitiu, aprender boa parte do repertório dele (eu até acho minha voz meio parecida...). Não demorou muito, eu, dois irmãos

(William e Ulisses Abdalla, guitarra e bateria) pusemos um anúncio no jornal *Primeiramão* procurando um baixista para tocar rockabilly e, principal e majoritariamente, ELVIS, ELVIS PRESLEY! Jonas Telles, de saudosa memória, respondeu ao anúncio. E, assim, em 1983, fundamos a Coronel Parker Band, ativa até hoje, com o novo nome "Os Coronel Parker". Dessa formação original só sobrou eu. Na época, corri como um louco atrás daqueles microfones prateados tipo paralelepípedo, mas não encontrei nenhum que funcionasse, todos eram vintage *demais*! Mais recentemente, a Shure lançou um modelo baseado nesses antigos e charmosos microfones (que tenho, claro, mas que não é o objeto deste texto), o 55SH series II. Como não achei, tive de eleger outro microfone icônico usado pelo Rei, e este foi o Electrovoice RE 15, que ele usou desde o magnífico especial de TV para a NBC em 1968, até meados da década de 1970 e que está nas fotos aqui. Na época, nem tinha ideia do modelo nem da marca e me embrenhei em toda a região da Santa Ifigênia no centro antigo de São Paulo atrás dele. Não o encontrei, só havia duas opções acessíveis: ou microfones, tradicionais, tipo Shure SM 58, sem nenhuma semelhança com os que ele usava em shows ao vivo, mas de excelente sonoridade, ou microfones mais simples, parecidos, mas com o som pobre. Optei pelos primeiros que usei boa parte da minha "carreira" músical. Em 2008, comprei o 55SH, usei vários AKGs e Sennheisers excelentes. Mas não eram aquilo que eu queria... Um dia, em 2009, brincando na internet, encontrei o modelo e entrei no EBay para ver se achava um. Achei um. SÓ um, com um sujeito da Califórnia, que pedia 16 dólares... Ao final de um leilão que acabou por uns 100 dólares (pouco, pelo prazer que tive), o microfone, original de 1967, em caixa de ferro pesado também original da época, chegou na minha casa embrulhado numa caixa de algum tipo de cereal matinal americano, cinco dias depois. Infelizmente, ele não "ala" tão bem como os modernos na aparelhagem de hoje em dia (se alguém souber de uma dica, me avise...) e lamentavelmente a Electrovoice não fabrica mais esse modelo. No entanto, consegui cantar com ele em duas ou três apresentações. Vinte e seis anos depois, eu tinha um microfone genuinamente elvístico! Yeah, baby!

> **Curiosidade:**
>
> Microfone norte-americano, atualmente usado para microfonar amplificadores de instrumentos, em alguns estúdios que ainda tenham exemplares dessa raridade.

Nome completo: Adriany Carvalho

Idade: 38 anos Cidade que reside: Barueri-SP

Profissão: técnico de tênis

Área de atuação: atividades físicas

Perspectivas para o futuro (pessoal ou global): Atuar com terceirização em condomínios e aulas em ONGs.

Redondinha e cativante

  Esférica e envolvente, como muitas das coisas mais agradáveis, bonitas, deliciosas e sensuais que existem no mundo. Redondo é um conceito positivo, sinal de êxito. Quando uma coisa sai redondinha é porque deu certo. É fato que todas as formas arredondadas são mais chamativas do que as agudas, ou cheias de arestas. Imagine se os seios de uma encantadora jovem, ou da minha estonteante mulher madura e amada fossem quadrados, seriam incapazes de acolher minha cabeça cansada, acalentarem ou de amamentarem um bebê sem ferir-lhe a delicadíssima pele. Seria muito triste, né? O mundo mudou quando inventaram a roda, ganhou movimento.

A lua dos namorados é redonda, o sol é redondo. O penico da nossa infância, tão íntimo e dócil, é redondo. A maçã, a cereja, a jabuticaba, o ovo frito são formas redondas e os olhos lindos e castanhos da mulher que amo também são, e através deles vejo e sinto o verdadeiro amor.

Proponho um culto a tudo o que é esférico. Não existe nada mais redondo no mundo do que a bola, seja de bilhar, de gude, de futebol ou de tênis. Chegamos, assim, ao cerne desse importante capítulo: a bola e sua forma esférica.

Começo deixando bem claro que a bola é feminina por definição e por comportamento.

Não se pode praticar nenhum esporte com a bola e ser alheio aos seus caprichos, gênio, desconhecer sua natureza e, principalmente, sem amá-la.

Não esqueça que a meta final dessa relação é alcançar o máximo domínio possível sobre ela e conseguir, assim, a sua obediência! Tem mais! Uma bola de tênis sabe muito bem se você gosta ou não dela, e se rebelará e se vingará de seus maus-tratos e inabilidade.

Se entendeu até aqui a minha teoria sobre as bolas em geral e as bolas de tênis em particular, show! Já deu um grande passo na direção certa. Mas, se chegou até aqui e começou a duvidar da minha sanidade e achar que sofro de alguma obsessão redonda, não posso fazer nada para te ajudar a sair vitorioso na aventura no mundo do tênis, ou da vida.

Se entendeu e, além do mais, já teve em outros tempos, ou está tendo boas relações com uma ou várias bolas, ama ou já amou e já atingiu um nível aceitável de domínio, não lhe será difícil transferir ao tênis os seus conhecimentos e vice-versa para a quadra da vida. O amor nasce com o olhar, com uma raquetada. Dos olhos passa para o coração, que enxerga muito mais. Quando você vê, a paixão virou amor: uma confusão de sinais, impulsos e palavras. Às vezes você não vê mais nada. É quando dizem que o amor é cego. Mais que isso, que o amor é básico! Como descrever a sensação única de um saque bem executado ou de um beijo dado?

Cada bola errada supõe um capítulo a mais na história da nossa vida e uma lição que nos ajuda a crescer. Não desanime com as bolas erradas. Aprenda com elas, e siga em frente! Acredite! Corra atrás dos seus sonhos, atrás dessa esfera que pode te levar a conhecer as maravilhas do globo terrestre, a amar, te transportar e até mesmo a encontrar lindos olhos castanhos! Olhos que nos prendem como se fossem uma força além da compreensão humana, olhos que nos trazem o verdadeiro amor. Olhos que foram trazidos para a mim por meio de uma bola de tênis!

Façamos um brinde às bolas e ao amor! E que desça bem redondo! Tim-tim!

Curiosidade:

Para jogar tênis, você deve estabelecer uma relação amigável com a bola, procurar compreendê-la, tratá-la com carinho, perdoar seus caprichos, que diminuirão em proporção inversa à melhora do seu jogo.

Fotos: Nelson Takeyama

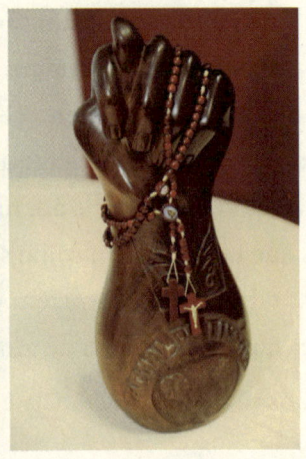

Nome completo: Agnaldo Timóteo

Idade: 75 anos   Cidade que reside: São Paulo

Profissão: cantor, intérprete e político

Áreas de atuação: música e política

Perspectivas para o futuro (pessoal ou global): Aos 75 anos de idade, não me dou mais o direito de sonhar o inalcançável, mas continuo imaginando que ainda poderei fazer sucesso cantando em espanhol, minha maior frustração e desejando que os governantes do planeta se tornem mais generosos, mais respeitosos e mais piedosos com as milhões de famílias miseráveis que ocupam o mesmo espaço que nós dentro deste Planeta Terra.

Biografia

Nascido em Caratinga (MG), Agnaldo Timóteo está com 75 anos de idade e quase meio século de uma carreira de popularidade e sucesso. Começou em 1955 cantando em programas de calouros nas rádios de Belo Horizonte.

Em 1965, já no Rio de Janeiro, faturou o primeiro lugar no programa Rio Hit Parade pela TV Rio, cantando *The House of the Rising Sun*.

Logo foi contratado pela gravadora Odeon, pela qual gravou o LP *Surge um Astro*, campeão de vendas naquele ano.

Em 1967, Timóteo ganhou do Rei Roberto Carlos a canção *Meu grito*, que se tornou um dos maiores sucessos. Embora Timóteo nunca tenha investido em uma carreira internacional, viajou por mais de trinta países, com destaque para Estados Unidos, França, Alemanha, Itália, Espanha, Suécia, Holanda, México, Argentina, África do Sul e Angola, período no qual gravou quatro LPs (em espanhol) dos sucessos brasileiros.

Em 1985, depois de gravar por vinte anos pela EMI-Odeon, passou pela 3M, Continental–Warner, Som Livre e Sony Music. Desde os anos 1990 vinha produzindo CDs independentes e em 2006 lançou um com os grandes sucessos sertanejos.

Em 2010, em homenagem aos brasileiros que vivem e trabalham em São Paulo, lançou os CDs *Sempre*, uma coletânea de sucessos *Obrigado, São Paulo*, e *Obrigado, Brasil*, ambos pela Som Livre. Foram mais de cinquenta discos gravados ao longo de sua carreira, atingindo destaque em número de unidades vendidas. Registra em seu trabalho momentos históricos de nosso país ou uma fase de sua vida. O que impressiona é a diversidade cultural entre seu grande número de fãs, em especial os que estão na melhor idade. Para Timóteo, a admiração e o carinho do público reflete e demonstra que a arte não tem limites geográficos ou sociais.

Objetos marcantes de minha vida

Objetos: figa de madeira maciça e relógio de ouro

Tenho rapidamente dois fatos curiosíssimos que me marcaram. Um dia, entrei no avião Electra II da Varig que fazia ponte aérea e havia uma sala onde as pessoas fumavam, etc. Cheguei e um senhor exibia no pulso um relógio, eu sempre tive verdadeira alucinação por relógios, até porque até os meus 29 anos eu não havia tido nenhum. Então, perguntei ao moço: "Você me daria licença de me dizer que marca é este relógio??? Ele disse: "É um Baume & Mercier". Falei: "Que relógio maravilhoso! Então esse cidadão, que estava impecavelmente vestido, disse que iria acabar vendendo o relógio porque todo mundo sempre queria vê-lo. Eu disse que se fosse vender, que fosse para mim e eu lhe dava 10 mil dólares por ele! Ele falou: "Você está brincando!". Respondi: "Não, se você quiser eu te dou 10 mil dólares" e ele me respondeu que então que vendia!

Cheguei ao Rio de Janeiro, chamei o Milton que morava na minha casa, entreguei a ele os 10 mil dólares e ele veio a São Paulo comprar o meu relógio. Até hoje me roubaram vinte e oito relógios da minha coleção, todos de ouro, todos caríssimos, mas esse sobrou.

É uma história fascinante porque marcou a minha vida.

Outra história é essa figa, eu não sei o nome de quem a fez, não sei se o presidiário já está solto ou sequer se está vivo, mas foi um presidiário quem me mandou de presente no início da minha carreira, talvez em 1968 ou 1969, não me lembro, e pediu que em troca dessa figa, onde se lê Agnaldo Timóteo, que eu mandasse para ele o meu long play (LP) *Surge um Astro*.

Eu nunca consegui o contato para mandar um, ou dois, ou todos os meus discos para esse homem, mas nunca deixei de ter uma incrível superstição em relação a essa minha figa. Ela fica aqui tomando conta da minha porta, porque eu sou um botafoguense extremamente supersticioso, e às vezes tenho medo que as pessoas entrem e tragam para dentro do meu gabinete maus fluidos. Então minha figa está sempre aqui, tomando conta das pessoas que vêm me visitar.

São esses dois fatos marcantes na vida de Agnaldo Timóteo, nasci em 16 de outubro de 1936, eu sou um menino de 75 anos!

Curiosidade:

Recentemente, gravou o DVD A Força da Mulher, com a participação especial de Cauby Peixoto, no qual interpreta as músicas de seu lançamento, como também os grandes sucessos de sua carreira. Em seu mais novo lançamento, o CD A Força da Mulher Timóteo presta uma homenagem às mulheres, tendo grande admiração pela posição de destaque que a presidente Dilma alcançou, e por todas as mulheres que alcançam posição de liderança e de destaque em todos os segmentos no Brasil e no mundo.

Os Verdes Campos da Minha Terra

Agnaldo Timóteo

Se algum dia
À minha terra eu voltar
Quero encontrar
As mesmas coisas que deixei
Quando o trem parar na estação
Eu sentirei no coração
A alegria de chegar
De rever a terra em que nasci
E correr como em criança
Nos verdes campos do lugar
Quero encontrar
A sorrir para mim
O meu amor na estação a me esperar
Pegarei novamente a sua mão
E seguiremos com emoção
Pros verdes campos do lugar
E reviver os momentos de alegria
Com meu amor a passear
Nos verdes campos do meu lar.

Nome completo: Ailton Ferreira da Silva

Idade: 40 anos   Cidade que reside: São Paulo

Profissão: operador de controle mestre

Área de atuação: rádio e televisão

Perspectivas para o futuro (pessoal ou global): Muita integração entre povos devido a uma grande massa de informação, gerada pelas grandes redes (internet), quebrando barreiras colocadas e ditas por pessoas que não pode estar no poder, sim! Uma melhora na visão geral da Mãe Natureza, pelas superpotencias, numas de melhora para gerações futuras! Ó, DEUS!!!

Sonho de infância

Objeto: Bicicleta nacional: Caloi Cruiser Extra Light
ano: 83/84, original.

Infância querida com dificuldades e alegrias que me fizeram prosperar e ter o grato momento de poder, assim, descrever a todos como é bom querer viver por tudo ou simplesmente para abrir os olhos, respirar. Que seja dita a maior dádiva dada ao ser vivo... Mas assim vamos.

Todo final de ano, muitas crianças guardam o momento para realizar desejos e sonhos ditados por comerciais e amiguinhos da escola de onde você mora, mais uma vez a TV e suas informações! E, para meus sonhos, um comercial fez muito, criando o sonho de ter uma bicicleta. Lembra-se de um comercial em anime que o garotinho falava para todos os familiares, em recadinhos: "Não esqueça da minha Caloi". Era muito bom e divertido, né? Mais tinha um efeito meio triste também, pois em casa passávamos por uma dificuldade, a minha mãe batalhava para construir o nosso lar e não tinha como me dar uma bicicleta. Mas como era arteiro, sempre inventava para suprir a dificuldade e o descasos de amiguinhos, pois era sem maldade, inocência pura para alguns e outros impostos pelos pais que achavam que estávamos a mais na rua, por ter muita gente de poder e minha família de baixa renda, sem ter, às vezes, um simples chinelo para colocar depois do banho. Mas minha querida mãe inventava um de papelão só para chegar até a cama. Então meus sonhos sempres distantes. Para eu poder andar de bicicleta, tinha que pedir uma volta nas dos amiguinhos, mas tinha um detalhe: até então só tive vilotrol e uns feitos frente de um modelo e trazeira de outro, porém o importante era se divertir, né! Aí veio a minha primeira voltinha c om um belo tombo no final. Meu amigo Tales deixou pela primeira de várias outros voltas, e eu aprendi a me equilibrar sem rodinhas, foi na raça para não passar vergonha na frente dos meus amiguinhos. Minha mãe vivia nervosa e um belo dia me vendo andando com a bicicleta dos outros gritou: "Entra logo, vamos". Falei: "Espera aí já vou". O grito seguinte foi mais forte, e ela me falou que da próxima vez que me visse com a bicicleta dos outros me bateria. Eu fiquei muito triste e o tempo passou e mudamos daquela rua. E todos os finais de ano aquele comercial passava na tv. Eu estava em uma idade de querer e era todo doloroso não tê-la. O tempo passou e eu trabalhando bem grandinho, veio a chance de ter uma, certo? Errado! Para poder continuar a construir a casa não me sobrava dinheiro para poder ter uma. Com muito custo tive várias montadas pegando quadro nós ferros-velhos, peças dadas por amigos, e lá estava minha bicicleta montada de várias cores. Muito tempo passou e me ficou a vontade de realizar o sonho. Já podendo tê-la fui à procura da minha bicicleta dos sonhos mas com um pequeno detalhe: ela não estava mais sendo fabricada e fui à procura de pessoas que a tiveram, bicicletarias, internet; aí sim a encontria entre várias com vários valores bem acima dos de uma bicicleta importada de hoje em dia. Encontrei meu sonho numa cidade do interior de São Paulo. Meu novo amigo Rafa tinha postado uma para venda, entrei em contado e ele, que me convidou e fui retirá-la. Pelas fotos estava legal, mas fui pessoalmente buscá-la em São João da Boa Vista. Lá estava um dos meus sonhos sendo realizados, branca e azul, toda original de época a minha caloi. Que legal, após vários anos de vida, já não tenho mais minha mãe para poder mostar que foi possível ter a minha bicicleta do sonho.

Curiosidade

Tenho hoje quatro bicicletas, cada modelo para um estilo de lazer. A especial fica na minha sala como troféu de luta e prosperidade. "Acreditar"

Foto: Nelson Takeyama

Nome completo: Aldenoura de Sá Porto

Idade: 90 anos   Cidade que reside: São Paulo

Profissão: escritora, advogada, jornalista, radialista

Área de atuação: literatura

Perspectivas para o futuro (pessoal ou global): Publicar minhas obras inéditas, divulgar o livro Deus é Mulher no qual abordo assuntos ligados ao processo de evolução da mulher. Manter minha saúde, com uma boa qualidade de vida, porque minha alimentação há muito tempo é saudável e equilibrada.

Lembrança de um reconhecimento internacional

Em 1958, eu havia publicado a obra *Mulheres Esquecidas* estava com 28 anos, obtive imenso sucesso, o livro virou um best; seller e, por ocasião desse grande sucesso, fui indicada pela Federação Paulista da Mulher para representar o Brasil no IV Congresso da Federação Internacional das Mulheres, na Áustria-Viena. Segui com quatro delegadas para este memorável congresso, recebi vários presentes. Entre eles essa caneca de porcelana. Uma lembrança do reconhecimento internacional que meu. Livro alcançou, pois foi considerada notável e de grande destaque, indicada como a melhor obra enviada pela América Latina, devido ao seu conteúdo focalizar a mulher quanto ao preconceito, discriminação, dos horrores da prostituição e das doenças. Tendo a coragem de escrever sobre feridas sociais e denúncia sobre as questões da mulher, fui aclamada e aplaudida.

Em minha luta pela causa das mulheres, desconhecia as diferenças sociais e resolvi aprofundar-me em conhecimento e estudos nas áreas de sociologia, advocacia e jornalismo, entre outros vários cursos que pudessem me apróximar aos assuntos ligados às questões sociais, tanto que fui confundida com uma comunista, por ter uma visão ampliada e ser uma livre pensadora, além de enxergar o meio machista com que foi conduzida a educação das mulheres; sem contar a distinção na educação entre homens e mulheres, embutindo várias lendas na mente da mulher.

Breve relato

A longa trajetória lutando em favor do direito da mulher a partir da década de 1940 e as dificuldades imensas existentes na sociedade brasileira paternalista e machista sacrificou-me a vida sob o jugo de preconceitos e discriminações exacerbadas. Aos 25 anos de idade, com três livros publicados, voltados ao social, as perseguições políticas crescem. Mesmo não sendo ainda advogada, descubro ser a mulher casada nivelada a silvícolas pródigos e menores e, assim, relativamente incapaz. Mesmo com incríveis dificuldades financeiras e sendo convidada com despesas pagas, conheço a Europa, inclusive a União Soviética, os Estados Unidos, a América Latina e o Caribe. Observo, no mundo que conheci, uma mulher submissa e sua liberdade dependendo exclusivamente do homem. A visão histórica está concentrada somente no homem e que os gênios e os heróis sempre foram eles, ainda que medíocres. A partir de então meus estudos visam incluir--me na luta pela emancipação da mulher e tornou-se mais forte e objetivo. Aprofundei-me nos conhecimentos da mulher primitiva, desenvolvendo com competência as funções de médicas e legisladoras. Entretanto, desde a idade da pedra da pré-história, ela é vítima de crueldades e assassinatos. Mesmo assim as mulheres da Antiguidade emergem qual figura individualizada reclamando liberdade física total. Não há dúvidas da realidade histórica das mulheres guerreiras. Semiramis governou por quarenta e dois anos a Assíria e irrigou toda a Babilônia e foi reconhecida como a Mulher Deus. O Código de Hamurabi, 1.700 a.C., previa ser da mulher e dos filhos tudo que adquirisse. O mundo gozava de abundância e paz. Pelos fins da Antiguidade, o poder da mulher é tomado pelos homens. "Um homem para uma mulher e todas as mulheres para um homem." Surgem os preconceitos e as discriminações. O homem é Deus, a mulher máquina de fazer filhos, como um animal racional. A superioridade masculina é vista pelo, poder do falo, e a mulher desce ao nível da servidão tornando-se propriedade do homem com seu monopólio sexual. Na Revolução Neolítica, 9.000 anos a.C. fazem procissões de falos. A mulher torna-se peão no jogo do poder e são assassinadas e usurpadas por motivos fúteis. O macho dá forma e confiança na sociedade e na política. Aprofundei-me no estudo da emancipação da mulher na guerra dos sexos e atravesso os séculos de opressão e escravidão da em que vive no mais doloroso apartheide histórico, com a única função de ter filhos. A "matança das fêmeas" na Índia, sacos cheios de pedras com fêmeas atiradas ao mar, mulheres enterradas vivas e os horrores ainda vividos em um mundo que se aperfeiçoa, recria, inventa e apregoa a superioridade do homem. O amor, grande cúmplice do pensamento científico induz o homem a respeitar a mulher amada. Jesus Cristo transforma o ideal humano, mesmo assim a mulher continua usada e chamando o homem de meu senhor, como os escravos. O homem governa o mundo fazendo guerras em nome de Deus e da liberdade, matando impiedosamente seus irmãos. Credo político e religioso que domina hoje, amanhã é negado pelos líderes da humanidade.

Em 1990 fundei o Partido Brasileiro de Mulheres, verificando sua ausência nos quadros políticos por não ter o poder econômico. O machismo reinante no Congresso Nacional impediu seu registro, causando imenso prejuízo ao trabalho que alcancei em vinte e dois Estados do Brasil.

Meu nome fora indicado pelas Comissões Estaduais à presidência da República, caindo por terra à primeira tentativa de fundar-se um partido político, livre com visível força feminina e capaz de salvar o país da mais ignóbil corrupção, do analfabetismo e da pobreza, mãe do crime hediondo, fútil e passional. O planeta está sofrendo as consequências do machismo. Somente a mulher, governando os povos em proporções iguais, 50% homens e 50% mulheres o salvará. Porque a mãe da humanidade não mata o filho e reparte o pão de cada dia em pedaços iguais para cada um.

Curiosidade

- Após o Congresso é convidada pela Delegação Soviética para conhecer as Nações Socialistas. Declara, antes de partir, não ser e não conhecer o "comunismo", seguindo com a delegação brasileira para Moscou. Em seu retorno, foi presa e perseguida, sofreu várias discriminações, pois no ano seguinte candidata-se à Câmara Municipal de São Paulo, desenvolvendo com as mulheres esclarecimentos sobre a importância do poder político, competindo de forma igualitária e democrática com os homens. Por ter tido uma enorme chance de vitória, foi brutalmente expulsa do partido com a alegação de "subverter a ordem política social".

- Em 1964 sua Obra foi caçada, seus livros e um dossiê são rasgados. Foi presa e torturada, foi a única mulher entre 200 homens no navio Guaicará, ancorado às margens do Rio Paraguai. Oficiais das Forças Armadas decidem por sua prisão domiciliar, na Vila Militar, sob forte vigilância de soldados.

- "Aldenoura, uma das mais belas inteligências que encontrei na vida..." (Monteiro Lobato).

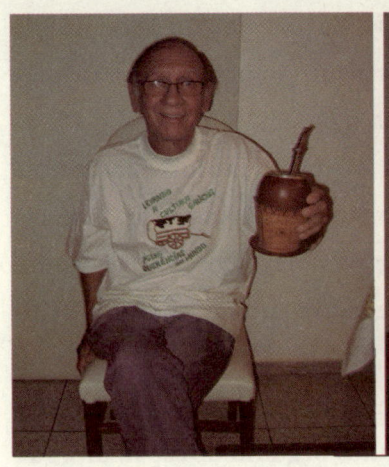

Nome completo: Aldir Clementi

Idade: 62 anos   Cidade que reside: São Paulo

Profissão: empresário

Área de atuação: tecnologia de informação

Perspectivas para o futuro (pessoal ou global): Aprender cada vez mais, crescer sempre, inovar a cada dia! Viemos a este mundo para aprender, ensinar, compreender, evoluis, mudar, crescer como seres humanos, e realizarmo-nos como pessoa, por meio do amor, da dedicação à família, de uma boa conduta pessoal e social e, principalmente, dando bons exemplos para que outros o sigam e acrescentem alguma coisa a mais, para que a humanidade siga a sua inequívoca e inexorável trajetória na senda da evolução para que vivamos num mundo cada vez melhor e mais civilizado.

O chimarrão, a cuia, a bomba, e a vó!!

A cuia e a bomba, que são objetos largamente usados no Rio Grande do Sul, me trazem à lembrança cenas inesquecíveis da minha adolescência, quando fui conhecer a família da minha avó no interior do Rio Grande do Sul e tomei contato com o hábito de matear (tomar chimarrão) dos gaúchos, o qual consiste em reunir amigos e parentes, e, ao pé do fogo e posicionados em roda, tomar chimarrão e contar "causos". Comprei o objeto em Porto Alegre, o trouxe para São Paulo e, desde então, abracei gauchamente o hábito de "matear" até hoje nos dias frios de São Paulo! O convívio com meus parentes gaúchos me marcaram muito e para sempre, principalmente porque descobri que a hospitalidade, o receber bem, o comer bem, o prosear descontraído e amigável fazem parte da cultura do povo do Rio Grande do Sul, que tem muito orgulho de espalhar a sua cultura aos quatro cantos do mundo!

E os Pampas então... Terra exuberante e viçosa, com lindos e verdes campos, lindas lagoas, profusão de pássaros e animais mais as cachoeiras e a serra!!!

Gente afável e bonita, sempre recebendo bem a gente de fora, com um largo sorriso e uma boa mesa!

Tri-legal, tchê!

Vamos matear e prosear?

O Rio Grande, o chimarrão, a cuia, a bomba, e a vó!

Vão me perguntar, de cara, o que uma coisa tem a ver com a outra, e eu respondo sem titubear: bah!!! Só tudo, tchê!!

Quando eu tinha meus 12 anos, minha avó Otília, magra, muito meiga e bem posta nos seus 60 anos de idade, nascida em Conceição do Arroio, cidadezinha do interior do Rio Grande do Sul, hoje Osório, terra do grande militar brasileiro general Osório, me fez um convite para conhecer seus parentes no Rio Grande do Sul. Ela tinha oito irmãos, dos quais seis ainda vivos, e era a caçula de todos, e a única que tinha saído para estudar em São Paulo com seus vinte e poucos anos, onde conheceu meu avô, colega de colégio, paulista de Santo Amaro, que na época era um município independente e vizinho de São Paulo.

Fiquei empolgado e ansioso como todo guri da minha idade nascido e criado em São Paulo.

Me perguntava a toda hora, e até sonhava direto com isso. O que será esse tal de Rio Grande? Como serão os gaúchos??

A imagem que eu tinha aqui, até então, é de que era um povo destemido, rude, brigador, grosseiro e mal-educado até, que não levava, de maneira nenhuma, desaforo para casa, e que lutava até a morte pelos seus princípios e ideais... E isso me assustava muito! Coisa de criança que conhecia um pouco de história, que tinha ouvido contristado e ficado até assustado com a notícia da morte de Getúlio em 1954, e da Revolução de 30 quando os gaúchos disseram que iam amarrar seus cavalos na praça da Sé, e cumpriram! Aí, me deu aquele medaço natural e inocente de criança, que partiria para um mundo totalmente desconhecido e completamente amedontrador!

Bem, pegamos um avião da Varig em Congonhas, um DC 3 Curtiss Commander, avião pequeno que cabia umas setenta pessoas no máximo, e despencamos para o Rio Grande do Sul.

Estava empolgado, era a minha primeira viagem de avião! Um glamour só, aeromoças, jovens, bonitas e supergentis perguntando a toda hora o que eu queria comer e beber! Me senti um perfeito reizinho!

Chegamos a Porto Alegre lá pelas quatro da tarde, e fomos direto para a casa de um sobrinho da minha avó que morava em Auxiliadora, um bairro residencial e muito gostoso de lá, e que ia nos hospedar. O calor estava de rachar, pois era janeiro e a temperatura passava dos 35 graus... Nunca passei tanto calor na minha vida! Por isso alguns chamam jocosamente Porto Alegre, no verão, de Forno Alegre, pois é muito quente!

Dias memoráveis e maravilhosos passei lá, e conheci tudo, ou quase tudo!

Aqui, é que começa realmente o trem da história, nos metemos em um ônibus, e fomos a Campo Bom, primeira etapa da vilegiatura interiorana no Rio Grande, para visitar o tio João, irmão um pouco mais velho de minha avó, que tinha na época seus 65 anos, e pioneiro na indústria calçadista rio-grandense. Que recepção, gente! Imaginem uma casa colonial típica alemã, você chegando e aquela reunião maravilhosa da família para te encontrar, com cuca, café, chocolate quente, biscoitos de tudo quanto é tipo, pães caseiros... Uma verdadeira orgia gastronômica típica e trivial para os alemães e descendentes!

No dia seguinte, fomos visitar o tio Rodolfo, um pouco mais velho, com 70 anos mais ou menos, e que morava em Sapiranga, cidadezinha próxima e que também era fabricante de calçados.

Bem, a minha maior surpresa, é que na casa dele, só ele é que falava português! Sua esposa, filhos e, pasmem, até os netos, só falavam alemão!

Eu suava frio e fiquei nervoso, e falei para a vovó: "Que faço agora, vó? Não falo alemão". Ela sorriu e disse: "Meu neto, não se preocupe, pois o tio Rodolfo traduzirá tudo para você", e adentrou a casa para conversar com sua cunhada e seus sobrinhos e me deixou sozinho com o tio. Confesso que gelei, quase morri de vergonha, mas o velhinho boa-praça, piscando, me disse: "Vamos para o alpendre atrás da casa que estou recebendo uns amigos para uma roda de chimarrão, e vamos matear e conversar".

O alpendre tinha em torno de 60m², era quadrado e tinha umas vinte cadeiras postas lado a lado em todos os quatro lados, e meu tio sentou-se na do meio, atrás da porta da cozinha, me botou sentado defronte a ele, e eu, pobrezinho, com 12 anos, cercado por alemães ou descendentes que não falavam nada de português!

Para me tranquilizar, tio Rodolfo falou em bom, correto e sonoro português: "Aldir, vou apresentá-lo aos meus amigos e traduzirei toda a conversa, pois sei que você não vai entender nada", e deu uma estrondosa gargalhada que foi acompanhada por seus amigos.

Aí, começou o ritual, ele pegou sua cuia, colocou a bomba, preencheu a cuia com o mate, pegou a térmica (garrafa térmica como é chamada no RGS) e a encheu com água quente, sorveu o primeiro gole e imediatamente passou a cuia e a térmica para seu amigo à sua esquerda, que fez a mesma coisa para o seguinte, até chegar em mim. Eu, trêmulo e boquiaberto, repeti o ritual e passei para o meu vizinho à esquerda, e a roda continuou por uma duas horas mais, com muito papo, muita risada e muita tradução do alemão para o português!

Essa foi a minha iniciação na cultura gaúcha, que preservo até hoje, mateando há anos nos dias frios relembrando a minha gente e em especial a minha querida oma (avó em alemão), que me deixou uma imensa e imorredoura saudade!!!

> **Curiosidade:**
>
> Origem nacional, produto artesanal, típico da região sul do Brasil, normalmente vendido como souvenir nas lojas de presente e *free shoppings* de aeroporto.

Nome completo: Alexandre Nascimento Salles

Idade: 35 anos   Cidade que reside: São Paulo

Profissão: Arquiteto e Urbanista

Área de atuação: arquitetura

Perspectivas para o futuro (pessoal ou global): Desenvolvimento de metodologias de convívio social focadas na recuperação da memória e da identidade das pessoas e dos lugares para desenvolvimento ou recuperação de espaços.

O anel de Zuza

Ele parecia completamente sólido. Negro, forte, baiano, sorriso largo e um coração gigante. Os cabelos brancos denunciavam a idade, mas as pessoas ao especularem sobre isso, com certeza, não eram muito felizes. Ele aparentava ter muito menos. Talvez pela forma com que enfrentava a vida: de frente e sorrindo. Às vezes, a cabeça esquentava, em uma argumentação sobre política, futebol ou religião, mas, no final, vencia o consenso: a amizade em primeiro lugar. Pedreiro de profissão, construiu boa parte da zona norte de São Paulo. Os filhos, sete no total, foram criados à base dos ensinamentos advindos da cidade de origem, Andaraí, no estado da Bahia, e da experiência do crescimento e da transformação da cidade escolhida como morada definitiva, São Paulo. A esposa, costureira de profissão e guerreira por natureza, foi a grande contribuinte dessa jornada. Adocicou os dias. Acalentou os passos que seriam dados. Justificou o casamento de mais cinquenta anos.

O nome dele é Zuza. Ou melhor, José Floriano do Nascimento. Mas todos aqui na zona norte o conhecem pelo apelido. Assim como os amigos e parentes deixados em Andaraí. Desde aquele famigerado e planejado dia, em que o caminhão passaria pela cidade, para buscar pessoas, mercadorias e sonhos e deixá-los no primeiro entreposto ferroviário. Era 1950.

Na mala, um costume de linho branco impecavelmente engomado, para a chegada em São Paulo. Seriam tantas cidades até o destino, mas a cabeça já havia lá chegado e o coração havia ficado na cidade natal, com a recém-casada esposa e a família. Logo, logo, seria enviado dinheiro para a também esperada mudança para São Paulo.

E assim tudo se deu.

Da cidade natal, além das lembranças e da saudade, na mão esquerda a aliança de casamento, na mão direita um anel de prata. Desenho simples, mas representativo. O objeto lavrava de vez a relação que os pais de Zuza haviam tido com o garimpo. Olhar o objeto era lembrar o significado imbuído nele; a história imbuída nele. Era o talismã, era a proteção dada a Zuza pelos pais, para ter sorte na trajetória em São Paulo.

E assim o fez.

O anel acompanhou o nascimento de filhos e netos, o levantamento de paredes e muros, os jogos no Estádio da Portuguesa, os doces preferidos, a desenvoltura da oratória para falar bem ou mal de algum político, a cachaça, o bom café, o carinho da família, o afago em Dicky, o cão fiel, o neto mais velho que havia passado no vestibular da USP e, por fim, as pontadas no coração.

Bisnetos, em sua maioria, não conseguiram conhecer o Zuza. Ele se foi em uma manhã de domingo, dia de missa, enquanto trabalhava em sua banca de jornal. Como de praxe, aos domingos eu fazia questão de buscar o jornal para recebê-lo pelas mãos do meu avô. Nesse dia, só tive tempo de envolvê-lo nos meus braços e acompanhar o seu último suspiro. Enfarto fulminante. Juntos, ali sentados no chão da banca de jornal.

Os dias se passaram ao funeral, e a minha mãe guardou o anel de prata como relíquia, em uma pequena caixa de madeira, na tentativa de preservar a memória do meu avô. Argumentei que concordava com a lembrança, mas não com a forma de conservá-la. Pedi a el, a permissão para usar o anel. Um pouco reticente, ela me concedeu. Zuza está comigo há doze anos, na mão direita, orientando os meus caminhos pela vida. Voltei recentemente a Andaraí para abençoar o anel. Memória viva.

Curiosidade:

Bisnetos em sua maioria, não conseguiram conhecer o Zuza. Ele se foi em uma manhã de domingo, dia de missa, na banca de jornal em que trabalhava. Como de praxe, aos domingos fazia questão de buscar o jornal, para tê-lo através das mãos do meu avô. Neste dia, só tive tempo de envolvê-lo nos meus braços e acompanhar o seu último suspiro. Enfarto fulminante. Juntos, ali sentados no chão da banca de jornal.

Nome completo: Alexandre Soares

Idade: 41 anos   Cidade que reside: São Paulo

Profissão: gerente administrativo

Área de atuação: administrativa/financeira

Perspectivas para o futuro (pessoal ou global): Estamos vivendo a importância do "ter". Essa busca sem limites relacionada a valores e poder remete-nos à falta de limites e ao respeito com o próximo. A competição é valorizada no cotidiano em diversas situações, a consequência é a frieza na ação e no sentir. Então, espero que um dia possamos viver num mundo em que as pessoas consigam respeitar, amar e sorrir, sem precisar matar, agredir e humilhar o outro pela condição social ou pela aparência. Que os valores de "ser" alguém sejam pela essência de caráter e personalidade.

Coruja

Por que coruja?

Porque é uma ave que sempre me fascinou com o seu olhar de experiente no reino animal, dando certeza que sabe e viu o segredo de todos os bichos. Lembra o olho da maçonaria – "o olho que tudo vê" – possuí algo misterioso, está sempre atenta às novidades perigosas ou não, mas não toma atitude antes da certeza daquilo que sentiu e viu. E fico pensando como a coruja é sábia, com sua maneira de ser observadora, pensativa, vendo as atitudes certas e erradas do reino animal e da humanidade. Sempre gostei muito de coruja e comecei a fazer minha coleção depois dos 35 anos. Tenho várias, bastante mesmo, mas não conto o número certo, pois me disseram uma vez que não pode. E eu? Acreditei! Então desde esse dia nunca contei.(risos) Tenho pequenas, grandes, de cristal, papel marchê, madeira, louça, e muitas outras. Mas todas são muito especiais, por dois motivos: adoro as corujas e são presentes de amigos que, em lugares distantes ou não, lembraram da minha humilde pessoa e da nossa valiosa amizade. Sinto muito ciúmes da minha modesta coleção. Não gosto que peguem as corujas de qualquer maneira, tem de ser com carinho e cuidado, e dessa maneira somente eu faço. Elas não são simples objetos de decoração, são tudo que eu acredito e admiro, e cada uma delas representa um amigo que tenho, e a história de passeio vivida por ele. Quando eles começam a contar como foi parece até que eu estava ali grudadinho com eles. Elas ficam em um lugar só delas em minha sala, visíveis para todos que entrarem. Engraçado que às vezes algum dos amigos percebe que tem uma nova coruja amiga e logo vão admirar, e perguntam quem deu? E dizem: "Que linda! Diferente! Que fofa! Nossa, essa outra eu ainda não tinha visto! (risos) O momento é gostoso e curioso também.

Parece que elas estão avaliando as pessoas que chegam, e com sabedoria e conhecimento racional aliado ao intuitivo. Eu acredito que as corujas conseguem transformar toda e qualquer energia negativa em energia positiva. Sinto-me uma coruja em minha vida e procuro, com reflexão, observar as minhas atitudes, agindo com sabedoria, justiça e olhos bem abertos. Porque viver é uma arte.

Curiosidade:

Deusa Athena (Minerva), pássaro exótico era seu mascote: "coruja" extremamente observador, curioso, visão apuradíssima, principal companhia da deusa, considerada a protetora da cidade de Atenas, uma das cidades mais importantes. Deusa das batalhas, do trabalho e da sabedoria na mitologia grega. Mulher extremamente sábia e forte guerreira. Frase do filósofo Hegel: "A coruja de Minerva (Athena) levanta vôo só ao entardecer...". Assim como a coruja levanta voo só ao entardecer, a filosofia avança sobre a história humana, desde que esta última tenha acontecido, isto é, a filosofia ocorre de modo a racionalizá-la.

Fotos: Felipe Perett

Souvenir importado USA
usado em veículos por fãs

Pulseira de prata Italiana-2001, com
nome gravado em baixo relevo

Fita Cartucho Elvis Inconcert 77

Jumpsuit Black Pirâmide -1971

Jumpsuit Mad Tiger - 1974

Jump Sweet Royal Blue Fireworks- 1972

Jumpsuit Flame- 1976

Nome completo: Alvaro Martins Alonço Neto – Elvinho (cover do Elvis Presley)

Idade: 31 anos   Cidade que reside: Santo André-SP

Profissão: Músico

Área de atuação: Entretenimento/Cultural

Perspectivas para o futuro (pessoal ou global): continuar disseminando a música de elvis presley pelos quatro cantos do mundo.

Site: www. elviselvinho. com

Estima e boas lembranças no embalo das ondas sonoras

Assim como Elvis Presley – que é meu grande ídolo e minha inspiração de vida –, sou um aficionado por carros antigos. Sempre que possível, participo dos eventos em que colecionadores se reúnem para compartilhar suas máquinas, suas experiências e suas histórias. Perdi as contas de quantos foram os encontros em que já estive, mas posso dizer que cada um deles me proporcionou momentos especiais.

Dentre todos, destaco um encontro realizado em 2007, no interior de São Paulo. Eu estava lá com meu Dodge Dart. Em dado momento, enquanto caminhava entre os stands dos expositores, me deparei com um objeto sensacional, algo que eu sonhava em ter desde pequeno, e nunca pensei que encontraria ali. Era uma fita-cartucho contendo o show ELVIS IN CONCERT, o último que Elvis Presley fez em sua vida, em 1977.

Considerado um artigo de luxo nos anos 60/70, essa fita na verdade são 4 tapes em 1. Somente os figurões da alta sociedade da época tinham em seus carros equipamentos toca-fitas capazes de reproduzir esse tipo de cartucho.

Quando eu tinha meus 10 ou 12 anos de idade, tive a imensa felicidade de ouvir um cartucho semelhante no Dodge Dart de um amigo muito querido, o seu Manoel... Boas lembranças....

Com o passar dos anos, a tecnologia evoluiu muito, em especial no setor dos eletroeletrônicos. Muitos jovens nunca nem viram os charmosos toca-fitas de cartucho ou cassete. Atualmente, quando o assunto é ouvir músicas, imperam os mp4, iPods e celulares cheios de tecnologia. Para imagens, até o badalado DVD de poucos anos já está ficando obsoleto, e cedendo glamour para os equipamentos Blu-Ray.

A verdade é que, hoje em dia, nem tenho como ouvir essa fita-cartucho que trago comigo com tanta estima, porque me falta o equipamento adequado. Tenho esse mesmo show de Elvis gravado em outros tipos de mídia e todos me emocionam. Mas nada se compara ao valor emocional que esse objeto antigo representa para mim.

Mais do que conter a versão original do último show do Rei, o cartucho faz em mim um efeito mágico, como se me colocasse mais perto do meu ídolo, como se me levasse de volta aos anos 70 em que Elvis arrebatava o mundo com seu talento e eu ainda nem era nascido...

Desde que o adquiri, trago esse objeto bem guardadinho em uma gaveta separada no meu guarda-roupa, onde estão outros artigos que coleciono e também me são de grande estima!

Toda vez que o pego nas mãos, me vem à mente um cenário bonito, com uma bela manhã de sol, céu azul, eu brincando de carrinho na rua, bem molequinho, ouvindo Elvis no Dodge Dart do seu Manoel – com quem ouvi a fita-cartucho pela primeira vez...

Uma joia mais do que rara

Assistir a filmes antigos na TV, estrelados por meus ídolos Elvis Presley e Roberto Carlos, sempre foi um dos meus passatempos favoritos, desde a infância. Eu curtia muito as histórias dos longas-metragens, os belos cenários e, como não poderia deixar de ser, a trilha sonora.

Mas havia um detalhe que chamava muito a minha atenção: uma pulseira grossa de prata que ambos costumavam usar no pulso. A mim, aquele tornou-se um símbolo de respeito. E ter uma só minha era um sonho que passei a perseguir. Um sonho que realizei há cerca de dez anos...

Com o lucro que tive com meu primeiro espetáculo como intérprete e cover de Elvis Presley, mandei fazer uma bela pulseira para mim, em prata pura, com 1cm de largura e 3mm de espessura, e com meu nome Elvinho gravado nela.

Ela fica guardadinha numa caixa artesanal de veludo, como uma joia rara – que é o que ela representa para mim.

Lembranças penduradas no vidro

Uma espécie de amuleto da sorte. É assim que considero esse que é um objeto simples na forma, mas grandioso no valor que representa para mim. Refiro-me a uma miniatura de Elvis Presley, feita de resina, desses bonequinhos que vêm pendurados por uma ventosa, para se grudar em vidros de carro ou janelas.

O ano era 1998 e o local, mais uma vez, uma feira de carro antigos. O evento havia terminado e eu me preparava para voltar para casa quando fui abordado por um rapaz montado em uma lindíssima motocicleta. "Hey, Elvis, tudo bem?" Supreso, agradeci pelo "Elvis" e ele me disse: "Cara, tenho algo que vai combinar, e muito, com você e com esse seu Dodge Dart (um modelo 1977 verde metálico)...".

Foi quando ele tirou do bolso interno da jaqueta de couro que vestia um pequeno Elvis: "Desse eu não posso me desfazer. Mas tenho um 'zerinho', importado direto de Memphis, no Tennesse (EUA)".

Interessei-me na mesma hora e marquei de nos reencontrarmos na semana seguinte, para que eu pudesse concluir a compra. Não me lembro exatamente quanto paguei pelo bonequinho, mas de ter sido caro. Bem caro até... Eu ainda trabalhava como motorista de caminhão e minha renda era bastante limitada. Mas tinha sido como paixão à primeira vista. Valia apertar o cerco das finanças naquele momento para poder realizar um desejo ímpar.

Curiosidade:

Os Trajes do Elvinho são réplicas confeccionadas no Brasil baseadas nos trajes originais, tendo o acabamento com pedrarias coladas uma a uma pelo próprio Elvinho.

Nome completo: Ana Maria Soares

Idade: 70 anos   Cidade que reside: São Paulo

Profissão: aposentada

Área de atuação: Administrativa

Perspectivas para o futuro (pessoal ou global): Minhas perspectivas para o futuro são simples e reais: quero ter novos horizontes a serem descobertos, como a vida virtual, ou melhor dizendo, aprender alguma coisa sobre informática, pois fico frustrada quando ouço os jovens conversando, falando normalmente expressões que conheço porque leio muito, como deu um "insite", "deletei e esqueci"; "estou hoje com mil gigabytes no total", etc. Quero viajar porque acho o máximo ir para lugares desconhecidos, aqui do Brasil mesmo; quero cursar uma faculdade, não aquela da terceira idade, uma faculdade com vestibular e todos os desafios para conseguir uma vaga; e quero continuar a ser o que mais gosto: uma mãezona preocupada com os filhos e netos, mas sempre antenada com o mundo. Ah! Esqueci, para conversar com algumas amigas e assistir a filmes em inglês sem legendas!

O espelho mágico

A história do meu espelho se inicia em 1960, quando eu e meu noivo fomos até São Bernardo do Campo comprar o dormitório de casamento.

Ao entrar na loja, deparei-me com um lindo, mas o que chamou a minha atenção foi a penteadeira. Aquelas antigas e que não encontramos mais, onde as mulheres colocavam seus perfumes, escovas de cabelos, maquiagens, pentes, e tinha uma banqueta para nos sentarmos e nos arrumarmos. E a penteadeira tinha um espelho de 1, 4 cm de largura por 0, 6 cm de altura, em cristal com bizotê. Ele me encantou, e fiquei apaixonada por ele. Claro, compramos o dormitório e, no ano seguinte, quando marcamos a data para o casamento, o dormitório foi montado, esperei esse dia com enorme expectativa, pois tinha chegado o dia de estar com o espelho que fiquei encantada e tive uma enorme surpresa: estava sentada em frente ao espelho, quando ouvi: "É isso mesmo que você deseja?". Fiquei sem entender e ponderei a questão ao invés de ficar assustada com a enormidade da pergunta. E ainda mais assustada quando tive uma resposta que não esperava: "Não é isso que eu desejo, mas agora nada mais pode ser feito", e casei! Desse dia em diante nasceu uma relação de amizade com muitas verdades. Essa particularidade, confiança e magia existe até hoje entre nós. Com o passar dos anos, a penteadeira e os móveis que faziam parte do dormitório foram substituídos por outros. Mas o amigo confidente e revelador das verdades continua comigo. Pois sempre que tenho alguma dúvida ou se estou triste, sento-me em frente ao espelho, que agora está colocado na parede de meu quarto. E, lógico, as medidas se inverteram e pergunto o que você acha de todos esses anos? A resposta é rápida e verdadeira. Ele diz: você foi abençoada por dois filhos, uma neta que faz aniversário na mesma data que você e um neto que chegou para felicidade da família. E o amigo, o Dr. Espelho, contínua aconselhando e fazendo eu refletir com as respostas certas, mas às vezes, por teimosia, não dou ouvidos ao que ele responde. E então sofro por não ter escutado o meu amigo. Não posso deixar de contar que ele já participou e continua participando de vários momentos de alegria e felicidade. Eu estava me arrumando para alguma ocasião especial, e nele era refletido o brilho dos meus olhos. Tenho certeza que ele assimilou quem sou eu, pois para saber tanto de mim e poder dar tantos conselhos, é porque ele viveu várias emoções.

Quando alguém fica em frente a ele, fico atenta e olhando para o rosto da pessoa, vendo se noto qualquer tipo de surpresa, amizade ou medo. Mas o meu amigo é fiel, só conversa comigo e posso ficar tranquila.

> Curiosidade:
>
> Essa é a história de meu espelho maravilhoso, que sentiu as minhas emoções, viu a mudança em meu rosto, meu corpo em 50 anos de relacionamento, e nunca criticou nada, só elogia até hoje: "Você está linda!".

Foto: Viviane Sabbag Niccheri

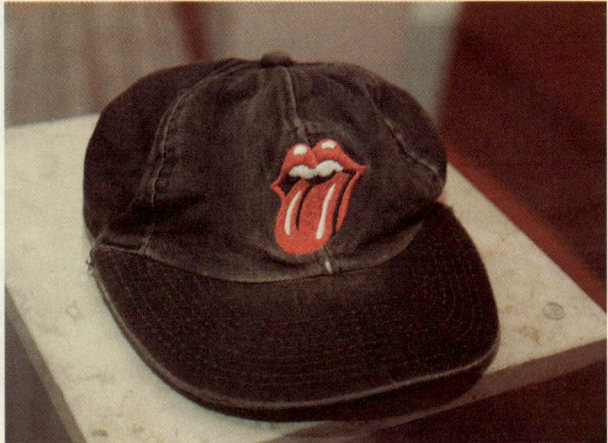

Nome completo: Ana Paula Arcuri

Idade: 47 anos   Cidade que reside: São Paulo

Profissão: apresentadora de TV

Área de atuação: publicidade, novela, teatro, teatro-empresa.

Perspectivas para o futuro pessoal: Sucesso e estabilidade na carreira de atriz.

Perspectivas globais: Paz.

Sonho, realização, boné

Minha relação, identificação, apego com um simples boné (para alguns) tem a ver com aquela lista de sonhos quando se é jovem, e está com a mesma importância da carreira, amor. O boné me traz emoções misturadas e boas, muito boas.

Como nota-se, o símbolo é da banda de rock'n'roll Rolling Stones, pois bem ela nasceu em 1963 e eu também. Uma banda conheci bem depois, por intermédio de amigos Eliana, Thomas e me apaixonei fã total.

Aí, na minha lista de sonhos, foi pararo desejo de assistir um show dos Stones. Sim, sonho. Eles nunca tinham vindo para cá e eu nunca saí do país; então, para vê-los, teria de viajar para o exterior.

E simplesmente em 1994 anunciaram "Stones no Brasil" para fazer dois shows, fizeram três eu fui em todos no Pacaembu.

Na época tinha acabado de chegar do Rio; após a tentativa de batalhar carreira de atriz, cheguei aqui e fui trabalhar com pesquisa de mercado, e fui a primeira a chegar para comprar os ingressos para os três dias, e gastei o dinheiro que ganhei durante a semana, mais feliz, muito feliz!

E era a primeira vez na vida que eu tinha deixado de ser responsável.

Chegou o grande dia e assisti o show debaixo de um temporal. E foi lindo, depois veio o segundo.

O terceiro dia. Ah! Era como se tivessem me transferido para outro mundo, onde eu só sentiria prazer e alegria, nada de preocupações nem decepções.

No último dia fui ver tudo que estava sendo vendido com a marca da banda, e a única coisa que eu podia comprar era o boné. Fiquei feliz porque ele poderia me acompanhar em outro lugar que amo: a praia.

Muitos verões fui com ele a Búzios, com queridas amigas cariocas que eu amo.

Mas acho que em 2002 ou um pouco mais, é claro, o boné já estava desbotado, torto.

Uma amiga carioca, Graça, me falou "Não use mais, está feio", eu disse que não consiguiria, pois é um apego emocional". Ela falou então para eu guardá-lo com todo meu amor em algum lugar na sua casa, porque senão ia jogá-lo no mar". Rimos muito e foi o que fiz: guardei-o e ele virou meu objeto memória.

Curiosidade:

Foi comprado no primeiro show realizado no Brasil pelos Rollings Stones em 1994, sendo que eles iniciaram carreira em 1963.

Nome completo: Andréia Cristina Tafuri Milagres

Idade: 45 anos   Cidade que reside: Barbacena-MG

Profissão: jornalista, técnica em ecologia e meio ambiente, geógrafa, professora de inglês e mãe

Área de atuação: educação ambiental

Perspectivas para o futuro (pessoal ou global): Um mundo real, com muitos sonhos, buscas, realizações. Afinal, viver é uma arte e os sonhos nos tornam vivos e protagonistas de nossas histórias.

As agendas

Ontem, hoje e amanhã, quem disse que conto de fadas não acontecem... Não são apenas estórias, mas existem histórias...

Trajava verde, parado na porta, eu o olhava, o amava como se já o amasse, e era a primeira vez que o via. Os sentimentos começaram a fluir, era admiração, carinho, respeito, cumplicidade. Apenas no olhar, depositava meus sonhos mais sinceros, o sonho em que acreditava estar vivendo.

O tempo passa, passou, mudamos, o que era constante tornou-se apenas lembrança. Mas acreditava no sonho, por isso sempre parecia possível. Os sonhos começaram a ser reais, o laço tornou-se ponta de alma e espírito. A busca, uma procura incansável, e muitas vezes a tristeza de que eu posso fazer minhas escolhas, posso amar por amor, mas não posso me fazer amada. Veio a tristeza, a melancolia, a dor e o amor, o amor que vence o efêmero e se eterniza na sinceridade, no sentimento verdadeiro. Troca-se a realidade e vive-se o sonho, e é assim o amor, o amor doído que não é recíproco. Que não lhe tira a vida, mas faz parte da vida. Entre o sonhar, um momento ali e outro acolá, tocava-lhe a face, sei que não gosta, mas tocar me fazia viva. O tempo me fez ouvir sua voz, ver seu rosto mesmo com você sempre ausente. É o amor, o meu amor por você. Não preciso da presença, mesmo que seja mágica, pois a magia consigo ter ao olhar o sol, as estrelas e ver neles uma parte do meu amor por você.

Cada dia uma mensagem, algumas palavras que não deixam esse amor passar, que passa e marca, que doa, e não apega, que fica e não se tem. Afinal, não é possível perder o que nunca se teve...

Nas páginas de cada dia, uma letra, uma data, uma frase, o amor de uma princesa por seu príncipe existe, existe no coração de cada um que o sente, é real, pois se acreditarmos... Quem sabe o sonho se realiza?

Entre as lembranças das palavras, a lembrança do olhar, do verde, como lhe cai bem. Zangado muitas vezes ficava, mas qual de nós vive sem emoções.

Durante todos esses anos sonhei, acreditei, queria poder viver esse amor, mas o meu destino, traçado num dia 13, entre a opção de entrar no ônibus e viver meu grande amor. Perder a passagem e dizer ao motorista, não há preço a escolha de um destino. Esperar um telefonema e a certeza que era o risco, risco de viver o amor e a certeza que seria por um momento. Outro ônibus, um risco de não saber o que viveria. Vivi, arrisquei, cada momento como único, o sonho de uma princesa, as badaladas do relógio, e, depois, viver a realidade de ter vivido o sonho, torná-lo real, mas não poder mudar o destino, uma escolha que não seria só minha. Não se vive de passado, mas tive a chance de ter um passado de sonho para me lembrar, pois eu sonhei, lutei, acreditei, amei e amo. Existe, sim, um amor que vence o tempo e o infinito, o amor verdadeiro, que amor que entrega e não recebe, que doa e não tem. Não é sofrer, mas uma chance ímpar de se ter, viver e sonhar, um amor de conto de fadas.

Curiosidade:

Meu objeto pessoal é uma coletânea de agendas. Nelas escrevi cada momento da passagem de um grande e verdadeiro amor. As agendas foram presenteadas por amigos que sabem que escrevo cada dia de meu dia a dia.

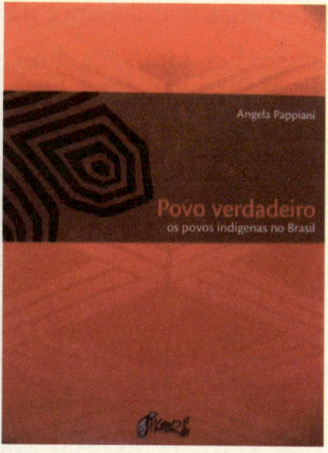

Nome completo: Angela Maria Pappiani

Idade: 55 anos　　　　　　　Cidade que reside: São Paulo

Profissão: jornalista

Áreas de atuação: jornalista, escritora, produtora cultural

Perspectivas para o futuro (pessoal ou global): trabalhar para "manter o céu suspenso", assim como trabalham física e espiritualmente todos os povos tradicionais para que o equilíbrio, a harmonia, a saúde, a beleza e a alegria prevaleçam sobre as forças destrutivas.

Histórias de avô

Era uma vez uma menina que se sentava de pernas cruzadas no chão de cimento de uma casa humilde no bairro do Ipiranga junto a seu avô, um filho de italianos, ruivo e sardento, para ouvir as histórias fantásticas que ele contava. As que a menina mais gostava, as que a deixavam de olhos arregalados, os pelos do corpo arrepiados e invadiam seus sonhos eram sobre a floresta e os povos que ali viviam.

Ela nunca soube de onde o avô tirava as histórias maravilhosas que ele criava, com detalhes, sabores, cheiros de mata e de urucum. Ele mas sabia escrever seu nome, não lia, não tinha televisão em casa.

A menina cresceu sonhando com os rios e as florestas, com os cantos e cerimônias indígenas, com o conhecimento dos velhos sábios que aprendeu a admirar. A trajetória normal para as meninas que nasciam naquele lugar, naquela época, era de se tornarem mães e donas de casa. No máximo professoras primárias. Mas os sonhos e o destino conspiraram a favor e a levaram por caminhos impensáveis. A menina se formou jornalista e depois o amor pela causa indígena e por uma pessoa em especial a fizeram conhecer de perto as histórias e paisagens que herdara da fantasia de seu avô.

Essa é minha história e hoje, quando subo o rio Curusevo nas canoas com os amigos Mehinaku, ou quando ando nos vastos campos do cerrado com o povo Xavante, ou quando navego pelo Rio Jordão com os Kaxinawá, as narrativas de meu avô Antonio tomam vida.

Minha casa hoje é uma extensão das viagens para as aldeias, do trabalho de quase trinta anos com os povos indígenas. Estou cercada de objetos que têm um significado forte e poderoso, mas não consegui eleger nenhum deles como o "meu objeto". O que ficou de mais forte e simbólico em minha vida foi essa herança recebida de meu avô, o gosto pelas histórias, o amor pelos povos originários, pela natureza, pela espiritualidade. Talvez eu tenha herdado também esse dom de contar histórias e meu desejo é que elas possam tocar o coração das pessoas e transformar os seus caminhos, assim como o meu foi transformado.

Por isso escolhi o livro *Povo Verdadeiro* como símbolo dessa caminhada e do trabalho que compartilho com tantas etnias e amigos para jogar luz sobre as culturas e sobre a sabedoria milenar dos povos indígenas de nosso país. Povos que são invisíveis aos olhos da sociedade e do governo, que lutam contra um modo de vida desconectado da natureza e do mundo espiritual que passa por cima das aldeias, do patrimônio físico e cultural que deveriam ser o orgulho de nosso país.

Esses povos cantam e tocam o maracá para manter o céu suspenso, para manter a conexão com o mundo espiritual e preservar o equilíbrio necessário para a vida. E quando fazem isso, quando mantêm sua cultura e sabedoria e usam seu poder para o bem de todo o planeta estão cuidando também de nós, os brancos, os estrangeiros que chegaram a essa terra e não souberam respeitá-la, não conseguiram criar uma civilização em que o melhor de cada cultura fosse reverenciado e acolhido.

Hoje quero reverenciar e agradecer a presença em minha vida de meu avô e de tantos sábios que já partiram deste mundo, agradecer o companheirismo e a generosidade de tantas pessoas que estão nas aldeias de todo o Brasil e também nas aldeias de outros lugares do mundo, por me permitirem saborear de sua sabedoria e conhecimento. E desejar que as memórias que ficaram guardadas em mim como tesouros possam ser compartilhadas com outras pessoas, para que nossa presença nesta terra tenha um sentido maior e verdadeiro.

Ané si!

Curiosidade:

O objeto-símbolo escolhido é um livro, de minha autoria, publicado em 2009 na cidade de São Paulo.

Fotos: Nelson Takeyama

Nome completo: Ângelo Máximo (Ângelo Ismael Máximo)

Idade: 62 anos				Cidade que reside: São Paulo

Profissão: empresário, cantor e intérprete

Área de atuação: música, entretenimento e gastronomia

Perspectivas para o futuro (pessoal ou global): Planos de aumentar a rede de restaurantes hoje compostas pelo Ângelo I e Ângelo II, localizados no bairro do Brooklin e fazer investimentos na carreira de cantor.

Ângelo Máximo – o Elvis brasileiro

Nascido em Goiânia (GO), região do Brasil que tradicionalmente revela grandes talentos músicais, Ângelo Máximo surgiu no cenário artístico em 1971. Desde os 8 anos de idade, destacava-se por interpretar as canções do cantor mirim espanhol Joselito, sucesso da época. Ainda jovem, muda-se para Brasília e começa a interpretar músicas dos artistas da Jovem Guarda.

Após algum tempo, muda-se para São Paulo e tenta a sorte em programas de calouros, tornando-se em pouco tempo um dos maiores ídolos nacionais com reconhecimento por todo o país. Ângelo Máximo foi também um dos galãs mais requisitados pelo programa Silvio Santos, no quadro "Os galãs cantam e dançam aos domingos", e como fã do cantor Elvis Presley, apresentava-se de maneira semelhante com costeletas e macacões iguais ao "Rei do Rock". Além de gravar diversas versões de músicas do Elvis, atingiu os primeiros lugares nas paradas da rádio no Brasil, e conquistou discos de ouro.

Ângelo Máximo já representou o Brasil em países como Estados Unidos, Canadá e diversos países europeus, assim como em festivais pela América Latina. Entre seus grandes sucessos estão *Domingo Feliz*, *A Primeira namorada*, *Vem me Fazer Feliz*, *Barril de Chopp"* e *Minhas sem Você*.

Recentemente lançou um CD, em que regravou, com nova roupagem, um de seu maiores sucessos *Domingo Feliz*, entre outras músicas inéditas como: *Eu Nunca Mais Vou Te Esquecer* de Moacyr Franco, *Coisas do Passado* e *Vou Morrer de Rir*, mais um belíssimo trabalho que merece destaque em sua discoteca.

Além da música, Ângelo Máximo dedica-se também ao ramo da gastronomia, mantendo restaurante na capital de São Paulo, e continua se apresentando em programas de TV e fazendo shows pelo país.

Objeto: O meu objeto, na realidade, são vários ou apenas um, representado por vários macacões ao longo da primeira fase da minha carreira. Na busca de uma identidade, fui o primeiro artista brasileiro a utilizar macacões réplicas dos que o Elvis Presley utilizava em seus shows, e isso virou a minha marca.

Eram vários e coloridos, feitas à mão pelo alfaiate Clóvis no bairro do Bom Retiro. Não tinha uma cor preferida, gostava de todas: amarela, branca, azul, preta, azul-turquesa e outras cores. Foram mais de mil shows Brasil afora e também Estados Unidos e Canadá, no período de 1973 a 1975, sempre utilizando esses trajes. Foi uma época muito especial e que certamente ficará marcada para sempre em minha vida como músico. Conheci pessoas especiais, em viagens ainda mais especiais.

Foi a partir do final de 1975 e orientado pelo meu empresário Geraldo Alves que decidimos abandonar os macacões e adotar os paletós com cravo na lapela, indicando uma nova fase em minha carreira de cantor.

Curiosidade

Os meus macacões foram doados aos meus diversos fã-clubes espalhados no Brasil, que hoje fazem questão de mantê-los conservados, para que os fãs possam ter acesso e conhecer um pouco desse trabalho que, para mim, foi fantástico e inesquecível.

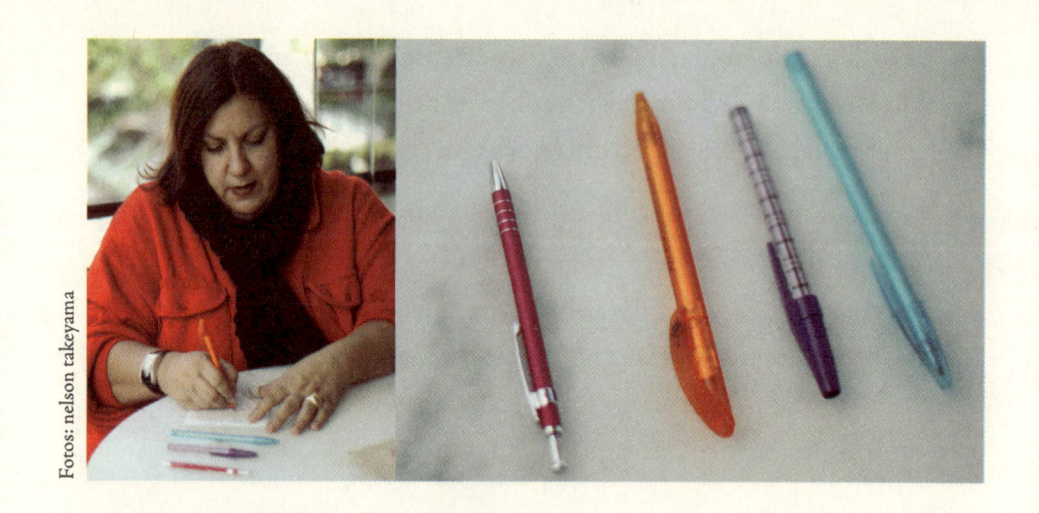

Nome completo: Anna Helena Krum de Almeida

Idade: 50 anos   Cidade que reside: São Paulo

Profissão: professora de línguas

Área de atuação: língua inglesa, português, francês

Perspectivas para o futuro (pessoal ou global): aprimorar-me sempre profissionalmente, ser a cada ano uma pessoa melhor em todos os sentidos, espiritual, material... Ter sempre saúde, paz e tranquilidade. Ter mais chances de melhorar a educação no Brasil.

A magia das canetas

Desde criança, sempre fui apaixonada por lápis e canetas.

Estudei no Externato Ofélia Fonseca, tradicional colégio na Rua Bahia.

Até aula de caligrafia a gente tinha no primário. Eu adorava. Também tínhamos aula de desenho geométrico e artes, é eu sempre apaixonada por canetas.

Por mais que pareça uma coisa jurássica, pois estamos na era da tecnologia, e a internet é uma grande descoberta e impulsionou muito a comunicação rápida, devemos lembrar das boas coisas que se fazem, com lápis e canetas.

Uma criança na escola ou em casa faz desenhos, basta lhe dar uma folha de papel, um lápis ou uma caneta e ela fará várias coisas, mesmo que no começo sejam só rabiscos.

E também devemos pensar que as pessoas mais velhas muitas vezes não gostam ou não sabem usar computador. e é claro, aí também dependemos da conexão.

Existe coisa mais gostosa do que receber uma carta ou um cartão-postal de alguém que a gente gosta? Podemos sentir o amor, o carinho e a consideração que existe nesse ato.

Quando estamos longe de nossos famíliares e amigos, receber um cartão-postal, que seja, é um bálsamo que ajuda a acalmar a saudade.

A caneta é um grande instrumento de trabalho para professores, advogados, médicos., etc...

E também é mais barato, acessível a quase todo mundo.

Um adulto, se ainda precisar ser alfabetizado, será, com a ajuda de seu professor, com papel, lápis e caneta.

Um email, concordo, é mais rápido, mas, às vezes, os deletamos. É impessoal. Nem todos, como já disse, tem contato ou acesso diário à internet.

Documentos sérios são sempre assinados com uma caneta. Não importa se uma Bic ou uma Montblanc, o computador não pode fazer isso por você.

E existe também a questão da segurança, pois existem exames como o grafotecnico, que prova se a letra é sua ou não.

A grafologia também te dá bons conhecimentos a respeito da sua personalidade. É a análise de sua escrita.

Um idoso, se está com alguma limitação, pode ditar o que quer que seja escrito e alguém fará isso para ele.

Uma carta, um cartão, sempre chegam ao seu destinatário. Se não chegar, volta para você com as instruções marcadas pelo carteiro, porque não chegou.

Quando eu estudava na Suíça, adorava receber as cartas e cartões que me mandavam. E eu também mandava muitos.

Imagina que delícia, escrever com carinho aos pais, avós, irmãos, amigos... Amores.

Acredito que ainda tem muita gente que concorda comigo.

Sei de pessoas que guardam cartas, cartões, bilhetes, por anos, por uma vida toda. E é gostoso ler e reler, refletir sobre algo que recebemos ou que nós mesmos escrevemos. É personalizado, elegante.

É mais chique receber um convite manuscrito. E a gente reconhece a letra da pessoa.

Podemos fazer várias coisas com uma caneta. Pensei só nas boas, nas construtivas.

E você, tem sua caneta predileta?

Curiosidade:

Existem várias canetas, que além de escrever, têm outras funções, tais como: diversão como se fosse um brinquedo, utilitária (como a que estica um metro e pode ser usada como haste), a de laser e também a que tem função de lanterna.

Foto: Nelson Takeyama

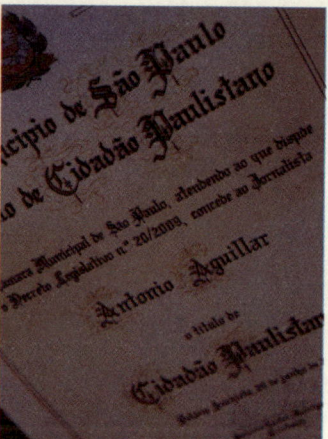

Nome completo: Antonio Aguillar

Idade: 82 anos   Cidade que reside: São Paulo

Profissão: Jornalista, Radialista

Área de atuação: Música

Perspectivas para o futuro (pessoal ou global): Tive muitas alegrias na vida, hoje não tenho preocupações, procuro somente viver a vida tranquila, da melhor maneira possível, fotografando, realizando os shows da Jovem Guarda e cuidando da saúde.

Ter a família sempre próxima é primordial, significa tudo na vida de um ser humano.

O precursor da Jovem Guarda

Antonio Aguillar, natural de São José do Rio Preto, Estado de São Paulo, nasceu dia 18 de outubro de 1929. Deixou a casa de seus pais aos 18 anos de idade para morar em São Paulo, onde trabalhou e completou seus estudos. Em 1950 tornou-se jornalista profissional do jornal *O Estado de S. Paulo*, que inaugurava sua nova sede na rua Major Quedinho,

28, centro de São Paulo. Nesse periódico, ficou de 1950 a 1960 exercendo as mais diversas funções: redator, arquivista, repórter policial, repórter fotográfico, etc.

Ao deixar o jornal, Aguillar já tinha outra intenção profissional. Queria se tornar um radialista. Durante o período em que trabalhou no Estadão, Aguillar fez uma temporada na Rádio 9 de Julho, como chefe do departamento de jornalismo da emissora de propriedade do Clero na rua Wenceslau Braz, 78, Sé.

Em 1960 recebeu convite para trabalhar como locutor comercial da Rádio Excelsior de São Paulo (CBN, hoje). Em 1961 transferiu-se para a Rádio Nacional de São Paulo (Globo, hoje).

A Excelsior e Nacional pertenciam à Organização Victor Costa. Nela trabalhou durante vinte e cinco anos, onde se aposentou em 1981. Seus programas de rádio se tornaram famosos. Inicialmente fez o programa aí vem o pato na Rádio Nacional de São Paulo, rua Sebastião Pereira, 217, onde hoje passa a linha do Metrô Sta. Cecília. Depois apresentou o programa Clube dos Garotos, produzido pela professora Zita Martins. Em 1962, com a nova onda músical Rock'n roll, Aguillar foi convidado a apresentar um programa para a juventude, denominado Ritmos para a Juventude. Esse programa teve grande audiência e nele o DJ da juventude feliz e sadia criou alguns grupos músicais e lançou muitos cantores do chamado movimento da música jovem.

Nesse meio tempo, fez seu programa ao vivo na TV Paulista, canal 5 com o nome de Ritmos para a Juventude. Depois, em 1963, foi para a TV Excelsior – canal 9, na rua Nestor Pestana, 196 – e lançou o programa Festival da Juventude e em 1964 recebeu o convite do Sr. Paulo Machado de Carvalho para fazer um programa de música jovem no Teatro Record de São Paulo, onde funcionava a programação ao vivo da TV Record, canal 7. Como o comunicador tinha uma grande bagagem, levou para a Rua da Consolação onde funcionava o Teatro Record, The Clevers, The Jet Blacks, The Jordans, Os Vips, Sérgio Reis, Roberto

Carlos, Nilton Cesar, Meyre Pavão, Dick Danello, Carlos Gonzaga, entre outros, e a programação dominical era um grande sucesso, chegando a superlotar o auditório. Depois, Aguillar retornou a Globo para fazer o seu programa pela TV Globo em São Paulo, na Rua das Palmeiras, 315, e Roberto Carlos foi convidado por Paulo Machado de Carvalho a continuar essa programação com o nome de Jovem Guarda. Daí para frente nem é preciso dizer mais nada. Roberto Carlos pegou o "bonde andando" e nem é preciso dizer o grande sucesso alcançado em tão pouco tempo. O programa Jovem Guarda teve início no Teatro Record, dia 22 de novembro de 1965 e depois foi para o Teatro Paramount e acabou em 1968.

Antonio Aguillar foi para São José do Rio Preto em 1981 e dirigiu a Rádio Estéreo Show e fez programas em diversas emissoras da cidade. Em 1994 mudou-se para Santos e dirigiu a Rádio Clube de Santos e trabalhou em outras emissoras.

Retornou a São Paulo em 2005, lançou o livro *Histórias da Jovem Guarda*, entrou na Rádio Capital AM – 1040 kHz, e faz o seu programa Jovens Tardes de Domingo há mais de cinco anos aos domingos das 12 horas às 13h30, ao vivo.

No ano passado, relançou a banda The Clevers, com um CD *Reencontro com The Clevers* e um repertório da melhor qualidade, tendo como participantes especiais, Sérgio Reis, Jerry Adriani, Waldireni, Carlos Gonzaga e Demétrius.

Objeto: Título de Cidadão Paulistano

Fotógrafo, jornalista, apresentador e locutor foram algumas das funções ocupadas por Antonio Aguillar. Em 2 de outubro de 2010 recebeu da Câmara Municipal o Título de Cidadão Paulistano. A iniciativa foi do vereador Paulo Frange (PTB). "Era uma época muito difícil, foi um ato de aventura. Ele venceu barreiras, fez amigos, construiu uma carreira e consolidou a memória de São Paulo", disse Frange

Curiosidade:

O Título de Cidadão Paulistano era para ser entregue a Roberto Carlos, que já tinha o título desde 1968, por esse motivo e pela minha trajetória na música, fui indicado com muita honra pela Wilma Aguiar (esposa do falecido comunicador Carlos Aguiar) ao Título de Cidadão Paulistano em 10 de outubro de 2009, com a presença de grandes nomes da música brasileira, inclusive a banda The Clevers fez um show em minha homenagem.

No plenário, normalmente durante as cerimônias, só pode ser tocado o Hino Nacional, porém, em virtude da minha trajetória importante na música, houve uma quebra de protocolo e foi aberta uma exceção autorizando a presença dos artistas e a apresentação da banda The Clevers.

Nome completo: Antonio Saturnino Junior
Idade: 27 anos   Cidade que reside: São Paulo
Profissão: assessor de imprensa e estudante de jornalismo
Área de atuação: jornal impresso
Perspectivas para o futuro (pessoal ou global): Ensinar jornalismo a jovens de comunidades carentes. Além disso, parte do projeto seria a criação de uma rádio comunitária ou de um jornal (ou revista) de bairro, desenvolvido pelos próprios jovens atendidos.

A gravata

Durante alguns anos morei no Rio Grande do Sul, onde trabalhei como voluntário. Foi uma época de muito aprendizado e autoconhecimento. Tive de aprender a cozinhar, lavar, passar e ser paciente e tolerante com todos os tipos de pessoas e situações.

Ao contrário do que alguns imaginam, muitas vezes o trabalho voluntário é bastante difícil. É ainda mais duro quando se está longe de casa, com pessoas e cultura diferentes. Mas saber que você foi importante para alguém faz tudo valer a pena.

Nesses momentos, ter amigos que te apoiem e que estejam ao teu lado torna tudo mais prazeroso e gratificante, como realmente deve ser. Em meados de junho de 2007, quatro meses antes de voltar a São Paulo, dividi o apartamento com um rapaz do interior dos Estados Unidos. Ele não era muito alto, algo em torno de 1,75 m, gordinho e usava óculos de grau estilo Harry Potter, um tradicional "nerd" americano.

Morávamos em Santana do Livramento, fronteira com o Uruguai, e a primeira impressão que tive é que seria insuportável morar com ele. Trabalhamos juntos durante aproximadamente dois meses e, contrariando meus preconceitos, logo parecíamos amigos de infância. Ele era muito engraçado, sempre de bom humor, inclusive nas situações mais adversas, e um músico muito talentoso.

Ele tinha muitas gravatas que ganhava das pessoas com quem havia trabalhado. Me disse certa vez: "Cada vez que olho para uma destas gravatas me lembro de alguma lição que aprendi com a pessoa que a deu para mim". Ele então começou a tirá-las do guarda-roupas e a contar as memórias que cada uma delas trazia: "A pessoa que me deu esta, era muito determinada e me ensinou a jamais desistir. A que me deu esta outra me mostrou como é importante ter valores e ser fiel a eles. Já quem me deu esta, me ensinou muito sobre humildade e gratidão" e continuou me contando a lição que cada uma o ajudou a aprender.

Ao final desses dois meses nós também trocamos gravatas e ele então retornou aos Estados Unidos. Todos nossos atos de bondade, mesmo os menores, fazem uma grande diferença e os mais beneficiados sempre somos nós mesmos.

A gravata não é das mais bonitas nem das mais caras, mas ainda assim é a que eu uso com mais carinho. É uma das únicas que tem um significado, e não apenas um adereço à vestimenta. Sempre que uso essa gravata vem à minha mente algumas palavras que ele me escreveu antes de voltar para casa. "Thanks for being so cool and for your good heart. I'm greatful for our friendship", ou seja, "Obrigado por ser tão legal e pelo seu bom coração. Eu sou grato pela nossa amizade". Faço minhas essas palavras, pois elas representam sentimentos recíprocos.

Curiosidade:

Mais de três anos se passaram e eu ainda não sei qual a lição que minha gravata ensinou a ele, mas sei o que a gravata dele me ensinou: "devemos ajudar o próximo por amor, e não esperando qualquer recompensa."

Nome completo: Padre Armênio Rodrigues Nogueira
Idade: 43 anos   Cidade que reside: São Paulo
Profissão: sacerdote
Área de atuação: capelão do Mosteiro da Luz/SP
Perspectivas para o futuro (pessoal ou global): O meu sonho é que cada ser humano tenha consciência de sua missão e responsabilidade social.

De Dom Paulo Evaristo Arns a Frei Galvão

Quando comecei a participar da Paróquia de Santo Antonio de Vila Brasilândia, tinha um sonho: conhecer Dom Paulo Evaristo, Cardeal Arns. Em dezembro de 1988, Dom Paulo veio ao bairro de Morro Grande e eu levei um livro dele, chamado *Santos e Heróis do Povo*, para que desse um autógrafo e eu pudesse chegar perto dele. Quando me vi de frente com Dom Paulo, a emoção foi muito grande, ele abriu os braços para mim e, sorrindo, me disse: "Como você se chama?" e eu falei "Armênio". Aí dei o livro para autografá-lo e ele escreveu assim: "Armênio, Jesus conta com você! Paulo Evaristo, Natal de 1988".

Quando li aquela frase que Dom Paulo escreveu – e naquele tempo já estava sentindo no coração uma vontade de ser padre –, pensei: *Não foi D. Paulo quem escreveu isso, mas Deus quem o usou como instrumento seu para me dar um recado.* Levei avante minha vontade e hoje estou ordenado padre há dez anos, atualmente sou o capelão do Mosteiro da Luz de São Paulo, onde está sepultado o nosso primeiro santo brasileiro, Santo Antonio de Santana Galvão. E guardo o livro de Dom Paulo e esse recadinho que Deus me mandou por intermédio de Dom Paulo com grande carinho.

Fotos: Amapá Vídeos – Cristiano Nicheti

Nome completo: Beatriz Castellano de Almeida

Idade: 62 anos   Cidade que reside: Porto Alegre-RS

Profissão: advogada

Área de atuação: escritório de advocacia especializado em direito empresarial

Perspectivas

Perspectivas para o futuro pessoal:

Deixo aqui um pedido ao Pai Maior. Ter a felicidade de trabalhar até o último dia de minha vida. Que eu me torne idosa, mas jamais velha. A lucidez e a saúde para repassar conhecimentos adquiridos grandes bênçãos que só Deus pode dar. Que saibamos fazer "jus" aos nossos antepassados. Aos que ficam o amor, a coragem e a fé. Aos que partiram, as saudades e o agradecimento por tudo o que tenho e sei hoje. Oxalá, possa eu repassar um pouco do muito que a vida me deu aos meus grandes amores, Flávia e Pedro. Muito do que sou devo a vocês, minha filha e neto amados, com os quais mais aprendo do que ensino. Amo vocês.

Perspectivas para o futuro Global:

Uma mensagem aos jovens, idosos do amanhã: quando somos crianças tudo é festa, alegrias e brincadeiras. Viramos adolescentes e a responsabilidade chega, vêm os filhos e os filhos de nossos filhos. Nos tornamos idosos. Lembre-se sempre de quando foi criança quando olhar para seus avós. Eles amam passear, ir a festas e não perderam a alegria de viver. Nosso espírito não envelhece. A solidão é o maior inimigo do idoso. Passe um final de semana na casa da avó. Aamo ir ao cinema com meu neto. Viajar, passear.

Meu pai contava sempre a história de um garoto que dava ao avô uma colher de pau. Certo dia encontrou o avô com uma madeira e um serrote. Perguntou-lhe: "O que vais construir aí?" ao que ele respondeu. Uma colher e um prato para usares quando ficares velho!"

Quero ver um mundo jovem com idosos passeando e fazendo festa. Com o passar dos anos nos tornamos mais sábios. Feliz do jovem que pode ter um idoso a lhe contar outros costumes e melhores valores. A qualidade de vida melhora, temos que reeducar para lidar com a idade. É o que tenho a dizer.

A Justiça e o Direito.

Introdução

Quando tive a honra de ser convidada para participar de um livro beneficente em prol do idoso, fiquei por 24 horas emocionadas e travadas.

Um amigo que preso, e como meus amigos são especiais na caminhada, me indicou para escrever uma página.

Assim tive a alegria de conhecer Roseli Bueno a quem quero parabenizar por tão brilhante e nobre causa que abraça ao convidar cada um de nós para fazermos parte da vida do idoso.

Porque a Justiça?

Meu tema é a estatua da Justiça, objeto que acompanha meus famíliares em quatro gerações indo para a quinta com minha filha,que esta cursando Direito.

Meus idosos queridos que precederam-me, viveram e lutaram pelo Direito, e quando um de nós estiver em um lugar sem saída entre a Justiça e Direito, LUTE pela JUSTIÇA sempre,estude se não cada dia te tornarás menos advogado.

1ª- Geração; Homenagem póstuma ao meu Bisavô Paterno: Macedônio da Silva, advogado.

Filho de Antônio Rodrigues da Silva e Francisca de Azevedo Silva.

Macedônio graduou-se em Ciências Jurídicas e Sociais na Cidade do Rio de Janeiro, em 22 de janeiro de 1935;

Pela Escola de Direito do Rio de Janeiro, tornando-se assim advogado. Foi convidado e aceitou ser Diretor do Presídio Frei Caneca. Meu bisavô tinha uma casa anexa ao presídio, meu pai e avós, moraram no anexo do Frei caneca. Lembro de uma passagem contada por meu pai a respeito de um preso que pintava as paredes do presídio. "O Detento cantarolava" quem nasce pra ser pobre não resolve trabalhar".

2ª- Geração; Homenagem a um homem que tive a felicidade de conhecer;

Homenagem póstuma ao meu avô Paterno: Plauto de Almeida, advogado.

Filho de Maximiliano de Almeida (deu nome ao município de Maximiliano de Almeida no Estado do Rio Grande do Sul, o que muito me honra) e de Maria da Luz de Almeida.

Plauto graduou-se em Ciências Jurídicas e Sociais na Cidade do Rio de Janeiro, em 20 de dezembro de 1941;

Universidade do Brasil, Faculdade Nacional de Direito do Rio de Janeiro, tornando-se assim advogado.

Plauto se radicou com a família no Rio Grande do Sul, abrindo sua banca de advocacia na cidade de Lagôa Vermelha. (tenho dele a lembrança de vivermos na mesma casa até que completei 05 anos. Lembro com carinho a imagem da Justiça em sua mesa, vinda da mesa de Macedônio (seu sogro, pai de minha querida avó paterna Carlinda Isaura da Silva Almeida) Mulher de garra e fé. Altiva e decidida, caridosa e amorosa.

Gosto de me parecer com ela, na determinação.

Tive a felicidade de ajudar a cuidar de meu avô quando pela idade avançada precisaram de amor, carinho e cuidados especiais. A máquina manual de escrever coube a mim, que repassei a meu único neto, não antes sem usá-la para trabalhar.

3ª- Geração; Homenagem ao homem que me deu a vida, com quem tive a felicidade de partilhar um escritório por 37 anos.

Homenagem a meu pai, amigo, colega e parceiro de vida e causas. De você recebi, amor, educação, carinho, sustento, bens, ensinamentos,e bagagem de vida.

Homenagem póstuma ao meu pai: Archimedes Antônio da Silva Almeida, advogado.

Filho de Plauto de Almeida e Carl inda Isaura da Silva Almeida.

Archimedes graduou-se em Ciências Jurídicas e Sociais pela 1ª turma de formandos da Pontifícia Universidade Católica do Rio Grande do Sul, em 22 de dezembro de 1951;

PUC/RS, tornando-se assim advogado.

Tive a felicidade de conviver com um dos homens mais cultos do Brasil. Foi dono de Banco, corretora de Seguros, Diretor. Membro do Conselho monetário Nacional do Brasil. Vice Presidente da Ordem dos

Advogados do Brasil por oito (08) anos recebeu medalhas e troféus. Fazendeiro teve Haras, criador de cavalos Puro sangue Inglês, palestrante, advogava em causas consideradas impossíveis. Dizia; onde estiveres entre a Justiça e o Direito, escolhe a Justiça sempre.

Tive a alegria de ficar ao lado dele sempre, e poder retribuir cuidados a um homem integro, que apoiado na bengala trabalhou e esteve lúcido até o último dia de sua vida.

Idoso sim, velho não. O grande senso de justiça que carrego comigo e dentro de mim, vem de várias gerações. Minha homenagem Pai, Você foi o melhor, virou nome de estrada, A RS 461 que liga Lagôa Vermelha ao Capão Bonito no Rio Grande do Sul, passou a se chamar Rodovia Archimedes de Almeida, desde o dia 04 de Janeiro de 2011.

4º Geração; Homenagem a um homem culto, bom e Integro, tinha uma veia de poeta,de musico, compositor, com quem convivi e reparti escritório, livros, causas, sabedoria e amor.Meu amado irmão Luiz Antônio Castellano de Almeida, deixou para mim a imagem da justiça que pretendo repassar a minha filha, que também quer ser advogada.

Homenagem póstuma ao meu mano: Luiz Antônio Castellano de Almeida, advogado.

Filho de Archimedes Antônio da Silva Almeida e Isa Prates Castellano de Almeida (hoje nome de Praça no Chapéu de Sol em Porto Alegre.)

Luiz Antônio graduou-se na Pontifícia Universidade católica do Estado do Rio Grande do Sul, em 22 de Dezembro de 1976. Brilhante advogado com teses em todo o País, era Tributarista de renome, tendo dois escritórios em Porto Alegre, Um com meu Pai e Eu, outro com o Ex-Governador do Estado do Rio Grande do Sul, Dr. Amaral de Souza de quem era sócio por décadas.

Amava o campo, saltava em hipismo Rural, tendo sido Diretor Social da Sociedade Hípica Portoalegrense.

Meu mano foi meu colega, irmão e amigo eterno.

Formei um ano depois dele, estudando na PUC, onde tirei Ciências Jurídicas e Sociais, em 19 de Dezembro de 1977, me tornando assim advogada, detentora da Estátua da JUSTIÇA.

Estudei Direito Empresarial na Pontifícia Universidade católica do Estado do Rio de Janeiro, onde conclui a quarta geração de luta pelos direitos e aplicação da Justiça.

Deixo aqui uma mensagem para minha filha, o maior presente que podemos deixar de herança para um filho é a felicidade de amarmos nossa profissão e o dia em que estiveres em conflito entre o Direito e a Justiça, Lute pela Justiça, e agradeças á DEUS pela vocação que confiou a nossa família, para que construíssemos uma sociedade mais justa e fraterna.

Encerro aqui, deixando a todos os leitores a mensagem de amor de uma vida dedicada ao DIREITO, a Justiça, ao estudo e a família.

> ## Curiosidade
>
> "A vida nada me deve nem Eu á ela", Estou feliz, trabalhando e literalmente de bem comigo, e com a vida. Tive tudo, resta agradecer a DEUS pela VIDA.
>
> Que ele abençoe a todos quando a idade avançar"pois pra lá todos iremos"esta frase é uma homenagem a minha avó materna Lainha, com quem tive a felicidade de viver e conviver desde meu nascimento até seu último dia entre nós. Faleceu aos 93 anos, lúcida e bela. Minha idosa querida era meio avó, mãe, amiga e parceira. Morreu lúcida e deixou uma lição de amor a família que teve, assim como os parentes que abrigava com amor de mãe.

Fotos: Andréa Rocha

Nome completo: Breno Guimarães

Idade: 47 anos   Cidade que reside: Rio de Janeiro

Profissão: ator, professor de educação física, terapeuta holístico e escritor

Área de atuação: teatro e cinema, academias (musculação, spinning, boxe, fitness holístico), educação física escolar, shiatsu, ayurvédica, reiki, quiropraxia, livros acerca de reflexões existenciais espirituais e acerca da trilha Inca que fizera duas vezes à Cidade Sagrada de Machu Picchu

Perspectivas para o futuro (pessoal ou global): sucesso nas minhas áreas profissionais, artística, da educação física e afins (o que implica na utopia do equilíbrio financeiro, óbvio!). Realizar meus dharmas (propósitos de vida), auxiliando a todos que puder com isso. Estar bem com minha filha e vê-la feliz, encontrar alguém para trilhar esse caminho evolutivo da vida, envolvidos em amor (é... ainda tenho esperanças desse fato quase utópico também). Ver minha mãe envelhecer com qualidade de vida, bem-aventurança e feliz e ainda por muitos anos.

Imagem refletida

Na primeira vez que eu vi, não sabia que era eu refletido nele; aí falaram: "Olha ali você!" Eu?

Na segunda vez, tentei me acostumar com a ideia.

Na terceira, tentava me acostumar e consertar, como podia, as pseudo imperfeições impostas por mim mesmo. Na quarta, tento transcender minha identidade do que vejo nele, ampliando ao infinito do que somos, minha capacidade de entendimento do quão limitada é essa visão refletida na tridimensionalidade do que sou: o espelho.

Não tenho um objeto predileto ou com vínculo afetivo, mas posso falar desse, o qual muitas pessoas tomam como um objeto de predileção e acabam até confundindo sua própria identidade com ele: o nosso corpo refletido no espelho, ou melhor, o próprio espelho que reflete nossa pseudoidentidade, imposta pelas mídias das modas corporais contemporâneas

Claro que também tenho algumas confusões mentais acerca disso, uma vez que toda uma sociedade mentalizada e moldada na imagem da eterna juventude contagia nossa psique intensa e obrigatoriamente. Para falar a verdade, tudo o que transparece em nosso corpo, refletido no espelho, desde o gênero, masculino ou feminino, formas, bonitas ou feias, harmônicas ou deformadas, torna-se uma pseudoidentidade, tendo em vista que nos apegamos ao superficial e mais facilmente identificável, criando-se até um apego extremo a isso, como um aprisionamento ao tangível, pela falta de aprofundamento em relação ao que somos, muito além das lâminas dos espelhos, pelo fato disso ser intangível tridimensionalmente, intocável, indecifrável. Esse objeto com o qual nos identificamos, ou melhor, com o espelho e a imagem refletida nele, e nos afinizamos, se torna o que somos e, sem ele, perdemos a noção do próprio ser real e maior que somos, em verdade. Isso causa o sofrimento maior da contemporaneidade humana que é o medo do envelhecimento, o que é inevitável e o que deveria ser recebido com bem-aventurança, uma vez que estamos aqui para tal e para que isso traga edificação ao nosso ser, à nossa alma, verdadeira essência da existência. Está bom, esse também é meu objeto de estimação: o espelho, o corpo, nossa imagem refletida no espelho que reflete *avidea maya* (a ilusão de que a tridimensionalidade é tudo o que é real, segundo os Vedas), a qual tento cada vez mais transcender e otimizar o entendimento, com a plena aceitação do que me torno a cada dia. Sendo assim, tenho que reconhecer que a dimensão abrangente das reflexões do espelho o torna um objeto de estimação, o qual reflete um consequente objeto de identificação errônea da amplitude do que somos: o corpo, limitando o nosso entendimento pleno da verdadeira dimensão da alma, do ser, da verdade do que somos. E tem um momento da vida em que não aceitamos mais o que se vê no espelho, pois o que achamos que somos é o corpo que, envelhecido, não nos representa mais. Quão periculoso é esse objeto de estimação de tantos, porque nos dá a possibilidade de ver que o que se vê é a nossa imagem invertida, o oposto da vida, para que possamos, mergulhando, como Alice, através do espelho, encontrar o que há além da nossa imagem pseudoreal, a nossa alma, a nossa verdadeira essência prima, a qual é uma com tudo e com todos, a qual é uma com o mundo, com o Universo e com Deus. Somos todos um só, através do espelho e além!

Curiosidade:

A imagem do espelho... O ego que nego é justo o que não me deixa ir. Barreira que nego existir só por estar cego ao que me apego. Ego, ego, egocêntrico, ego nada, erro, ego. Mas agora entendo, apenas entendo. Através dele, nada mais estava vendo. Agora vejo, vivo sou! Sou o que nunca fui ao viver, sem jamais deixar de ter sido, mesmo sem ser.

Trecho do livro: O Lugar É Aqui, o Momento É Agora, de Breno Guimarães.

Nome completo: Carlos Alberto de Oliveira

Idade: 56 anos Cidade que reside: Cássia-MG

Profissão: Microempresário

Área de atuação: turismo

Perspectivas para o futuro (pessoal ou global): Pessoal – continuar a colorir o meu mundo da forma mais intensa possível, alimentando sempre os meus sonhos e, por consequencia, o meu ser.

Global – reumanização de nossa sociedade, para que o ser ocupe definitivamente o lugar do ter.

O segredo do Buda

Hoje a saudade alugou meu coração. Fiz então uma grande viagem no tempo, passando o filme que tanto gosto de reprisar: o filme de minha vida. Lá encontro grandes artistas, seres humanos maravilhosos, que certamente ganhariam o Oscar, por seu caráter, dignidade, dedicação, sacrifícios, compreensão, amizade, cumplicidade e sobretudo amor. Mas o maior e mais fantástico ator de meu filme foi, sem dúvida nenhuma, meu avô Heleno. Um doce mentiroso, um delicioso descarado, um palhaço meigo, sábio e bondoso. Tinha respostas para tudo, até para o impossível e absurdo. Além disso, o homem era um grande contador de "causos", encarnava os personagens de suas histórias, de um jeito apaixonante e fabuloso, pois mudava de voz, criava momentos de suspense e tensão, gritava, cantava, dançava, declamava; enfim, deixava todo mundo encantado. Vovô tinha uma estátua de Buda, feita de madeira de jequitibá-rosa, bem pertinho de sua cadeira de balanço. Assim, enquanto balançava, passava a mão na careca do Buda. E dizia para os netos e para quem quisesse escutar que aquele outrora fora cabeludo... Mas que se tornou careca por causa de seus carinhosos afagos na cabeça. Vovô dizia que o Buda tinha 8 filhos: Abud, Adub, Baud, Buad, Duab, Daub, Udab e Ubad; e que força, fé e felicidade só existiam porque tinha uma família unida, harmoniosa e linda. Vovô ensinou-nos a contar todos os nossos segredos e problemas para o Buda, pois, além de ser um excelente ouvinte, jamais faria qualquer fofoca para alguém. Várias vezes ouvi vovô gritar assim:"Se existe alguém decente e de confiança nesta casa, só pode ser o Buda!". Também ensinou-nos a fazer perguntas inteligentes para ele, senão ele não contava causos. Um dia perguntei a vovô, onde ele tinha arranjado o Buda. E ele contou a história assim: Tava cassano onça/Eu i u cumpadi Juão/O mato tava fechado/Era pura iscuridão... Intão ôvimo um baruio/Fikamu naquela tensão/Di repenti um grito di dor/Ki paricia um canhão... A onça levô meu amigo/Pru arto dum jequetibá/I inquanto eu rezava/Iscutava u Juão chorá... Mais u medo mi deu coraje/I eu apontei a cartuchera/Mais u tiro saiu errado/Pur causa da tremedera... O baruio fez a onça fugi/Mais acertei a bunda du Juão/I u meu amigo gritava meio rôco/Na Buda não! Na Buda não! E meu avô acrescentou ainda que, no outro dia mesmo, meteu o machado no jequitibá... E usou a madeira, que era muita, para fazer todo o madeiramento de sua casa. E, de uma lasca que sobrou, decidiu mandar fazer uma estátua do Buda para homenagear seu amigo Juão. Num dos nossos últimos encontros, vovô disse que queria falar seriamente comigo. Disse-me que o Buda sempre foi o seu maior tesouro, falou também que queria que eu ficasse com ele como herança, porque sabia que um dia eu seria capaz de descobrir muitos segredos da vida com dele.

> Curiosidade:
>
> Hoje o Buda está sorridente na minha sala... E todos os dias eu passo a mão na careca dele. Vovô estava certo, o Buda é um grande tesouro e tem lindos segredos.

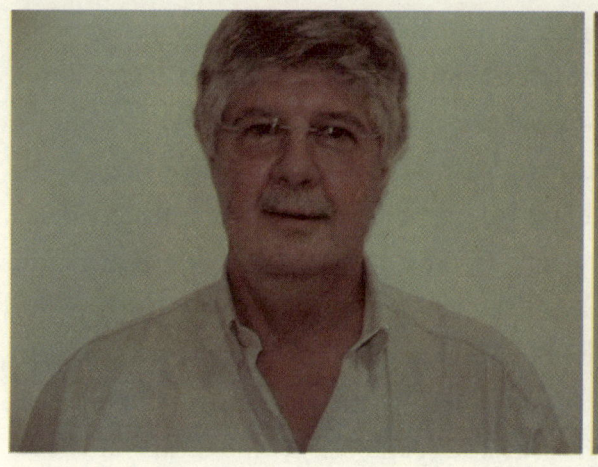

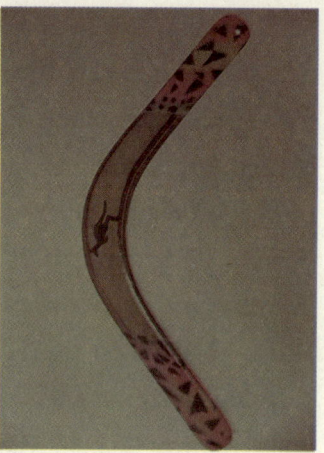

Nome completo: Carlos Eduardo Guidetti

Idade: 57 anos   Cidade que reside: São Bernardo do Campo - SP

Profissão: publicitário

Área de atuação: computação gráfica

Perspectivas para o futuro (pessoal ou global): Desenvolver meus conhecimentos na computação grafica e aplicá-lo neste universo que muda a cada minuto.

Bumerangue

Como devo tratar esse objeto que já tinha ouvido falar e que parecia um brinquedo irresistível e fácil de manejar? Embora tivesse visto várias vezes em filmes, documentários, fotografias e exposições, nunca tinha tido um real contato com aquele brinquedo ou quem sabe aquela arma travestida de brinquedo.

Como funcionário da Editora Abril, lá se vão trinta anos, eu era trainee da diretoria comercial da divisão de marketing direto, onde tinha como atribuição selecionar produtos para inserir no catálogo de venda. Antenas ligadas a todo material não era encontrado em lojas e que poderíamos apostar que se tornariam sucesso de vendas. Foi aí que descobrimos o Carlos Martins, mais conhecido como Magrão, uma pessoa maravilhosa e um idealista ferrenho. Ele acreditava no produto que produzia, divulgava e fazia as pessoas acreditarem que praticar arremesso de bumerangue seria uma coisa fácil e que qualquer pessoa poderia fazê-lo sem maiores problemas. Chamamos o Magrão para uma demonstração de arremesso de bumerangue em plena avenida Ermano Marchetti em São Paulo. Acredite, às dezesseis horas, quase no horário do rush, estávamos no meio de uma rotatória, Magrão, meu Diretor um amigo de trabalho e eu. O bumerangue arremessado pelo Magrão fazia sua parábola, mesmo desafiando nossa incredulidade de que aquele objeto não voltaria ao ponto de partida de maneira alguma. Surpresa! Fantástico, ele voltava às mãos do Magrão a cada arremesso. Pronto, já tinha cativado alguns fãs para a prática do esporte. Claro que o Magrão em sua ação de marketing nos deu alguns exemplares de bumerangues, alguns com formatos não tão convencionais, mas com a garantia de que todos cumpririam o propósito a que foi inventado: voltar às mãos do arremessador.

Lindo, com aqueles exemplares de bumerangues, fui por um tempo alvo de curiosidade dos amigos que queriam, de qualquer maneira, arremessar e ver depois de um grande voo o retorno triunfal do bumerangue ao ponto de partida.

Em uma viagem ao sítio de meu irmão resolvi levar meus bumerangues que até então eram objetos de decoração e também uma fonte de interesse cultural –, para um show aéreo jamais presenciado pelos amigos que lá estariam.

Protagonizei um vexame total, sem nenhuma técnica, ignorando conselhos de posicionamento do vento, postura para arremesso e previsão de trajeto, fiz meus amigos assistirem voos desorientados, alguns se afastando terrivelmente de mim, outros voltando de maneira indesejada, e outros pousando em telhados de vizinhos, acredito eu, que até hoje não foram resgatados.

Tenho que falar sinceramente, após esse evento, encontrei com o Magrão várias vezes, já como amigo dele, e aprendi que, praticando arremessos, o bumerangue é um objeto fantástico e que em outros países se tornou modalidade esportiva e aqui ainda está no estágio embrionário. Aceita um conselho? Tente um dia aprender a arremessar esse "brinquedo objeto" para ter a sensação de que tudo aquilo que você sempre ouviu falar, é verdade. Tem gente maldosa que diz que um português tenta se livrar de seu bumerangue há muito tempo e não consegue. Sempre que tenta jogá--lo fora, ele volta!

Curiosidade:

Bumerangue, origem australiana, no Brasil é confeccionado artesanalmente em madeira compensada e evoluiu para a industrialização em plástico injetado, barateando sua produção e possibilitando a confecção de grandes quantidades para ações publicitárias. Ele também tem diversas formas aplicáveis a finalidades diferentes, cada um com possibilidades distintas de voo.

Foto: Nelson Takeyama

Nome completo: Carlos Eduardo de Moraes Sacchiero

Idade: 32 anos   Cidade que reside: São Paulo

Profissão: Maquiador

Área de atuação: maquiador e hair style de noivas

Perspectivas para o futuro (pessoal ou global): Minha perspectiva para o futuro é sempre correr atrás dos meus sonhos, com os pés no chão. Olhar o próximo com igualdade e também sempre sonhando com um mundo melhor.

Duas estrelas em uma única noite!

Bom, esta história que contarei foi um momento mágico da minha vida, do qual eu nunca imaginaria passar por ele.

Estava em Las Vegas com nada menos nada mais que Hebe Camargo, pois até então, para quem não sabe, eu fui maquiador e cabeleireiro dela e me desvinculei nessa transação de mudança de emissora.

Estávamos lá a trabalho, tínhamos uma agenda com todos os compromissos programados e, em uma das brechas de agenda, fomos assistir o jogo da Copa do Mundo no Hotel Winn. E para minha surpresa, constava também na programação assistir o megashow da Cher. Por que SHOW nos Estados Unidos se escreve com letras maiúsculas, sobretudo os realizados em Las Vegas e de uma diva desse porte? Sim estamos falando de uma apoteose!

Bom, quando soube, fiquei mais que emocionado, pois a Cher sempre foi uma estrela da mais alta grandeza, assim como nossa estrela Hebe, que demonstrou toda sua grandeza de alma ao realizar esse meu sonho.

Desde da entrada do hotel onde a diva Cher estava em cartaz, não parei de tirar fotos, porque ali estavam expostos vários objetos que representavam toda a sua carreira: roupas, discos, CDs, enfim, tudo!

Assisti o show na primeira fila e ainda por cima do lado da Hebe! Nossa, quando eu vi a Cher entrar, foi uma emoção que não pude controlar, chorei à beça...

A Hebe no início ria, mas depois de um tempo começou a ferver junto comigo.

Conto tudo isso para chegar onde eu quero...

Era madrugada e eu já tinha ido embora para o hotel, e a Hebe seguiu para um jantar. E no outro dia de manhã, quando eu fui maquiá-la, ela me disse:

– Edu, tenho uma coisa para te dar e te falar. – Você acredita que eu encontrei a Cher e ela me disse para te mandar um beijo e mandou te entregar isso?

Quando eu peguei na mão era uma caixinha escrita Cher e dentro tinha balas!

Adorei e a partir daí essa caixinha ficou de recordação, pois a Hebe estava passando num lugar e quando viu a caixinha ela mesma comprou para brincar comigo.

Adorei e trouxe de Las Vegas quase tudo da Cher (risos).

Foi uma noite inesquecível, ou melhor, memorável.

Curiosidade:

Caixa fabricada em material metálico, importada, com acabamento na cor preta e a gravação do nome Cher em alto relevo.

Nome completo: Carlos Henrique Virtuoso da Silva

Idade: 31 anos   Cidade que reside: Duque de Caxias

Profissão: contador, professor e consultor empresarial

Área de atuação: contabilidade e finanças

Perspectivas para o futuro (pessoal ou global): Tenho um planejamento futuro de ter uma carreira sólida nas áreas em que atuo e observo que a cada dia meu reconhecimento tem aumentado nessas áreas, que, aliás, amo. E, como já faço hoje em dia, pretendo continuar atuando em organizações não governamentais contribuindo para o bem-estar social e, se possível, unir diversos prazeres em um só lugar, que seria uma livraria (adoro ler) com cafeteria (adoro café) e venda de miniaturas e canetas e lançamento da marca de canetas Virtuoso©.

Canetas com carga mágica da memória

Olá, meu nome Carlos Virtuoso, sou contador, professor e consultor empresarial. Vou contar agora para vocês um pouco do meu hobby e mostrar que, mesmo com bastante atividades, podemos ter lazer e algumas pessoas buscam o lazer de forma alternativa, esse é meu caso, sou colecionador.

Sempre gostei de fazer coleções, quando criança adorava álbuns de figurinhas e tive diversos, porém quando fui para o ensino médio comecei a apreciar insetos e me divertia colecionando-os. Era um prazer caçá-los e colocá-los no formol para que morressem e eu pudesse colocar formal para guardar – Hoje não faria isso, nem motivo ninguém a colecionar insetos. Mas certo dia meu pai, ao pintar a casa, colocou meus insetos no terraço e se esqueceu pegá-los e nesse dia choveu e perdi tudo. Foi lamentável, chorei muito e parei de fazer minhas exposições em feiras de ciências nas escolas que era convidado. Tudo bem, passou e comecei a colecionar suporte para óculos, tive e ainda tenho uns cem suportes de diversas marcas. Para ser sincero, não me apaixonei.

As fichas telefônicas foram embora e chegaram os cartões telefônicos, adorei a ideia de colecioná-los, cheguei a ter uns três mil cartões, mas quando parei e olhei para uma caneta pensei: *Esta será minha grande coleção*. Além de ser uma ferramenta de trabalho, achei fantástico colecionar canetas e então comecei a colecioná-las.

Hoje possuo mais de três mil canetas, coleciono de todos os tipos, desde as mais baratas até as mais caras. Canetas comuns que encontramos em papelarias, importadas, com requinte e detalhes de ouro, promocionais de todos os tipos. Amo canetas.

Além de sempre comprá-las, hoje todos os meus amigos me presenteiam com canetas, e, na atividade de professor, sempre peço ao aluno que me dê a que está utilizando, e como são políticos sempre me ofertam as canetas.

Já fui chamado de doido, louco, mas é um lazer, adoro essa coleção e tem cinco delas que são especiais para mim. Tem uma que foi minha avó (já falecida) quem me deu e guardo com muito carinho. A outra é uma caneta tinteiro que assinei o primeiro cheque do meu primeiro escritório e para mim é algo histórico, foi a caneta de início de carreira. Tem também a que ganhei quando assumi a presidência do Rotary Club. Tenho uma que tem laser, a comprei quando fui ministrar minha primeira palestra e para mim também é marcante, pois chancela meu início de carreira pedagógica. Tenho também uma que acho muito interessante por ser a menor que possuo: ela tem menos de 5 centímentros.

Então, pessoal, observem que mesmo tendo uma vida corrida podemos ter nossos momentos de lazer e encontrar algo que gostamos e que acaba aliviando nosso estresse diário e ainda relembrar momentos, pois no meu caso, em vez de fotos, me lembro do que fiz e dos locais que passei com canetas que comprei ou ganhei em determinado local.

Em vez de um álbum de fotos possuo minha coleção de canetas.

Curiosidade:

Uma curiosidade que tem na minha coleção é que tenho canetas que ganhei e outras que investi. Uma das mais caras que investi custou algo em torno de 5.500 reais porém essa caneta é nova, têm detalhes de ouro e prata. Investi em uma caneta que custou 600 reais e está velha e quebrada. E, para quem não conhece a área, temos modelos de canetas novas no mercado que custam até 40 mil reais e podemos ter uma antiga valendo milhões. Esse é o mercado do colecionador de qualquer coisa.

Nome completo: Carmélia Alves Carvalho
Idade: 88 anos   Cidade que reside: Rio de Janeiro
Profissão: cantora aposentada
Área de atuação: música
Perspectivas para o futuro (pessoal ou global): Ter sua carreira e música reconhecidas".

Biografia

Carmélia Alves Curvello, filha dos nordestinos Raimundo e Adelina, nasceu em 1923, em Bangu (RJ), mas foi criada em Petrópolis. O pai foi muito festeiro, gostava de organizar bailes, festas juninas e blocos carnavalescos. Tendo sido embalada pelas antigas cantigas nordestinas, seu talento logo despertou quando teve os primeiros contatos aos 17 anos com a música de Carmem Miranda.

A partir de então, seguindo todos os passos de seus ídolos, participou de programas de calouros e foi aprovada em todos, inclusive do mais temido Ary Barroso, no qual o calouro era desclassificado com um gongo. Outro grande incentivo veio de Manoel da Nóbrega, que apresentava um programa de calouros na Rádio Ipanema.

Sempre com bastante sucesso, foi alcançando o objetivo tão esperado: iniciar sua carreira em 1940, quando conseguiu ser contratada pelo programa Picolino, com cachê fixo, valorizando o repertório de Carmem Miranda.

Sua grande chance chega em 1940, quando foi convidada para substituir uma cantora no programa Casé, e aproveitou para cantar músicas de Carmem Miranda, que nessa época estava fora do Brasil. Momento oportuno para ser contratada pela Rádio Mayrink Veiga, já que Carmem não pretendia retornar ao Brasil. Com sua crescente e promissora carreira, foi contratada também na mesma época pelo Copacabana Palace, onde conheceu seu maior amor e companheiro José Andrade Nascimento Ramos, conhecido pelo seu nome artístico Jimmy Lester, porque apresentava-se cantando músicas americanas. O casamento aconteceu três meses depois, e assim a carreira músical de Carmélia Alves decola, e se apresenta em diversos locais, entre eles no programa do Chacrinha, na Rádio Fluminense.

Financiou seu primeiro disco em 1943, acompanhada de músicos regionais que não quiserem cobrar, e com o privilégio de ter em seu coro artistas hoje consagrados como Elizeth Cardoso, Cyro Monteiro e Nélson Gonçalves.

Em 1949, gravou com Ivon Curi a toada *Me Leva*, de Hervé Cordovil e Rochinha, com orquestração e regência do maestro Radamés Gnattali, que se tornou seu primeiro grande sucesso e a rancheira *Gauchita*, de Luiz Gonzaga e Humberto Teixeira.

Em 1950, gravou de Hervé Cordovil e Mário Vieira, o baião *Sabiá na Gaiola*, que estourou como outro grande sucesso de Luís Bandeira, o cateretê *Dança do pinote* e o samba *Coração Magoado*, com a Orquestra Tabajara de Severino Araújo.

Em uma viagem ao nordeste com o esposo, Carmélia descobre o acordeonista Sivuca. Com este gravou o *pout-pourri No Mundo do Baião*, com baiões de diferentes autores. Com esse ritmo contagiante do baião, Carmélia Alves altera o curso de sua carreira para os ritmos regionais, continua a gravar sambas, mas, com sua energia e presença marcante no palco, no cinema e pela sua interpretação única do baião, integra definitivamente a corte, onde Luiz Gonzaga é o Rei, Luiz Vieira o príncipe, Claudette Soares a princesa, e Carmélia Alves a rainha do baião.

De 1950 a 1954, Carmélia gravava pelo selo Continental, apresentava-se na Rádio Nacional sempre no topo das paradas e seu título de rainha do baião.

Após o grande sucesso na Argentina, viajou para Alemanha com a caravana de Humberto Teixeira, onde fez sucesso, e foi convidada a gravar um LP pela Telefunken. Com a mesma desenvoltura conquistou outros países onde se apresentou. Em Portugal utilizou seu repertório em ranchos regionais. Na União Soviética apresentou-se para um público de 150 mil pessoas.

De 1950 até 1963, Carmélia Alves gravou inúmeras marchinhas de carnaval, frevos e baião, sendo considerada uma diva em seu tempo.

Em 1963, gravou o frevo-canção *É de Maroca*, de Capiba e o samba *O Malhador*, de Donga, Pixinguinha e Valfrido Silva. Durante a Jovem Guarda chegou a apresentar-se com o grupo vocal Golden Boys, no programa Silvio Santos na televisão.

Em 1974, estorou grandes sucessos com o LP *Ritmos do Brasil*, interpretou uma variedade de canções com ritmos músicais brasileiros, gravados pela RGE, entre os quais, o baião *Paraíba Feminina*, de Hervé Cordovil, o carimbó *Eu Vou Girar*, de B. Lobo e Agnaldo Alencar, o arrasta-pé *Chora, Viola, Chora*, de Venâncio e Corumba e o maxixe "Feitiço da Bahia", de Nelson Sampaio.

Em 1976, lança pela Continental a série *Ídolos MPB*, o LP *Carmélia Alves*, em que relembra doze grandes sucessos de sua carreira como cantora, o balanceio *Trepa no Coqueiro*, de Ari Kerner, o samba *Coração Magoado*", de Roberto Martins, os baiões *Sabiá na Gaiola*, de Hervé Cordovil e Mário Vieira e *Adeus, Morena, Adeus*, de Manezinho Araújo e Hervé Cordovil e a toada baião *Essa Noite Serenô*, de Hervé Cordovil, do filme *Meu Destino é Pecar*.

Após quinze anos sem se apresentar para o público carioca, em 1977 Carmélia, ao lado de Luiz Gonzaga, apresentou-se em um show antológico no Teatro João Caetano iniciando a série Seis e Meia. Interpretou *Qui nem Jiló, Trepa no Coqueiro, Sabiá lá na Gaiola* e *Cabeça Inchada*, e como não poderia deixar de cantar em dueto com Gonzaga as canções *Reis do Baião, Lorota Boa* e *Forró do Mané Vito*.

Em 1990, formou-se o conjunto Cantoras do Rádio um grupo seleto de cantoras; entre elas, Carmélia Alves, Nora Ney, Zezé Gonzaga, Rosita Gonzales, Ellen de Lima e Violeta Cavalcanti, e lançaram o álbum *As Eternas Cantoras do Rádio*,

Em 1993, relança em CD o show realizado no Teatro João Caetano ao lado de Luiz Gonzaga.

Em 1998, uma depressão tirou Carmélia Alves de cena por dois anos, devido à morte de seu esposo Jimmy Lester; permaneceu isolada em sua residência de Teresópolis. Após esse período de reclusão, retorna em 2000 participando de vários shows em São Paulo, inclusive, no Projeto O Botequim do Cabral, ao lado do crítico Sérgio Cabral. Também após sua volta, lançou pelo selo CPC-UMES o CD no qual interpretou clássicos como *Chiclete com Banana*, de Gordurinha e José Gomes, *Um a Um*, de Edgard Ferreira e *Sebastiana*, de Rosil Cavalcanti.

Em 2002, lança o CD *Estão Voltando as Flores*, com Violeta Cavalcanti, Carminha Mascarenhas e Ellen de Lima, no qual ela canta, entre outras, as músicas *Ninguém me Ama, Feitiço da Vila* e *Kalu*. Atingindo em agosto de 2002 grande sucesso no Teatro Rival BR.

Em 2004, apresentou, em temporada no Teatro Ipanema (RJ), o espetáculo Tra-lá-lá- Lalá é Cem, com direção, roteiro e apresentação de R.C. Albin.

Na comemoração ao Centenário do nascimento de Lamartine Babo, Carmélia dividiu o palco com Ellen de Lima, Carminha Mascarenhas e o jovem cantor Márcio Gomes, interpretando canções consagradas, em coro e em solo, do renomado compositor. Esse mesmo espetáculo entrou na temporada do Teatro João Caetano, no projeto seis e Meia, fato que entusiasmou muito o público.

Fonte: http://elizabethdiariodamúsica.blogspot.com/2010/11/carmelia-alves.html

> Curiosidade:
>
> Na oportunidade em que estive pessoalmente conversando com a Carmélia Alves, em abril de 2011 no Retiro dos Artistas no Rio de Janeiro, apesar do início de Alzheimer, pude dialogar com ela tendo a nítida sensação de que tratava-se mesmo de uma rainha, de uma majestade, porque fez uma excelente e culta narrativa de sua carreira, de sua vida, narrou passagens que eu já havia pesquisado, pontuou datas importantes nomes de pessoas com tranquilidade, além de pronunciar com muito orgulho as frases seguintes:
>
> Rainha só morre com muita idade"
>
> "Meu negócio é Brasil, nordeste, coisa pura, nossa cultura"
>
> "Apesar de ter viajado o mundo inteiro, o que eu aprendi foi com a vivência"
>
> "Brasileiro sempre inventa as coisas certas, e eu inventei o *pout-pourri*"

Nome completo: Carminha Mascarenhas – Cantoras do Rádio

Idade: 81 anos   Cidade que reside: Rio de Janeiro

Profissão: cantora

Área de atuação: música

Perspectivas para o futuro (pessoal ou global): Resgatar importantes passagens da Era de Ouro do Rádio e da História da Música Popular Brasileira.

Cantoras do Rádio - Carminha Mascarenhas

  Carminha Mascarenhas (Cármina Allegretti), cantora, nasceu em Muzambinho (MG), em 14 de abril de 1930. Descendente de italianos, mudou-se com a família para São Paulo quando tinha ainda poucos meses de idade e, mais tarde, foi morar em Poços de Caldas (MG). Formou-se como professora primária.

  Começou a cantar no coral da Igreja Matriz de Poços de Caldas, destacando-se pela voz de contralto. Iniciou sua carreira artística como crooner do conjunto de José Maria, ao lado do pianista Raul Mascarenhas, com quem se casou em 1952 e tiveram um filho, o saxofonista Raul Mascarenhas Jr.

Segundo relato escrito de próprio punho, Carminha Mascarenhas, apaixonou-se por Raul Mascarenhas em um baile, na década de 1950: "Passei a noite do baile sem olhos para mais nada. Fascinada, encantada o mesmo com que alheia ao que se passava ao meu redor".

Em 1953 gravou seu primeiro disco com as canções de Nossos Caminhos Divergem e Folha Caída. Mudou-se com o marido para Belo Horizonte, onde apresentavam-se na Rádio Inconfidência e em casas noturnas.

Como crooner estreou no Copacabana Palace, substituindo, em 1955. Ainda nesse ano foi eleita, juntamente com, Cantora Revelação do Ano e contratada para fazer parte do elenco da Rádio Nacional, estreando na emissora no programa Nada Além de Dois Minutos, produzido por Paulo Roberto.

Após o fim de seu casamento em 1956, deixou o Copacabana Palace, começou a apresentar-se na Boate Sacha's. Fez uma viagem para o Uruguai, onde apresentou-se na Boate Cave e no Casino de Punta Del Este.

Com Elizeth Cardoso e Heleninha Costa, em 1955, gravou vários discos em 78 rpm e participou de um LP dedicado à obra de Fernando Lobo.

Em 1959, gravou seu primeiro LP solo, intitulado *Carminha Mascarenhas*, em que registra a faixa *Eu não Existo sem Você*, de Tom Jobim e Vinicius de Moraes. Ainda naquele ano, assinou contrato com a TV Rio para apresentar o programa Carrossel, atuando ao lado de Lúcio Alves, Elizeth Cardoso, Carlos José, Hernany Filho, Norma Bengel e Elizabeth Gasper.

Segundo relatos de próprio punho, Carminha Mascarenhas revela emocionada:

"Acho que a sorte sempre esteve ao meu lado. Uma tarde, no Restaurante da TV Rio, um mito se aproximou de mim e perguntou à queima-roupa:

– Você quer ser a estrela do meu show?

– Claro – eu respondi

– Então amanhã às quatro da tarde na Boate Fred's será a primeira reunião.

Fiquei estática!" ela referia-se ao saudoso compositor Ary Barroso.

Em 1960, foi convidada para participar do show Ary Barroso, ao lado do compositor e de Os Cariocas, Castrinho, Terezinha Elisa e Joãozinho da Gomeia. O show ficou um ano e meio em cartaz na boate Fred's. "Foi lindo! Estrondoso! Eu cantava números com guarda-roupa especial." Em seguida, participou, ainda com o mesmo elenco de artistas, do show Os Quindins de Yá Yá, parcialmente gravado pela Copacabana Discos no compacto duplo Músical, 1960. "Foi um belo trabalho, meu maior momento."

Compôs, em parceria com Dora Lopes as músicas *Toalha de Mesa*, uma homenagem a São Paulo, gravada por Noite Ilustrada, e *Samba da Madrugada*, gravada até no exterior, sendo considerado um hino dos boêmios dos anos 1960 e 1970 em Copacabana, razão por que foi dedicada pelas autoras à cantora Maysa. "Sai pelo mundo e viajei muito, mais em São Paulo, recebi a chave de ouro da cidade noturna." Mais tarde participou, com Marisa Gata Mansa e Hernany Filho, do LP *Em Cada Estrela uma Canção*, em homenagem à obra de Newton Mendonça, interpretando as faixas *Discussão, Meditação, Desafinado* e *Samba de Uma Nota Só*, parcerias do compositor com Tom Jobim.

Viajou diversas vezes para o exterior e participou de discos de vários intérpretes. Ainda na década de 1960, registrou no LP *A Noite É de Carminha* as canções que apresentava na noite carioca.

Na década de 1980, apresentou-se no Sambão e Sinhá, casa noturna de Ivon Curi, com o espetáculo Carnavalesque, que ela própria escreveu: "Nos anos 80, a missão mais grata que eu tinha para cumprir me chamou. Cuidar da minha mãe." "Foram os últimos anos na noite do Rio." "Um projeto ficou engavetado, gravar este show que é a história do carnaval vista por mim,"

Mudou-se para Teresópolis em 1986, apresentando-se ocasionalmente em shows. Em 1999, comemorou 50 anos de carreira em espetáculo realizado na Associação Brasileira de Imprensa (ABI).

Em abril de 2005, no Rio de Janeiro, Carminha Mascarenhas, Carmélia Alves, e sobem ao palco no Teatro Rival, no espetáculo As Cantoras do Rádio: estão voltando as flores para Homenagear dez grandes Divas da Era do Rádio: Carmem Miranda, Aurora Miranda, Aracy de Almeida, Dalva de Oliveira, Dolores Duran, Elizeth Cardoso, Linda Batista, Dircinha Batista, Isaura Garcia e Nora Ney. Nesse documentário resgatam um glorioso passado.

Hoje, Carminha Mascarenhas, aos 81 anos, reside por opção no Retiro Dos Artistas no Rio de Janeiro. Está extremamente lúcida, fumante declarada, faz tratamento de saúde para dores nas articulações do corpo. Declara também seu grande amor e pesar pela perda do neto Rafael Macarenhas. Nos recebe com alegria em sua casa no retiro. Mantém documentos antigos envelopados e organizados em gavetas, também possui um grande acervo de fotos, o qual nos mostrou com emoção e saudade. Ainda mantém alguns objetos, como troféu da foto Idolos do Rádio, que foi conquistado em 1977. Além do seu primeiro contrato com a Rádio Nacional, emoldurado e pendurado na parede de seu quarto.

Fontes: Manuscrito pessoal de Carminha Mascarenhas Documentário em DVD *Cantoras do Rádio!*

> **Curiosidade:**
>
> A Rádio Nacional deixou uma magia no ar, marcou um tempo com suas orquestras maravilhosas, os artistas sentiam-se consagrados quando suas músicas eram tocadas na Rádio Nacional, conferia um brilho especial ao Rio de Janeiro, o sucesso era gigantesco, ditava costumes, e foi uma emissora de destaque no Brasil e na América do Sul.

Nome completo: Chayenne Mika Matsumoto Pinto

Idade: 23 anos   Cidade que reside: São Paulo

Profissão: enfermeira

Área de atuação: controle de infecção hospitalar

Perspectivas para o futuro (pessoal ou global): Desenvolver-me profissionalmente na área de gestão em saúde. Casar-me até o segundo semestre de 2012, e quem sabe futuramente poder realizar o sonho de ser mãe.

O kimono da Obaasan

Engraçado como nós seres humanos nos afeiçoamos a determinados objetos de tal maneira que eles se tornam parte de nós e até mesmo ditam próprio caráter.

No meu caso, o objeto em questão é o kimono da foto. Não é porque ele é lindo, importado, até considerado caro, mas sim porque é uma herança de família e ele traz consigo a memória da pessoa que mais admiro, minha avó: Massako Matsumoto.

Ela nasceu em Hiroshima, Japão, no dia 29 de fevereiro de 1924. Era a mais velha de três irmãos. Aprendeu os ofícios da costura desde cedo, trabalhava no centro de Hiroshima e morava na zona rural. Casouse justamente na época em que culminou-se a segunda guerra Mundial. Meu avô era tenente da Marinha Japonesa e estava lutando para defender a glória de seu país. Enquanto isso, minha avó, junto com sua mãe e irmãos, tentavam seguir normalmente suas vidas. Todos sabem daquele fatídico dia em que houve o extermínio das cidades de Hiroshima e Nagasaki, no qual dizimou praticamente toda a população e inspirou aquela famosa música *Rosa de Hiroshima*, a qual suas letras tentam de modo desesperado, ilustrar o que ocorreu, mas ainda assim não é nem a metade do terror real que foi aquele dia. Minha avó, naquele dia, não foi trabalhar, pois ficou em casa costurando um kimono e olhando seu irmão mais novo. Sua mãe e irmã foram trabalhar, e como imaginam foi um dos últimos contatos de minha avó com elas. Leiko (irmã de vovó) nunca mais foi encontrada, provavelmente ela jazia como cinzas junto de muitos outros. Minha bisavó (nunca soube o nome dela) apareceu em casa, de tal maneira que nem minha avó conseguiu expor em palavras o sentimento daquele dia. Após três dias, minha bisavó faleceu devido às feridas causadas pela radiação.

Obaasan (avó em japonês, era como a chamávamos) disse que quando a bomba explodiu, ela, junto de Setoguchi (irmão mais novo), encostaram-se em um canto da parede e que, quando a onda de impacto atingiu a casa, todas, exceto aquela parede em que estavam desabaram. Obaasan não comentava muito o que aconteceu após esse período, mas sei que meu avô a encontrou, eles tentaram se reestruturar lá, tiveram meu tio e minha mãe, quando minha mãe fez 5 anos, resolveram vir para o Brasil. Mamãe pouco se lembra daquele período, mas o que mais ficou na memória dela foi aquele imenso barco indo embora, e as pessoas cantando músicas de despedida e o longo período de viagem que tiveram (cerca de três meses) para desembarcar em Santos, onde ali se instalaram. Bem, a vida aos poucos foi se ajeitando, Obaasan teve quatro filhos e dezesseis netos, morou em Juquiá onde abriu um pequeno bazar de roupas, foi uma exemplar costureira e uma ótima professora de japonês (pelo menos quando ela tentou me ensinar...). Por conta da sua exposição à radiação, passou seus últimos oito anos numa cadeira de rodas, depois de quatro AVCs. Nos últimos cinco anos começou a desenvolver Alzheimer e lembrava muito de sua irmã Leiko, e pouco de seus netos. Morreu no final de 2010, enquanto jantava. Ela simplesmente dormiu e entregou-se às mãos de Buda, deixando para nós a saudade, o carinho e aquele velho kimono, símbolo de toda a sua vida e história.

> Curiosidade:
>
> Na verdade são três kimonos que Obaasan deixou para nós. O da foto não é o original; aquele que ela costurou e que no final salvou a sua vida, provavelmente, foi perdido no decorrer da história. Esse kimono minha avó comprou no Japão, quando foi receber homenagens como uma sobrevivente da Segunda Guerra Mundial. Mas, ainda assim, ele tem o poder de nos lembrar de tudo o que aconteceu com ela, e o tratamos como o original.

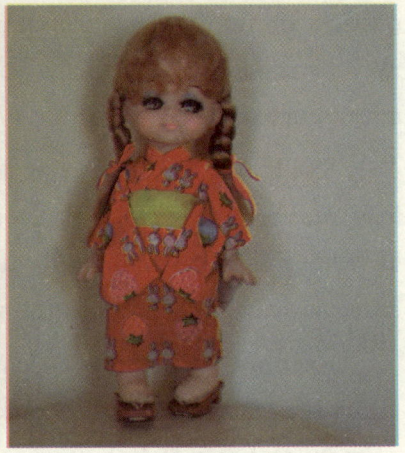

Nome completo: Claudia Maria Bezerra de Menezes de Sousa Pacheco

Idade: 48 anos   Cidade que reside: Ubatuba - SP

Profissão: empresária

Área de atuação: comércio

Perspectivas para o futuro (pessoal ou global):Minha perspectiva para meu futuro e para o mundo em geral é a de que possa haver cada vez mais melhorias em todos os sentidos. No campo das descobertas científicas, na cura de doenças e principalmente que nos tornemos pessoas melhores, mais fraternas, empenhadas em contribuir para o desenvolvimento do planeta, respeitando todas as formas de vida existentes.

Boneca japonesa

Quando recebi o convite para falar sobre algum objeto pessoal que tenha deixado alguma marca, lembrança ou evocasse algo muito bom na minha vida, confesso que me senti no início um pouco dividida. Comecei a lembrar de várias cenas familiares... Um relógio na parede cuja badalada nos avisava a hora de dormir, de almoçar... Um vaso de cristal na mesa sempre repleto de flores em datas comemorativas ou simplesmente quando minha mãe queria apenas alegrar a casa. Até que, vasculhando meu armário, redescobri uma boneca que tenho guardada há pelo menos trinta e oito anos.

Nunca mais vou esquecer aquele dia, tinha ido com meus pais a uma feira que acontecia em São Paulo, a Feira da Bondade. Ela reunia expositores de vários países e era uma forma divertida de entrarmos em contato com mercadorias de outros lugares do mundo, os quais talvez nunca conhecêssemos.

Lembro-me do momento em que me encantei com uma boneca do Japão, vestida a caráter e com uma pintura no rosto que a deixava diferente de todas as que já tinha visto.

Meu pai, um homem extremamente generoso, tinha o hábito de presentear os filhos, mesmo que não fosse nenhuma data comemorativa, o que deixava minha mãe muitas vezes contrariada com tantos mimos! Era engraçado o jeito dela dando dura no meu pai.

Nesse dia, ela também se rendeu aos encantos dessa boneca que guardo até hoje com imenso carinho.

Interessante é que ao longo dos anos fui me desfazendo da maioria dos brinquedos ganhos, menos dessa boneca oriental.

Curiosidade:

Guardo-a intacta, perfeita, como se pudesse resgatar o que foi aquela tarde com meus pais, trazendo à tona uma saudade, um carinho e um amor intenso que nutro por essas duas lindas criaturas que souberam tão bem criar e educar seus sete filhos! Essa boneca sempre me trará a presença linda deles... Uma bênção divina!

Fotos: Marcelo Ferrelli/Gazeta Press

Nome completo: Claudia Spinelli

Idade: 44 anos   Cidade que reside: São Paulo

Profissão: apresentadora de TV

Área de atuação: vendas na TV

Perspectivas para o futuro (pessoal ou global): Quero ter tempo para viver a vida.

O vestido de Tetê

Tudo começou em meu aniversário de 2 anos quando minha madrinha, muito elegante em um vestido verde, entrou na cozinha de casa. Em cada braço carregava um presente. Ela pediu para eu escolher entre o boneco palhaço e o urso. Escolhi o urso. Um urso comum, de pelúcia amarela, detalhe vermelho nas patas e olhos de vidro.

Minha mãe achou graça em me ver encantada com aquele brinquedo. Lembro-me desse dia como se fosse hoje...

E foi assim que Tetê entrou em minha vida. Tetê era o urso que virou ursa e que, com o passar dos anos, tornou-se minha bebê imaginária.

Eu carregava, trocava fraldas e dormia agarrada com Tetê.

Um belo dia, decidi que minha ursa bebê não poderia mais andar pelada. Pedi, implorei para minha mãe comprar um vestido para Tetê. Não tínhamos condições financeiras para esse tipo de luxo. Eu não me conformava e chorava todo dia insistindo no assunto.

Caprichos de criança. Na época, eu já estava com 5 anos. E, na minha imaginação, Tetê também estava crescendo e não poderia ficar só de fralda.

Até que minha mãe teve uma ideia. Pegou a caixa forrada de tecido que ficava em cima do guarda-roupa antigo e de dentro tirou um pacote. Embrulhado em papel de seda estava aquele vestido. O que eu sonhava para vestir Tetê como princesa estava ali, na minha frente. Era o vestido de batizado de minha mãe e que ela guardava com muito cuidado.

Meus olhos brilharam de tanta euforia, mas antes de entregá-lo, minha mãe se sentou na beira da cama e me fez ouvir uma história. Minha avó, uma talentosa costureira, tinha feito aquele vestido, em 1940, com sobras de tecido de uma freguesa. Bordou todos os detalhes à mão. Contou também como minha avó, já falecida, havia sustentado a família costurando dia e noite, e que aquele vestido era a sua única herança.

Eu não dei valor àquela história naquele momento; só queria vestir logo meu bebê com aquele vestido único.

O vestido ficou e a cada ano faz mais sentido guardá-lo. Olho para ele todos os dias.

Amarelado, puído e vivo na minha memória... Lembro-me de minha infância e de minha felicidade ao colocar o vestido em Tetê. E também de minha mãe e a generosidade de sua alma em confiar uma lembrança tão preciosa a mim.

Recordo-me de minha avó, que, com suas mãos habilidosas, fez aquele vestido com muito amor.

Lembro-me das mulheres que foram fundamentais para tornar-me o que sou hoje.

Lembro-me da história de minha vida...

> Curiosidade:
>
> O tempo passou. Tetê perdeu seus pelos, seus olhos de vidro, a importância em minha vida. Deve ter ido para o lixo, sem que eu notasse ou sentisse sua falta.

Foto: Maristela Aquaviva

Foto: Gabriel Carvalho Monteiro

Nome completo: Claudia Tenório

Idade: 40 anos　　　　　　Cidade que reside: São Paulo

Profissão: jornalista

Área de atuação: apresentadora de TV

Perspectivas para o futuro (pessoal ou global): Viver um dia de cada vez, trabalhando com excelência nas oportunidades que Deus colocar em minha vida.

Um momento só meu

Ontem tão menina... Hoje, teoricamente, na metade da vida.

O tempo voa... Parece que quanto mais os cabelos ficam brancos, a pele recebe marcas, mais o tempo passa apressadamente. É o tic-tac do relógio contra o tempo. É o tempo invadindo a rotina e atropelando os meus momentos... Um momento só meu, onde coloco a mente no coração e viajo na minha essência para lembrar quem eu sou.

Raros momentos...

Talvez eles não existissem se não fossem tão requisitados pela força da amizade que compartilho agora. Doce e prazerosa amizade. Ela me convida a silenciar para ouvir o coração. Como se fosse mágica, eu e minha xícara estabelecemos um vínculo e nos permitimos um especial momento. Seguro na mão de minha amiga e com ela viajo contra o tempo. Ela me acompanha e quase lê meus pensamentos. É a minha confidente. Tão simples e tão sagrada. Mão unidas em conexão com a intimidade do meu ser.

Celebro com ela as cargas e os méritos de cada dia. Nesse ritual, quase que diário, coloco os pés no chão e ouço a voz que vem de dentro.

Quando menos espero me reencontro, no encontro diário com a minha xícara de café. Linda companheira, que, como eu, resiste ao tempo. Feita de fina porcelana, resistente como o aço...

Só para me lembrar quem sou e do que preciso.

Minha amiga, somos tão parecidas.... Podemos quebrar a qualquer momento... Minha amiga: forte, frágil, simples, única e especial.

Curiosidade:

Essa xícara foi um presente que recebi em 1997 da amiga Margarida Caetano. Ela é alemã, da grife Paloma Picasso e faz parte da linha Villeroy and Bosh Sun, moon and stars.

Fotos: Nelson Takeyama

Nome completo: Claudio Fontana

Idade: 66 anos Cidade que reside: São Paulo

Profissão: cantor e compositor

Perspectivas para o futuro (pessoal ou global): Eu, Claudio Fontana, cantor e compositor de música popular, vou continuar cantando para a terceira idade e seguir passando a mensagem:

Hei irmão...
Vamos seguir com fé
Tudo que ensinou
O Homem de Nazareth...

Claudio Fontana – discípulo do Homem de Nazareth

A minha origem musical é muito simples e popular. Nasci no nordeste do Brasil, São Luís (MA), cresci ouvindo no rádio e radiolas da época os ídolos dos anos 1950 e 1960, além dos ritmos marcantes e tradicionais da terra como o Bumba meu Boi, Tambor de Crioula, Tambor de Mina, etc... Aprendi no Colégio Marista onde estudei um pouco de teoria musical nas aulas de Canto Orfeônico, obrigatório naquela época.

Cheguei a São Paulo após morar algum tempo no Rio de Janeiro, trazido pelas mãos do empresário Genival Melo, a quem havia mostrado músicas de minha autoria e que foram gravadas pelo seu contratado e cantor de sucesso na época, em 1967, Wanderley Cardoso, as músicas: *Não Posso Controlar meu Pensamento*, em parceria com Robert Livi (hoje um dos produtores de CDs do Julio Iglesias), *Doce de Coco*, *Canudinho* e outras.

O panorama da época era o grande sucesso da Jovem Guarda, comandada por Roberto Carlos e amigos de um lado e do outro os Festivais com suas canções de Protesto ao Regime Militar da época. Internacionalmente The Beatles influenciava a juventude de todo o mundo e, como consequência, a mim também.

Apresentei um programa de televisão pela TV-Difusora, canal 4, chamado Bar de Melodias, em que dividia a apresentação com o grande locutor da época (1963/64), Leonor Filho e Nonato e Seu Conjunto.

Nessa oportunidade, cantava Bossa-Nova e sucessos populares da época. Em 31 de dezembro de 1964, parti para o Rio de Janeiro com o sonho de conquistar todo o Brasil, cantando e compondo.

Lá, conheci e mostrei meu trabalho para pessoas importantes artisticamente na época, como: Carlos Imperial, (descobridor de Roberto Carlos), Wilton Franco (grande produtor de músicais na TV Excelsior-Rio), Sr. Barros, Assessor Artístico de Cauby Peixoto, Osmar Navarro (cantor, compositor e Produtor da Gravadora Phillips-Rio). Mas foi o empresário Genival Melo que, numa tarde de sábado de 1967, no programa Festa do Bolinha, apresentado por Jair de Taumaturgo (TV-Rio, canal 13), ao escutar duas músicas de Claudio Fontana e Robert Livi (produtor de Julio Iglesias), *Não Posso Controlar meu Pensamento* e *Doce de Coco*, tivemos a primeira grande oportunidade, gravando esta música com o cantor Wanderley Cardoso, seu contratado na época. Essas canções alcançariam os primeiros lugares da parada de sucesso daquele ano, sendo então o pontapé inicial das canções que Claudio Fontana gravaria daí para frente com muitos cantores. Em 1968 fui para São Paulo, onde gravei meus dois primeiros discos pela gravadora Copacabana. Mas foi em 1970 que "estorei" em todo o Brasil com a música de autoria de Geraldo Nunes, chamada *Adeus Ingrata*. Além de mais de cem mil cópias vendidas, ganhei também o Troféu Chico Viola, da TV Record, entregue pelas mãos do grande comunicador Kalil Filho. Com o sucesso da música, cheguei ainda a participar duas vezes do programa Jovem Guarda, de Roberto Carlos. Minha carreira acabava de decolar e Genival Melo, meu empresário, formava um novo trio de cantores populares de sucesso, viajando por todo o Brasil: Nelson Ned (o Pequeno Gigante da Canção), Antonio Marcos (O Novo Preferido da Juventude), Claudio Fontana (o Perigo Moreno da Juventude). A consolidação do sucesso como cantor se deu, entretanto, quando passei a fazer parte do quadro de maior sucesso do Comunicador Silvio Santos na TV Globo: Os Galãs Cantam e Dançam, aos domingos, ao lado de outros cantores como: Paulo Sérgio, Antonio Marcos, Wanderley Cardoso, Tony Angely, Ary Sanchez, Djalma Lucio, Jerry Adriani, Arthurzinho, Paulo Henrique, entre outros. Nas décadas de 1970/80, fiz muitos sucessos como compositor, além de participar de Festivais Internacionais, como por exemplo: o festival internacional de La Cancion, de Piriápolis, no Uruguai, onde participei várias vezes. A primeira vez foi com a canção *Se Jesus Fosse um Homem de Cor*, defendida pelo cantor/ator da TV Globo – Tony Tornado, em 1973. Em 1975, mais uma vez participava como autor e de parceria com Antonio Marcos, com a canção *Amor Pela Primeira Vez* defendida pelo cantor Claudio Roberto, conseguindo o quarto lugar. Em 1976, a cantora Sonia Maia, colocaria a canção *Vamos Caminhar Juntos* em primeiro lugar, indo, assim, parar em minhas mãos o troféu do XI Festival Internacional de la Cancion de Costa a Costa. No I Festival da Canção do Panamá (1976), minha canção *Que Seas Feliz* defendida e interpretada pela cantora brasileira Carmen Silva, alcançou a terceira colocação. A música *Mi Amor És mas Joven Que Yo*, de minha autoria foi gravada em 1972 na Gravadora Alhambra da Espanha, se tornaria o primeiro sucesso popular de Julio Iglesias. Em 1974, cheguei ao primeiro lugar da parada no mercado latino-americano, com a música, de sua autoria *Feliz Cumpleãnos Querida Mia, Happy Birthday My Darling, Parabéns, Parabéns, Querida*, gravada pelo cantor Nelson Ned e aqui no Brasil pelo cantor Claudio Roberto. É, porém, a música *O Homem De Nazareth*, gravada pelo cantor Antonio Marcos (1973), Chitãozinho & Xororó (1997) e mais de quarenta regravações com artistas diferentes. O marco da minha carreira como autor, chegando a ultrapassar até hoje a casa de mais de 5 milhões de unidades vendidas dessa música, entre CDs, LPs, compactos, fitas cassetes, etc. Foi também regravada em vários idiomas como, inglês, espanhol, alemão e italiano. Continuo cantando e compondo para muitos cantores de sucesso, como: Julio Iglesias (*Mi Amor És Mas Joven que Yo*), Chitãozinho & Xororó (*O Homem de Nazareth; Choro Apaixonado*) Nelson Ned (*Parabéns, Parabéns, Querida, Romântico*); Antonio Marcos (*O Homem de Nazareth; Minha Amiga, Minha Namorada*), Wanderley Cardoso (*Doce de Coco e Não Posso Controlar Meu Pensamento*), Agnaldo Timóteo (*Eu Hoje Vou Sair Para Buscar Você*), Angela Maria (*Prisioneira*) Jair Rodrigues (*Todo Brasileiro, A Idade Do Homem*), Altemar Dutra (*Onde Está Você*), Originais Do Samba (*Sandwich de Artistas*) Eliana (*Olha o Passarinho, Come que a mamãe fica contente, Bizuca, A Arca de Noé, Orquestra dos Mosquitos*) João Mineiro e Marciano, Irmãs Galvão, Cascatinha e Inhãna, Lourenço e Lourival, Grupo Karametade, Vanusa, As Mineirinhas, Palhaços Atchim e Espirro, Barros de Alencar, Gilberto Barros, Roberto Losan, Paulo Barboza, Grupo Abolisamba, Beto & Betinho, Mococa e Paraíso, Raimundo José, (Pe. Juarez de Castro e a música *O Médico dos Médicos*), o grupo Fat Family. Em 1982, lancei pela West Side Latino Records, o LP em espanhol e me apresentei no Canal Latino de TV em Nova York e no Casa Cuba Club, de cubanos que residem em Porto Rico.

Em 1985, criei entre a família, com minha esposa Malú e meus filhos A Família Chocolate liderando o programa especial de TV, que foi ao ar pela Rede Vida de Televisão, às 21 horas, aos domingos, durantes cinco anos, terminando em 2001 quando minha filha Marcele foi estudar música em Boston, na Berklee School of Music e hoje mora em Los Angeles, onde continua sua carreira artística. Meu filho

Claudio Sá, após formar-se em Sociologia na PUC-SP, estudou inglês durante um ano em Los Angeles, voltou ao Brasil, onde terminou seu mestrado em Ciências Sociais na PUC. Recentemente lancei um livro chamado *A História da Vida de Frei Galvão – Literatura de Cordel)* e dois CDs homenageando o primeiro santo brasileiro. Continuo fazendo shows pelo Brasil, compondo e gravando canções com novos artistas e administrando minha editora músical Homem de Nazareth. Em 2011 fiz o Lançamento de CD com vinte sucessos lembrando as músicas que marcaram minha vida como cantor e compositor, no tempo da Jovem Guarda. Para adquirir o novo CD *Claudio Fontana na Melhor Idade, Lembrando os Bons Tempos da Jovem Guarda*, ligue para (11) 5041-3849 ou (11) 9326 -0728, ou enviar um e-mail para: claudio-fontana@uol.com.br.

O objeto que destaco neste livro é o quadro do Homem de Nazareth.

A canção O *Homem de Nazareth*, de minha autoria, é a mais importante música de minha vida e foi logo após sair do programa de TV do Silvio Santos Os Galãs Cantam e Dançam aos Domingos, em 1973, do qual eu participava como convidado, que veio a "inspiração", dentro do meu carro, quando o refrão da música vinha em minha cabeça, e eu o cantarolava, dirigindo imediatamente para meu apartamento de solteiro, na Rua Avanhandava, no Bixiga, onde eu pegaria o meu violão e ligaria meu gravador AKAY de rolo, e "todo arrepiado" ia escrevendo a letra e cantando a melodia, que saía fluentemente como se um anjo a estivesse me soprando ao ouvido. Esta canção divide a minha carreira artística em duas partes : antes e depois de *O Homem de Nazareth*. Todas as alegrias que um compositor gostaria de ter com uma canção, esta música me deu. São mais de cinquenta regravações com cantores, grupos músicais e artistas diferentes, gravada em inglês, francês, espanhol, alemão e em um projeto *Natal Especial* em 1977, por Chitãozinho & Xororó.

Até hoje são mais de 10 milhões de unidades de LPs, CDs, DVDs, Fitas, etc. vendidas em todo o mundo.

Tão marcante é a canção em minha vida, que coloquei o nome da minha editora musical de Homem de Hazareth, e pedi ao artista plástico Claudio Roberto Diasi para pintar o quadro O Homem de Nazareth, para que essa imagem me acompanhasse o resto de minha vida em todos os meus trabalhos.

Esse quadro está na sala de minha casa e sua fotografia é a capa do meu CD, no qual canto doze músicas feitas especialmente para Ele.

O Homem de Nazareth é também o nome de minha empresa artística e da minha editora músical filiada à ABRAMUS, que juntamente com minha esposa Malú, administram as minhas mais de quinhentos canções, gravadas com muitos artistas populares, como: Julio Iglesias, Antonio Marcos, Angela Maria, Agnaldo Timóteo, Nelson Ned, Chitãozinho & Xororó, Demetrius, Altemar Dutra, Jair Rodrigues, Irmãs Galvão, Nalva Aguiar, Padre Juarez de Castro, Marcelo Crivela, Paulo Barboza, Morris Albert, Wanderley Cardoso, Ângelo Máximo e muitos outros artistas.

Curiosidade:

O Homem de Nazareth

O Homem de Nazareth
Mil novecentos e setenta e três,
Tanto tempo faz que Ele morreu,
O mundo se modificou,
Mas ninguém jamais O esqueceu.

E eu sou ligado no que Ele falou,
Sou parado no que Ele
deixou
O mundo só será feliz, se a gente cultivar o amor.

(...)
Ele era um Rei,
Mas foi humilde o tempo inteiro,
Ele foi
filho de carpinteiro,
E nasceu em uma manjedoura.
Não saiu jamais,
Longe de sua cidade,
Não cursou nenhuma
faculdade,
Mas na vida Ele foi doutor

Ele modificou o mundo inteiro
Ele revolucionou o mundo inteiro.

Hei, irmão, vamos seguir com fé!
Tudo que ensinou,
O homem de Nazareth (bis).

Claudio Fontana

CAIXA DE ENGRAXAR SAPATOS

Nome completo: Claudio Padovani

Idade: 55 anos   Cidade que reside: Sumaré-SP

Profissão: Empresário

Área de atuação: mercado imobiliário

Perspectivas para o futuro: Aproveitar a boa fase que passa o mercado imobiliário e dar maior dedicação à família e a causas filantrópicas.

Acreditei em meus sonhos e segui a minha intuição

Aos 8 anos resolve por livre e espontânea vontade, fazer algo para ganhar dinheiro. Com aquela idade, arranjar um emprego era quase impossível. De origem pobre, humilde, mas sempre com pensamento positivo de estudar e vencer na vida, confeccionou uma caixa de engraxar sapatos e foi à luta. Nascido na cidade de Sumaré, onde reside até hoje, estudava no Grupo Escolar Prof. André Rodrigues de Alckimin na parte da manhã e à tarde, assim que terminava a lição de casa, pegava sua caixa e saia à procura de seus fregueses.

Nos finais de semana, batalhava na Praça da República em Sumaré, para tirar o seu sustento. Sempre inventava formas diferenciadas para exercer suas atividades. Sujar a meia do freguês, jamais. Lustrava os sapatos até espelharem em suas mãos.

Um dia um homem chegou até ele e perguntou se vendia a sua caixa de engraxar. Ele já imaginou um cifrão em sua frente; de raciocínio rápido, foi logo dizendo: "Vendo, sim, senhor!" E assim fechou o primeiro negócio de sua vida. Imediatamente arranjou umas tábuas, pregos, serrote e martelo e em poucas horas já estava com uma caixa nova. Ela era toda envernizada e reluzente de causar inveja. A partir daí passou a ser fornecedor de caixas para os outros engraxates, dividindo seu tempo entre engraxar e fabricar caixas.

Passado algum tempo, percebeu que tinha que criar algo diferente, pois confeccionando e vendendo caixas incentivou muitos novos engraxates e, com isso, criou uma grande concorrência e os ganhos já diminuíam. Foi aí que teve uma brilhante ideia. Inventou uma nova caixa com um diferencial que deixou os demais engraxates "babando". Ela tinha dois pés de apoio e, quando transportada, dividia o peso entre os dois ombros, e os clientes apoiavam os dois pés de uma só vez. Foi uma revolução no segmento.

A partir daí todos os engraxates queriam comprar uma caixa igual àquela, mas ele refugava, pois não queria cair no mesmo erro cometido anteriormente.

Uma nova ideia surge: confecciona várias caixas do novo modelo e dessa vez não vende, provoca os colegas para uma parceria. Nessa modalidade, ele entrava no negócio com a caixa mais os utensílios, o parceiro com os serviços. E dividiam o lucro meio a meio. Em pouco tempo, os engraxates da praça aderiram à moda e ele percebe que essa parceria era mais rentável que produzir e vender caixas.

O tempo foi passando e já com 13 anos, a vontade de vencer, estudar e ser independente era determinante, pois com a morte do pai aos 9 anos e as lições que aprendeu com o mundo o fizeram amadurecer precocemente. Um belo dia, encontra-se com Fufo (Fuad Assef Maluf), pessoa a quem havia solicitado emprego alguns dias antes e este vai logo dizendo: "Estão precisando de um menino para trabalhar no Clube Recreativo! Vai lá e procura o Alaerte Menuzzo!"

Então, depois desse dia ele aposentou sua caixa de engraxar, pois foi contratado na função de cobrador. Alaerte, por sua vez, percebendo que aquele menino poderia render mais, atribuiu-lhe mais uma função, a de vendedor de títulos do plano de expansão do Clube Recreativo, que estava construindo seu novo complexo esportivo na Avenida Rebouças.

Aos 20 anos, cursando a faculdade de direito, foi convidado para trabalhar numa empresa do segmento imobiliário, da qual hoje é proprietário. Empresário de sucesso há mais de trinta anos, sente o maior orgulho de sua infância de desafios e de muita perseverança. Nunca menosprezou as suas origens, e uma caixa de engraxar sapatos sempre foi e será o objeto que levará para sempre em sua memória, onde tudo começou. Apesar de ser uma profissão em extinção, quando encontra um engraxate, "dá pano pra manga" e o papo vai longe...

"A felicidade não está em possuir mais dinheiro, más na alegria de conseguir o almejado, na excitação do esforço criativo."
(Franklin Roosevelt)

Nome completo: Claudio Torres Ribeiro

Idade: 45 anos   Cidade que reside: Rio de Janeiro

Profissão: empresário

Área de atuação: gastronomia e eventos

Perspectivas para o futuro (pessoal ou global): Desenvolvimento de uma estrutura profissional.

Forminha de quindim

Durante muitos anos da minha vida assisti a minha avó materna que morava conosco fazendo quindins utilizando essas formas. O Quindim era uma referência dela, em todas as ocasiões festivas em que participávamos imediatamente se lembrava dos "quindins da tia Yolanda".

Nessas circunstâncias ou as pessoas pediam para ela fazer ou ela mesmo oferecia para levar.

O mesmo prazer que as pessoas tinham em saborear o doce, ela tinha nessa elaboração e ao ver o seu "sucesso".

O Quindim é um doce que tem como ingredientes gema de ovo, açúcar e coco ralado. A receita que utiliza coco ralado é originária do nordeste brasileiro, diferente da receita portuguesa, que, no lugar do coco, utiliza amêndoa. Normalmente, o doce é preparado em pequenas formas.

Além da elaboração de uma boa preparação/ingredientes, saber trabalhar essa forma é muito importante para a apresentação e finalização do doce.

O capricho nessa fase determina o brilho e a facilidade em desenformar os quindins: limpe as formas, passe manteiga por toda parte inteira da forma, encha completamente o interior de cada uma delas com açúcar refinado, repasse o açúcar para a forma seguinte, repita esse procedimento em todas as formas, certifique-se que a parte inteira esteja completamente coberta pelo açúcar.

Está pronto: formas untadas.

Agora precisamos assar em banho-maria.

Ou seja, fazer quindim é uma arte.

Assim eu me aproximei e me apaixonei pela cozinha. Agora, depois de dezoito anos trabalhando no mercado financeiro, desde 2008, inaugurei aqui no Rio a Escola de Gastronomia.

Minha avó, tia Yolanda e seus quindins sempre serão um referencial em minha vida.

Curiosidade:

Mesmo sendo um utensílio de alumínio, atualmente é muito difícil encontrá-lo para comprar.

Por conta do trabalho manual necessário para essa elaboração, as formas com tamanho padrão para quindim foram substituídas por formas de minipudins.

Fotos de: Nelson Takeyama

Nome completo: Cleise Helena Garbin

Idade: 48 anos	Cidade que reside: São Paulo

Profissão: professora instrumentadora cirúrgica, apresentadora de programa, empresária artística, corretora de imóveis.

Área de atuação: médica, artística e imobiliária

Perspectivas para o futuro (pessoal ou global): Tenho o objetivo de me apresentar em rede nacional. Seguir sempre estudando para me aperfeiçoar profissionalmente e vencer na área profissional.

Global: gostaria de ver as pessoas mais humildes, sem ódio e egoísmo que fossem verdadeiras, mais amigas, humanas, e que a saúde pública fosse mais responsável.

Lembranças de Chico Fumaça

É com grande orgulho que venho, por meio dessas lindas páginas homenagear meu querido pai Roberto Garbin, nome artístico Chico Fumaça. Nasceu em 12 de abril de 1914 na cidade de Matão. Cursando somente o primário, começou a trabalhar cedo para ajudar sua mãe, pois seu pai faleceu quando ele tinha 1 ano de idade. Vendia doces em estação ferroviária e porta de Circo. De 1946 a 1950 trabalhou como empregado de um circo, foi quando Deus viu um palhaço em pleno picadeiro, fazendo as pessoas chorarem de tanto rir, começou seu sucesso. Com as economias comprou um pequeno circo, e por lá se passaram muitos artistas, como a Caravana do Peru que Fala Silvio Santos, Tonico e Tinoco, Irmãs Galvão e muitos outros, hoje famosos.

Atuou em diversas rádios, grandes shows e, por fim, foi convidado a fazer filmes de longa-metragem, como *O Jeca e o Bode, Cabocla Tereza, a Volta do Jeca* etc... ficou conhecido Brasil afora com apresentações em circos pavilhões e cinemas. Sempre otimista e alegre, amava o que fazia, tinha grande admiração pelo humorista Mazzaroppi.

Sempre correndo atrás de seus sonhos e ideais, e como nas minhas veias correm o sangue desse grande artista e homem que tanto admiro, não poderia ser diferente, nasci debaixo da lona do circo. Dos 6 aos 10 anos, trabalhei nele junto com minha mãe Selma Mendes, que também era artista, mulher guerreira, companheira de meu pai. Mas os estudos foram prioridade e deixei o mundo artístico, dedicando-me aos estudos. Passaram-se os anos e encontrei um grande compositor, Antonio José, dono, na época, da Rede Bharamas de internet, e fez um convite: se eu queria apresentar um programa músical ao vivo... Meu sangue artístico começou a pulsar mais forte, e lá estava eu, apresentadora de programa, pela internet toda semana ao vivo. Foi um sucesso, elogios, o número de internautas crescia a cada semana, percebi que o dom artístico aqui estava.

Hoje sou empresária artística, apresentadora de programa, gravarei um CD e aos 48 anos aprendi que para ser feliz basta querer, e ainda me dedico à instrumentação cirúrgica. Estou com grandes projetos artísticos, como meus três filhos cantam: aí vem Jean Rodrigo e Garbin's.

Fico enaltecida em participar deste projeto maravilhoso (*Objetos & Memórias*).

Curiosidade:

Tenho desde criança a curiosidade de apróximar-me, tocar Golfinhos. Isso vem de criança e nunca tive a oportunidade, mas tudo tem seu tempo. Em breve realizarei esse desejo.

Nome completo: Cristhian Leão

Idade: 36 anos   Cidade que reside: São Paulo

Profissão: Apresentador de TV e ator

Área de atuação: TV

Perspectivas para o futuro (pessoal ou global): Pretendo logo em breve me tornar pai, avô e, claro, um velhinho simpático. (risos). Gostaria de ver um Brasil honesto, com políticos sérios e com pessoas que respeitem cada vez mais o próximo. Um país de brasileiros educados que não queiram levar vantagens sobre os outros e que batalhem por uma vida digna sem se corromperem e sem se deixarem ser corrompidos.

O Brasil tem tudo para ser o melhor lugar do mundo. Basta respeitarmos as leis naturais da vida, respeitarmos o ser humano e principalmente o idoso.

O tempo

Lembro-me, quando criança, que meus pais, aos finais de semana, iam visitar meus avós maternos Joaquim e Ormezinda, em Suzano, uma cidade vizinha de São Paulo.

Matávamos a saudades dos avós, dos primos e eu brincava muito com eles. Era um contato sem igual com a natureza. Brincadeiras que faziam parte da época e que hoje não vemos mais. Pique-esconde, jogar bola com os pés descalços na rua, caminhar próximo às minas dágua, nadar em lagoas...

Ainda guardo na memória quando acordava e sentia o cheirinho do café fresquinho misturado com o leite, aquele cheirinho de pão, e no rádio o som de um locutor, o Zé Bétio, dizendo: "Acorda o gordo, gorda! Joga água nele!"

Foram momentos que realmente marcaram minha infância e meus avós.

O tempo foi passando, minha avó partiu. Cumpriu sua missão ao lado do marido, filhos e netos e foi morar ao lado de Deus. Meu avô por pouco tempo, logo após a partida de minha avó, também nos deixou.

Meses antes de partir, numa conversa a dois, o vô Joaquim tirou do bolso um relógio movido à corda, que o acompanhou por muitos anos, e disse: "Meu filho, antes de eu morrer quero que você guarde essa recordação do seu avô. Gostaria de te deixar muito mais, mas é o que tenho pra você lembrar de mim".

Naquele momento meu coração havia tocado as mãos de Deus pedindo que desse uma vida longa ao meu querido avô. Mas Deus é Supremo e fez o que realmente deveria ter feito.

Com o passar dos anos notei que o tempo é cruel, é imparcial, não escolhe rico nem pobre, cor, raça nem sexo. É algo que não volta mais, mas nós temos a capacidade de voltar no tempo por meio das nossas lembranças e histórias que ficaram cravadas nele e que continuam vivas no nosso coração.

Viva intensamente seus amores, suas vitórias, conquistas, alegrias. Não tenha vergonha de dizer que ama quem realmente você ama. Seus pais, avós, irmãos, amigos...

Cuide e dê tudo que puder para quem sempre te cuidou e ensinou a ser quem você é.

O tempo passa, então faça dar tempo para realizar o que pode ser tão importante para o resto de sua vida.

> **Curiosidade:**
>
> "Viva muito menos, mas viva, os momentos ruins que todos nós temos que passar. Seja para aprender, crescer, evoluir. O lado ruim das coisas tem também o lado bom. Tudo é a forma na qual vai enxergar as situações. Seja positivo".

Nome completo: Cristiane Sambugaro

Idade: 38 anos Cidade que reside: São Paulo

Profissão: professora universitária

Área de atuação: turismo e hotelaria

Perspectivas para o futuro (pessoal ou global): Sonhar e realizar. Sonhar sem realizar é morrer sem renascer!

Poltrona mágica

Essa poltrona tem muita história e, seguramente, posso afirmar que faz parte da minha história de vida! Ela fez parte do primeiro conjunto de estofados que meu pai comprou quando se casou com minha mãe, em 1969.

Foi nessa poltrona que fui amamentada, onde posei aos 8 meses de idade para uma das minhas primeiras fotografias, ainda em preto e branco, também foi minha companheira para as séries da televisão e das brincadeiras com a garotada.

Minha inseparável companheira para assistir as séries americanas que fizeram sucesso na televisão brasileira das década de 1970 e 1980, como *Daniel Boone* (amava!), uma pioneira em falar sobre os colonizadores norte-americanos. Pensando bem, minha vocação pelas ciências humanas pode ter começado sobre essa poltrona, pois alguns anos depois estaria eu falando sobre a colonização norte-americana nas aulas de História Geral, em meu início de carreira no magistério público.

Dentre as séries brasileiras, "assistimos juntas" o Sítio do Picapau Amarelo. Posicionava a poltrona bem na frente da TV (e minha mãe reclamava, porque dizia que não era saudável!) e lá seguíamos juntinhas por horas e horas!

Ah! E nas brincadeiras de esconde-esconde.... Era ela quem me "salvava" de ser pega pela garotada!

Quando olho para minha amiga poltrona penso em todos esses momentos que me levam, em um passe de mágica, para momentos felizes do passado.

Por isso, merecidamente, criei um espaço só dela, um silencioso e aconchegante canto de leitura, ainda na casa de mamãe, de onde não quero tirá-la antes de um bom restauro. Penso que ela merece, afinal, é meu link com um passado de boas lembranças!

Curiosidade:

É um produto de fabricação nacional. O detalhe que acho "o máximo" e também engraçado é o tecido (plástico) que tem umas purpurinas.

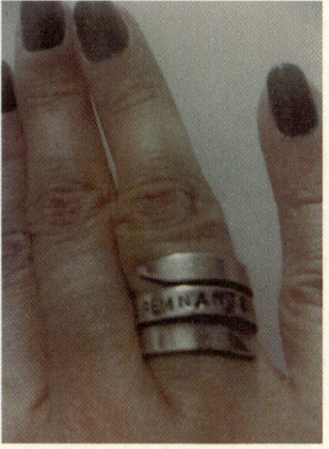

Nome completo: Débora Barros

Idade: 49 anos

Profissão: assessoria de comunicação e produção (RTV)

Área de atuação: rádio/TV

Perspectivas para o futuro (pessoal ou global): Trabalho, trabalho, trabalho, uma aposentadoria confortável e um mundo sustentável.

O anel

O meu objeto é de uso pessoal, um anel. Tive um que era ligado na radiônica ou radiestesia, estilo de terapia que utiliza a rádiofrequência para informação e transmissão de vibrações que estimulam a percepção extrassensorial do indivíduo. Ocorre que de tanto usá-lo (como um amuleto mesmo) acabou partido e fiquei sem o meu querido. Dizem que era energia negativa que ele captou. Se foi isso, bom para mim!

Na tentativa de substituir o meu objeto de proteção, o anel que havia partido... Imaginei e idealizei outro anel. Mas queria algo diferente.

Por ter afinidade e paixão por anéis, ter um modelo exclusivo, único contendo uma energia especial e confeccionado sob medida seria o próximo passo, pois o tornaria mais significativo, incorporado ao valor sentimental, emocional que não tem preço.

Nesse meio-tempo, um amigo fez o meu estudo da Cabala (significa "aquilo que é recebido) e nessa "filosofia" temos portais para chegar até o Divino e frase de proteção. Minha frase: "Banindo as forças do mal" — "Banishing the remnants of evil".

O que fiz, procurei uma amiga designer de joias, bolei o modelo (em forma de espiral, para não ter nem começo nem fim) e passei essa frase para ela colocar no anel. A peça ficou linda!

Identifico-me de um modo tão singular, que ele me traz energia e um sentido especial. O contato com o anel me remete a cenas, imagens e sensações que possibilitam uma conexão com o meu mundo interior, e por isso não me separo dele por nada!

> **Curiosidade:**
>
> A frase que está gravada no anel vem do estudo individual da Cabala e é uma frase de proteção.

Fotos: Nelson Takeyama

Nome completo: Demétrio Zahra Neto

Idade: 69 anos   Cidade que reside: São Bernardo do Campo-SP

Profissão: cantor e compositor

Área de atuação: música romântica jovem

Perspectivas para o futuro: Continuar cantando e poder ver meus netos desfrutando de melhores tempos.

Meu violão, meu companheiro

Em 1960 iniciei minha carreira artística como intérprete de canções. Logo comecei fazendo versões de músicas estrangeiras, na maioria norte-americanas, como *Corinna, Corinna, O Ritmo da Chuva*, etc., e minhas versões alcançaram um bom êxito, o que me tornaram cantor e versionista. Não foi o bastante!

Comecei a desejar compor músicas e assim extravasar ideias e sentimentos. Inicialmente cumpri de forma precária minha carreira de compositor, pois me faltava um instrumento para eu poder organizar melhor minhas melodias e letras. Embora canhoto (o que me dificultava o aprendizado), recebi um presente que me emocionou e ao mesmo tempo realizou um grande sonho.

Foi no ano de 1967 que ganhei um violão feito à mão pelo meu saudoso amigo Reynaldo Di Giorgio (modelo Romeu I), fabricante dos violões Di Giorgio.

Esse violão passou a ser o companheiro inseparável de toda a minha vida e inspiração para eu fazer dezenas de canções, gravadas por grandes intérpretes da nossa música como exemplo: Altemar Dutra, Antonio Marcos, Paulo Sérgio, Roberto Carlos, Jerry Adriani, Wanderley Cardoso, Vanuza, Waldireni, Nalva Aguiar, Ary Sanches, Francisco Petrônio, Roberto Barreiros, Ricardo Braga, Fernando Mendes, Ary Toledo, entre tantos outros.

Nunca levo esse instrumento, para mim verdadeira relíquia, com receio de perdê-lo ou que seja danificado. É o objeto que, além de fazer parte de minha vida e memória, continua vivo no meu dia a dia, sendo sempre motivo para continuação do meu trabalho e dos meus sonhos.

Curiosidade:

Meus ídolos na adolescência e juventude foram: Elvis Presley, Cauby Peixoto, Angela Maria e Tito Madi, e atualmente sou fã da Norah Jones.

Fotógrafa Marcia Negrini de Azambuja

Nome completo: Djanira Pereira Zinn

Idade: 47 anos   Cidade que reside: Porto Alegre-RS

Profissão: corretora de imóveis

Área de atuação: vendas de imóveis (construção)

Perspectivas para o futuro (pessoal ou global): Hoje ajudo com doações instituições de caridade, pretendo seguir ajudando, além de vender sonhos que se tornam realidade!

Minha tia em viagem...
com mamãe

A caixinha de música que veio da bota da Europa, Itália.

Conheceram várias cidades entre ela, Veneza, a cidade semissubmersa nas águas, rica por sua arquitetura, Gôndolas, violinos, cafés e festival de cinema. Mamãe chorou de emoção ao chegar em Veneza, a cidade na qual via somente em filmes, agora se tornara real.

Nessa época houve vários terremotos que abalaram a Cidade de Assis, uma das mais antigas –, pois bem lá estavam as duas almoçando em um restaurante típico italiano, quando o chão começou a tremer, elas escutam risos frenéticos de medo e nervosismo. Um turista Argentino não se segurou e fez nas calças mesmo. Os garçons, por sua vez, acostumados aos tremores frequentes, seguiam atendendo aos clientes como perfeitos malabaristas.

Seguindo viagem...

Saíram de Assis e chegaram em Florença, ah! A cidade das artes, cultura e arquitetura, ali estavam obras de Michelangelo, Leonardo da Vinci e Rafaelli. Muitas universidades e estudantes que aspiram um dia tornarem-se um Da Vinci ou um Michelangelo, por que não? A cidade inspirava a todas as formas de arte, caminhavam pelas ruas e viam pessoas sentadas pintando paisagens em seus cavaletes. Apreciavam a cidade, tiraram muitas fotos, provaram o tradicional gelato que dizem ser o melhor da Europa toda, entre outras delícias tipicamente italianas.

De Assis foram até Verona, a cidade de Romeu e Julieta, de Shakespeare, de amores, encontros e desencontros. Na casa de Julieta até hoje as damas vão e deixam recadinhos e cartas para Julieta lhe ajudarem em suas vidas românticas, pois creem ser ela uma apaziguadora do amor.

A caixinha de música: lá mamãe encontrou uma linda caixinha de música, linda de cor azul, com um violino pintado, uma partitura músical e uma espécie de trombeta; instrumentos rústicos que após os anos foram aperfeiçoados.

Prontamente olhou para a caixinha e disse: "Este será o presente de Deja, ela é romântica, acredita no amor e dela sai uma doce melodia músical". Sempre que olho ou abro minha caixinha de música, lembro-me do exato momento em que ganhei de minha mãe, ouço a música... Volto no tempo e suspiro, pois me transmite muito amor.

A música... Bela a música, linguagem de amor universal...

> **Curiosidade:**
>
> A caixinha de música é um objeto que fascina, por sua delicadeza e pelos lindos modelos que valorizam diversos temas, como cinema, música, dança. Ao ouvir sua música, a pessoa entra em uma sitonia de paz e harmonia.

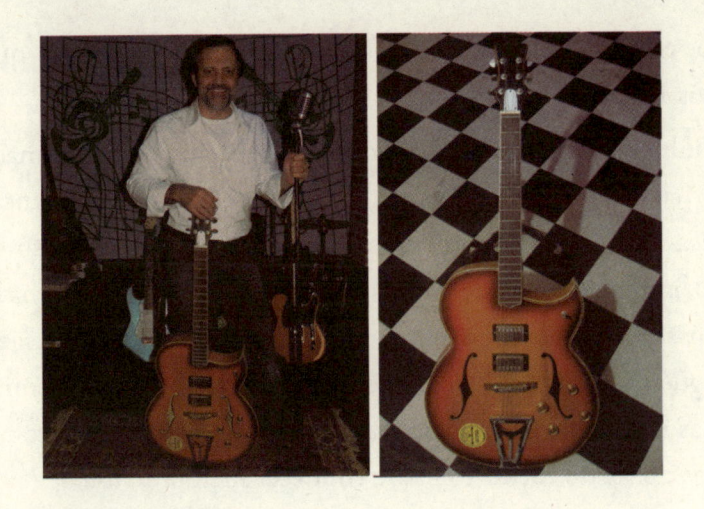

Nome completo: Edemilson Sastre Danna

Idade: 50 anos   Cidade que reside: São Paulo

Profissão: Empresário

Área de atuação: metalúrgica

Perspectivas para o futuro (pessoal ou global): Que as pessoas sejam mais cordiais, participativas e que se conheçam mais, para transformar a vida numa eterna alegria.

Guitarra, um instrumento de lembranças

Era o ano de 1977, 16 de agosto, uma terça-feira, manhã de inverno na cidade de Arapongas, norte do Paraná (o frio de lá é congelante), oito horas da manhã, eu com 16 anos dentro da sala de aula junto com meus coleguinhas aguardávamos a presença do professor de ciências. O professor David entrou, sentou-se calmamente, com expressão triste, todos em silêncio, antes mesmo do seu "bom dia" costumeiro, disse: "Hoje morreu meu ídolo, não vou dar aula porque não consegui preparar nada, estão dispensados!". Daí eu perguntei: "Professor, quem era ele?". Elvis Presley, ele era o cara.

Minha curiosidade fez com que eu fosse atrás de informações sobre ele. Meu saudoso pai me disse: "Ahh!! Aquele cantor que cantava com uma brasa na boca, sorrindo como sempre". Naquela época, só o Jornal Nacional, rádio e a banca de jornais era tudo que hoje um internauta acha em microssegundos com um simples click, bem do tipo "Se a Gazeta não deu, ninguém sabe o aconteceu", como dizia Décio Danna. Comprei algumas das revistas e jornais que estampavam como um varal com fotos e mais fotos do rei do rock'n' roll para conhecer melhor *o cara*.

Desse dia em diante o *cara* foi adotado como ídolo também, como que por contágio. As músicas, o jeito, o estilo, os filmes, tudo era citado milhares de vezes, cronológica e minuciosamente. Minha curiosidade foi até o ponto de comprar um violão para tentar tirar as músicas cifradas que vinham nas revistinhas. À noite superestrelada ficava ouvindo BBC e outras ondas curtas na moto rádio do Volks Brasília (bege) estacionada no quintal, captando alguns especiais oferecidos pelas emissoras internacionais que cruzavam as ondas do local, indo e vindo como as que batem e voltam na praia.

Nessa época, meu irmão Hélio (o mais velho) estava às rodas com um certo rock progressivo embalando Hendrix, Led, Black Sabbath, Uriah, Peter, Pholhas, Made in Brazil, Rita, Credence, ainda Beatles e outros, mas o que me chamava atenção era mesmo o tal rockabilly, misturado com blues... Naquele ritmo simples, do roquinho meloso.

Bem, entre o vaivém da vida, estacionamos com a família inteira em São Paulo à procura de oportunidades que não só encontramos como abraçamos como sistema de vida. Encontrei trabalho e também meu grande amor, Roseli. Casamo-nos e dessa linda união nasceu um fruto lindo... Que lhe dei o nome de Priscila. É, este nome também é por causa do *cara*! Ela é maravilhosa.

Após alguns anos, pude adquirir alguns objetos, pôsteres e discos do rei, e viajei para visitar Graceland já por duas vezes. Consegui realizar meu sonho de ver de perto o ambiente e a vida que levava em Memphis. Todos os fãs devem ir lá um dia.

Não poderia deixar que toda essa introdução anterior ficasse esquecida, pois a guitarra da foto tem muito a ver com tudo isso. Ela é exatamente uma réplica da Gibson utilizada por Elvis no Special da NBC, em 1969 – em 70 o Brasil foi tri –, desenhada por mim e fabricada por um luthier, com captadores e metais originalmente da Gibson de Memphis, adquirido em uma de minhas viagens.

Essa guitarra tem muito significado, pois representa exatamente a época de ouro do rock'n'roll, com toda a magia, ingenuidade, irreverência e vontade de mudanças, do mesmo tipo que se utilizava nos shows da época em que Elvis Presley começou a carreira e faz parte de destaque no meu PUB criado especialmente para homenagear o rei.

Curiosidade:

Em uma das minhas visitas a Graceland (Casa do Elvis) em Memphis, TN, estava andando no lado externo da casa, quando perto do Jardim da Meditação caiu uma folha de uma das árvores no meu rosto; recolhi, guardei e hoje está emoldurada e na parede no meu PUB com os tickets do dia. Posteriormente a essa atitude, soube curiosamente que na época do auge da fama havia uma pessoa que recolhia as folhas das árvores que caíam do lado externo da casa e as vendiam pelo correio a um dólar cada.

Nome completo: Edna Sanches Santos de Mello

Idade: 55 anos Cidade que reside: São Paulo

Profissão: aposentada

Área de atuação: teatro da terceira idade

Perspectivas para o futuro (pessoal ou global): Ajudar no casamento da minha filha, ser avó e continuar fazendo teatro e aulas de dança de salão, cuidar da saúde para ter uma qualidade de vida o melhor possível, principalmente ser respeitada nos meus direitos como idosa.

Visita à Vovó

Minha avó chamava-se Candida, casou-se com um espanhol, mas ficou viúva muito cedo. Na década de 1940, após a morte de meu avô, saiu da cidade de São José do Rio Preto e veio para São Paulo, onde permaneceu até sua morte. Devido a um grande número de netas, vinte ao todo, o único momento de carinho que tínhamos era na hora que chegávamos e na hora de irmos embora. Em momentos que íamos visitá-la, nos recebia e se despedia com um beijo carinhoso e um abraço apertado. Sua casa estava sempre cheia de filhos e netos.

Sempre lembro-me dela sentada fazendo crochê, e ela me dia que na sua época as moças tinham de saber cozinhar, costurar, bordar e fazer crochê antes de casar. E ela usava essa tesourinha para cortar a linha das toalhinhas, lencinho de cabelos, e demais trabalhos manuais que fazia.

Não sei dizer se essa tesourinha foi comprada por ela, ou se foi herança de sua mãe ou avó, pois pelo modelo me parece muito antiga. Nunca fui de guardar objetos antigos, mas como não tenho nenhuma habilidade com trabalhos manuais, dou muito valor a quem tem. Fiz questão de guardar essa tesourinha e algumas toalhinhas que até hoje estão em perfeito estado. Não tem como olhar para ela e não lembrar da minha avó com muito orgulho e saudades.

Curiosidade:

Mesmo aos 82 anos, e com catarata nas duas vistas, minha avó fazia crochê com a linha mais fina que existia e arrematava seus trabalhos com a maior perfeição com a tesoura da foto.

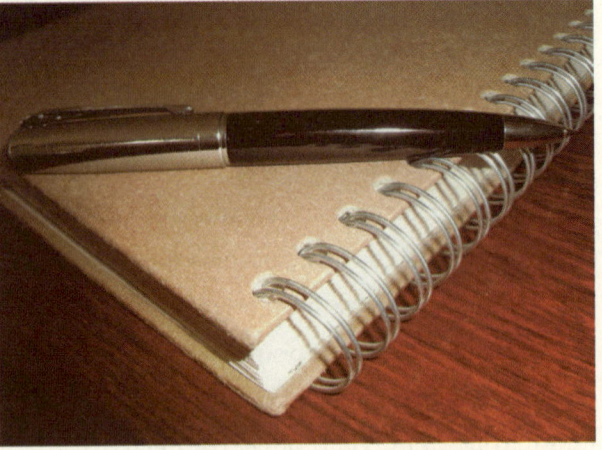

Nome completo: Edson dos Santos Gonçalves Junior

Idade: 28 anos   Cidade que reside: Santos-SP

Profissão: humorista, comediante e publicitário.

Área de atuação: Espetáculos

Perspectivas para o futuro (pessoal ou global): Ser reconhecido no gênero Stand-up Comedy e ter meu show em várias cidades do país. Levar alegria às pessoas; quero muito que elas saiam do meu show com outras perspectivas em relação à própria vida e às coisas de um modo geral. Também sonho em ter filhos e uma fazenda.

As grandes sacadas precisam de papel e caneta!

Em meio a tantos objetos luxuosos, de muito valor, de grande desejo, o papel e a caneta acabam por serem os mais simplórios. Porém, não há casamento mais perfeito do que o de um papel com uma caneta.

Eles criam, demonstram sentimentos, ilustram, dão asas aos pensamentos mais profundos.

Poesias, histórias e estórias, textos, frases, teorias, reportagens, notícias, cartas, bilhetes, recados e até mesmo simples rascunhos. O papel e a caneta não têm restrições, não se incomodam se a sua letra é feia, se você é branco, negro, alto, baixo, gordo, magro, velho ou novo. Eles querem apenas ser úteis, querem que você se expresse, divida suas tristezas, multiplique suas alergias, comente suas passagens, transcreva suas dúvidas, enfim, compartilhe sua vida.

Desde pequeno sempre fui visto acompanhado de papel e caneta, até mesmo em épocas em que não sabia ler e escrever, pois me expressava por meio de desenhos. Eles me permitiam ser eu mesmo. Nós não guardávamos segredos um com o outro. O tempo foi passando e sempre tive comigo essa dupla inseparável.

Pré-escola, ensino fundamental, ensino médio, colegial, faculdade. Sempre gostei muito de escrever, onde quer que eu estivesse sempre tinha comigo meus grandes companheiros, era imprevisível quando as boas ideias poderiam surgir.

Tenho 28 anos, sou publicitário, comediante e humorista. Sim, humorista, aquele que escreve textos humorísticos. Faço shows de comédia no formato Stand-up, no qual é preciso atuar com textos de autoria própria sobre o cotidiano, ou seja, é preciso estar sempre atento e *anotar* todas as grandes sacadas para que não caiam no esquecimento.

Hoje, depois do microfone, posso afirmar que o papel e a caneta são minhas principais ferramentas de trabalho. Elas dão vazão e criam os mais divertidos shows de humor que alegram milhares de pessoas por todo o Brasil. É irônico dizer que em pleno século XXI, em meio a iPods, iPads, notebooks e celulares *touch screen*, os melhores companheiros de um humorista são o papel e a caneta.

Que sejam eternos, que durem o tempo que for preciso e carreguem sempre a magia e a adorável missão de transformar pensamentos em sonhos.

> **Curiosidade:**
>
> Meu objeto pode ser encontrado em qualquer lugar. O meu, em específico, é nacional e foi dado de presente por minha noiva, que sempre me apoiou e me incentivou a escrever cada vez mais. Ela sempre diz que quando se tem um dom é preciso deixá-lo viver.

Foto: Miguel Schincariol

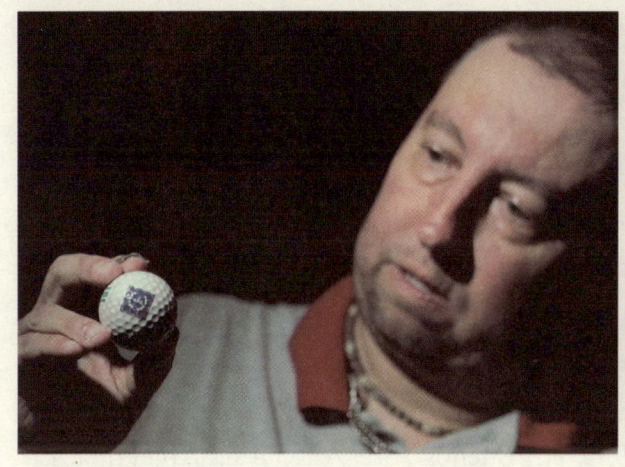

Nome completo: Eduardo Affonso

Idade: 42 Anos   Cidade que reside: São Paulo

Profissão: jornalista

Área de atuação: esportiva

Perspectivas para o futuro (pessoal ou global): continuar meu trabalho na rádio Estadão ESPN, que está com um projeto novo, e prosseguir com minha saúde em dia, afinal sou transplantado renal desde 2006 e, por enquanto, venho levando uma vida supertranquila nesse aspecto.

A bolinha da tristeza

Quando fui convidado para este projeto, me veio uma grande dúvida sobre qual objeto escolher para retratar meus sentimentos. Não por falta de objetos em minha vida, muito pelo contrário.

Eu queria sair do trivial, escolher algo que apenas me trouxesse boas recordações, seja de um momento, de uma pessoa ou até do próprio objeto. E comecei a pensar em algo que pudesse misturar um sentimento forte, no caso a tristeza com a minha profissão: jornalista.

E escolhi essa bolinha de golfe. Não, não. Não sou praticante da modalidade esportiva nas horas vagas e nem tenho por hábito assistir ou trabalhar em eventos relacionados ao golfe. Até confesso, sem gosto e não entendo muito de como funciona.

Mas então por que a bolinha de golfe que guardo até hoje me minha casa? Trata-se de uma história triste, realista e que mostra o quanto a profissão de jornalista pode se misturar a tragédias, mesmo eu sendo um jornalista esportivo.

Essa bolinha apareceu em minha vida em 1999, mais precisamente dia 3 de setembro de 1999, em Buenos Aires, capital da Argentina. Eu estava lá, ainda como repórter da Rádio Bandeirantes de São Paulo para trabalhar num amistoso entre Brasil e Argentina, que seria realizado no dia seguinte e que terminou com a vitória do rival por 2 a 0.

Naquela noite anterior ao jogo, depois de ter acompanhado o treino da seleção brasileira, fui convidado pelo então repórter da TV Bandeirantes Oswaldo Paschoal para irmos jantar em um dos excelentes restaurantes da cidade portenha.

E lá estávamos, por volta das vinte e uma horas degustando um bife de chorizo com papas fritas e ensaladas, quando recebo um telefonema da redação da Rádio Bandeirantes, em São Paulo. A pessoa, que realmente não me vem à memória, me informou sobre um suposto acidente aéreo que teria acontecido em Buenos Aires e se eu poderia averiguar, porque as informações ainda eram muito confusas.

Só posicionando você, caro leitor, em 1999 não havia essa rapidez e essa forma instantânea de informações via internet. O celular, em si, ainda era algo de luxo, pouco utilizado fora do país e com um custo altíssimo. Por isso as informações sobre o acidente eram poucas e confusas.

Como manda a regra do bom jornalismo, deixei de lado meu jantar, ainda pela metade, e fui averiguar a situação.

Ao chegar ao local, com meu fiel escudeiro, senhor Umberto, taxista argentino casado com uma brasileira, que sempre nos servia nos trabalhos em Buenos Aires, me dei conta de que o acidente não só tinha acontecido há poucos instantes, como também era grandioso, com um avião comercial que havia caído momentos depois de decolar do campo de Golfe que ficava no fim da pista.

As autoridades locais ainda nem bem tinham feito um cerco na área do acidente e por isso não tive problemas para chegar muito próximo dos destroços da aeronave, numa distância não superior a 200, talvez 300 metros.

Bem, não preciso explicar que fiz o meu trabalho, ou pelo menos tentei fazê-lo da melhor forma possível durante a noite e a madrugada, entrevistando autoridades e pessoas que haviam presenciado tal fato.

Ao final de tudo, por volta das quatro da manhã, quando estava pronto para me dirigir ao meu hotel, achei no local do acidente duas bolinhas de golfe. Uma ao lado da outra. Resolvi pegá-las de recordação. Eu sei, parece uma recordação macabra, afinal de contas, ao lado delas morreram 96 pessoas, entre passageiros e tripulantes.

Quando cheguei ao Brasil e estive pela primeira vez na redação da minha emissora, fui parabenizado pelo então diretor de jornalismo Marcelo Parada por não só ter feito um bom trabalho no jogo, que era meu objetivo, como também por ter saído um pouco da minha função de repórter esportivo, abastecido a emissora com as informações do acidente.

Então eu resolvi entregar ao Parada uma das bolinhas de golfe, explicando que o avião havia caído há pouco mais de 300 metros de onde a havia encontrado. Ele aceitou e a outra eu guardei comigo, talvez simbolizando um fato histórico e triste, mas um fato que marcou muito a minha carreira de jornalista.

Curiosidade:

Buenos Aires tem dois aeroportos, como São Paulo. Ezeiza, que fica distante do centro, é o internacional, a exemplo de Cumbica em Guarulhos. O acidente em questão ocorreu no Aeropark, centralizado, mais ou menos como Congonhas e que serve para voos domésticos. E que fica ao lado (não sei se atualmente ainda é assim) de um campo de golfe.

Nome completo: Eduardo Barbosa

Idade: 45 anos   Cidade que reside: Caieiras-SP

Profissão: Empresário

Área de atuação: manutenção em equipamentos de segurança

Perspectivas para o futuro (pessoal ou global): Prosperar perante a Deus, ter uma família completa, prospectar nossa empresa.

Acreditar em Deus, acreditar em uma chance

A história desse objeto começou há cinco anos, quando eu estava trabalhando em uma oficina mecânica e morando na casa de minha mãe. Cheguei em casa e recebi um convite muito bonito entregue pela Roseli, uma amiga de infância, amiga esta que não via há muitos anos. Era para o lançamento do livro sobre sua vida.

No dia encontrei muitos amigos que há muito na via, falamos sobre muita coisa, principalmente da vida nesses anos, comentei que estava trabalhando como mecânico, e a Roseli me convidou para ir conhecer a empresa. Tivemos um longo bate-papo sobre muitas coisas; para completar, nessa conversa fui convidado para trabalhar como instalador e com manutenção de barras antipânico. De pronto aceitei e logo na semana seguinte já estava na empresa para executar. Acreditei e fui em frente, peguei a mala de ferramentas e fui para a batalha. Bem, aprendi muito no tempo que fiquei lá, até que a Roseli e o Edemilson me deram a ideia de montar minha empresa. Por mais uma vez acreditei e tive muita ajuda deles na aquisição de cartão de visitas, clientes, material de escritório e muita força de espírito. Devo muito a Deus, que os colocou na minha vida, ate que comecei a andar sozinho. Junto, hoje com minha esposa Patrícia Lopes, pessoa que está comigo até hoje acreditando e me ajudando muito, iniciamos mais uma jornada e, sempre com Deus à nossa frente e com força de meus amigos, conseguimos muitos clientes. Ah... Sim, nossa empresa chama-se Teknoport, fundada em 2006 e constituída juridicamente em 11 de setembro de 2007. Foi muito duro chegar até aqui, tivemos muitos problemas; até cheguei a pensar em fechar a empresa, mas minha esposa estava lá como sempre e meus amigos também sempre me davam ideias fortíssimas de como chegar aos clientes, como abordá-los e como atendê-los e sempre a seguir em frente com a ideia.

Bem, chegou o ano de 2009, iniciamos trabalhando como sempre, atendemos muitos clientes nesse ano. Em maio surgiu o convite para participarmos da premiação Pro-síndico e LicitaMais 2009". Realizamos a inscrição, passamos no processo de análise e aprovação diante da comissão julgadora para participação e em junho recebemos a informação que fomos os vencedores na categoria Equipamentos de Prevenção e Combate a Incêndios. Conforme a preferência de síndicos e administradores de todo o Estado no Prêmio Pro-síndico LicitaMais – Fornecedor do Ano para Condomínios 2009, participamos do evento para entrega da premiação e proporcionando também um jantar de negócios. Isso foi a melhor coisa que podia ter acontecido em nossas vidas, pois de um encontro para um lançamento de um livro contando a história de uma vida, nos levou a um conto de nossa vida.

Diante de tudo isso que aconteceu, sempre digo: acreditem quando lhe é oferecido uma chance, pois é só uma vez, se não aproveitar e usá-la descententemente, já era. Acreditem em Deus e façam. Perseverança sempre, e mantenham sempre uma amizade sadia. Esta é uma história muito verdadeira, com muita garra e fé.

É isso aí, gente. Acho que todos entenderão o propósito da vida com este pequeno relato. Valeu e um abraço. Obrigado.

> Curiosidade:
>
> A placa da foto foi confeccionada em aço inoxidável nas medidas de 15x10 cm e escrita em baixo relevo com tinta preta.

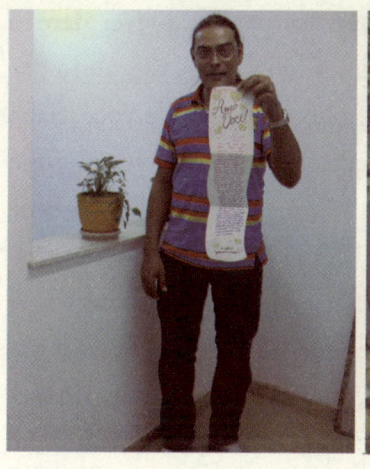

Nome completo: Eduardo Bueno Tavares

Idade: 37 anos   Cidade que reside: São Paulo

Profissão: supervisor administrativo

Área de atuação: vendas

Perspectivas para o futuro (pessoal ou global): Crescer profissionalmente.

Cartão de aniversário

O meu objeto em destaque trata-se simplesmente de um cartão de aniversário que eu recebi há exatamente oito anos e, por ser o primeiro presente que eu recebi de minha esposa, o guardo com muito carinho até hoje, pois o conteúdo dele é maravilhoso. Leiam!

Nunca te esqueça o quanto gosto de ti. És uma pessoa especial. Meu corpo se transformou em um grande caldeirão, que transbordou todos os sentimentos de emoções. Todos os meus medos e anseios, meus risos, toda a minha saudade e desejos, como mágica, escapolem pegando carona com este cartão para chegar até você. Importante não foi o dia que te conheci, mas o momento em que você passou a viver dentro de mim. Em uma noite estava olhando estrelas, tentando dar a cada uma delas um motivo para gostar tanto de você. Sabe o que aconteceu? Faltaram-me estrelas. Quando foi que me apaixonei? No primeiro abraço? No primeiro beijo? No primeiro olhar? No primeiro toque? Não sei! Só sei que me apaixonei. A emoção do nosso amor não dá para ser contida. A força desse amor não dá para ser medida. Amar como eu te amo só uma vez na vida. Porque o amor é o sentimento dos seres imperfeitos, posto que a função dele é levar o ser humano à perfeição. Como são sábios aqueles que se entregam às loucuras do amor. Meu Amor, quando digo que te amo profundamente... Estou descrevendo apenas superficialmente tudo o que eu sinto por você.

Feliz aniversário.

Fique com Deus.

Te Amo D+++++++++++++++++++++++++++++++

Roberta Oracic

> **Curiosidade:**
>
> Estamos casados há seis anos e temos uma filha linda chamada Giovanna, de 5 anos e 2 meses.

Fotos: Nelson Takeyama
Tratamento da foto: Marcelo Nepomuceno

Nome completo: Carlos Eduardo Porta Martini

Idade: 50 anos   Cidade que reside: São Paulo

Profissão: ator

Área de atuação: teatro e TV

Perspectivas para o futuro (pessoal ou global): Trabalhar muito e viver melhor.

The show must go on!

Tive a sorte de trabalhar com grandes atrizes. Nathalia Timberg, Célia Biar, Rosita Thomas Lopes, Maria Clara Machado, Dercy Gonçalves, e cada uma me ensinou coisas diferentes, mas todas eram unânimes: o seu camarim é a extensão da sua casa.

Sempre procurei tornar aquele pequeno espaço o mais agradável possível para me sentir bem e puder estar tão relaxado para fazer o que mais amo: atuar.

Tenho uma família grande. Quatro irmãos. Uma única irmã. E foi ela quem me deu um presente do qual eu não me separo. Ele já andou em vários camarins e posso confessar que sou apegado mesmo!

Durante um tempão ela tirou fotos do Cristo Redentor da janela do apartamento dela no Rio de Janeiro e foi justamente uma das cinco mil fotos que levo comigo em forma de quadro para onde eu for.

Essas fotos viraram livro, já foram premiadas, viraram paredes decorativas em casas elegantes...

E não importa o dia, o meu estado de espírito, os problemas, basta olhar para ela (a foto) que a lembrança dessas atrizes maravilhosas me vêm à mente quase como um alerta. *The show must go on!*

Foram momentos inesquecíveis. Muitas delas já não estão mais aqui e, com muito carinho, eu agradeço a todas por tudo que pude viver. Ao contrário do que toda mídia brasileira enaltece, os artistas da melhor idade são os mais importantes para mim. Sou bem americano nesse ponto e acho que perdemos muito quando um trabalho é feito só com atores e atrizes jovens.

Essa vivência que os mais velhos têm, imprimem uma qualidade absurda na tela e/ou no palco. São expressões, atuações de um valor que é difícil explicar em palavras.

Essa emoção de ver um artista da melhor idade trabalhando, atuando num palco é fantástica.

E é isso que eu sinto cada vez que olho meu presente! Vontade de seguir em frente, de trabalhar até o coração parar, não me deixar levar por modismos ou comentários, e sim pelo meu sentimento, pelo respeito de estar em cima de um palco.

> Curiosidade:
>
> "Onde o amor impera, não há desejo de poder; e onde o poder predomina, há falta de amor. Um é a sombra do outro."
>
> Carl Jung

Nome completo: Edvaldo de Sousa Silva

Idade: 34 anos Cidade que reside: São Paulo

Profissão: Auxiliar administrativo, consultor de vendas

Área de atuação: metalúrgico

Perspectivas para o futuro (pessoal ou global): Espero que as pessoas sejam mais compreensivas, ajudem os que necessitam e tenham mais amor e paz ao próximo.

Fonte de vida

Na vida queremos crescer, aprender, ter experiências, mas não queremos envelhecer e nem ser chamados de velho.

Às vezes queremos que o tempo passe depressa, e em outros momentos desejamos voltar no tempo e buscar na memória as boas lembranças da vida ou marcas que o tempo deixou.

Dou graças a Deus pelas coisas que tenho conquistado, pois para mim será sempre uma vitória e uma delas me trouxe uma transformação que marcou a minha vida e mudou a minha história.

Estou falando da Bíblia Sagrada, esse é o meu objeto que me traz paz sabedoria e conhecimento. É a palavra de Deus me direcionando no caminho em que devo andar.

A Bíblia nos ensina a amar a Deus sobre todas as coisas e ao próximo como a ti mesmo (Mateus 22:37-40).

Isso significa reconhecer que Deus é soberano e colocá-lo em primeiro plano, não ter idolatria por qualquer outra coisa e praticar o bem ao próximo com amor e dedicação, como buscamos para nós devemos fazer o mesmo ao próximo.

A Bíblia é um dos livros mais conhecidos e já lidos no mundo. Ela é a própria palavra de Deus para a humanidade, palavra de sabedoria, conhecimento, transformação e direcionamento.

Descreve em linguagem clara e inconfundível como devemos proceder quanto à palavra de Deus, devemos ansiar por ouvi-la e procurar compreendê-la.

As Sagradas Escrituras são o testemunho infalível e verdadeiro de Deus na sua atividade de salvação a favor da humanidade.

Por isso a Bíblia Sagrada é incomparável eternamente completa.

Curiosidade:

Bíblia é uma palavra que não aparece na Bíblia. Ela vem do termo grego *biblos*, por causa da cidade fenícia de Biblos, um importante centro produtor de rolos de papiro usados para fazer livros. Com o tempo, a palavra *biblos* passou a significar "livro". Bíblia é a forma plural (livros). A Bíblia, na verdade, é uma coleção de livros. É também conhecida simplesmente como "o Livro", "o Livro dos Livros", "o Livro Sagrado".

Fonte: http://www.cadecristo.com.br/Curiosidade:s_biblicas.htm

Nome completo: Elaine de Oliveira

Idade: 46 anos   Cidade que reside: São Paulo/Rio de Janeiro

Profissão: nutricionista e terapeuta naturopata

Área de atuação: saúde

Perspectivas para o futuro (pessoal ou global): Fixar residência em São Paulo e continuar trabalhando também no Rio de Janeiro. Fazer crescer o Instituto Interagir, levando um trabalho de excelência de vida para o maior número de pessoas possível. Tornar-me a cada dia um ser humano melhor, em constante evolução e compartilhar isso com as pessoas ao meu redor.

Ursinho, Baby e eu

Meu objeto de afeto é herdado. Ficou como lembrança de uma companheirinha de 13 anos.

Baby era uma poodlezinha Toy de 15 centímetros de altura e 2 quilos de pura doçura. Não latia, só me olhava com aqueles lindos olhinhos pretos que diziam tudo sobre amor incondicional.

Foi comigo para a Holanda, me fez companhia nos quase oito anos em que morei em Amsterdam. Voltamos para o Brasil e nos últimos treze anos só me deu alegrias, amor e me ensinou muito sobre companheirismo.

Era uma suave sombrinha que me acompanhava pela casa ou onde eu estivesse à sua vista. Conquistou muitos amigos ao longo de sua vidinha e era sociável com todos.

Quando ela chegou em casa, em 1997, aos sessenta dias de vida, comprei vários brinquedinhos e bolinhas, mas logo de cara ela se apegou ao ursinho (da foto) e foi o único brinquedo que ela queria. Às vezes colocava sua cabecinha fofa sobre ele para dormir, fazendo-o de travesseiro, outras vezes o jogava de um lado para outro, mas sempre o tinha por perto. O ursinho viajou conosco para cidades como Salvador, Trancoso, Maceió, mas também foi para a Holanda, Alemanha, Bélgica e França!

Baby nunca estragou nada, como se espera de um filhote que come chinelos, sapatos, roupas, cantos de sofá... Nem mesmo mastigou seu ursinho que tem, praticamente, a idade dela.

Como vocês podem ver na foto, ele está em ótima forma para os 13 anos que tem!

Baby nos deixou em agosto de 2010, ficou o carinho, as lembranças maravilhosas, a doçura e o ursinho.

Doei todas as coisas dela para uma pessoa maravilhosa que ajuda entidades que cuidam de animais abandonados. Guardei o ursinho.

O afeto que Baby tinha por ele foi herdado por mim. Guardo-o como a lembrança do mais puro significado de dedicação e amor.

Li em algum lugar que a civilidade de um país se mede pela maneira como seus habitantes tratam suas crianças, seus idosos e seus animais.

Que Deus nos ajude.

> Curiosidade:
>
> Quando Baby queria fazer uma chantagenzinha emocional, como subir no sofá (ela era tão pequena que não conseguia subir sozinha), ela trazia o ursinho na boca e ficava parada olhando para nós... Quem não se renderia a um charme desse?

Nome completo: Elaine Oliveira da Silva

Idade: 25 anos	Cidade que reside: São Paulo

Profissão: designer

Área de atuação: marketing

Perspectivas para o futuro (pessoal ou global): Ser um pedaço de luz na vida de meus semelhantes, de modo que, juntos, por meio de nossas trocas, possamos continuar em busca da felicidade, harmonia e na certeza de que, como diz nosso Rei Roberto Carlos, se choramos ou se sorrimos, o mais importante é que emoções nós vivemos!

Revivências

Reparou como que ao longo da vida vamos elegendo alguns objetos que acabam por se tornar como amuletos da sorte?

Me dei conta disso depois que deixei de enxergar o meu cachorrinho de pelúcia – um simples brinquedinho de infância – como um mero objeto, para lembrar as noites e os momentos que passei com ele.

Estranho, não é?! Mas, por vezes, foi com um simples bicho de pelúcia que dividi sonhos, contei segredos, chorei e tratei como se fosse meu melhor amigo.

Não sei se isso é só coisa de meninas ou se todo mundo, no fundo, tem um apego que impulsiona a crescer, mas percebo hoje que olhar o mundo com os olhos de uma criança era inconscientemente construir um futuro de sonhos.

O tempo passou num piscar de olhos e aquela menina de 5 anos que estava feliz por ter ganhado um bichinho de pelúcia de segunda mão é a mesma que hoje se depara com objetos impostos por uma vida de quem decidiu crescer e caminhar com as próprias pernas.

Hoje, meus objetos de estimação trocaram de nomes e formas, ora responsabilidades, ora computadores, ora celulares e lá se foi o tempo da menina que simplesmente brincava e conversava por horas e horas com seu cãozinho.

Isso me faz pensar que, para cada fase da vida que traz em si um momento – que passa tão rápido e deixa saudades –, vamos associando coisas e cores que delegam sabores de revivência e, então, percebo que ter o puff ainda na minha cama todas as noites é uma forma de manter vivo o meu lado criança e continuar a construir meus sonhos com a mesma garra e determinação daquela menininha que via num mundo, que parecia não ter fim, a possibilidade de ser exatamente aquilo que quisesse.

> **Curiosidade:**
>
> Vinte anos depois não resta nem um sinal da origem do meu cãozinho. Deixo-me então conduzir por boas lembranças. O Puff – como costumo chamá-lo desde os meus 5 anos – era de um dos meus primos de consideração e, no dia em que o vi pela primeira vez, desejei com tanta vontade ter esse objeto, que minha madrinha não resistiu e me deu (risos). Desde então, tenho ele como um pedaço importante da minha história enquanto vida, e, certamente, será algo transitório que, com muito carinho, será passado de geração para geração.

Nome completo: Elba Silva

Idade: 42 anos   Cidade que reside: Brasília

Profissão: especialista de Assistência à educação

Área de atuação: formação em psicologia clínica incompleta (ensino especial atendimento administrativo)

Perspectivas para o futuro (pessoal ou global): Continuar atuando na assistência social (ajudar o próximo).

Infância simples, amor verdadeiro

O envelhecimento faz parte do estar vivo. Aceitando ou não envelhecermos, e agora? É só encarar na boa, mantendo o entusiasmo e a vontade de viver seguindo sua caminhada.

Na nossa sociedade, o idoso é condenado a ser passivo – embora tenha um potencial muito grande de aprendizado, começando pela família e assim limitado é isolado perdendo a razão de viver.

Na minha história de vida, quero prestar homenagem a duas pessoas especiais, Vovó Cuna e Vovó Doninha. Perdi minha mãe com dois meses de vida, fui crescendo com várias mães, irmãos, avós... Minha família cresceu! Avó é assim, só ama, não vê defeitos, paparica, mas ser paparicada por avós dos outros achei o máximo. Vovó Cuna era assim, hoje falecida, me amava sem limites, vivia na pobreza, chão de terra batida, pés de mesa presos no chão, rede, esteira, pilão, fogão a lenha, aproveitando lavagens de roupas tomava banho no rio. Ah, que saudades! Sabe, não tinha boa alimentação, tomava café com farinha e água de macarrão, mas foi com ela que aprendi ser o que sou hoje, valorizar a vida, as pessoas, as pequenas coisas, *ser é melhor do que ter*. Gente, como eu era amada, nunca fui tão amada! Essa mulher de grande sabedoria, analfabeta, tinha visão, horizontes... Grandes ensinamentos. Vovó Cuna, muito obrigada. Anos após conheci minha avó biológica, Vovó Doninha. Quando eu voltava da escola, lá estava a banana enorme, e às vezes duas, amassada(s) com farinha e açúcar, canas cortadas em rodelas, tornou-se um vício, tinha que ter. Como diziam, comia com os olhos e com a boca. Pedir a bênção e beijar a mão fazia parte da educação. Fui uma neta presente até o último dia da sua vida. Na novela da vida, cada um tem o seu "vale a pena ver de novo", relembrar faz parte, bloqueados ou não marcam nossa vida e ficam na memória para sempre; momento bons ou ruins, mas cada um com sua história.

Ser feliz é uma necessidade de cada um, não custa nada, cada um à sua maneira. Só ser feliz.

Curiosidade:

Valorizar o idoso é como valorizar a nós mesmos, respeitando sua experiência de vida a quem tem o privilégio de uma longa vida... Velho é quem perdeu a jovialidade.

Fotos de Nelson Takeyama

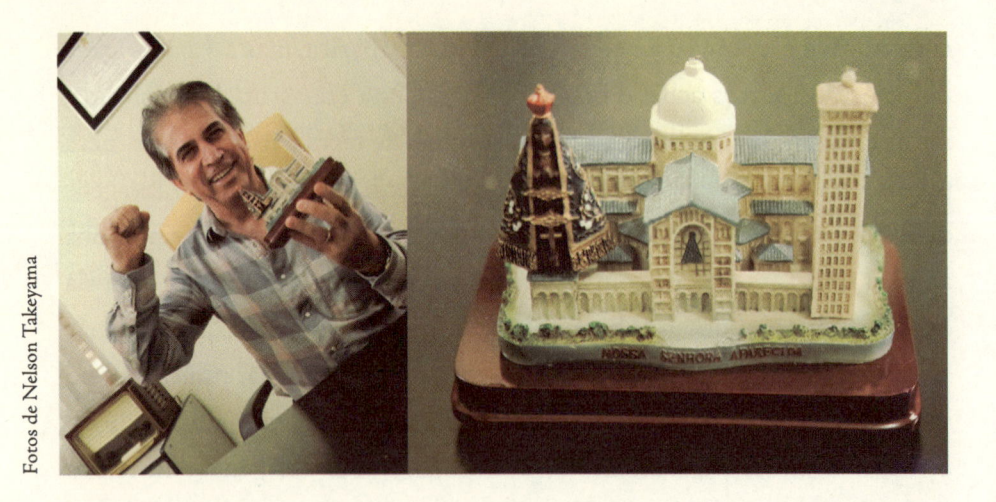

Nome completo: Eli Corrêa (Antonio Eli Corrêa)
Idade: 58 Anos   Cidade que reside: São Paulo
Profissão: radialista
Área de atuação: apresentador
Perspectivas para o futuro (pessoal ou global): Ser ainda mais feliz, vendo o planeta bem cuidado e protegido. As pessoas conscientes da importância de cada gesto em prol da natureza. Só assim teremos um mundo com uma perspectiva de uma vida melhor e mais feliz.

Vencendo com Nossa Senhora Aparecida

Lembro-me de, ainda pequeno, quando nos tempos mais secos faltava chuva por aqueles lados do Paraná, fazíamos procissão para pedir chuva. Eram os moradores do pequeno povoado de Paranagi, distrito de Sertaneja, onde nasci e morei até os 15 anos, e cada um, com seu santo de devoção, seguia cantando músicas religiosas ou simplesmente orando e clamando aos céus que acabasse a estiagem. Eu era uma das crianças que, junto dos adultos, especialmente com minha mãe, chegava ao riacho. Este, por razões óbvias, estava praticamente seco. Lavávamos nossas imagens no que restava de água, naquele riozinho, esperando a chuva cair o mais rápido possível. Eu tinha duas imagens, uma de Santo Antonio, em homenagem ao meu nome que é Antonio, outra de Nossa Senhora Aparecida.

Desde então alimentava um sonho de conhecer um dia a Aparecida do Norte. Ouvia falar tanto das maravilhas de Nossa Senhora, da Basílica, dos milagres, mas era apenas um sonho porque tão longe, tão difícil seria naqueles tempos. Mas o destino é caprichoso. Aquele menino caipira, tímido de repente resolveu gostar de rádio e, ainda no Paraná, comecei fazer locução no serviço de alto-falante em uma loja de tecidos, na qual eu trabalhava: Casas Pernambucanas.

Mais tarde vim para o Estado de São Paulo, Barra Bonita, onde comecei a trabalhar no rádio com 16 anos; em seguida Jau e depois capital de São Paulo. Assim que consegui meu primeiro dinheiro comprei uma passagem e fui conhecer Aparecida e pude ver e admirar tudo o que povoou minha infância. E, como lembrança, trouxe não só uma imagem de Aparecida como também uma réplica da Basílica, que guardo até hoje como uma grande recordação da minha primeira viagem a Aparecida do Norte.

Curiosidade:

Minha carreira de radialista foi iniciada em 1969, em Barra Bonita, São Paulo, na rádio Emissora da Barra. Até os dias de hoje, uma marca muito conhecida por grande parte dos ouvintes de rádio é o grito "Oiiiii, gente" e também assinalo que o quadro "Que saudade de você" é o mais ouvido do rádio há quarenta anos e tambem é marca registrada da minha história, como tambem da própria história do rádio. Não posso deixar de ressaltar também que o sorriso na voz acabou sendo, em um primeiro momento de minha carreira, uma uma alavanca para eu encontrar um espaço no rádiofônico, tanto que passei a ser chamado de "O homem sorriso do rádio".

Trabalhei nas rádios da Barra, Jauense, Rádio São Paulo, Tupi, Record, Globo e América. Atualmente trabalho na Capital AM (1040 kHz).

Nome completo: Eli Corrêa Filho
Idade: 36 anos   Cidade que reside: São Paulo
Profissão: deputado federal e radialista
Área de atuação: política e comunicação
Perspectivas para o futuro (pessoal ou global: Graças a Deus tenho uma vida abençoada: uma família unida, que amo e trabalho no que gosto. Acho que o ser humano deve sonhar sempre, isso alimenta a alma. Mas o que peço a Deus é sempre saúde para mim e para os meus. Espero e trabalho para crescer na política, ser sempre um bom representante para o meu Estado e país. Quero continuar trabalhando pelo povo, tanto na política quanto no rádio. E sonho, principalmente, em ter uma vida útil, ativa, mas tranquila e conseguir sempre manter o equilíbrio entre os lados pessoal e profissional.

Imagem de Santo Expedito

Sempre fui muito próximo ao meu pai, que é um dos grandes propagadores de Santo Expedito, e desde muito pequeno eu o acompanhava em eventos religiosos. Lembro-me de que todos os fiéis me chamavam muito a atenção, mas os devotos de Santo Expedito me pareciam, naquele momento, diferentes. Tinham um fervor, um brilho no olhar que eram únicos.

À medida que fui crescendo, sempre indo às missas, eu observava com mais atenção aqueles comportamentos. Ficava ainda mais clara a minha impressão.

Fui entendendo que as pessoas que recorriam a Santo Expedito não levavam problemas simples. Eram causas realmente urgentes, graves, desesperadas. E essas pessoas cantavam, oravam, sempre tão emocionadas, que logo me vi compartilhando daquele sentimento, daquela fé.

E, no meio de tantos santos com tantas histórias especiais, a devoção a Santo Expedito e também a sua história de vida me tocaram. Eu quis saber mais sobre ele, que era relativamente novo, mas tão popular.

Fui pesquisar sobre ele e descobri que Expedito levava uma vida considerada devassa, cercada de tentações. Um dia, foi tocado pela graça de Deus, teve fé e mudou completamente o rumo da sua existência. Mesmo assim, lhe apareceu o espírito do mal, em forma de corvo, repetindo: *cras, cras, cras!*, que em latim quer dizer "amanhã", ou seja, "Deixe para amanhã, adie sua conversão". Mas aquele homem pisoteou o corvo, dizendo alto: "*Hodie!*", que quer dizer "Hoje!", nada de protelações! E ele tem essa palavra Hodie na cruz que carrega, como se dissesse aos seus fiéis e à humanidade: "É hoje! Seu encontro com Deus tem urgência!".

Percebi que, como nós, independente de idade, classe social, nacionalidade, ele teve problemas, enfrentou provações e venceu por causa da sua fé. Ele lutou pelo que acreditava, lutou para seguir no bem, ao lado de Deus.

Também admiro outros Santos, como São Judas Tadeu e Nossa Senhora Aparecida, mas, até hoje, quando me vejo em dificuldades, momentos de estresse (como as campanhas, por exemplo), decisões difíceis a tomar, quando preciso daquela "luz" especial, é para Santo Expedito que eu recorro. É para ele que eu rezo com toda a minha fé.

E a minha primeira imagem marcou a minha vida, pois é a representação da época em que conheci toda essa história, em que tudo isso me emocionou e também da minha ligação com a pessoa que me deu de presente, que é tão especial: meu pai. Mais que ninguém ele sabia o quanto eu gostaria desse presente, que para mim não é só uma imagem, é um símbolo da minha fé. É como se eu tivesse Santo Expedito e tudo o que ele representa ali, do meu lado, perto. E quando faço minhas orações sinto exatamente isso, acolhimento, paz e a certeza de que vou ter a tranquilidade que preciso para resolver os problemas da vida. Então levo meu Santo Protetor para onde eu vou.

Curiosidade:

O deputado Eli Corrêa Filho nasceu em São Paulo, em 1976. É filho de Eli Corrêa, um dos mais conhecidos e queridos radialistas do país, é casado e tem duas filhas.

É formado em administração pela Universidade Anhembi Morumbi, em São Paulo.

Iníciou sua carreira política em 1998, quando foi eleito o deputado estadual mais jovem da história do parlamento paulista, na época com apenas 22 anos, tendo a responsabilidade de representar com dignidade os mais de 59 mil votos que recebeu naquela eleição. Naquela mesma época, nascia o quadro O Repórter do Povo, em que Eli Corrêa Filho iníciou um trabalho de prestação serviço pelo rádio, ideia que dura até hoje e resulta em milhares de casos resolvidos e pessoas satisfeitas. No ar na rádio Capital AM, presta orientação à população sobre direito do consumidor e problemas com o Estado e com o município.

Em 3 de outubro de 2010, Eli Corrêa Filho, um dos candidatos mais bem votados do seu partido, foi eleito deputado federal pelo Estado de São Paulo. Os quase 125 mil votos e a excelente aceitação nas ruas demonstraram toda a credibilidade adquirida em mais de doze anos de vida pública e a confiança que o povo paulista tem no experiente político.

Hoje, ele acumula as funções de deputado federal com vários projetos de lei em andamento, membro das Comissões de Defesa do Consumidor, Ciência e Tecnologia e combate ao crack e outras drogas. Também é secretário-geral do município de São Paulo e vice-presidente estadual da Comissão de Assuntos Relacionados com as Direções Municipais.

Nome completo: Eliana Ferrari Danna Marques
Idade: 27 anos   Cidade que reside: Campinas-SP
Profissão: professora de matemática
Área de atuação: atualmente trabalho nos Correios com atendente comercial.
Perspectivas para o futuro (pessoal ou global): Quero realizar o sonho de montar minha sala de aula e dar aulas particulares para todos os níveis de ensino. Ser reconhecida por ensinar diferente e por fazer o aluno aprender e não a decorar. Ensinar matemática do meu jeito, sem ter que seguir apostilas e metodologias.

Ensinamentos que me guiam

Era Natal de 1994 quando minha avó me deu esse livro. Ao me presentear, ela escreveu as seguintes palavras: "Guarde em seu coração o que está neste pequeno livro. Que Deus te guarde e ilumine seus caminhos. Lembrança de sua avó que te ama muito, Antônia".

Fiquei tão feliz com esse presente, que resolvi fazer o que ela disse: guardar em meu coração o que estava escrito nele. Desde então, lia mais o livro do que meus cadernos e apostilas escolares. Ele tinha um lugar de destaque no meu quarto. Todos os dias, pela manhã, abria aleatoriamente em uma página e praticava tudo o que lia nele durante o meu dia. Isso me ajudou muito em meus relacionamentos: escola, família, amigos.

Sempre que me aborrecia com algo e sempre que procurava respostas para algum acontecimento, abria o meu livrinho e lá encontrava o que procurava. Hoje posso dizer que ele mudou minha vida. Posso dizer que devo a ele tudo o que sou espiritualmente e até mesmo no convívio com a sociedade.

Guardo-o com muito carinho, pois ele será o meu presente para minha filha Evelin, que acaba de vir a este mundo turbulento, e sei que ele a ajudará muito.

Esse pequeno livro é composto de setenta mensagens baseadas em salmos bíblicos. Vale a pena sua leitura.

> Curiosidade:
>
> O livro é composto de setenta mensagens baseadas em Salmos bíblicos.
> BULEK, M. *Você, fonte de Paz.* 2. ed. Curitiba: Santuário, 1992/1993.

Fotos de Nelson Takeyama

Nome completo: Elias Awad

Idade: 49 anos				Cidade que reside: São Paulo

Profissão: escritor e jornalista

Área de atuação: Escritor de livros biográficos

Perspectivas para o futuro (pessoal ou global): Participar efetivamente das importantes transformações que o mundo tem vivido e sofrido, colaborando das mais variadas formas, principalmente compartilhando biografias de pessoas vencedoras e que podem deixar grandes legados a todos nós.

Uma história na ponta dos dedos

O que de mais importante e valioso eu guardo com carinho? Certamente, são as lembranças. Momentos de alegria... Momentos das descobertas... Saudades dos que partiram... Registros importantes... O encontro da mulher amada... O casamento... O nascimento das minhas filhas... As conquistas... Os ensinamentos passados pelos pais... Os erros e decepções e que me deixaram grandes aprendizados... As minhas memórias...

Mas, além das lembranças, claro que também nos apegamos a objetos e peças que registram momentos marcantes da vida. E comigo não é diferente.

No meu caso, vou dividir com vocês o valor sentimental que representa para mim um piano que mantenho na sala da minha casa. Essa peça, esse instrumento músical remete minhas lembranças aos tempos de infância. Naquela época, minha mãe, uma exímia pianista, coloria e encantava com a leveza de suas mãos deslizando-se pelas teclas nas manhãs, tardes, noites e festas que aconteciam na nossa casa. Eram melodias clássicas, MPB... Música da melhor qualidade.

Claro que ela desejava muito que eu tivesse o mesmo gosto e vocação pela música e pelo piano, mas a minha era outra. Eu também usava as mãos, mas era para impedir os gols que os atacantes e jogadores de linha tanto ambicionavam fazer: minha vocação era para o futebol, a de ser goleiro!

Mas... O tempo passou... O piano ficou... O futebol também... E eu continuei a utilizar as mãos... As mãos e o coração... Passei a ser escritor e jornalista... E não há melhor forma de escrever uma palavra, uma frase, que retirá-la do fundo do coração!

Vivi passagens maravilhosas no jornalismo, como repórter, participando das principais coberturas nacionais e internacionais. Como escritor, especializei-me em biografias empresariais, tendo escrito até aqui uma dezena de livros. E que esse número continue a aumentar.

Mas... O mesmo tempo que passou, também foi resgatar momentos passados da minha vida. E eu fui resgatar um piano. Perceba como a vida é incrível, imprevisível...

Sabe qual é um dos meus sonhos de hoje, uma das minhas metas? Pois se você arriscou dizer que eu quero aprender piano, acertou! Passei a avaliar que, para entender cada vez melhor a emoção de escrever, eu necessito de um complemento, ou seja, envolver-me mais com a música. Certamente, é pelo piano que pretendo estreitar essa relação.

Agora, esse meu segredo é seu também. O primeiro passo dado foi o de encontrar um bom professor, que me faça conhecer a verdadeira linguagem da música e das teclas de um piano.

Como em tudo que faço na vida, sou determinado. E aqui coloco em prática o que de mais importante aprendi com as pessoas de sucesso: obstáculos existem para serem superados; metas existem para serem alcançadas!

Então... Aqui me despeço! Tocou a campainha! O professor de piano acaba de chegar! Até breve.

Curiosidade:

Piano Fritz Dobbert, marca nacional, modelo vertical, cor imbuia.

Nome completo: Elias Moizes dos Santos
Idade: 29 anos   Cidade que reside: São Paulo
Profissão: Professor de inglês e designer
Área de atuação: Educação e comunicação publicitária
Perspectivas para o futuro (pessoal ou global): Almejo um futuro mais justo e digno para a terceira idade, visando maior respeito por sua experiência e história de vida. Que o idoso possa ser tratado com mais dignidade e conscientização por parte das autoridades governamentais e da população em geral; afinal, todos chegaremos lá um dia e podemos ser o alvo de tanto descaso e maus-tratos.

Colecionando memórias, contando as minhas!

Para alguns eu posso ser definido em algumas palavras, porém eu mesmo não consigo achar palavras certas para isso. Sou fragmentos de mil pessoas em uma, e um prisma produzindo inúmeros pedaços de mim.

Essa multiplicidade é representada pelos vários chaveiros que possuo. Muitos deles me foram dados por pessoas maravilhosas e que, a partir desse ato, foram eternizadas em mim.

Perpetuamos nossa passagem por esta terra através das marcas deixadas na vida daqueles que caminharam conosco essa jornada.

Tenho orgulho de carregar essas histórias e viagens, muitas vezes tristes ou alegres, imperceptíveis ou marcantes, mas que por meio desses pequenos objetos, que para muitos não passam de um souvenir, posso sentir carinho, saudade e vida, muita vida!

Tudo começou com um chaveiro feito com uma moeda peruana, dado por uma aluna minha de 13 anos que havia visitado seus famíliares em Lima.

Nunca visitei o Peru, mas posso sentir toda energia de seus moradores e visitantes nessa pequena lembrança.

E, com o intuído de nunca esquecer os alunos e amigos que passaram pela minha vida, comecei a pedir para me trazerem um chaveiro de suas viagens mais marcantes!

Com o tempo, estava cheio de memórias diversas em minhas mãos com pequenos objetos.

Até que pude incluir a essa coleção minhas próprias experiências, histórias e viagens.

Sou um colecionador de memórias. Muitos nem fazem ideia do quão presente em seus passados eu estou como coadjuvante silencioso. Mas uma parte de suas vidas é contada por intermédio de um objeto frágil e imperceptível para muitos, assim como a vida muitas vezes é.

Curiosidade:

Chaveiros artesanais de diversas partes do mundo!

Nome completo: Emerson Tchalian

Idade: 36 anos   Cidade que reside: Fortaleza-CE

Profissão: jornalista

Área de atuação: televisão

Perspectivas para o futuro (pessoal ou global): Apenas viver a vida, sem planos e nem projetos, da maneira mais simples possível, respeitando o ser humano e suas individualidades, amando ao próximo e vendo sempre o lado bom das coisas, mesmo que sejam ruins. Viver a vida sem segredos, nem mistérios e vê-la como uma dádiva de Deus e, por isso, nunca reclamar dela... A vida!

Paixão pelo Timão

Primeiros sons, primeiros gestos, primeiros passos... É na infância que descobrimos os encantos da vida.

Não me lembro a idade, mas foi exatamente na minha infância que descobri uma paixão: o Sport Club Corinthians Paulista. Um sentimento, assim como o dom de ser pai, inexplicável. A poesia, escrita nas arquibancadas por onde passa a Fiel, e a garra, que virou marca dos intrépidos heróis alvinegros, despertaram em mim o desejo de ter, sempre por perto, um manto do maior clube do mundo. A primeira camisa do Timão já se perdeu pelo tempo, mas está eternizada na foto da carteirinha de sócio do clube, assinada pelo lendário presidente Vicente Matheus, na década de 1980. A infância passou e chegou a adolescência. Tempo de novas descobertas. O primeiro jogo no Pacaembu, palco de muitas alegrias e de dramas inesquecíveis, foi ao lado de meu pai, de quem herdei não só os genes, como também a paixão pelo Corinthians.

Aí tive a certeza que, definitivamente, esse time faria parte de minha vida. Sempre que podia juntava o suado dinheirinho para comprar a mais nova camisa do Timão. Em dia de jogo, eu saía todo orgulhoso exibindo o manto sagrado, no trajeto da Penha, na zona leste de São Paulo, ao Pacaembu.

Pegava o inesquecível Penha-Lapa, viagem de cerca de cinquenta minutos, descia debaixo do Minhocão e caminhava pela avenida Pacaembu até o majestoso Estádio Municipal. No trajeto, corintianos de todas as idades e raças transformavam a peregrinação até o estádio numa verdadeira apoteose. Jamais tirava a camisa durante o jogo. Mas um dia fui obrigado a fazer algo pior que tirar a camisa.

Na verdade, foi uma noite: 31 de maio de 1995. Semifinal da Copa do Brasil. Corinthians X Vasco.

Na época eu era um jovem jornalista do SBT. Na emissora, recrutei alguns amigos para me acompanhar em mais um dia de festa no velho Pacaembu. Lotei o meu fusquinha branco, outra paixão, e seguimos para o estádio. Chegar foi quase um milagre. A multidão tomava conta das ruas que cercam o Pacaembu.

O som das arquibancadas era de fazer qualquer torcedor, mesmo que adversário, se arrepiar. Queria participar logo desse momento mágico. Com o crachá nas mãos, tentei entrar pelo primeiro portão que vi. A emoção era tanta, que nem percebi que o abençoado portão era o acesso para a torcida do Vasco. Mas eu estava com o meu manto sagrado. Camisa oficial, igual à usada pelos jogadores. Percebi que viriam pela frente momentos de tensão.

E vieram: o policial militar, com um gesto bem ostensivo, colocou as mãos no meu peito e disse: "Aqui, só torcedor do Vasco!". Espremido num curto espaço, empurrado por uma multidão, a poucos passos do palco por onde desfilariam os guerreiros alvinegros, senti que não tinha volta.

Precisava tomar uma decisão rápida... E tomei! Ali mesmo, arranquei a camisa do Corinthians, tirei de meu corpo o manto sagrado e, num gesto que até hoje não acredito ter feito, joguei-a no chão e fui levado pela multidão para dentro do estádio. O manto virou um pedaço de pano qualquer. Deve ter sido pisoteado, chutado, rasgado... Ou, quem sabe, resgatado por alguma alma corintiana. A camisa ficou, mas eu entrei no Pacaembu. Doeu ter de me desfazer de um bem tão precioso, mas, talvez naquele momento, eu tenha aprendido que os objetos são importantes sim, mas eles passam e as emoções nós carregamos para sempre. E quanta emoção. Como valeu a pena me desfazer da camisa e testemunhar mais um jogo histórico do Timão: 5 a 0 no pobre Vasco de Carlos Germano, Ricardo Rocha, Valdir. O Corinthians do goleiro Ronaldo, de Marcelinho, de Viola... Massacrou os cariocas e se classificou para a final da Copa do Brasil. Depois, contra o Grêmio, em outra decisão histórica, o Timão conquistaria seu primeiro título da competição. Dias depois, ganhei de um amigo uma camisa novinha do Timão. Outro dia, arrumando o armário, encontrei uma camisa clássica do Corinthians. Preta, a minha preferida, com distintivo bordado e com o número 10 nas costas. Não sei como foi parar lá. Magia que só o corintiano pode viver.

Curiosidade:

Camisa clássica do Corinthians. Produto nacional. Origem desconhecida!!!

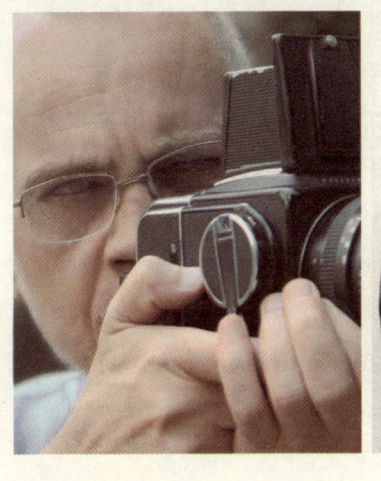

Fotos: Ernesto Eilers

Nome completo: Ernesto Henrique Eilers

Idade: 55 anos   Cidade que reside: São Paulo

Profissão: microempresário

Área de atuação: fotografia

Perspectivas para o futuro (pessoal ou global): Projeto de um ensaio fotográfico sobre a cidade de São Paulo.

Câmera fotográfica

Recém-entrado na adolescência, com as duas mãos, cuidadosamente seguro uma foto que me é passada quase que solenemente pelas mãos enrugadas, mas ainda fortes do meu velho avô.

Nela, um homem muito jovem, com roupas militares, expressa em sua face e nos claros e profundos olhos uma muito singular e distinta dignidade, uma altivez singela, de confiança inabalável.

Prontamente reconheço na foto o meu avô Jacob Heinrich.

Chama atenção de imediato a medalha no centro do peito: Cruz de Ferro.

No centro a letra "W" e na haste abaixo o ano: 1914.

Levanto meu olhar e encontro lágrimas brotando daqueles profundos, vivos velhos olhos azuis.

Nesse exato instante começa a nascer uma cúmplice amizade, enquanto, antes só havia eventuais e esporádicos diálogos monocórdios.

Meu querido avô, então, todos os dias misturando a língua portuguesa com a alemã, me contava diferentes histórias sobre a guerra, cotidiano, casos hilários, histórias dramáticas, outras trágicas. Muitas histórias!

Um dia ele me disse algo que muito me impressionou: "Meu neto, um homem para ser considerado como tal tem que ser capaz de arriscar sua segurança, liberdade e a própria vida".

É a partir daí que começo a desenvolver uma visão de mundo com maior extensão abrindo-se os horizontes da curiosidade e do conhecimento. Era o ano de 1970. Depois disso, nunca mais vi meu avô nem a foto que foi extraviada.

Somente anos depois me dei conta que, por causa de uma única foto, minha vida tinha se transformado por completo. Foi capaz de criar uma amizade antes inimaginável devido às circunstâncias, minha visão de mundo se ampliou enormemente e percebi então o valor que uma simples fotografia pode ter e o que ela pode suscitar.

Comprei uma câmera fotográfica, tempos depois me tornei fotógrafo profissional e desde então não parei mais de fotografar. Minha primeira câmera profissional médio formato foi uma Hasselblad C, uma linda sueca com objetivas alemãs de qualidade fantástica.

Nossa memória costuma nos trair e fotografias nos ajudam a relembrar fatos e detalhes já perdidos com o passar do inexorável tempo.

Curiosidade:

Câmera sueca, escolhida pela NASA para registrar missões espaciais. As fotos mais famosas são as que foram feitas pela missão Apollo 11 à lua, em 1969.

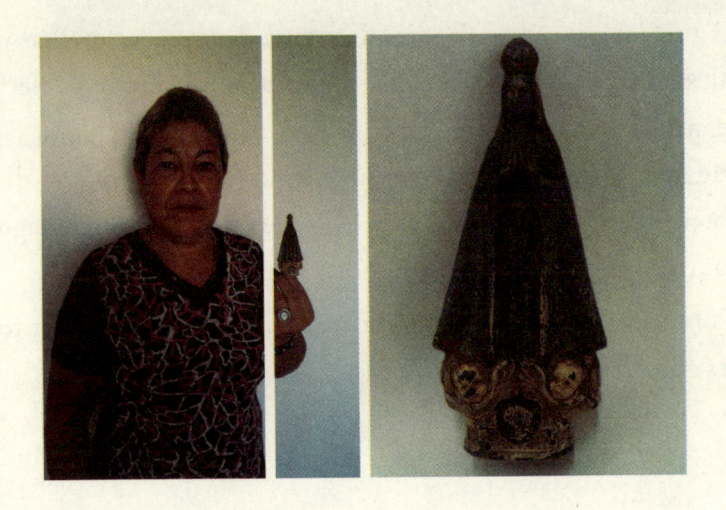

Nome completo: Eunice Bueno Tavares

Idade: 55 anos   Cidade que reside: São Paulo

Profissão: auxiliar administrativo

Área de atuação: empresa metalúrgica

Perspectivas para o futuro (pessoal ou global): A minha perspectiva é que eu complete os meus estudos o mais breve possível para ingressar em uma faculdade.

Fé muito grande

O livro *Objetos e Memórias* me fez voltar a um passado muito bom em minha vida, pois aos meus 15 anos fui presenteada por minha querida mãe "in memoriam" com uma linda imagem de Nossa Senhora Aparecida.

Nesses longos anos fui adquirindo uma fé muito grande nessa Santa, que é a padroeira do Brasil. E também tomei como hábito dar um beijo na imagem todos os dias ao me deitar e me levantar e agradecer pela minha saúde e por tudo que me faz. Já fui várias vezes em Aparecida do Norte agradecer por todas as graças que alcancei, pois tudo que lhe pedi foi do fundo do meu coração.

E a maior graça que alcancei foi a cura de uma das orelhas do meu filho Alexandre (na época ele tinha 6 meses de vida), que começou a se soltar e, não tendo mais o que fazer, peguei a imagem de Nossa Senhora Aparecida em mãos e fiz uma bênção em sua orelha e em três dias meu filho obteve a cura. Chorei muito de felicidade por mais um milagre entre vários outros que já ocorreram em toda a minha vida.

Portanto, sou muito grata a Nossa Senhora Aparecida por todos os milagres que ela me ajudou a alcançar.

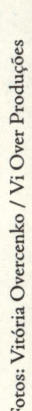

Nome completo: Fabiana Taques Maia Overcenko

Idade: 44 anos   Cidade que reside: Ponta Grossa

Profissão: apresentadora de TV

Área de atuação: publicidade

Perspectivas para o futuro (pessoal ou global): Trabalhar em uma rede de TV nacional.

Site: www.fabianaporelas.com.br

Falando alto!

Sou apresentadora de TV, então fica meio lógico que meu objeto preferido seja o microfone... Mas esse amor não é de hoje.

Logo que comecei a falar, fazia questão de estar com alguma coisa na mão representando um microfone.

Minha mãe ficava muito brava quando eu pegava o cabo do ferro de passar roupa e saía pela casa cantando com ele.

Na falta desse cabo, valia escova de cabelos, controle de TV, qualquer coisa que eu pudesse segurar e fazer de conta que era meu microfone.

Acredito que o desejo de trabalhar com música acabou me levando a apresentar cantores e artistas...

Quando ligo meu objeto preferido, entro em um estado de espírito maravilhoso. Sinto que uma luz me ilumina e as palavras começam a fluir, sendo para falar de moda, saúde, ou mesmo para entrevistar alguém.

Desejo que ele faça parte de minha vida por muito tempo, pois consigo, com ele, levar minhas ideias e mensagens para mais de quinhentos mil telespectadores.

Hoje, uso um microfone auricular que ganhei de presente do meu marido. Com ele fico com as mãos livres para gesticular, mostrar produtos e me movimentar com mais tranquilidade pelo estúdio.

Mas o grande prazer está em saber que, por meio de um objeto tão pequeno, consigo ser mais confiante, mais alegre, mais carismática e até mais completa. Quando estou com meu microfone, não tenho problemas, não sinto medo, e sou uma mulher realizada em todos os sentidos.Sinto-me segura!

Gosto de saber que, com ele, transmito toda essa segurança e felicidade que sinto.

Nas mãos, na lapela ou na orelha, com certeza meu objeto preferido é meu microfone!

> **Curiosidade:**
>
> Acho que hoje não sou mais feliz sem meu microfone...

Fotos: Nelson Takeyama

Nome completo: Fabio Luis dos Santos Gato

Idade: 38 anos   Cidade que reside: São Paulo

Profissão: comerciante empresário

Área de atuação: alimentação

Perspectivas para o futuro (pessoal ou global): Ser feliz, curtir minha família, e que as pessoas tenham mais Deus no coração.

Mexirica

Em primeiro lugar, gostaria de agradecer a oportunidade de contar um pouco a história de um membro de nossa família, e que isso sirva de alegria nos corações de quem estiver lendo.

Tudo começou em 1972, um ano antes meu nascimento, meu avô materno Antonio Luiz dos Santos comprou seu fusca laranja zero. E, ainda que eu esqueça, o manual e a nota fiscal estão inteiros e bem guardados.

Apelidado de Mexirica há alguns anos pelo meu padrasto, desde cedo o novo integrante da família levava meu avô nas madrugadas pelas ruas de São Paulo e Santo André até sua padaria, e seus filhos também.

Por vários anos, o Mexirica aguentou essa rotina, mas também passou por fortes emoções.

Em 1986, fim de ano na Praia Grande, como a maioria dos Paulistas fazem, a família buscapé resolve ir visitar amigos, mas como ir onze pessoas no Mexirica?

E lá se vão onze pessoas passeando pela praia no forte fusca.

Em 1984, eu, como uma pessoa fissurada por carro, toda vez que ia à casa de meu avô, ficava dentro do carro fazendo barulho com a boca imaginando ruas, lugares, coisas de criança. Mas não é que foi no Mexerica que aprendi a dirigir! Com 11 para 12 anos já estava eu nas ruas da Vila Zelina tendo as primeiras aulas no Mexirica, segurando aquele volante enorme com a instrução de meu avô, até que cinco anos depois tive o meu fusca, mas essa é outra parte de minha vida.

Há nove anos meu avô nos deixou, mas as lembranças ficam e uma delas é o Mexirica, que está firme e forte na garagem da casa que ele morava. Claro, já passou por várias reformas para mantê-lo sempre novo e vistoso.

Esse sim passou de pai para filha, depois para neto e bisnetas. Com certeza minha filha ainda vai andar nele e, se depender de nós, a filha de minha filha vai conhecê-lo, para saber um pouco de um passado tão presente em nossas vidas.

Dedico estas linhas à memória de meu voinho querido Antonio.

Deus abençoe.

Curiosidade:

O Fusca foi produzido no Brasil pela Wolkswagen, em 1972, cor amarela

Nome completo: Felipe Cardoso D'avila

Idade: 23 anos   Cidade que reside: São Paulo

Profissão: estudante

Área de atuação: economia

Perspectivas para o futuro (pessoal ou global): Voltar a escalar em breve e quem sabe conseguir outros mosquetões em outros campeonatos. Sempre quis voltar, mas nunca tive tempo. Vou conseguir, assim que terminar a faculdade.

Minimosquetão

Para mim, esse objeto representa força e superação. É algo muito simples, mas possui uma história importante na minha vida e por isso decidi compartilhá-la. Não passa de um simples mosquetão que já foi azul um dia. Não serve para escalada, pois seu tamanho não suporta mais que 80 quilos. É apenas um chaveiro. Ganhado numa competição de escalada. Era um dos prêmios secundários para o segundo colocado, mas está comigo desde então.

Eu havia começado a praticar o esporte não fazia nem três meses quando surgiu o campeonato de escalada indoor. Ainda era iniciante e não possuía muita técnica para me aventurar numa competição, mas por insistência dos meus pais e amigos da academia, resolvi me inscrever. Afinal, por que não?

Fui para perder, confesso. Não tinha esperanças de conseguir derrotar os vinte escaladores juvenis que iriam competir contra mim, pois possuía muito menos tempo de treinamento que eles, era muito menor e mais fraco. Assim, perdia em todos os requisitos que podiam ser um diferencial: não era superior em habilidade, não tinha envergadura e faltava força para utilizar como um último recurso, caso a técnica fosse insuficiente.

Quando chegou o dia, meus pais me levaram para o ginásio que ficava em Arujá. Conheci escaladores de categorias acima da minha e pensei que um dia chegaria lá, confiante, mas que ainda não era minha hora. Na hora da competição, precisávamos passar por algumas etapas antes de chegar à parede final. Algumas vias simples que foram eliminando os competidores mais fracos. Eu imaginava que iria ser um dos primeiros e que iria assistir o resto da competição, mas acabou acontecendo algo fora do previsto. Superei minhas expectativas e achei toda a fase preliminar muito fácil, e progredi tranquilamente para a parede final, contra outros quatro escaladores (todos maiores, mais experientes e mais fortes que eu).

Não me lembro a ordem em que fomos para a parede. Devo ter sido o segundo ou terceiro a subir. Era uma via que exigia muita técnica e força. Meu amigo que foi antes de mim me disse que era impossível, que ela foi feita para não ser passada do quinto ou sexto movimento, para não prolongar a competição. Engoli seco e fui em frente. Lembro-me de a caminhada até a parede ser árdua, porém, uma vez que coloquei o equipamento, a subida foi tranquila. Agarra após agarra, eu subi. Meu amigo me encorajava, incrédulo, do chão. Eu subia com certa facilidade. Passei do quinto e do sexto movimento, avancei ao longo da parede e, quando me dei conta, estava a uma agarra do final.

Precisava pular para alcançá-la. Meus braços não chegavam até ela por mais que eu tentasse e me esticasse. Restava apelar para a força, uma vez que a técnica e o tamanho estavam em falta (hoje sei que se curvasse um pouco minha perna, conseguiria levantar meu corpo até a agarra sem problemas). Abaixei o máximo que pude para flexionar os joelhos e pulei. O "bote" foi preciso e consegui alcançar a última agarra sem problemas. Porém, como nem tudo é perfeito, minha mão não fixou direito. Imaginava um "pega" mais profundo e acabei não me segurando direito. Escorreguei devagar e a última agarra foi considerada como "encostada", mas não "segurada". Desceram-me de volta ao chão e descobri que tinha ido muito além do que se esperava. Eventualmente, fui superado pelo último escalador, que conseguiu segurar-se na última agarra. Não me senti derrotado com o segundo lugar. Fui mais longe do que pensei que poderia ir. Uma grande vitória para mim. O resto dos prêmios ainda tenho, mas o chaveiro-mosquetão eu guardo sempre comigo. Lembro-me sempre deste dia.

Curiosidade:

O minimosquetão já foi inteiro azul um dia, mas de tanto uso acabou ficando prateado e sem tinta. Está bem velinho, porém ainda consegue segurar as chaves.

Nome completo: Fernanda Trindade Monteiro

Idade: 23 anos Cidade que reside: São Paulo

Profissão: consultora de viagens

Área de atuação: turismo corporativo

Perspectivas para o futuro (pessoal ou global): Desejo, com uma alma de menina sonhadora, que todas as pessoas deste mundo encontrem o que há de melhor nele: paz! E, de caráter pessoal, minhas perspectivas para o futuro são viajar e trabalhar fora do país na área de turismo onde atualmente atuo como consultora de viagens. Estabilidade financeira para mim e minha família e, por último, porém não menos importante, ajudar crianças carentes e abandonadas, idosos desamparados e animais desabrigados.

Meu aconchego florido

Meu aconchego florido
Te achei meio escondida
E entre outros irmãos
Te escolhi para ser a minha

E com um pouco de pechincha
Te levei junto comigo
Estava só e machucada
Mas charmosa ela estava
Ao meu amigo tapeceiro te levei
E escolhio vestido mais bonito
Fundo pérola com rosas graciosas
Logo depois
Lhe vesti com carinho
Ficou vistosa e alegre
E com ajuda
Lhe subimos na carona
Te levei para o meu lar
Renovada e feliz
Ela adentrou no meu quarto
Que antes era sem cor e sem onde sentar
E os demais móveis
Se esconderam dentro do armário!
Anos se passaram
E a menina deste texto
Ainda ficou
Minha querida amiga
Esteve sempre comigo
Da mocidade à responsabilidade
Do colégio à faculdade
Das tardes no sofá de casa
Do longo dia fora de casa
Na leitura d'um romance

No rompimento do meu romance

E agora estamos juntas

Contando nossa história

Recheada de ternura e bom humor

E, assim, colaboro nesta obra

Num ato de bondade

Quando este poema terminar

A uma verdadeira causa entregar

> **Curiosidade:**
>
> O objeto em questão é uma poltrona que comprei no saldão de uma loja em São Paulo há anos, o tecido estava sujo e rasgado, por isso resolvi trocar, procurei no centro de SP lojas de tecidos e achei o que mais combinava comigo e o objeto. Levei ao tapeceiro e em pouco tempo ficou pronta. Hoje ela fica em destaque no meu quarto e, por adorar ler livros, no meu tempo livre me aconchego nela e leio um bom.

Nome completo: Fernando Rodrigues Vieira (Fofão)

Idade: 47 anos   Cidade que reside: Rio de Janeiro

Profissão: Prof. MS. educação física

Área de atuação: faculdades e academias

Perspectivas para o futuro (pessoal ou global):

"Acredito num mundo melhor no futuro", já dizia Lulu Santos. Vejo a minha profissão cada vez mais valorizada e a nossa intervenção na saúde e qualidade de vida dos idosos será sempre fundamental. Muitos objetivos primordiais já foram alcançados. A figura do cuidador de idosos, as metodologias e programas de atividades físicas em academias, a implantação de projetos sociais e governamentais. No Rio e em outras cidades já têm várias academias públicas para idosos, em praças e parques. Com todas essas intervenções com certeza colheremos excelentes frutos no futuro com uma melhor qualidade de vida e idosos mais ativos, saudáveis e independentes. Nós mesmos dessa geração poderemos usufruir dessas sementes, atenção e cuidados que estamos plantando agora.

Os bonés do Prof. Fofão

Meus objetos preferidos são os bonés. Na verdade, costumo dizer que eu nasci de boné (tenho até foto no berço de boné). Desde então, sempre foi raro eu não estar em vários momentos da minha vida com um boné na cabeça. Ao chegar à adolescência resolvi unir o útil ao agradável. Comecei com um hobby de colecionar bonés de vários tipos: de cidades que eu viajava, heróis de quadrinhos, filmes de cinema, times de basquete e beisebol americano, do Flamengo, de artistas, cantores e astros, desportistas famosos, de vários países do mundo, raridades, hip hop, marcas esportivas, boinas, bandanas, etc., etc.

Muitas pessoas amigas ou da família sempre souberam (na dúvida de algo melhor) o que me dar de presente ou trazer de lembrança de uma viagem. Eu mesmo uma vez fui parado na alfândega voltando dos EUA com duzentos bonés na mala. Só fui liberado porque eram todos diferentes e consegui provar com minha logomarca profissional (um boné) que eram para uso próprio, para exercer os meus trabalhos e representar a minha marca pessoal.

Sou um profissional de educação física e sempre fui "gordinho". Na faculdade me deram o apelido de Fofão. De um apelido pejorativo, o que chamamos hoje de *bullying*, eu transformei "o limão numa limonada". Criei uma logomarca do Fofão com um boné e um microfone de cabeça, instrumentos de trabalho.

Noventa e nove por cento do tempo o Prof. Fofão está de boné, boina, ou bandana. O Fernando é que às vezes está de cabelos ao vento em eventos mais formais, ternos, festas, etc.

Hoje, com certeza posso dizer que já usei mais de dois mil bonés. Muitos já foram aposentados e estão devidamente guardados no meu acervo. Alguns são verdadeiras raridades, para mim são como joias e que nunca foram usados. São apenas peças de colecionador. Outros tantos (perco a conta) estão no meu armário que tem um setor especial para serem guardados, escolhidos e usados diariamente.

Os de maior estimação entre outros são: (é difícil escolher quais são os melhores filhos entre tantos... risos) o boné do Ayrton Senna, dado pelo próprio e com sua dedicatória; um do Flamengo de 1981 com autógrafo do Zico; um de Nova York, todo platinado comprado no World

Trade Center, em minha primeira viagem para lá; outro raro de um dos meus personagens favoritos de desenho animado da minha infância, o Speed Racer.

Muitos dizem que usar boné deixa a pessoa careca, calva, estraga o cabelo, etc... Posso afirmar que, no meu caso, essa teoria não deu certo. Aos 47 anos de muitos bonés na cabeça, posso dizer que tenho uma vasta quantidade de cabelos, grisalhos, diga-se de passagem, mas que crescem muito constantemente sem nenhuma falha.

É muito bom ver os idosos praticando atividades físicas, indo à praia, jogando vôlei, futebol, peteca, frescobol, caminhando, correndo, fazendo musculação e ginástica em academias. Muitos desses com seus bonés na cabeça para proteger do sol, reter o suor no rosto e olhos, ou por simples estilo e prazer.

Com certeza chegarei nessa chamada melhor idade usando meus bonés e tendo minha coleção cada vez mais aumentada.

Vida longa para os idosos e os bonés!

Curiosidades:

Tenho alguns bonés curiosos tanto nacionais quanto importados e artesanais.

Um que foi feito à mão na Índia, com imagens de elefantes.

Outros com placas metálicas de vários países, cidade e personalidades como Nova York, Itália, Malcom X, Michael Jordan.

Muito bonés nacionais especiais com autógrafos usados pelo Ayrton Senna, Zico e Pelé.

Nome completo: Flavia Almeida de Oliveira

Idade: 37 anos   Cidade que reside: São Paulo

Profissão: funcionária pública federal

Área de atuação: consultoria política

Perspectivas para o futuro (pessoal ou global): Espero, esse ano, concluir nossa mudança de casa, investir no curso de Direito que estou fazendo, viajar bastante com meu filho e marido, aproveitando cada dia de minha vida.

O objeto

Algo tão simples e ao mesmo tempo tão complicado, ao receber o e-mail da Roseli, pensei: "Objeto marcante... Sem dúvida falarei sobre as taças de cristal bacará que foram de meu avô". Elas passaram para meu pai, ficaram mais de vinte anos perdidas e as reencontrei na casa de meu avô materno (minha mãe havia ficado com elas e, depois de trinta e cinco anos de seu divórcio, tive um reencontro com as taças que tanto meu pai falava). Depois olhei para um quadro na parede que também tanta história me trazia, então pensei: "Nossa, não será tão fácil assim". O tempo passou, a vida corrida e não escrevi. Gentilmente, Roseli restabeleceu o prazo. Então viemos passar a Páscoa na estância de um amigo no Uruguai, peguei o notebook e tudo começou a fluir. Longe da cidade, da civilização, vieram minhas lembranças de infância, e eu só lembrava do gongo de minha avó.

Aos domingos íamos almoçar na casa dela, meu pai ia direto para uma salinha do fundo assistir às notícias de futebol. Meu irmão e eu saíamos brincando enquanto ela finalizava o almoço e nosso delírio era tocar o gonguinho. Como fazia um barulho que os adultos detestavam, ficávamos limitados a tocar quando fosse hora de avisar que o almoço estava pronto. Quando recebíamos a autorização, corríamos até ele e batíamos, ou melhor, badalávamos o gongo, eram três toques para cada um, e a família sabia que a comida estava na mesa. Quando minha avó faleceu em 2005, meu pai decidiu dar seus pertences para primos e enfermeiras que cuidaram dela, mas antes perguntou a mim e a meu irmão o que queríamos. Peguei uma cristaleira com taças, menos as de bacará, que até então não sabíamos onde estavam, e meu irmão saiu do apartamento apenas com o gongo nas mãos.

Passados alguns meses, ele chegou à minha casa com o objeto, trazendo para seu afilhado (meu filho) de presente, para que ficasse conosco e seguisse a tradição dos almoços de domingo. Afinal, era uma das recordações mais fortes de nossa infância; meu filho é a geração seguinte à nossa. Fiquei realmente surpresa e feliz, pois, agora crescida, com filho, teria minha casa como referência da próxima geração.

Quando voltarmos para casa na segunda-feira, olharei com outros olhos meus dois cachorros latindo, meu filho perguntando onde está suas coisas, a empregada querendo saber o que preparar para o almoço, a preocupação se a camisa que o marido vai escolher para ir trabalhar está passada e no seu armário. Afinal, essas coisas fazem nossa história e nos fazem passar por essa transformação de hoje ser a casa que antes íamos; a que recebe e está formando lembranças nos que hoje são nossas crianças.

Hoje, em minha casa, em cima da cristaleira, quem entra vê o gonguinho que nunca mais foi tocado, mas espero que a próxima criança, seja filho ou neto, nos avise que o almoço será servido, enlouquecendo-nos com o som estridente, mas que faz muita falta.

> ### Curiosidade:
>
> Muitos povos acreditam que o som vindo dos gongos espanta os maus espíritos e traz coisas boas para o ambiente. Os budistas tocam para abrir seus caminhos.

Nome completo: Flávio Malheiros Menezes Borges

Idade: 51 anos   Cidade que reside: Paulista-PE

Profissão: músico/compositor erudito popular

Área de atuação: orquestra sinfônica do recife

Perspectivas para o futuro (pessoal ou global): Reger as composições de minha autoria e ou ouvi-las tocadas pelas Orquestras do Brasil e do mundo.

Viola clássica

O meu objeto preferido é o meu instrumento de trabalho. Uma "viola clássica".

É por meio dela que eu extraio os meus proventos para o sustento da minha família.

A breve história que contarei do meu objeto preferido traz um cunho especial de gratidão a Deus, pois eu vivia perdido, sem rumo, sem quaisquer objetivos de um futuro promissor, sem sequer almejar uma profissão. Minha querida mãe faleceu no ano que eu completei 15 anos de idade. Meu pai trabalhava o dia inteiro, os meus caminhos começaram a ser desviados do rumo natural dos jovens da minha idade, abandonei os estudos. Felizmente, a minha família paterna tocava piano, e eu já tinha incutido em minha mente o dom da música.

Vieram as primeiras experiências com piano, bateria, violão, guitarra... Iniciando, assim, minha trajetória pelos bailes da vida. Não foi nada fácil! Eu tocava nas noites (bailes) que iniciavam às 22 horas e terminavam às 4 da manhã, precisava sair de ônibus até chegar ao local da tocata, que muitas vezes era em outras cidades ou em outros estados. Apenas com 15 anos, eu saia para tocar, viajar sem sequer ser habilitado pela Ordem dos Músicos do Brasil e nem ter autorização da Secretaria de Segurança Pública do estado de Pernambuco para circular madrugada afora. Tudo isso para conseguir apenas uns trocados.

Cinco anos mais tarde, exatamente em março de 1979, fui ao Teatro de Santa Isabel em Recife, pois lá havia um curso para jovens instrumentistas da Orquestra Sinfônica do Recife. Foi lá que eu iniciei os meus estudos de música erudita na cadeira de violino com o professor Costinha (in memoriam), que foi o responsável pela colocação dos meus dedos nas cordas do violino. Em maio do mesmo ano descobrimos outro curso de música erudita com metodologia de ensino avançada vindo da Europa e comandado pelo grande músico espanhol Luis Soler Realp, denominado Projeto Espiral.

Após seis meses nesse curso, que durou cinco anos, ele me incentivou a trocar o violino pela viola clássica, que é meu objeto preferido. Ela é um instrumento tocado da mesma maneira que o violino, e sua forma é idêntica, apenas um pouco maior. Com a utilização de um arco feito de pau-brasil e crinas de cavalo, é friccionado nas cordas, extraindo dele o mais puro som. É um instrumento usado em orquestras sinfônicas de vários países do mundo na quantidade máxima de doze violas por orquestra.

Com apenas um ano de estudo da viola, o meu professor, que é músico violista da Orquestra Sinfônica do Recife, me levou ao maestro da orquestra após perceber minha desenvoltura e talento para o instrumento. De imediato, o maestro me contratou para estagiar na Sinfônica, onde permaneci por quatro anos. No ano de 1982 nasceu o meu filho numa favela que morávamos em Recife. Foi com muitas lutas e superação de desafios que cuidamos dele com muito empenho, sabedoria e amor. Em tenra idade, por meus cuidados, sempre ouvindo música erudita, aos 12 anos resolveu estudar violoncelo, instrumento da família das cordas de orquestras sinfônicas e que também pode ser tocado como instrumento solo.

Conseguimos uma vaga na Universidade Federal de Pernambuco, no curso de extensão para Félix estudar violoncelo. Muito talentoso e dedicado, não abriu mão do esforço que se tem para entrar no mundo do arco e das cordas dos instrumentos eruditos. Meu filho fez vestibular em música na Universidade Federal da Paraíba, conquistando o terceiro lugar naquele ano, uma vitória e tanto para aquele jovem tão sofrido. Cursou por dois anos em João Pessoa e conseguiu bolsa parcial para estudar nos Estados Unidos da América, na Campbellsville University, concluindo o curso de Bacharel. Em 2010, Félix conseguiu bolsa integral na University Louisville (KY) onde cursa o mestrado em violoncelo. Mora nos Estados Unidos há 8 anos, onde se dedica totalmente à música erudita. Em seguida, concluirá o doutorado em violoncelo com a ajuda de Deus.

Em 1994 fiz o concurso público da Orquestra Sinfônica do Recife para a vaga de violista e fui aprovado e contratado de imediato, definitivamente.

Por esse motivo tenho a predileção por esse objeto feito de madeira, cordas de metal e crinas de cavalo. Pois é por meio dele, o meu objeto, que tiro o meu sustento.

Curiosidade:

O meu objeto foi confeccionado na Tchecoslováquia, tem mais de cem anos de feitura, e é um instrumento simples, de fábrica, com baixíssimo valor comercial, devido às poucas condições financeiras de um profissional da área da música em Recife. O valor inestimável que ele tem é apenas por me proporcionar o meu trabalho secular e o meu sustento e de minha família.

Nome completo: Frederico Adolpho Timm Jr. (Fred Timm)

Idade: 48 anos   Cidade que reside: São Paulo

Profissão: Músico e Professor

Perspectivas para o futuro (pessoal ou global): Pretendo ampliar minhas atividades artísticas profissionais (aulas particulares, shows, criar mais uma unidade de ensino de música, desenvolver e implantar projetos artísticos voltados para a formação de um ser humano melhor).

O saxofone

O objeto que escolhi e que é o mais significativo para mim é um instrumento músical, o saxofone. Ele foi determinante na minha trajetória músical em um processo que se iníciou em 1968 (quando decidi estudar violino) e culminou em 1984 (quando decidi estudar saxofone), consolidando definitivamente o rumo da minha vida.

A música está presente na minha vida desde que nasci.

Minha mãe cantava e tocava piano, minha avó paterna Anna Frida Timm (de nacionalidade suíça) tocava cítara (instrumento austríaco com trinta e sete cordas), piano e cantava em alemão, ela cuidou zelosa e pacientemente da minha formação básica músical entre os meus 5 e 10 anos de idade, me orientando e conduzindo por meio do sistema germânico de estudo, que é muito exigente.

Cresci em um ambiente com muitas influências músicais desde cedo e sempre fui incentivado por todos a desenvolver minhas habilidades músicais.

Meu pai (também de nacionalidade suíça) gostava muito de música e de cantar em alemão. Comecei simultaneamente aos 4 anos de idade a aprender a falar e cantar em alemão e também a estudar violino, meu primeiro instrumento. No jardim de infância e na pré-escola, eu já fazia parte de uma bandinha tocando triângulo, guizos e reco-reco.

Da infância até a adolescência, além da cítara e do piano, tive contato com vários outros instrumentos: teclado, bateria, cuíca, flauta doce, instrumentos de percussão em geral, violão, guitarra e baixo elétrico. Na fase adulta surgiram: clarinete, *kotô* e *shakuhachi* (instrumentos japoneses), trombone, flauta transversal, trompete, gaita e entre eles o saxofone! Comecei a tocar saxofone por insistência de um amigo da família que tocava piano, clarinete e saxofone. Conhecendo toda a minha trajetória com a música e percebendo a facilidade que eu tinha em tocar vários instrumentos, ele me convenceu a tentar tocar pelo menos uma escala de "dó" no saxofone. Digo que ele me convenceu porque eu achava, naquela época, que não levava jeito para tocar sax, que seria muito difícil soprar e tocar.

Depois que ele me explicou como deveria proceder para tocar o instrumento tentei soprar e, para minha surpresa, consegui executar todas as notas da escala com facilidade já na primeira tentativa! A partir daquele momento, algo especial começou a ocorrer, algo especial que estava oculto em minha alma veio progressivamente à tona com tamanha força que mudou o rumo da minha vida!

O saxofone e a música em pouco tempo passaram a nortear os meus objetivos pessoais e profissionais até que se tornaram absolutos! Entre outras coisas tornei-me professor de vários instrumentos músicais e diretor, fundador, integrante da The Big Jam Band, banda paulistana com dezessete componentes que executa fielmente os estilos disco, dance, pop, funk americano, soul e acid jazz desde 1995.

O aparecimento do saxofone na minha vida me permitiu consolidar uma filosofia de vida que eu já praticava desde a minha infância e me permitiu a possibilidade de continuar a evoluir pessoal e profissionalmente com um sentimento pleno de felicidade e realização!

> Curiosidade:
>
> Minha primeira apresentação como músico foi no palco do teatro de uma igreja da Vila Pompeia em 14 de setembro de 1968, com 5 anos de idade.
>
> Era uma orquestra infantojuvenil com doze integrantes, com idades entre 5 e 15 anos, montada e regida pelo meu primeiro professor japonês, que nas primeiras aulas se posicionava de joelhos para poder ficar na mesma altura que a minha.
>
> A orquestra tocou músicas de Strauss, Brahms, Vivaldi, Schumann, três canções japonesas e o tema Happy Birthday, de autor desconhecido, solado por mim na abertura da apresentação. Eu fui o único da família que seguiu carreira profissional na área músical.
>
> Toco e ministro aulas particulares de saxofone, violino, flauta transversal, flauta doce, trompete e gaita.

Nome completo: Gabriel Cruz

Idade: 33 anosCidade que reside: São Paulo

Profissão: jornalista e advogado

Área de atuação: apresentador do Jornal da Gazeta

Perspectivas para o futuro (pessoal ou global): Nunca fui de falar muito de futuro. É lógico que precisamos de metas nas nossas vidas, mas as minhas sempre foram de curto prazo e vão continuar sendo. O negócio é viver o presente e ser feliz.

O canivete suíço

No momento em que fui convidado para escrever sobre um objeto pensei seriamente em não aceitar, não pelo projeto do livro, mas porque achei que não tinha nenhum objeto relevante na minha vida, digno de contar uma história.

Essa dúvida durou pelos menos uns trinta minutos, até que peguei a chave de casa e lá estava o objeto. Não a chave, nem a casa, mas sim o objeto que uso como chaveiro desde a primeira chave que tive de casa: o canivete suíço.

A minha admiração por esse objeto vem desde criança, quando passava férias em Araxá (MG), na fazenda do meu avô. Ter uma canivete na cintura aos 8 ou 10 anos era sinal de amadurecimento, era uma transição da infância para a adolescência, uma "responsa". Ter um canivete "suíço" na bainha, junto ao cinto, era tudo isso e mais status, já que ele, obrigatoriamente, teria que ser trazido de fora, ser importado. Na época já tinha os genéricos, em geral chineses, mas não era a mesma coisa.

O canivete não é mais o mesmo desde o princípio, já foi trocado pelo menos umas três vezes. O atual está comigo desde julho de 2000, quando fiz uma viagem para a Europa, por isso a bandeira da Espanha estampada nele. Apesar de não ser o mesmo, o objeto sempre manteve as características que me encantam: um canivete suíço Victorinox pequeno.

O que faz com que esse objeto me acompanhe há mais de vinte anos é a polivalência. Apesar de ter modelos muito maiores e com mais funções, são mais difíceis de carregar. Esse pequeno suíço une o útil ao agradável: cabe no bolso e é multifunção.

Quer cortar uma laranja? Apertar um parafuso? Cortar ou lixar a unha? Abrir uma garrafa, de preferência de cerveja? Abrir uma lata? Cortar uma linha da roupa? Palitar os dentes? Tirar um espinho do dedo? Está no escuro, precisa de uma lanterna? E por aí vai... E olha que hoje têm modelos pequenos com muito mais funções, desde um pen-drive até uma pen, ou caneta tradicional.

> Curiosidade:
>
> Canivete suíço da marca Victorinox comprado em julho de 2000, em Barcelona, na Espanha.
>
> Comprei-o para dar de presente ao meu tio, mas acabei dando outro para ele e ficando com esse.
>
> Andar com um canivete no bolso requer cuidados, se for a algum lugar (estádio, casa de shows, boate, etc.) que tiver revista é bom deixá-lo em casa. Uma vez já tive que deixá-lo com um segurança e no final da noite pedi-lo de volta.

Nome completo: Geraldo Blota Filho

Idade: 50 anos   Cidade que reside: São Paulo

Profissão: ator

Área de atuação: teatro e televisão

Perspectivas para o futuro (pessoal ou global): Estabilidade profissional e pessoal.

Memórias de um café de mãe

    Não sou um homem de guardar objetos. Não em malas, sacos ou na parte de cima do armário. Guardo tudo na memória. Meu Deus, são tantos. Guardo as gargalhadas de meu pai e de minha mãe. Os sorrisos e a casa cheia num dia de domingo. Mas, por incrível que pareça, tenho guardado o jogo de café que pintei para minha mãe quando eu tinha uns 8 ou 9 anos de idade. Lembro-me que foi no primeiro dia de aula, nós tínhamos aulas de artesanato, e isso numa escola da prefeitura. Escolhi fazer o jogo de café inteiro. Todo em preto e fundo amarelo. Dei de presente no Dia das Mães para Dona Haydée. Está aí mais uma coisa que guardo na memória, a minha mãe. Tempos se passaram, eu hoje tenho 50 anos, e quando há dezoito anos ela faleceu, eu achei, na tal parte de cima do armário, o jogo de café. Lógico que chorei muito. Lembrei-me do quanto tinha sido difícil, um garoto de 8 anos, sem muita coordenação motora, ter conseguido pintar aquilo. Lógico também que os traços eram tortos, tudo muito malfeito, mas para ela teve o valor de uma porcelana chinesa. Dessas que custam nove apartamentos. O valor desse presente é representado pelo trabalho artesanal, prosaico desde a elaboração da tinta com técnicas rudimentares, da combinação do pó da tinta para porcelana com extrato de banana, utilizada em frações minúsculas em base de azulejo, para obter a tinta e, finalmente, o resultado desejado.

Hoje, na minha casa, ele continua guardado no armário da cozinha, não tenho coragem de usar. Se eu trincar ou quebrar alguma peça me mato com o caco. Exagero. Às vezes coloco para fora e fico olhando o bule, as xícaras, enfim as peças que me deram tanto trabalho e que deram tanta alegria à minha mãe. O que fazer com isso quando chegar a minha vez de ir embora? Não sei. Não tenho filhos, talvez vá para alguma associação beneficente, um bingo, sei lá. Mas sei que vai comigo o sorriso dela e a alegria quando abriu o pacote e foi tirando, uma a uma, as peças envoltas em jornal. Não sou um homem de guardar objetos. Mas tenho um contêiner de boas memórias.

Curiosidade:

No final da década de 1960, existia uma doceira chamada Nega Fulô, onde a estampa do desenho utilizado na pintura, correspondia ao desenho impresso no papel de embrulho da loja.

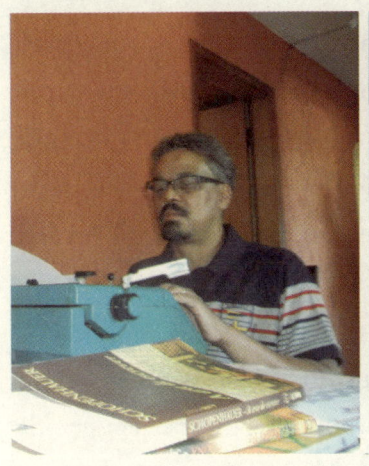

Nome completo: Geraldo dos Santos Matos Lima

Pseudônimo: Geraldo Lima

Idade: 51 anos   Cidade que reside: Sobradinho, Brasília-DF

Profissão: escritor e professor

Área de atuação: professor de língua portuguesa e literatura brasileira
Perspectivas para o futuro (pessoal ou global): Continuar trabalhando com honestidade. Concluir a elaboração do meu próximo livro, um romance cuja história se passa em Brasília. Divulgar bem os livros que já tenho publicado e batalhar a publicação dos inéditos. Continuar sonhando e lutando para realizar os sonhos. Viver bem.

Máquina e sensibilidade

Durante muito tempo escrevi à mão. Caneta Bic deslizando apressada sobre as linhas do caderno. Não se tratava de registrar os conteúdos dados em sala de aula. Tratava-se, nesse caso, dos meus primeiros textos literários: poemas, contos, peças de teatro, delírios estéticos... Enchi cadernos e mais cadernos com esses meus textos. Lembro-me de ter escrito uma história inteira, algo que hoje eu não ousaria chamar de romance, mas que chegou a encher todo um caderno grosso, de um modelo que, nos dias atuais (reino dos espirais), já não vejo mais nas papelarias. Esses textos se perderam. Deixei os cadernos na casa dos meus pais assim que me casei e fui morar noutra cidade. Eles, desconhecendo o valor que esse material tinha para mim, simplesmente o descartaram. Assim, a história do meu trabalho manual, artesanal, braçal com a literatura se perdeu.

Mas antes disso, já perto dos 20 anos de idade, um objeto provocaria uma revolução na minha maneira de produzir texto.

A sua presença na minha vida teve quase que o mesmo impacto que a Revolução Industrial na vida do homem europeu, se não estou exagerando. Passei da produção manufatureira para a produção industrial em grande escala. Descontando aí, obviamente, o exagero. Mas o fato é que, de posse desse objeto, minha produção literária triplicou. E o desgaste físico diminuiu sensivelmente. Pude, com esse novo objeto, essa nova ferramenta, escrever e reescrever com mais facilidade. E isso, para quem escreve, significa muito. Ao pensar que autores como Dostoiévski escreveram obras monumentais à mão, sem a utilização das fantásticas máquinas de escrever, fico pasmo. Agora vocês já sabem de que objeto estou falando. E, na era do computador, podem até estranhar a importância que atribuo a esse objeto quase primitivo.

O fato é que, um belo dia, meus pais resolveram comprar uma máquina de escrever para os filhos. Não era uma máquina grande, um colosso de Olivetti. Era uma Olivetti pequena, portátil, de cor verde, bem simples. Mas que revolução na minha vida. Como o escritor da família era eu, achei por bem me apoderar dela. Casei e a trouxe comigo. Serviu-me durante muito tempo, até ser suplantada por uma máquina mais moderna, uma IMB elétrica. Esta, por sua vez, como é de se imaginar, foi suplantada pelo computador, essa ferramenta espetacular, capaz de quintuplicar nossa capacidade de produzir, de criar. Mas nada haverá de tirar de mim a afeição e a gratidão que tenho pela pequena e frágil Olivetti: ela me libertou, por algum tempo, do trabalho braçal estressante.

Curiosidade:

Máquina de escrever Olivetti Studio 45, portátil, de cor verde, nacional, produto industrial.

Nome completo: Helena Maria de Souza

Idade: 57 anos   Cidade que reside: São Paulo

Profissão: aposentada

Área de atuação: administrativa

Perspectivas para o futuro (pessoal ou global): Tornar-me cada vez mais um ser humano melhor, mais consciente...

Infância...

Eu tenho um objeto de 32 anos, um único copo de cristal que restou de uma coleção de seis e uma jarra, não é nada antigo. O importante nisso tudo: a pessoa que me presenteou com o jogo na ocasião do meu primeiro casamento, uma pessoa pobre e simples escolheu o que de melhor poderia me dar.

Ela era mais velha que eu, prima dos meus pais, aliás, todos são casados com primos, coisa do povo do Oriente, como nos contos da Arábia, Turquia, etc... E veio de Alagoas para São Paulo, éramos pequenos eu meus irmãos e primos. Ela nos reunia e contava-nos muitos "causos". Eu ficava deslumbrada porque sempre tive muita sede de aventuras.

Hoje ela mora numa cidade próxima, nunca nos vemos, apesar dela ter gostado tanto de mim e eu dela, passou... Tudo passa, as pessoas vêm e vão na nossa vida, mas a infância fica para sempre em muitos traços... Eu vejo o copo e me lembro da Jandira e volto à infância...

Eu me casei duas vezes. O primeiro casamento durou nove anos e deixou um saldo de três filhos: Rodrigo de 31, Milena de 28 e Tabata de 24. O segundo durou quase dezoito anos, e ambos eram de escorpião, ciumentos... E eu leonina marrenta, não consigo viver sem liberdade, isso vai desgastando a relação. E não falo da liberdade de ir e vir, mas da liberdade de ser... Não me sufoque, *please*.

Tenho dois netos maravilhosos, Yuri de 10 anos e Bruna de 5.

Sou aposentada, faço atividades físicas diariamente, faço teatro, estou aprendendo turco porque encontrei um amor na Turquia, ainda virtual, mas ele virá para o real, eu sei...

Curiosidade:

Hoje me distraio em contato com as artes cênicas, nas quais posso viver muitos personagens e extravasar esse meu espírito aventureiro, dinâmico e feliz!

Nome completo: Heloisa Maria Rodrigues de Souza
Idade: 56 anos   Cidade que reside: São Paulo
Profissão: professora universitária
Área de atuação: cursos de turismo e hotelaria
Perspectivas para o futuro (pessoal ou global): Continuar trabalhando e viajando muito...

Ao meu mestre com carinho

O objeto que escolhi para fazer parte deste lindo projeto foi um livro autografado, que marca o início da minha vida profissional e que guardo com muito carinho.

Me casei muito cedo, aos 18 anos, mas, mesmo casada, cursei a Faculdade de Turismo ao terminar o ensino médio. Logo tive filhos, o que me fez adiar a entrada no mercado de trabalho. O tempo foi passando... Pensei que nunca mais faria outra coisa além de cuidar da casa e dos filhos. Em 1998, acompanhei meu marido num congresso no Navio Funchal, e observei que um dos profissionais de recreação tinha o sobrenome de um professor muito querido da faculdade, de quem só guardava boas lembranças, o professor Mário Beni. Perguntei por ele e o jovem comentou que era sobrinho dele e que ele estava na USP. Voltei para São Paulo e pensei: *Vou visitar o professor*. Assim o fiz, e ele me convidou para cursar, como aluna especial, o mestrado em turismo da ECA. Aceitei agradecida, pensando em me atualizar e fazer algo mais do que ficar em casa, com os filhos já crescidos. Cursei várias disciplinas com muita dedicação e, ao final do ano, o professor me perguntou se eu não iria prestar a prova para ingressar na pós-graduação. Dei uma risada e falei que só podia ser brincadeira, que eu não tinha nenhuma chance depois de tanto tempo afastada. Ele insistiu e eu aceitei o desafio, estudei muito e consegui passar com uma nota excelente.

Depois disso, os convites para lecionar foram surgindo e desde 2001 estou na Uninove, que considero minha segunda casa.

Quando o meu mestre lançou o livro *Análise Estrutural do Turismo*, em 1999, me presenteou com um exemplar autografado, que guardo com muito carinho até hoje.

> **Curiosidade:**
>
> O objeto é o livro *Análise Estrutural do Turismo* da Editora Senac, de São Paulo.

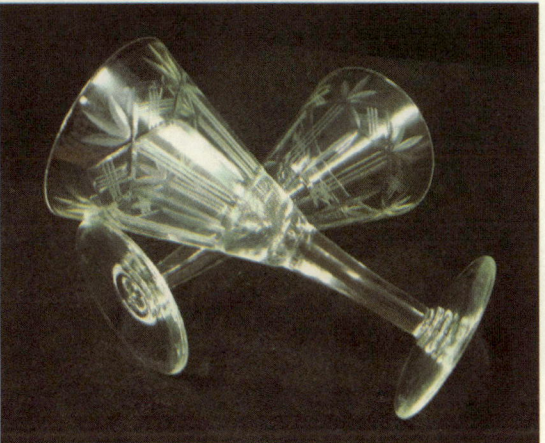

Nome completo: Iracema Candida Silva Mestiço

Idade: 72 anos   Cidade que reside: São Paulo

Profissão: aposentada

Área de atuação: teatro da terceira idade

Perspectivas para o futuro (pessoal ou global): A vida é tão boa se você sabe aproveitá-la, e é o que estou fazendo. Desejo muitas alegrias e saúde.

Sonho de uma jovem

Em 1912 nasceu Ana Constancia de Oliveira em São Sebastião de Macaúba (Bahia), ainda na adolescência conheceu Jose Candido da Silva. Ela com 14 anos e ele, com 17 anos, se casaram.

Ela tinha um sonho em ganhar algum objeto de cristal, pois achava que essas peças eram maravilhosas. O tempo foi passando e mudaram-se para o interior de São Paulo, uma cidade chamada Tupã, e sem realizar seu sonho. Próximo ao seu aniversário de casamento, Ana pediu de presente qualquer coisa fabricada em cristal. Enfim, em meados da década de 1940, teve seu sonho realizado, ganhou um jogo de taças de cristal e já com oito de seus nove filhos.

Estas taças eram usadas somente em datas especiais, festivas, ou quando recebiam alguma visita, pois achavam um luxo servir bebidas nelas. Como a vida era difícil, não dava para servir bebidas finas, apenas água, tubaína e, raramente, vinho.

As taças eram também utilizadas em festas de casamento quando pessoas amigas pediam para que os noivos fizessem o famoso e tradicional brinde. No decorrer dos anos, algumas se quebraram, apenas duas delas sobraram.

Guardo-as como relíquias de família, em um lugar de destaque em minha sala, com carinho e lembranças de um tempo que foi de luta e amor, e assim me lembro dos meus pais e do que foi um sonho de uma jovem.

Curiosidade:

Hoje eu Iracema, aos 72 anos de idade, tenho a posse dessas únicas taças que sobraram há dez anos, pois estavam em poder de minha mãe, que faleceu aos 88 anos.

Nome completo: Isabel Cristina de Lourenço

Idade: 46 anos   Cidade que reside: São Paulo

Profissão: radialista

Área de atuação: apresentadora da TV Gazeta

Perspectivas para o futuro (pessoal ou global): Quero ser menos ansiosa, ter mais disciplina para conseguir viver com mais qualidade de vida, podendo, assim, ajudar também outras pessoas.

A viagem

Agora sei, olhando meu objeto, por que demorei tanto para escrever a minha história. Fuga! Tirei do fundo do armário, estava embrulhado, escondido, assim como as lembranças que eu não queria remexer!

Fugi porque tinha absoluta certeza que as lágrimas me desceriam copiosamente, e assim foi...

Vamos lá, recordar e reviver meu passado tão distante e ao mesmo tempo sempre tão presente!

Esse rádio pertenceu ao meu avô paterno desde quando ele era recém-casado com minha vózinha querida. Eles eram jovens quando ele ligava bem cedinho para ouvir aquelas músicas típicas do interior, muitas caipiras e românticas. Fico imaginando quantas canções embalaram e alegraram os dois e quantas notícias eles ficaram sabendo, pois meu avô não vivia sem seu rádio no volume alto logo no alvorecer...

Eles se casaram em 1941, após dois anos nascia meu pai e, algum tempo depois, ele comprou o primeiro, senão um dos primeiros modelos de rádio da época. Ficou com ele por mais de cinquenta anos! Então, na infância de meu pai ele já dava o ar da sua graça. Quando eu nasci, em 1965, não foi diferente. Funcionava como nunca, levando mais alegria naquele casebre do sítio em que morávamos. Também fez parte do cenário quando meu pai morreu. Eu tinha apenas 1 ano. Foi uma morte repentina, ele tinha 22 anos e morreu dormindo. Meus avós depositaram em mim e na minha irmã, um ano mais velha, toda a ternura, paciência e amor em dose dupla. Foi transferência mesmo; tudo o que sentiam pelo filho que partira muito jovem transferiram para mim e para minha irmã. A minha infância foi brincar, dormir e acordar com o rádio do meu vô no volume alto, com músicas de raiz. Sinto até hoje o cheiro do café passado no coador de pano. Detalhe, quem fazia o café era meu avô. Lembro-me também do galo cantando, do frio intenso, do pão caseiro feito pela minha vó no forno a lenha. Ela enrolava vários pães e deixava eu enrolar o meu. O dela era pão grande e o meu bem pequenininho. Eu adorava isso! Lembro-me do balanço que meu vô fez para mim embaixo de uma árvore enorme, das histórias que eles contavam. Meu avô sabia se ia chover simplesmente olhando para o céu e observando as estrelas, as nuvens. Nunca errava. Sabia a época certa de plantar e de colher. Acordávamos bem cedo, com o galo, o rádio, o café e minha vó reclamando com ele sobre o volume do rádio; sem sucesso. Íamos para roça com eles, eu adorava brincar com as bolinhas do pé de café, lembro-me que meu vô ficava bravo; adorava olhar a plantação de algodão, pareciam floquinhos de neve, o contraste do verde com as bolinhas brancas do algodão... Cena linda! E foi assim até os meus quase 8 anos...

Nasci em Mirassol, Estado de São Paulo e, assim que meu pai faleceu, meu avô resolveu mudar para bem longe e fomos morar em um sítio em Bela Vista do Paraíso, no Paraná. Minha mãe não aguentou a mudança e foi embora procurar emprego na "cidade grande". Vinha nos visitar sempre que podia e sempre dizia que um dia iria nos levar. Meus avós temiam essa possibilidade e eu vivia dividida entre eles e a saudade que sentia dela. Certo dia ela apareceu, depois de muito tempo sem nos visitar, disse para minha vó que nos levaria para passar as férias com ela, eu e minha irmã. Falou que nos levaria para conhecer a cidade grande e fazer compras, que São Paulo era cheia de luzes, carros, prédios, lojas; nem entendia muito do que ela falava. E assim minha mãe foi embora, levando uma filha de cada lado e nunca mais voltou...

Fiquei separada dos meus queridos avós por quase cinco anos. Foram os piores anos da minha vida.

Um dia, depois de tanto pedir, sonhar e ter inúmeros pesadelos, chorar e ficar doente de tanta saudade, minha mãe resolveu nos fazer uma surpresa e nos levar para visitá-los. Eu estava com quase 13 anos e, antes dela nos contar, eu já pressentia que isso ia acontecer. Meu coração disparava a cada metro que o carro andava, eu só queria olhar para eles novamente. Foi a viagem mais longa, demorada e a mais esperada de toda a minha vida! Como será que eles estariam? Teriam se mudado? Qual seria a reação da minha vózinha ao nos ver? Quando chegamos no sítio disseram que eles já não moravam mais lá... Fomos até a cidade procurar pelos parentes, achamos a irmã da minha avó, que nem acreditava que éramos nós! Com o novo endereço nas mãos e com o coração já saindo pela boca, afinal sonhava com esse momento todos os dias, fomos até lá!

Chegamos na rua e uma senhora de cabelos quase brancos parecia nos esperar no portão! Era ela, linda, doce, meiga, carinhosa e claro que também pressentia aquele momento. Ela chorava sem parar, soluçava enquanto nos abraçava. Como senti saudades daquele colo, daquele cheiro, abracei, abracei e abracei apertando cada vez mais, sentindo seu coração bater tão forte! Perguntei pelo meu vô e ela me disse que ele estava na venda da esquina. Fui até lá com minha irmã e, ao entrar no bar, meu coração também disparava, pois iria olhar naqueles olhinhos azuis que há muito eu não via. Meus olhos brilhavam, meu sorriso de criança se abriu e eu e minha irmã abraçamos e abraçamos e não o largamos mais...

Minha vó nos contou que eles iam todos os dias no portão e ficavam olhando por horas o horizonte na esperança de que surgíssemos atrás das árvores pela estradinha de terra... Como não aparecíamos ela ficou literalmente um ano de cama. Ela contou que alguns vizinhos e parentes que moravam no sítio diziam que nossa mãe nos levou para tão longe e que nunca mais nos viria ou diziam que tínhamos morrido na cidade grande. Adoeceram, envelheceram e foram os piores anos da vida deles.

Nunca mais me separei dos meus avós. Nas férias, duas vezes por ano eu ia para lá. Era meu refúgio, meus amores, minha fortaleza. E assim foi, passei minha adolescência, cresci, amadureci, casei, me separei e continuei visitando meus avós todos os anos. Lembro-me que minhas filhas eram pequenas e meu avô fez um balanço para as bisnetas como fez para mim quando eu tinha a mesma idade. Telefonava sempre só pra dizer: "Vózinha, saudades da senhora e do vô, eu amo vocês!". Passei todos os momentos da minha vida conversando com eles, adorava ver as fotos antigas, ouvir meu avô, enquanto embrulhava o cigarro de palha, contar alguns fatos históricos do nosso país, ouvir minha avó contar como eles se conheceram, dos bailes que eles iam, pedia para contar como era meu pai... Claro, sempre ao som de alguma música vindas do rádio!

Lembro-me que por volta de 1996 eu comecei a comentar dos móveis da minha vó e do rádio do meu vô que estava na prateleira sem uso já havia algum tempo. Eu falava: "Vó, um dia a senhora dá esse guarda-comida (era assim que se chamava na época) e pede para o meu vozinho o rádio dele também...". Ela dizia sorrindo: "Minha filha, o que você vai fazer com essas coisas velhas, lascadas, quebradas?". Eu respondia: "Ah vó, são móveis lindos porque têm história neles e quero de presente.". "Bem, seu vô", dizia ela" adora esse rádio, tem ele há tanto tempo, sei não, vou falar com o velho." Ela o chamava assim carinhosamente.

Um dia fui visitá-los, como fazia sempre, acho que por volta do ano 2000 e ela me disse que tinha algo para mim... Era o rádio! "Pode levar, seu vô disse que se é como presente pra você ter uma recordação da gente, pode levar!"

Alguns anos depois, ele se foi e vinte dias depois foi minha vó. Não aguentou a saudade do seu companheiro de uma longa vida juntos!

Nem o rádio que não toca mais, nem o tempo apagam da minha memória o quanto fui uma pessoa privilegiada, pois balancei em um balanço feito pelo meu avô, subi em árvoress, chupei frutas no pé, brinquei com muita liberdade. Lembro-me das enormes fogueiras que eles e seus amigos do sítio faziam à noite e contavam "causos", uns tocavam violão, outros cantavam. Lembro-me que na adolescência minha vó me incentivava a ir em bailinhos de carnaval, e ela fazia questão de ajudar a escolher a roupa e de esperar a minha volta para saber os detalhes do baile! "Filha, é carnaval, coloque a saia mais curta", dizia. Ela era além do seu tempo!

Mais tarde pude mimá-los também um pouquinho. Ia visitá-los sempre levando presentes e uma enorme barra de chocolate. Fomos ver o mar, pois eles não conheciam e pude ver seus olhos brilhando. O desejo de minha vó era conhecer Aparecida do Norte, fiz questão de levá-los e pude ver seus olhinhos brilhando. Agora o sonho deles era mesmo voltar a Mirassol para rever os antigos parentes e visitar o túmulo do meu pai e afinal, fazia trinta anos que não iam para lá. Então, fiz uma surpresa e levei os dois e, neste dia, pude ver não só seus olhinhos brilhando, mas chorando de muita, muita emoção! O que sinto agora é uma mistura de alegria e tristeza. Tristeza, pois não estão mais aqui comigo. Alegria porque pude compartilhar por muito tempo e com muito amor as nossas vidas.

Feliz a criança que recebe o amor de seus avós!

Feliz os avós que recebem o amor dos seus netos!

Isso sim é música que toca na alma e acalanta o coração!

> **Curiosidade:**
>
> Esse modelo de rádio, conhecido por capelinha, fez muito sucesso nos anos 1950. A fabricante era a SEMP e foi ela quem produziu o primeiro modelo de rádio no Brasil em 1942.

Nome completo: Izzy Gordon

Cidade que reside: São Paulo

Profissão: cantora

Área de atuação: música

Perspectivas para o futuro (pessoal ou global): Que tudo esteja melhor, que a vida tenha qualidade e valores que realmente façam a diferença.

Meu microfone é minha arma para fazer o bem

Apesar de nome estrangeiro, sou nascida em São Paulo, optei por um caminho diferente e bem pessoal no meio músical. Sou filha do músico Dave Gordon e de Denise Duran, irmã da consagrada cantora Dolores Duran. Comecei minha carreira no Músical Emoções Baratas, do diretor José Possi Neto. Tenho quase vinte anos de carreira, lancei meu primeiro CD há anos, intitulado *Aos Mestres com carinho*, uma homenagem a Dolores Duran.

Crescer no meio músical foi ótimo. Eu acordava à noite com meu pai voltando dos shows, aompanhado de músicos que vinham em casa para tocar piano e cantar. Quando ouvia um barulhinho, falava: "Eba! Está chegando alguém", e ia espiar escondida na escada. Sempre tive aulas de piano e ouvia de tudo, jazz tradicional, música popular brasileira, mas nunca pensei em ser cantora. Me casei muito nova e após o nascimento do meu segundo filho "deu um click": Acho que vou cantar".

A ajuda da minha família veio pela convivência. Quando comecei a me apresentar, apoveitava os atrasos do meu pai, quando ele se apresentava e subia no palco para cantar. Mas ele sempre me falava: "Não, Izzy, não vai lá cantar", mas eu, teimosa, acabava indo.

Até quando estava no chuveiro cantando ouvia um grito vindo de alguém da família "Está fora do tom!", diz, mudando a voz. Isso me ajudou muito.

Eu ainda quero fazer muita coisa, estou só começando! (risos) Como meu primeiro CD foi uma homenagem à minha tia, agora quero dar ênfase nas minhas músicas, ao meu novo CD, que lancei este ano *O Que Eu Tenho Pra Dizer*. Nele fiz misturas do jazz tradicional com elementos modernos e também com outros ritmos.

A música é como a moda, você pega as tendências e coloca com algo clássico, essa coisa de não perder a escola, olhar para trás também é importante.

Nós fomos convidados para mostrar a música brasileira para o U2. Então, quando eles abriram a porta do Hyatt (hotel em que estavam hospedados), vejo que trouxeram uma surpresa. Nada mais nada menos que Quincy Jones, e foi muito legal porque eu sou muito fã dele e bem nessa hora nós estávamos tocando uma música dele, *Miss Celi's Blues*. Nós éramos o presente e ele acabou me trazendo um presente. Foi inesquecível. Todos foram muito simpáticos e vieram direto cumprimentar a banda e a mim. Respeito muito isso, costumo dizer que em minha lista de prioridades no show estão primeiro a banda, depois o público, e só depois, eu. Até brindamos com champagnhe depois. Foi bom estar ao lado de um músico tão famoso, humano e simpático como o Bono (Vox, do U2).

No ano passado recebi outro presente do Hyatt, e fiz um Show para o Paul McCartney, que chegou a cantar comigo.

Curiosidade:

Meu microfone é meu objeto preferido, que uso para fazer o bem, para mudar o mundo, para quem estiver me ouvindo, tenha vontade de ser feliz com suas próprias escolhas. Meu microfone é um Shure 58sm, que ganhei há muito tempo.

Foto: Nelson Takeyama

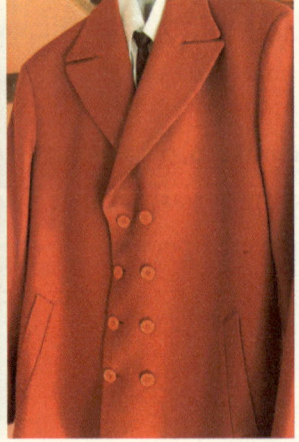

Nome completo: Jair Rodrigues de Oliveira

Idade: 72 anos   Cidade que reside: Cotia-SP

Profissão: cantor Intérprete

Área de atuação: música do gênero MPB

Perspectivas para o futuro: Realizar os projetos: Filme e Livro - contando sua história, Teatro - "Jair em disparada" a estrear em janeiro de 2012 em SP.

A irreverência espontânea de Jair Rodrigues

Em 1966 aconteceu uma coisa sensacional e inesquecível comigo. Era época dos Festivais na Record eu estava me preparando para participar. Gostava de estar sempre bem apresentável, comprei uma calça preta e queria combinar com um paletó vermelho, procurei em várias lojas em São Paulo mas não encontrei. Recebi um recado do meu empresário, na época o Corumbá (da dupla Venâncio e Corumbá) hoje já falecido, para que eu fosse urgente no tetro da Record na Rua da Consolação, pois lá me entregariam duas músicas para eu participar do Festival. As músicas eram: "Canção para Maria" - Paulinho da Viola e Capinan e "Disparada" - Geraldo Vandré e Téo de Barros. Fui até lá, peguei as músicas e passei a ensaiar lá no teatro. Uma semana antes do Festival, estava indo por ensaio e encontrei na porta do teatro um vendedor ambulante, estava vendendo camisas, calças, ele me abordou e falou "Jair eu tenho um paletó que acho que você vai gostar" e tirou da mala um paletó vermelho, incrível, bati o olho e gostei, era o que eu procurava, provei ali mesmo e serviu direitinho, comprei e então o vendedor me disse "Jair este paletó vai lhe dar muita sorte" e de fato foi algo extraordinário porque foi ele que eu usei para defender "Disparada" e "Canção para Maria" no Festival, e as duas foram classificadas.

"Disparada" em primeiro lugar junto com "A banda" do Chico Buarque, e com um detalhe importante do som incrível da queixada de burro (instrumento músical feito da mandíbula do burro) e "Canção para Maria" em terceiro lugar. A partir dali minha carreira deu guinada de mil graus; até hoje a cor vermelha é minha predileta, uma espécie de amuleto, gosto das outras cores, mas o vermelho está sempre presente.

Usei por muito tempo aquele paletó vermelho, hoje não o tenho mais. Comprei outros paletós também vermelhos e tenho 3 ternos vermelhos que de vez em quando uso nos shows ou nas apresentações.

Jair Rodrigues de Oliveira nasceu em Igarapava, interior de São Paulo. Sua carreira músical teve início no final da década de 50, na cidade de São Carlos, onde trabalhou durante algum tempo como crooner. Na década de 60 veio para Capital, começou a participar de programas de calouros na televisão e chamou a atenção ao ficar em primeiro lugar no "Programa de Cláudio de Luna". Dois anos depois, já entrava em estúdio para gravar duas músicas: "Brasil sensacional" e "Marechal da vitória", especialmente para a Copa do Mundo de Futebol.

O primeiro álbum veio em 1963, "O samba como ele é", mas foi com o segundo trabalho que o sucesso de Jair Rodrigues começou. Ele lançou

"Vou de samba com você", em 1964, que trazia a música "Deixa isso pra lá", de Alberto Paz e Edson Meneses. O sucesso da música fez com que Jair passasse a ser convidado frequentemente para programas de TV, entre eles, o "Almoço com as estrelas", da extinta TV Tupi, apresentado por Airton e Lolita Rodrigues.

Em um desses programas, pediram para que Elis Regina e Jair Rodrigues cantassem juntos, sem ensaio ou acompanhamento. A parceria deu certo e em 1965 começaram a apresentar juntos "O fino da bossa", programa da TV Record, ao lado de Elis gravou 2 volumes do álbum da série "Dois na bossa".

No ano seguinte participou do II Festival de Música Popular Brasileira (TV Record), defendendo a canção "Disparada" (Geraldo Vandré e Teo de Barros), dividindo o primeiro lugar com "A banda" (Chico Buarque), defendida por Nara Leão. A partir daquele momento a carreira de Jair decolou e seu talento assegurou décadas de sucesso ao cantor.

Jair lançou um álbum por ano e interpretou sucessos como "O Menino da Porteira", "Boi da cara preta" e "Majestade o sabiá". Suas interpretações ainda renderam uma carreira internacional, com turnês pela Europa, Estados Unidos e Japão. Em 1971, gravou o samba-enredo "Festa para um rei negro", da Acadêmicos do Salgueiro, do Rio de Janeiro.

Apesar de alguns anos trabalhando com menos intensidade, Jair Rodrigues continuou a lançar discos durante as décadas de 80 e 90. Já na segunda metade dos anos 90, ele se tornou um artista da gravadora Trama. Lançou 2 volumes de canções ao vivo que pontuaram sua carreira.

O disco que mais chamou atenção foi "Intérprete", lançado em 2002, que tem produção músical de Jair de Oliveira, seu filho, que ainda assina a música "Mãe de verdade".

Os clássicos da bossa nova foram registrados por Jair no álbum "A nova bossa por Jair Rodrigues". Em 2005, lançou, também pela Trama, "Alma negra", com interpretações emocionantes do melhor do samba.

Lançou seu primeiro DVD em 2006 "Jair Rodrigues - Programa Ensaio - Brasil 1991", mais um título da série de programas apresentados por Fernando Faro, no qual o cantor, além de longo depoimento, interpreta canções de seu repertório. Ainda em 2006 foi o Artista homenageado no 4º Prêmio Tim de Música, no Teatro Municipal do Rio de Janeiro e recebeu indicação ao Prêmio Grammy Latino, na categoria Álbum de Samba Brasileiro com o Álbum "Alma Negra".

Em 2009 Jair Rodrigues completou 70 anos de vida e 50 de carreira, com comemoração em grande estilo no Auditório do Ibirapuera em São Paulo, gravando o CD e DVD "Festa para um rei negro" com participações especiais de : Pelé, Alcione, Jorge Aragão, Chitãozinho e Chororó, Pedro Mariano, Rappin Hood, Simoninha, Max de Castro, Luciana Mello, Jair Oliveira e Rodrigo Ramos.

Curiosidade

Em 2009 Jair Rodrigues completou 70 anos de vida e 50 de carreira, com comemoração em grande estilo no Auditório do Ibirapuera em São

Paulo, gravando o CD e DVD "Festa para um Rei Negro" com participações Especiais de : Pelé, Alcione, Jorge Aragão, Chitãozinho e Chororó, Pedro Mariano, Rappin Hood, Simoninha, Max de Castro, Luciana Mello, Jair Oliveira e Rodrigo Ramos.

Nome completo: Janice Pereira

Idade: 45 anos   Cidade que reside: São Paulo

Profissão:agente de viagens

Área de atuação: turismo corporativo

Perspectivas para o futuro (pessoal ou global): Lecionar História, viajar onde der e couber, ler mais, dançar e sorrir mesmo nas adversidades.

Amor a um livro

Para uma insensata viajante nesta metrópole desvairada há um companheiro silencioso que me acompanha sem cobrar nada.

Encontrei este amigo na primavera de meus 20 anos. Foi amor a primeira vista.

Poesia? Diziam os amigos, o melhor é filosofia.

Mas o poeta atormentado já havia me conquistado,

Como sofrer tanto e exprimir as dores de uma época longínqua com palavras que ainda hoje tocam os seres em busca de amores?

Quando cheguei à grande cidade nos separamos por alguns anos.

Contratempos contemporâneos.

Após quase uma década, o encontrei novamente, na forma de um presente...

Outra alma "afins" que também ama o belo te trouxe novamente.

Para conhecer BAUDELAIRE é preciso ser intenso e não temer tantos lamentos.

Hoje nos momentos de outono, encontro consolo nas suas paginas atemporais e alegro-me nas tardes calmas com tuas promessas casuais...

Estás comigo desde o início e por isto te agradeço de coração e espero algum dia poder deixar-te em boas mãos...

Por ora, segue o convite irrecusável:

O convite de viagem... fragmentos de Flores do Mal

Minha doce irmã

Pensa na manhã

Em que iremos, numa viagem,

Amar a valer,

Amar e morrer

No país que é tua imagem!

Charles Baudelaire

Curiosidade:

Meu objeto é o livro "Flores do mal" de Charles Baudelaire. Poeta francês do século XVIII que morreu sem reconhecimento pela vida desregrada e só teve sucesso após a morte. Como tantos outros, nos deixou um belo legado. Palavras refinadas repletas de emoção que ainda hoje muitos desconhecem.

Nome completo: Jarbas Duarte

Idade: 46 anos   Cidade que reside: Osasco-SP

Profissão: jornalista esportivo, apresentador e publicitário

Área de atuação: TV, rádio e internet

Perspectivas para o futuro (pessoal ou global): Cada vez mais a gente tem que se especializar na área que escolheu, o futuro reserva um espaço privilegiado apenas para que tem qualificação, infelizmente. Estou em constante movimento, aprendendo e dividindo experiências sempre, buscando as novidades e tecnologias que possam agregar em minha vida e em meu contexto profissional, procurando dar informação coerente, com padrão de qualidade a altura das empresas com as quais trabalho.

Jarbas Duarte: o mundo ouve

Vi, aos 12 anos de idade, que este seria o caminho da minha vida, que através de um simples aparelho eu poderia conhecer o mundo, e além de poder me expressar na multidão, minha palavra seria ouvida e que mesmo sem ser visto, as poderiam me reconhecer. O microfone foi nesses anos todos o meu parceiro, o meu amigo, o meu companheiro. Durante os 29 anos de profissão, dividi boa parte desse tempo num estúdio de rádio FM e numa cabine de estádio de futebol, conheci ao longo da carreira 38 países, foram 3 copas do mundo e 2 anos de Fórmula 1 transmitidos por mim, foram eventos que o rádio sempre acompanhou ao vivo. O gosto pela profissão veio da intimidade com essa que no meu caso é a maior ferramenta de um profissional de comunicação: o "microfone". Com o passar dos anos, fui me especializando e encontrei também uma parceira dele: a câmera de TV, outra ferramenta para divulgar meus trabalhos, pois estou há mais de 20 anos no ar vendendo produtos pela TV brasileira.

Minha vida profissional só tem acrescentando, do começo para cá. Tenho prazer de falar do futuro que a comunicação mundial tem tomado. Veja você o caso da internet: tive que também me integrar e adaptar a ela, essa nova realidade em minha vida profissional como o rádio e TV pela rede mundial dos computadores. Atualmente, além de transmitir jogos pela internet, também crio vídeos para e-mails, faço uma *campanha viral* para as empresas que querem divulgar e vender seus produtos, vou direto na caixa postal de emails dos clientes, afinal ali é que está o maior do marketing de relacionamentos, um vídeo segmentado, exclusivo para a região da empresa, além de fazer entrevistas com empresários, onde em até 5 minutos contam sua vida profissional, de como chegaram onde estão, o sucesso e dificuldades do seu negócio. Isso se chama "Assista o vídeo" o mundo TV num click. Mais sobre minha vida profissional, meus objetivos e memórias estão no meu site: www.jarbasduarte.com.br

Curiosidade:

"Já narrei jogo-treino, onde os dois times tinham a mesma cor de camiseta e pior... sem números. Já transmiti um jogo na praia, que um time era modelos de São Paulo contra locutores da Baixada Santista... O pior: os dois times de sungas, um com camisetas e outros sem... adivinhe o nome do cara quem puder... ahahahaha!!!!!"

Foto: Nelson Takeyama

Nome completo: Jean Garbin
Idade: 22 anos   Cidade que reside: São Paulo
Profissão: cantor
Área de atuação: música

Minha perspectiva para o futuro é: Conseguir algo mais sólido na minha carreira como cantor, casar e ter filhos, morar em uma cidade pequena.

Perspectivas global: Gostaria de ver regras e valores no ser humano, acho que só isso mudaria muita coisa que está errada.

Pequena grande herança

Em minhas lembranças de infância, tenho nítida a imagem de meu avô Roberto Garbin (Chico Fumaça), sempre com sorriso fácil, falante e com bom humor, características que me orgulho de ter herdado, sendo eu o primeiro neto homem.

Minha mãe Cleise Helena e minha avó Selma Mendes contam que meu avô dizia que eu seria o varão da família.

Em meados de 2001, durante uma mudança de residência, achei um álbum de fotografia e recordações artísticas de meu avô, e tive uma grande surpresa de encontrar uma joia que hoje uso como gargantilha, que é a palheta que meu avô usava para suas apresentações quando tocava o seu violão.

Meu contato com o meio artístico vem muito antes de encontrar este objeto que é hoje meu amuleto. Desde meus 7 anos de idade já estava envolvido com atividades artísticas, músicais e artes cênicas na escola, e depois aos 14 anos tive a oportunidade de me apresentar para um público maior, e confesso que foi um misto de coragem, desafio e amor que me envolveram como se ali eu pudesse sentir que já fazia parte deste universo músical há muito tempo, pois me identifiquei imediatamente.

Hoje, aos meus 22 anos, tendo realizado várias apresentações, sinto-me feliz em produzir meu primeiro CD e minha meta é divulgar meu estilo romântico músical pop rock e conquistar meu espaço na música.

Curiosidade:

Desde o início tive apoio de toda a minha família, principalmente minha mãe, e nesta oportunidade aproveito para agradecer a todos o carinho que me foi oferecido.

Site oficial: www.jerryadrini.com.br

Foto: Nelson Takeyama
Locação de fantasias-www.breshowfantasias.com.br

Nome completo: Jerry Adriani

Idade: 64 anos   Cidade que reside: Rio de Janeiro

Profissão: cantor e compositor

Área de atuação: música, produção.

Perspectivas para o futuro (pessoal ou global): Ter oportunidade de terminar o meu livro (biografia) com a maior sinceridade possível e deixar uma contribuição que sirva para outras pessoas conhecerem os meandros do sucesso não só pelo lado da fama e glamour, mas também pelas dificuldades e lições que aprendi nesta missão.

Desejo paz no mundo, que a sociedade tenha preocupação com as crianças para que possam orientá-las e ampará-las. E que a velhice seja encarada de uma forma normal, pois ao entrar na terceira idade a pessoa não deve parar com a vida, mas, sim, procurar sempre ser útil.

Jerry Adriany - Biografia

Jerry Adriani nasceu na cidade de São Paulo-SP. Filho de operários, aos 4 anos de idade aprendeu algumas canções italianas com a avó materna e dos 7 aos 9 anos estudou acordeom.

Em 1959 iníciou o aprendizado de canto, frequentando durante quatro anos os conservatórios de Santo André-SP e São Caetano-SP. Nessa época participou do coral da Associação Cultural e Artística de São Caetano. Sua estreia no rádio, ainda como amador, foi no programa Galera do Nelson, da Rádio Nacional de São Paulo. Em seguida, usando o pseudônimo de Jerry, atuou no programa "Ritmos para a Juventude", de Antônio Aguilar.

De 1962 a 1964 foi crooner do conjunto Os Rebeldes, interpretando um repertório de baladas italianas, rocks e canções românticas. Como integrante desse conjunto, iníciou sua carreira na TV Tupi, de São Paulo, e, contratado pela CBS, em 1964 gravou seu primeiro LP, Italianíssimo.

Nessa ocasião adotou o nome artístico de Jerry Adriani, estreando também como autor em 1965 com "Só a saudade", que gravou em disco da CBS.

A partir de 1964 passou a atuar em rádio e televisão, principalmente na TV Record. Atuou ainda como apresentador nos programas "Excelsior a go-go" (TV Excelsior), "Bonzinhos até Certo Ponto" (TV Tupi) e "Globo de ouro" (TV Globo). Tem realizado shows em todo o país e já empreendeu viagens ao exterior, exibindo-se na televisão mexicana e em Caracas, Venezuela, em 1972.

No ano seguinte, apresentou-se nos EUA e no Canadá, participando ainda do festival de Ancón, em Lima, Peru, em 1974. Estreou no cinema como ator em "Essa Gatinha é Minha" (produção de Herbert Richers e Jece Valadão, 1966), atuando como produtor associado e astro principal dos filmes "Jerry, a Grande Parada" e "Em Busca do Tesouro", de 1967, ambos dirigidos por Carlos Alberto de Sousa Barros.

De 1964 a 1974 gravou cerca de um LP por ano na CBS, totalizando quase 200 canções, entre as quais Querida (Don't let them move, de Garret e Howard, versão de Rossini Pinto) e Um grande amor (I knew right aeay, de Cogan e Foster, versão de Romeu Nunes, de 1965; Ninguém poderá julgar-me (Nesuno mi puoi giudicare, de Panzeri, versão de Nazareno de

Brito), do LP Devo tudo a você, de 1966; Quem não quer (Black is Black, de Hayes e Grainger, versão de Rossini Pinto), do LP Vivendo sem você, de 1967; Deve existir por aí (Getúlio Cortes), do LP Esperando você, de 1968; e Doce, doce amor (e Mauro Mota), do LP Pensa em mim, de 1972.

Em 1975, Jerry Adriani participou do músical no Hotel Nacional "Brazilian Follies", dirigido por Caribe Rocha, que ficou um ano e meio em cartaz.

No início da década de 1990, Jerry Adriani gravou um disco que trazia de volta as origens do rock'n roll: "Elvis vive" (um tributo ao rei do rock do qual sempre foi fã). Elvis vive foi 24° disco de sua carreira.

O ano de 1994 veio acompanhado de um convite do diretor Cecil Thiré para participar da novela "74.5 uma onda no ar", produzida pela TV plus e exibida pela Rede Manchete. A novela também foi exibida com grande sucesso em Portugal.

Prêmio Sharp – Jerry Adriani foi indicado 4 vezes para este prêmio, na categoria cantor popular (1989 – LP Marcas da vida – melhor cantor / 1990 – LP Elvis vive – melhor disco e melhor cantor / 1993 – LP Doce aventura – melhor cantor / 1995 – LP Rádio rock romance melhor disco – melhor cantor)

No final de 1995, Jerry Adriani se destacou com expressivo sucesso no lançamento da coleção com Os maiores sucessos dos 30 anos da jovem guarda, pela gravadora polygram, como convidado especial, onde foram lançados 5 CDs comemorativos ao movimento e relembrando grandes sucessos como "Broto legal", "Namoradinha de um amigo meu", "Querida, doce doce amor".

Em 1996, lançou o CD Io, com grandes: clássicos da música italiana, produção de Roberto Menescal e arranjos e direção de Luizinho Avelar, disco esse que teve uma grande aceitação no mercado.

Em 1997 participou das trilhas sonoras das novelas "A indomada" da Rede Globo de Televisão com a música "Engenho", letra de Aldir Blanc e música de Ricardo Feghalli, e "Zaza" internacional também da

Rede Globo, com a música "Con te partiró", com participação da cantora Mafalda Minozzi.

Participou, em 1998, da gravação de "Mil faces" um dos temas principais do programa infantil Vila Esperança da Tv Record, e foi convidado para interpretar "Impossível acreditar que perdi você" composição de Márcio Greick para o projeto de "Sucessos dos anos 70", lançamento Polygram.

Lançou pela Indie records, em 1999, o CD Forza sempre com músicas da Legião Urbana gravado em italiano que Jerry Adriani considera como um marco em sua carreira ultrapassando as 200 mil cópias em número de vendagem.

Em outubro de 2007 grava seu primeiro DVD no Canecão-RJ em parceria com o Canal Brasil.

Jerry continua escrevendo sua autobiografia que deverá ser lançada em breve.

Fonte: site oficial

Objeto - Jaqueta de Couro

"A jaqueta de couro marcou uma época de rebeldia na década de 1950, foi emblemática como um símbolo desta década, como quebra de conceitos, usada pelos grandes astros como James Dean, Marlon Brando e Elvis Presley".

No auge do rock'n roll
Jerry Adriani
Composição: Jerry Adriani

Onde estarão os playboys das jaquetas de couro
Os nossos ídolos todos de tempos atrás
E hoje as antigas turminhas se chamam patotas
De suas velhas lambretas fizeram motocas

As coisas todas mudaram desde os anos sessenta

O auge do rock'n roll

Os guitarristas modernos já não tocam mais

No rock acordes quadrados tão tradicionais

O James Dean foi pra sempre encontrou sua paz

E o Elvis Presley mudou e em Las Vegas ficou

As coisas todas mudaram desde os anos sessenta

O auge do rock'n roll

Nem mesmo os Beatles cantando as suas velhas canções

Que o mundo inteiro aplaudiu e tanta coisa mudou

A vida não se demora com o que se passou

E nunca para seu tempo nem anda pra trás

As coisas todas mudaram desde os anos sessenta

O auge do rock'n roll

Curiosidade:

A canção "Santa Luccia Luntana", interpretada por Jerry Adriani, foi uma das mais executadas na trilha sonora da novela Terra Nostra. (música incluída como bonus track no CD Forza sempre).

No ano de 2000/2001 Jerry Adriani gravou "Tudo me lembra você", mesmo título da música de trabalho que também fez parte da trilha sonora da novela "Roda da vida", exibida pela Rede Record.

Em 2006, Jerry Adriani participou da trilha sonora da novela "Cidadão brasileiro", da Rede Record, uma releitura atualizada da música "Jailhouse rock", conhecida mundialmente na inconfundível voz de Elvis Presley.

Nome completo: João Leite Neto

Idade: 65 anos   Cidade que reside: Guarujá-SP

Profissão: jornalista

Área de atuação: apresentação de programas jornalísticos de rádio e TV.

Perspectivas para o futuro (pessoal ou global): Novo Programa "Noite em claro" na Rede Brasil de Televisão e a criação da TV Moraes do Sul, a cabo.

Bom e velho companheiro de jornada

Não tinha completado ainda 18 anos e já era "foca"... Foca é o estagiário de jornalismo... A recéminaugurada "Rádio Sociedade Marconi" preocupava a concorrência... Nem bem havia sido inaugurada e já pontuava no Ibope. Tinha uma excelente programação músical, com um jornalismo vibrante, ágil e, principalmente, contestador, o que lhe valeu a "pecha" de rádio de esquerda, rádio dos comunistas. Na época, comunista "comia criancinha", era quase um palavrão! Mas a rádio foi se fixando, aumentando a audiência e chegou nos primeiros lugares... Era a rádio "coqueluche"... Cada vez mais, o jornalismo da Marconi se firmava como um dos melhores do rádio paulista. Jango Goulart era o Presidente da República e, os "fofoqueiros de plantão" diziam que a rádio pertencia a ele... Mentira deslavada. A rádio pertencia a Dorival de Abreu, um radialista antigo, que era amigo do Jango. E a Marconi seguia em frente! O ano de 1963 era politicamente tumultuado. A "direita" não engolia o Jango e os "reaças" achavam que ele era comunista, a serviço da União Soviética. Pobre Jango! De comunista não tinha nada. Simpático, bonachão, contava as horas para o término de seu mandato. Dorival de Abreu, seu amigo, já era mais politizado e, a essa altura, dono de uma rádio de grande audiência em São Paulo, a capital mais importante do país... Claro que o pessoal da "esquerda" se aproximou da rádio Marconi, e até chegou a exercer influência na programação, mais especialmente no jornalismo. E foi assim que a diretoria resolveu "equipar" o jornalismo com o que havia de mais moderno em termos de material rádiofônico. Compraram "maletas de som" (transmissão ao vivo), microfones importados e vários gravadores. Nessa época, eu tinha sido promovido e já era repórter. Quando chegaram os novos equipamentos fiquei maravilhado! Coisa linda! Os gravadores pesavam mais de 10 quilos, enormes rolos de fita magnética e microfone de metal, bastante pesado também. Mas era o que havia de melhor! Quando a equipe da Marconi chegava, todos queriam ver o equipamento... A reportagem da Marconi estava sempre presente nos principais acontecimentos. Cobertura 24 horas!! E sabem quantos repórteres?... Dois, apenas dois! Candido Gil Gomes E João Leite Neto. Era "exploração total". Trabalhávamos como dois loucos. Cada um tinha um operador de áudio e um motorista. O operador de áudio revezava com o motorista carregando o equipamento. O repórter se limitava a levar o microfone. Cada cobertura, naquela época, era uma aventura. Para que o som chegasse até a emissora, usava-se linha telefônica, que tinha de ser solicitada com – no mínimo – 24 horas de antecedência. A Cia. Telefônica instalava então uma "LP" (Linha Privativa). Foi então quando tudo aconteceu! A direção da rádio, vendo o "sacrifício" de cada cobertura e, claro, visando explorar ainda mais aqueles dois moleques resolveu investir em novos equipamentos: mais leves, mais ágeis pois com isso, seria possível realizar maior número de coberturas... A nossa "inocência", minha e do Gil, que muitos anos depois se tornaria um dos mais conhecidos repórteres policiais do Brasil, Gil Gomes, não nos permitiu perceber que a nossa "carga horária" aumentaria muito... E o salário?... Quando recebíamos, era ridículo. Mas valeu! A experiência adquirida nessa época, valeu mais do que qualquer curso de pós-graduação... E o equipamento novo? Meu Deus! Que maravilha! Recebemos, cada um, um gravador de fita magnética, que não chegava a pesar dois quilos... Eu e Gil, sempre inocentes, fomos comemorar no Restaurante Gouveia, que ficava em baixo da Rádio, na Praça da Sé, Edifício Mendes Caldeira, aliás o primeiro edifício implodido no Brasil. Tomamos um porre de gin tônica... Logo, no dia seguinte, percebemos que não era nenhuma "bondade" da diretoria. Como o gravador era pequeno e leve, cortaram o operador de áudio e, em seguida, o carro com o motorista. Passamos a nos locomover de táxi... Êta bondade da boa!!! Trabalhei muito com aquela nova maravilha, centenas de entrevistas importantes, das que ainda me lembro, o próprio Jango, Carlos Lacerda, Vicente Feola, Adhemar de Barros, Laudo Natel, Abreu Sodré e muitos outros... Quando saí da Rádio Marconi, pouco antes de ela ser cassada pelos militares, no meu "acerto de contas", negociei o meu "gravadorzinho", meu companheiro inseparável e muito querido. Fui em seguida contratado pela Rede Globo de Televisão. Ele foi comigo nos primeiros dias, mas logo percebi que ele não era mais necessário. E, com todas as honras, ofereci-lhe uma justa aposentadoria. Ele hoje continua ao meu lado, no meu escritório, em lugar de destaque... Nunca mais o importunei, mas acredito que se for chamado para o "dever", não vai negar fogo!

Curiosidade:

Uma vez, esqueci o gravador em local ignorado. A sorte é que tinha uma placa de identificação com o meu nome e a emissora em que trabalhava mandou entregar intacto dentro de uma caixa, embalada para presente, para mim. Aquele foi mesmo um grande presente, um dos melhores que recebi até hoje: ter de volta meu "Bom e velho companheiro de jornada".

Nome completo: João Paulo Alves Cavalcante
Idade: 25 anos Cidade que reside: São Paulo
Profissão: ator e turismólogo
Área de atuação: casas de cultura e empresa privada
Perspectivas para o futuro (pessoal ou global): Me especializar dentro da área cultural.

Vicente – Minha inspiração artística em formato de avô

Quando criança, meu avô guardava suas coisas importantes em uma caixa de madeira, rústica e nada trabalhada, da forma simples que ele mesmo era. Eu gostava de fuçar as coisas que ele guardava e inventar histórias de como aqueles objetos haviam parado ali. Quando eu contava as histórias, concordava e dizia que era assim mesmo que tinha conseguido tal objeto, ou criava histórias maiores, que faziam minha imaginação de criança ir além.

Meu avô foi, talvez, a minha inspiração para criar histórias e personagens e ali nasceria o meu interesse pela profissão de ator. Meu avô cantava cantigas, histórias, brincava a tarde inteira comigo, onde inventávamos que eu era um jornalista de noticiário ou um ator de alguma novela e sempre foi meu público cativo, junto com minha avó, que amava ver qualquer coisa que eu fizesse. Ser criado tendo como vizinhos os avós é maravilhoso para qualquer criança.

O tempo passou, minhas irmãs conviveram com essa magia que meu avô emanava em nós todos. A criança precisa disso para crescer com sonhos, aos quais eu mantenho até hoje, sem derrotismo e tristeza em qualquer adversidade.

Bem, em 2008 meu avô faleceu, e foi muito doloroso, pois eles haviam mudado para o Nordeste e só nos víamos nas férias.

Na mesma semana, fui a um brechó e achei esta caixa de madeira; rústica nada trabalhada, da forma simples que o meu avô era. Comprei, para mim, mesmo sendo bem diferente da caixa de madeira do meu avô, faço dela uma herança, não física, mas emocional muito grande, e nela eu guardo fotos antigas de épocas da minha vida, onde eu realmente fui muito feliz. E dentre elas, uma foto muito especial: de quando era criança e estava no colo do melhor avô que pude ter, junto com minha avó.

Nome completo: José Carlos Carturan Filho

Idade: 34 anos   Cidade que reside: São José dos Campos-SP

Profissão: cirurgião dentista e empresário

Área de atuação: treinamentos e desenvolvimento humano

Perspectivas para o futuro (pessoal ou global): Sedimentar minha carreira e implementar projetos socioeducativo-comportamentais de médio e longo prazo.

A bola

Muito interessante a proposta do livro. Nunca havia parado para pensar nisto. O objeto que mais marcou minha vida? Se fossem pessoas seria bem mais fácil. Contudo, ao parar para considerar tal fato e com a pronta e imediata concordância de minha mãe, não tive muita dificuldade para definir. Algo simples, contumaz, mas que gerou marcas e aprendizados permanentes para mim. Uma bola de futebol.

Mas, afinal que significado tão especial isto poderia ter? Foi a bola que despertou em mim duas paixões que faço questão de nutrir até hoje. O futebol e o meu time, São Paulo Futebol Clube. Certamente foi este objeto (na realidade foram dezenas de bolas de futebol durante minha vida) e esta paixão instantânea que proporcionaram a oportunidade para que eu praticasse este esporte competitivamente por mais de 20 anos.

E nesta trajetória aprendi algumas premissas que carrego comigo até hoje e que me norteiam em meu cotidiano.

Aprendi sobre competitividade, sobre espírito de equipe, companheirismo, amizade, lealdade, deslealdade, garra. Aprendi a NÃO gostar de perder, mas também que há limites éticos nas estratégias usadas para ganhar.

Percebi que para ter êxito tinha de ser melhor do que os que jogavam contra mim ou os que disputavam comigo a posição no time titular, mas que isto de nada adiantaria se não conseguisse ser, a cada dia, melhor do que eu mesmo. Tive alegrias, tristezas, decepções, conheci bons amigos e tive o privilégio de participar de grandes combates contra adversários fortes.

Foram diversas vitórias heroicas e inesquecíveis e outras tantas derrotas amargas e tão inesquecíveis quanto.

Tive de aprender sobre estratégia, tática, planejamento. E que ainda assim as coisas não saem bem como queremos, pois no futebol (e na vida) nem tudo está no nosso controle. Outros conceitos que aprendi, às vezes a duras penas? Coragem, determinação, superação, resignação, paciência, autoconfiança, dedicação, hombridade, honra.

Precisei diferenciar entre quando me defender, quando defender os outros e quando atacar. A ficar calado na hora certa e esbravejar, sempre com respeito, quando necessário. Meu status atual sobre futebol? Cada vez mais são paulino e me recuperando da segunda cirurgia no joelho (uma em cada um deles) em menos de um ano. Prova viva de que ainda hoje, muito do que sou para o bem e para o mal é devido a este objeto, a bola, que permeia o sonho de tantos jovens e que para mim, além de um passado feliz e saudoso, faz parte de uma realidade que nunca vai se apagar.

> **Curiosidade:**
>
> "Tive a sorte de conviver com as mais variadas pessoas e ambientes, o que fez com que eu aprendesse a respeitar as diferenças. Pude distinguir claramente o que se deve e o que não se deve fazer. E que nem sempre as coisas são tão justas, ou melhor, que nem sempre acompanham o nosso conceito de justiça."

Foto: Arnaldo Formiga

Nome completo: José Ricardo de Souza Ferreira (Ricardo Black – Artístico)

Idade: 51 anos Cidade que reside: Fortaleza-CE

Profissão: Artista – Cerimonialista – Produtor Cultural

Área de atuação: Música, Teatro, Cinema, Cerimoniais públicos e privados

Perspectivas para o futuro (pessoal ou global): Gravar o meu segundo álbum e ampliar o raio de atuação em cerimoniais e shows.

Um sonho, minha vida, minha voz

Nem havia nascido ainda e aquele clássico som dos concertos da Orquesta Sinfônica Henrique Jorge já marcava presença em minha vida. Nas matinais de domingo, meu pai, um dos maiores executores do baixo acústico que já vi tocar, levava toda a família. Mamãe me carregava ainda naquela barriga imensa, pois eu já estava perto de chegar. É que papai queria que nos acostumássemos a ouvir boa música.

Aos 7 anos, lá estava eu sendo levado por meu pai para ingressar como clarinetista na banda do Colégio Piamarta, que ele ajudara a criar. Por mais que eu me esforçasse, percebia que ser instrumentista não era muito a minha praia. Meu talento era a voz. Cantar! Tive assim a minha primeira experiência, fui convidado pelo maestro para num determinado momento da apresentação interpretar uma música e ser acompanhado pela banda na qual eu também tocava a clarineta. Vieram então as participações em shows na escola e nos programas da TV Ceará - Canal 2. Estava provado para mim, e para todos que me ouviram, que o melhor dom que eu tinha era a voz.

Era partir para os estudos de técnica vocal, ingressar em vários corais e apresentações em bares da noite recifense (cidade onde morei por 5 anos, pois estudava Teologia). O próximo passo a ser tomado foi participar de festivais pelo Nordeste, tendo como prêmio maior, o de melhor intérprete, entre excelentes cantores, no Festival "Canta Nordeste", realizado pela Rede Globo Nordeste em Natal, Rio Grande do Norte.

A partir daí as portas começavam a se abrir e o povo do meu Ceará começava a admirar e respeitar o meu talento, minha potente voz. Vieram também as primeiras participações em CDs coletivos, produzidos por artistas que eu também admirava, mas nenhum sintetizava o que eu realmente queria dizer com a minha própria voz, daí a necessidade de ter o meu próprio trabalho registrado.

Depois do prêmio, tive um convite para ir à Suíça. Seria a atração principal do carnaval daquele ano de 1997. Carnaval brasileiro no Cassino de Zurique. Após essa experiência veio a oportunidade de realizar um grande sonho. Gravar o meu primeiro CD. Parti então para Berlim, para lá encontrar amigos e juntos darmos vida ao "Samba do metrô amor", o que só consegui concretizar após cinco anos e com amigos de minha cidade, Fortaleza, pois os recursos não foram suficientes para finalizar o disco na Alemanha.

Realizar esse sonho foi como gerar uma vida que seguiu levando minhas mensagens mundo afora. Minha voz e sensibilidade de artista oferecendo o que eu tinha de melhor. Hoje, essas músicas estão livres por esse mundo, posso visualizá-las, embora não tenha a possibilidade de perceber a reação de todos aqueles que as ouvem.

Convido você a compartilhar desse sonho.

Curiosidade:

Ricardo Black iníciou suas atividades artísticas aos 7 anos quando ingressou na Banda do Piamarta do Montese, cujo pai (Mestre André) era maestro e um dos fundadores.

Ora como apresentador de eventos culturais, entre festivais, feiras, shows, convenções, eventos filantrópicos, ora como mestre de cerimônia, Black tem sido um atuante mediador e agitador da vida cultural cearense. Sua voz, expressão máxima de seu talento, deu-lhe o prêmio de melhor intérprete no "V Canta Nordeste", festival promovido pela Rede Globo. Em 1996 seguiu para a Europa, destacando-se como intérprete da música brasileira nas cidades de Zurique (Suíça), Modena (Itália) e Berlim (Alemanha). Ainda na Alemanha, participou das gravações do CD "Karneval der Kulturen" vol. 1. Lançou recentemente o seu primeiro disco solo, intitulado "Samba do metrô amor", gravado em Berlim e Fortaleza. Este trabalho, numa linguagem cool, permitiu ao artista viajar em diversas sonoridades (balada, reggae, pop, samba, blues, bossa e funk), entre outras sutilezas, expressando toda a sua versatilidade e potência vocal.

"Em Berlim me apresentava num bar brasileiro, em outros bares da cidade e de outras cidades. Por dois anos fui o principal puxador de uma escola de samba alemã, numa grande festa popular, o carnaval das culturas, tendo gravado um dos sambas que puxei no primeiro CD produzido pelos organizadores da festa."

Http://clubecaiubi.Ning.Com/profile/ricardoblack
www.Myspace.Com/ricardoblackce

Nome completo: Leonor Bueno Pires

Idade: 71 anos　　　　　　Cidade que reside: Caieiras-SP

Profissão: Costureira

Área de atuação: Aposentada

Perspectivas para o futuro (pessoal ou global): Desejo muita saúde, paz, amor e continuar cuidando da minha casa. Quero conviver com todos em harmonia e com alegria, porque a vida é maravilhosa!

Mãe heroína, mulher de fibra

Nasci em Regente Feijó, interior de São Paulo, no ano de 1942. Naquela época meu pai era carpinteiro, construía casas de madeira e minha mãe, com 6 filhos, cuidava da casa e trabalhava na roça batendo café.

Não pude estudar, fiz somente até o segundo ano do grupo, tinha que trabalhar na roça, e a escola era muito longe, andava uns bons quilômetros. Aprendi muitas coisas sozinha, e sempre fui muito caprichosa, curiosa, e com isso desenvolvi muitas habilidades, e uma delas foi a costura.

Minha família morava na fazenda, éramos criados com alimentação tirada do campo, leite de vaca, verduras, bolo de fubá, polenta, pão feito em forno à lenha, e as mães daquele tempo, eram muito criativas.

Todos os dias íamos para roça, irmãos e primos, e esta convivência acabou por fazer com que eu me apaixonasse pelo meu primo Irineu Evangelista Pires, que mais tarde, com o consentimento dos meus pais, virou meu marido e pai dos 5 filhos que tive.

Éramos muito jovens, eu com 18 e ele com 19 anos, tínhamos muitos sonhos, e já na cidade grande, aos 28 anos, infelizmente ele entrou para o mundo do álcool e fui obrigada a me separar, com muita dor no coração, porque afinal foi o único homem que amei e com ele tive 5 lindos filhos.

Com 29 anos estava separada, e na década de 70 ser uma mulher separada era muito complicado, mas segui lutando para criar meus filhos, e fui trabalhar na profissão de costureira o que de melhor sabia fazer. Tive oportunidade de trabalhar nas maiores confecções de São Paulo. Sempre fui costureira A, fazia camisas, vestidos para batizados, paletós, peças com detalhes incríveis e tudo com muita dedicação, pois aprendi esta profissão sozinha. Cheguei a trabalhar em 3 empregos para dar conta da criação dos filhos, meu apelido era "Mãe heroína". Me orgulho de nunca pedir um centavo para ninguém, sempre fui muito organizada e segura quanto as minhas economias. "Fiz uma carteirinha de tecido e enrolava o meu salário em um lenço branco, acreditava que assim seria abençoado, e só gastava o primeiro centavo no dia seguinte." Nunca fazia dívidas, sempre fui pontual para pagar meus compromissos, sempre tive crédito em todos os lugares. E sempre ouvia as pessoas dizendo que eu era uma "mulher de fibra".

Ao longo dos anos, sempre tive o apoio dos meus filhos. Na virada de 1999 para 2000, em uma festa na casa de minha filha Roseli, era Ano Novo, e minha neta Priscila fez uma brincadeira onde todos tinham que falar o que fariam se o mundo não acabasse... nos próximos 10 anos!

Eu desejei e disse que iria construir minha casa própria, eu já tinha 60 anos, e assim, com o apoio dos meus filhos e principalmente da

Roseli que me ajuda até hoje, realizei este sonho, e hoje tenho minha casa, que faço questão de deixar registrado neste livro é uma maravilha, paredes brancas, piso vitrificado, os meus móveis são brancos, e tenho mil objetos espalhados por todos os lados, que conservo e amo de paixão.

Meu objeto predileto é um quadro que ganhei da Roseli, feito por um artista da Praça da República-SP, desenhado à mão, de uma foto minha, meus cabelos eram ondulados e bem compridos, meus olhos rasos e tinha a pela bem clara. Adoro este quadro porque me traz muitas lembranças e recordações das coisas e momentos que vivi aos 20 anos.

Amo todos os meu filhos, os criei com orgulho e hoje tenho a satisfação de ver esta minha filha Roseli Bueno realizar a promessa que fez à minha mãe, Alexandrina Cunha Bueno, e com isso poder ajudar muitos idosos. Aproveito estas breves palavras e parabenizo esta filha querida e desejo que este livro seja um sucesso, e que ela consiga realizar este projeto, ajudando estes idosos que precisam.

> Curiosidade:
>
> Quando tinha uns 13 anos, tinha que buscar galhos secos no cafezal, e trazer o feixe na cabeça, porque o fogão era à lenha. Hoje existem tantas facilidades e as pessoas reclamam da vida; isso me irrita, porque acho que elas não sabem viver.
>
> "Eu não deixo a vida me levar, eu é que levo a vida!"

Nome completo: Lilian Blanc

Idade: 61 anos   Cidade que reside: São Paulo

Profissão: atriz

Área de atuação: Teatro, Cinema e TV

Perspectivas para o futuro (pessoal ou global): Crescer sempre. Em 2009 formamos a Companhia Mucuta de Teatro com o espetáculo "O convite de casamento", comédia romântica, que conta a história de um casal da terceira idade, que fala de amor, passado, presente e futuro, com a Direção de Clovys Torres e do colega Walter Portella. A peça faz parte de nosso repertório e viajamos por todo interior de São Paulo.

Contato: jose@blanc.com.br

Sinal dos tempos

Ele era aquilo que se pode chamar de corretamente pontual. Atrasos eram imperdoáveis. Nunca chegava em cima da hora, não perdia tempo e nem era dado a badalação. Só pessoas inúteis jogavam tempo fora.

Naquela manhã, como em todas as outras, fora acordado pelo toque do despertador, o que seria normal, não fosse o objeto ter saltado em seu rosto, estrilar sapateando sobre sua orelha e disposto a não parar ao comando de seu dedo. Só livrou-se dele, no momento em que conseguiu trancá-lo no criado-mudo junto ao relógio de pulso, que, ligado à pulseira prateada, ainda tentou algemar-lhe os dedos.

Sem esperar nenhum minuto, virou-se para o outro lado e voltou a adormecer. Acordou ao som das badaladas do grande relógio da sala. Contou mais de vinte, mas, como os dois já estavam com certa idade, relevou.

Com a cabeça quente, mas sem perder tempo, levantou-se e foi esfriá-la da maneira como achava que deveria ser feito: jogando água no corpo. Foi barrado à porta do banheiro pelas lanças agudas dos ponteiros do relógio da sala, que ainda havia pouco marcara o tempo ao seu bel prazer.

Sua sorte foi ter programado a faxina e assim rodo e balde lhe serviram como espada e escudo. Em fração de segundos, conseguira fechar a porta e lançar-se ao chuveiro. Ali nunca tinha tanta pressa; então deixaria que a água fria escorregasse um bom tempo por sobre a pele.

Sentia-se ridículo na dúvida entre realidade e sonho, mas, ainda assim, sairia lentamente e armado. Caminho livre e a casa quieta, deixou as bobagens de lado e partiu para a cozinha decidido pelo café. Esfregou os olhos ao encontrar os ponteiros festivamente reunidos espetando pãezinhos e mexendo em suas xícaras o café com leite quente.

Escondeu-se perto do espelho, o que permitiu ver como rodopiavam felizes, dando corda um ao outro, o velho casal de grossos ponteiros, herança de priscas eras de seu avô, que por sinal não suportava vê-los parados.

Os dançarinos nem sequer o notaram, pois haviam começado a rodar pelas engrenagens da valsa das horas somente havia poucos segundos. Bendita hora em que se livrara daquele maldito cuco.

Por segundos, passou-lhe pela cabeça que poderia ter modernizado a casa com digitais, evitando talvez este inesperado ataque análogico, mas foi interrompido pelo irritante rádio-relógio que tentava liquidá-lo pelos tímpanos berrando a pior programação que conseguira encontrar e ainda piscava ininterruptamente todas suas horas como que querendo marcar encontros.

Apesar de ter a esperança de que cedo ou tarde alguém chegaria, resolveu correr contra o tempo, fugindo exausto para o mato e carregando no corpo apenas as marcas indeléveis que lhe haviam deixado.

Suspirou longamente quando, na manhã seguinte, ao nascer do sol, foi acordado pelo galo.

> Curiosidade:
>
> O relógio é brasileiro, fabricação paulista e deve datar de 1930/40.

Nome completo: Liliana de Araujo Nascimento

Idade: 24 anos   Cidade que reside: São Paulo

Profissão: Formada em Comunicação Social – Publicidade e Propaganda

Área de atuação: Recepcionista Bilíngue Banco GE Money
Perspectivas para o futuro (pessoal ou global): Encontrar a felicidade na vida profissional atualmente é meu grande desafio, e espero achar para ser alguém 100% realizada!

Meu pai, meu herói e minha TV!

Quando tinha 12 anos, e estava na 6ª série do ensino fundamental, toda quinta feira tinha prova de matemática. Eu e minhas amigas combinávamos de estudar cada quinta-feria na casa de uma.

Bom, naquela época DVD era uma coisa distante, e o que era usado, ainda, era o famoso e velho videocassete.

Em casa, o único cômodo que tinha o tal aparelho, era o quarto dos meus pais. Eu ficava triste pois com meus 12 anos e fanática pelos Backstreet Boys (*boyband* que fez sucesso nos anos 1990, no auge da minha infância/adolescência) queria gravas TUDO que passava deles na TV para poder assistir inúmeras vezes.

Numa bela quinta-feira, em que a casa escolhida para estudar para aquelas provas de matemática fora a minha casa, eu, Cilene e Mayra (amigas de colégio) estávamos reunidas e meu pai chegou por volta das 11h da manhã, com uma caixa, quadrada, parecia uma TV, mas TV eu já tinha, não tinha entendido nada.

Lembro que minha mãe estava passando pano na sala, meu pai entrou no meu quarto, onde eu estava e colocou aquela caixa em cima da minha cama.

Lembro quando ele abriu e me mostrou e achei o máximo, sensacional e moderno: uma televisão com videocassete embutido, e agora eu poderia gravar tudo, e fiquei muito feliz, ainda mais porque não esperava, – foi dado um presente numa data sem nada especial, não era aniversário, nem Natal, Dia das Crianças e nem nada do tipo. Foi uma surpresa de verdade!

Bom, essa televisão foi minha companheira durante muitos anos. Um belo dia ela começou a apresentar alguns sintomas de velhice, os canais não funcionavam como antes. Fiquei muito preocupada, não queria trocar minha televisão.

Meu pai disse que ia levar pra consertar, mas não sabia se tinha jeito, e disse que caso não resolvessem o problema, iria jogar a minha TV fora e comprar outra.

Eu, com meus 18 anos, chorei e disse que se não tivesse conserto eu iria usar ela do mesmo jeito, que não era pra se desfazer da minha TV.

Por fim, meu pai levou a TV para o técnico e felizmente ela foi recuperada, e mais alguns anos viriam pela frente.

No ano passado, 2010, o vídeo parou de funcionar, uma fita ficou presa lá dentro, e quando eu conectava o DVD, o áudio não saia, culpa do vídeo que estava quebrado.

Meu pai, que não tem DVD no quarto, disse pra gente então trocar de TV, a do quarto dele viria para o meu e a minha velhinha, que eu tanto amava, iria pro quarto dele.

Fiquei com o coração na mão, mas aceitei, afinal ela estaria no quarto ao lado. Toda vez que eu ia ao quarto dos meus pais, olhava ela e dizia que queria ela de volta.

Um dia meu pai conseguiu tirar a fita que estava emperrada no vídeo e o DVD funcionou. Eu não tive dúvida, pedi pra destrocar, colocar a TV de novo no meu quarto.

Porém, o seu controle não funcionava mais, e minha mãe resolveu jogar fora o controle.

Eu fui a todos os lugares para tentar achar um daqueles controles universais e não tive sucesso.

Os botões da TV também estavam com problema, do volume trocava de canal e às vezes desligava a TV, e por aí vai.

Um belo dia cheguei do trabalho e na sala não tinha mais TV, e não entendi o porquê, quando cheguei no meu quarto e vi que a televisão da sala estava no meu quarto e a minha não fazia a menor ideia da onde estava. Perguntei para minha mãe e ela disse que a minha TV tinha pifado e meu pai trocou pela minha e a minha, bom, a minha diz meu pai que está guardada.

Hoje, com 24 anos, não fiz o mesmo escândalo que fiz quando tinha 18, porém confesso que me deu uma dorzinha no coração, afinal era a minha TV. Foi um presente do meu pai, sem data sem motivo, uma surpresa!

Hoje o que me sobrou da TV foram todas as fitas dos Backstreet Boys que gravei nela, que mesmo tendo o DVD dessas mesmas apresentações não jogo fora, mas essa já é outra história.

Curiosidade:

Importado
Marca: Daewoo
Eletrônico: TV/Videocassete

Nome completo: Luciana Graci Rodela

Idade: 38 anos   Cidade que reside: São Paulo

Profissão: Geógrafa, doutora em Geografia Física

Área de atuação: Professora Universitária e Consultora de Meio Ambiente.
Perspectivas para o futuro (pessoal ou global): Minhas perspectivas para o futuro são de continuar física e espiritualmente próxima das pessoas que amo, principalmente de meu filho e marido, família e amigos, e prosseguir me desenvolvendo pessoal e profissionalmente. Tenho esperança de que a sociedade, mesmo que lentamente e à custa de muito sofrimento, esteja no caminho de um mundo melhor, com mais igualdade, respeito, conhecimento, saúde e consciência, a mãe de todos os benefícios individuais e coletivos.

Arte sobre imagem de satélite do Pantanal

O objeto que quero colocar em evidência, um quadro, foi escolhido por lembrar parte de minha trajetória profissional, do período em que pesquisei o Pantanal de Mato Grosso do Sul. Quero homenagear pessoas com as quais trabalhei naquele momento (2001 a 2006) e por quem sinto amizade, pois o entrelaçamento entre amizade e trabalho, embora raro, é uma das coisas mais bonitas que podem acontecer. E um tipo de relação muito necessária é o coleguismo, que deveria ser sempre elegante e pautado no respeito; um outro tipo é a amizade; nesta, se houver trabalho envolvido, ao término deste a relação continua, mesmo que ocorram distanciamentos temporários. O trabalho, quando realizado entre amigos, é mais fluente, empolgante. A amizade com oportunidade de trabalho se fortalece na transparência, na confiança e na admiração.

Felizmente eu poderia incluir outras pessoas queridas nesta homenagem, de outras circunstâncias, tempos e trabalhos, mas me restringi, tal como o objeto escolhido, a um espaço e principalmente a um momento.

O quadro é obra de arte de uma amiga admirável: Viviane Mazin. Graduada em Artes Plásticas e em Geografia, curso que fizemos juntas na Universidade de São Paulo, elaborou-o a partir de uma das imagens de satélite da área onde eu realizava minha pesquisa de doutorado. Na pesquisa, eu propunha uma classificação de ambientes, em que considerava a dinâmica natural e de uso da vegetação nativa como pastagem, o que permitiria aos produtores rurais ter um dos subsídios para a gestão de fazendas de pecuária de corte. Para tanto, realizei um mapeamento sobre imagens de satélite Landsat-7. Mas, para fazer os mapas, eu não sabia utilizar um programa de geoprocessamento; então a Vivi se prontificou a me ajudar nessa parte. Levei as imagens da região da Nhecolândia ao seu escritório, e ela as inseriu no ArcView. Sobre as imagens, tracei os mapas e sempre que tinha dúvidas na utilização do programa, Vivi as esclarecia com bom humor, desde o início do mapeamento até a impressão dos mapas finais, também com apoio de meu amigo Marcos Rosa, uma pessoa de espírito evoluído. Não foi a primeira vez que pude contar com o conhecimento de ambos. Assim, a Vi usou algumas imagens de satélite da região da Nhecolândia e fez obras de arte, que, inclusive, já estiveram em exposição na Rua Oscar Freire, em São Paulo. Chique!

A Nhecolândia é uma extensa área pantaneira com muitas palmeiras, lindas e estridentes araras azuis, vermelhas e canidés, inúmeros e ronronantes jacarés, rápidas seriemas, musculosas sucuris, histórias sobre piranhas que comem gente, muitos bois e porcos selvagens, dos quais é preciso fugir, pantaneiros que já se arrepiaram com o olhar da onça e capim que vira carona em lombo de cavalo. O Pantanal é conhecido por ter muitos peixes e muita água, mas quem chega mais perto acaba percebendo a importância sistemática da estiagem em algumas localidades dessa vasta região de terreno tão arenoso, que quando desmatado tende à desertificação, onde carros 4x4 facilmente podem ficar atolados. Labiríntica paisagem, onde vi homens, mesmo pantaneiros, perderem-se em meio aos cerrados, matas, campos, lagoas e rios geniosos. Não fosse tanto gado comendo os campos, os cerrados, pois sem boi, sem cavalo, sem búfalo, o turista diminuiria suas chances de ver coral, jararaca, jabuti, lobo, veados, tamanduá-bandeira, quati e bandos de capivaras, muito menos seria possível ver a magnífica cena de um tuiuiú alçar seu voo desde o solo plano.

Entretanto, na verdade, escolhi a região porque queria que o Prof. Dr. José Pereira de Queiroz Neto fosse meu orientador. Eu admirava a forma harmoniosa com a qual ele conduzia um grupo de pesquisadores do Laboratório de Pedologia do Departamento de Geografia da "fefeleche" (FFLCH-USP). Ainda nem conhecia a região. Assim, sempre recordarei com carinho de meu orientador, o professor Queiroz. Jovial, dedicado, afetuoso e de uma sabedoria orgânica. Sou sua fã!

Durante a pesquisa em Corumbá fiz amigos, como a Sandra Santos, supervisora de meu estágio de doutorado na Embrapa Pantanal. Sandra deu-me amplo suporte, respaldada em grande generosidade, afetividade, sinceridade, confiança e exemplo. Quando olho para o quadro, vejo áreas por onde passamos coletando plantas, pensando o ambiente natural, assim como falando de filhos, maridos etc. Lá também conheci a Ísis M. Medri, amiga corajosa e alto astral, de quem guardo várias lembranças, como o dia em que expulsamos do alojamento da fazenda Nhumirim duas jararacas que haviam se aninhado atrás de um armário da cozinha, eu com uma vassoura, e ela apenas com um graveto de uns 30 cm! Empurramos as teimosas jararacas até o quintal arenoso e torcemos: que estas cobras sejam refeição para a ema!

Em uma das férias daquele tempo, uma grande parceira de trabalhos, a amiga Fabíola Pagliarani, me convidou para fazer um EIA-RIMA de aeroporto em Alagoas. O trabalho de campo era realizado em área rural. Aproveitávamos a praia à noite, mas a lua era bem cheia e dourada! Nossa amizade fluída e fraterna no início de nossos 30 anos foi embalada, entre outros, ao som de Tribalistas. Lembramos uma da outra ao ouvir: "vem pra minha ala que hoje a nossa escola vai desfilar... vamos pra avenida desfilar a vida, carnavalizar... no império tem uma *Vila* tão feliz...".

Em 2005, Rodrigo e eu abrimos uma loja na Vila Madalena, um bairro *cult*; então, perguntamos a Vivi se queria expor quadros para venda e como parte da decoração, e ela aceitou. Assim, o quadro foi comprado em minha própria loja! Não passou muito tempo e fechamos a loja, mas a experiência mostrou que Rodrigo e eu temos algum talento, ou seja, amor, que nos permite ser marido e mulher, pais do Samuel, e sócios, com dedicação e divertimento, o que uma amizade deveria sempre ter.

Curiosidade:

O quadro de Viviane Mazin (2005)

Trata-se de uma composição de cores sobre imagem de satélite Landsat-7 de uma área rural do Pantanal de Mato Grosso do Sul. A composição de cores criada pela artista é uma curiosa, delicada e bela transgressão às composições convencionalmente utilizadas em geoprocessamento para finalidades técnico-científicas. Por exemplo, a linha sinuosa que cruza todo o quadro, em amarelo, corresponde ao rio Taquari, instalado em um dos mais expressivos leques aluviais do planeta, mas que, em uma composição colorida convencional, estaria em tons de azul, geralmente escuros.

Nome completo: Luciano Machado Rodrigues

Idade: 39 Anos   Cidade que reside: São Paulo

Profissão: Professor

Área de atuação: Professor de Língua Inglesa

Perspectivas para o futuro (pessoal ou global): Acredito que por meio da Educação podemos fazer uma revolução em nosso país. Precisamos ser otimistas e acreditar no futuro.

Trabalho árduo, amigos eternos

Sempre procurei viver intensamente cada momento da minha vida. Comecei a trabalhar cedo, nunca tive nada de mãos beijadas. Cada pequena conquista foi fruto de muito suor. Controlar a ansiedade talvez tenha sido uma das coisas mais difíceis, mas quando se tem garra e força de vontade você aprende a saborear suas conquistas pessoais, uma de cada vez. Não sou apegado a coisas materiais, vejo as pessoas trabalharem duro para comprar isso ou aquilo, mas definitivamente o que me faz feliz é compartilhar de outras alegrias. Decidi ser professor cedo, mesmo sabendo que a profissão não traria a tal sonhada estabilidade financeira, mas digo de coração que acordo feliz todos os dias. Se existe algo que me faz feliz é o meu trabalho, onde sou respeitado, admirado e conquistei a maioria dos amigos que tenho hoje.

Durante quatro anos da minha experiência profissional, fui professor e coordenador em uma escola e dessa experiência vem o meu objeto em questão. Formar alunos bilíngues e, ao mesmo tempo treinar e preparar professores, não foi uma tarefa fácil, mas entre acertos e erros sinto-me realizado nesta tarefa, pois por meio de muita dedicação, formei uma equipe séria e focada, trabalhamos muito, rimos, choramos, reclamamos, vivemos intensamente esse momento, eternizado numa foto estampada num porta canetas, retratando uma breve pausa em nossa árdua e feliz rotina. Sinto-me honrado em ter formado alunos que se tornaram professores e em ter contribuído na formação profissional de outros educadores, que são meus amigos até hoje, vibramos com nossas conquistas, trocamos ideias, nos tornamos amigos e essa amizade está eternizada nesse objeto, que vejo todos os dias.

Curiosidade:

Objeto nacional, feito para eternizar a foto, com fundo da bandeira norte-americana, identificando todos os presentes como amantes da Língua Inglesa.

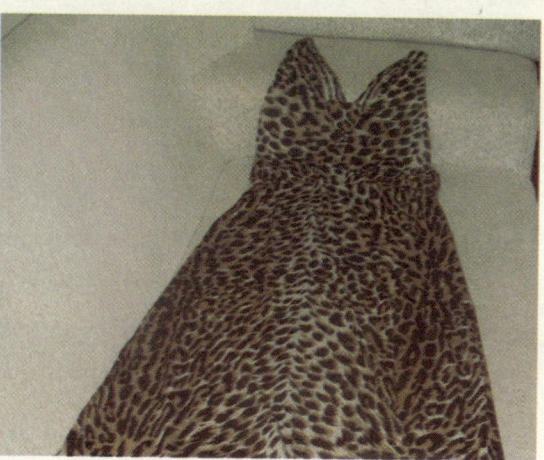

Nome completo: Lucila Lopes Miranda

Idade: 47 anos   Cidade que reside: São Paulo

Profissão: Fonoaudióloga, Professora de Canto Popular e Cantora

Área de atuação: Pedagogia do canto popular e Fonoaudióloga

Perspectivas para o futuro (pessoal ou global): Ser saudável e feliz.

Orgulho de filha, joia de mãe

"Terceira idade...

Acho que estou na segunda idade... mas ultimamente estou com meu coração na terceira idade...

Sabem por quê??! Porque tenho meus pais na terceira idade... e ... tenho uma mãe maravilhosa na terceira idade.

Sou mulher e por isso penso em minha mãe. Uma mãe que todos os dias me dá lições de vida e de como viver bem a terceira idade: ela faz hidroginástica, faz parte de um coral, lê livros e jornais, faz palavras cruzadas, faz pratos deliciosos para ofertar às amigas, faz parte de um grupo de terceira idade da cidade em que mora, está sempre de bom astral, apesar das dificuldades que possa enfrentar. Uma mulher que é o meu ideal de vida como mulher.

Tenho orgulho e agradeço a Deus por ser sua filha.

Tanto orgulho, que resolvi participar deste projeto em prol da terceira idade porque quero passar uma parte do que significa ser filha de uma mulher de terceira idade, com um espírito totalmente jovem e também passar o quanto é importante e possível vivermos bem não importando em que idade estamos. O que importa é termos a mente e o corpo saudáveis e sermos felizes.

Meu objeto é uma camisola de minha mãe, uma camisola de tecido com desenhos parecendo pele de onça.

Por que tenho esse apego com este objeto? Porque em minhas mais doces lembranças, vejo minha mãe, no ápice de sua juventude feminina, desfilar pela casa onde morávamos com essa camisola longa, parecendo uma rainha.

E o interessante é que nunca contei isso a ninguém e nem a ela. Há pouco tempo, ela me deu essa camisola. Fiquei com vontade de gritar de felicidade. Era tudo o que eu queria: poder usar a camisola de oncinha de minha mãe.

O que ela significa para mim??! Essa camisola é um símbolo do que é ser uma mulher com "M" maiúsculo. Símbolo de uma mulher forte, feminina, inteira, moderna, inteligente, profissional, elegante e sexy. Sim, sexy... minha mãe querida e amada é muito sexy, ela é uma mulher incrível e eu a amo por tudo isso e muito mais!

Curiosidade:

Camisola em tecido de lingerie, delicado, adquirida em uma feira na Rua Oscar Freire em São Paulo.

Guardo esta camisola como uma joia, e pretendo usá-la apenas em ocasiões especiais, pois ela existe aproximadamente há trinta e cinco anos.

Nome completo: Luis Roberto Abreu Sampaio de Souza

Idade: 67 anos   Cidade que reside: São Paulo

Profissão: Comerciário

Área de atuação: Comércio

Perspectivas para o futuro (pessoal ou global): Dar ao meu querido Puma uma companheira de garagem: uma bela moto. Assim, poderei alternar meus passeios de fim de semana e aumentar as doces recordações de minha juventude. Também continuar a ter paz de espírito e estar sempre junto à família.

Meu querido Puma

Meu objeto é um pouco exótico, mas falando um pouco sobre minha paixão por carros, vocês irão entender porque cuido bem dele até hoje. É um carro esportivo 1977, uma das carrocerias mais bonitas a meu ver.

Paulistano nascido em dezembro de 1943.

Formação:

Ginásio Nossa Senhora do Brasil, Colégio Santo Américo, Mackenzie, Curso Técnico de contabilidade.

Profissões:

Trabalhei em diferentes áreas até me tornar comerciante por 15 anos, até o início dos governos Collor e Sarney; desde então me tornei comerciário até hoje.

Acho que vivi intensamente minhas paixões por fases da minha vida, por exemplo:

Bicicleta – Muita quilometragem, acho que era excesso de energia.

Ping Pong – Pequenos torneio organizados por meu pai para toda a família e amigos valendo medalhas.

Natação – Todos os dias, depois dos estudos, ia ao Clube Paulistano praticar natação.

Equitação – Nos finais de semana ia para o sítio dos meu tios em Itapevi somente para andar a cavalo.

Rock n´Roll – Começou com Bill Halley e seus Cometas, Elvis Presley e muitos outros. O mundo mudou para os jovens, descobrimos que havia algo excitante para nós.

Automobilismo – Torcedor fanático por muitos anos, frequentei o Autódromo de Interlagos aos sábados e domingos, assisti tudo de corridas, de motos, a todas as categorias de carro até a emocionante chegada da Fórmula 1.

Rua Augusta – Maravilhosa, lotada todas as tardes, gente bonita andando de um lado para o outro, paquerando, se exibindo, namorando, fazendo compras e desfilando com seus carros e motos.

Festas – Nessa época nos finais de semana havia muitas festas dançantes ao som de Ray Coniff, as bebidas da moda eram cuba-libre e o hi fi.

Kart – A inauguração do Kartódromo de Interlagos foi um sucesso total, o número de pilotos era tanto que a cada hora havia uma corrida com 30 pilotos. Fui um deles, e venci 5 corridas lá, e uma na inauguração no Kartódromo de Campinas.

Motos – Fui gerente da 1º revenda Honda de São Paulo, chamava-se Motoronda, em frente Ao Shopping Iguatemi. As motos eram importadas e foram o maior sucesso da época. Virei motociclista por uns 10 anos.

Mudança de vida boa para vida ótima.

Aconteceu no dia 31/12/1968 em uma festa de Reveillon no bairro do Pacaembu.

Era uma casa muito bonita com uma escadaria de mármore que terminava em uma pequena pista de dança. Estava na pista, quando vi uma linda moça descendo as escadas com um bonito vestido longo, estampado e florido. Fiquei encantado esperando ela descer, estiquei minha mão e começamos a dançar de rostos colados sem nada falar. Ela é a minha querida esposa Marilú.

Mudança de vida ótima para vida maravilhosa.

Foi após o nascimento dos meus filhos, Ana Paula e Luis Antonio, que são lindos em todos os sentidos. Presente de Deus! Quando os filhos nascem, ganhamos um "chip" que nos deixa ligados a eles 24 horas por dia, para sempre. Os filhos só irão entender isso quando tiverem os seus.

Curiosidade:

Hábitos – Eu e minha esposa somos muito caseiros, gostamos de filmes, novelas, leitura e músicas, mas adoramos uma baladinha, de preferência com os filhos.

Fotos: Nelson Takeyama

Nome completo: Luis Camilo Galvão Jouclas

Idade: 40 anos   Cidade que reside: São Paulo

Profissão: Administrador de Empresas

Área de atuação: Marketing
Perspectivas para o futuro (pessoal ou global): Fazer deste um mundo melhor, mais justo e mais humano.

Os sonhos não envelhecem

Aos 12 anos, enquanto meus amigos sonhavam com um Falcon Olhos de Águia ou aquele novo carrinho de controle remoto de presente de natal, eu não tinha dúvidas: queria um LP. De preferência de rock, ou rock pauleira, como dizia minha mãe. Àquela altura isso já não era muito segredo, já que melhor que jogar bola com a turma, era gravar seleções músicais em fita cassete no três-em-um Gradiente de casa. Mas aquele Natal foi especial. Meu pai me presenteou com uma guitarra de verdade! Tá certo que bem judiada, enferrujada, com um nome esquisito e tomadas de parede... Mas, no fundo, isso foi ótimo, pois fomos juntos à loja Del Vecchio na rua Aurora onde compramos um amplificador e a deixamos para uma boa regulagem, enquanto ele me contava um pouco da história da guitarra: era de um amigo próximo, guitarrista de uma banda cover dos Beatles. Mas a guitarra estava encostada desde meados dos anos 1970!

Não preciso dizer que aquele verão mal vi o sol: fiquei trancafiado horas e horas tentando aprender sozinho algumas notas, acompanhando as melhores bandas do mundo que tocavam no aparelho de som no volume no talo, sonhando em um dia liderar minha própria banda como guitarrista e vocalista.

Meu primeiro convite para fazer parte de uma banda foi frustrante: eu só poderia entrar se tocasse baixo, pois já tinham guitarrista.

Consegui convencê-los que eu tocaria a parte do baixo com minha própria guitarra. E assim foi, mas durou pouco, pois consegui comprar um baixo, já com meus próprios recursos de mesada. E do baixo, aprendi bateria; da bateria, entrei para faculdade, comecei a trabalhar... e a guitarra, assim como meu sonho, seguiu empoeirada no armário por todo esse tempo, até que, aos 35 anos, recém-casado, reencontrei-a, numa daquelas arrumações que fazemos quando não se tem muito espaço sobrando em casa. Deu dó: a guitarra estava em pior estado do que quando ganhei há vinte e três anos. Mas foi um sinal.

Com a ajuda de minha esposa, jornalista de mão cheia, fui atrás de seu criador, na esperança que o próprio pudesse deixá-la nova. Melhor: original. Mas eu só tinha um ponto de partida: "Begher", escrito na "cabeça" da guitarra, apagada com o tempo.

Foram semanas de procura, conversas com músicos, até que descobri: "Begher" era uma marca criada por Romeu Benvenutti, um dos pioneiros na construção da guitarra elétrica no Brasil, irmão de Lídio Benvenutti, o "Nêne", baixista de uma das mais famosas bandas de rock brasileiro dos anos 60: os Clevers, que mais tarde se tornaram Os Incríveis. Foi uma emoção muito grande conhecê-lo, em uma oficina em Pinheiros, ainda trabalhando com luthier. Pegou a guitarra de minhas mãos como um pai segura seu bebê, e me prometeu devolvê-la restaurada em um mês. E saí de lá com uma certeza: liderar finalmente minha banda de rock. Liguei para uns amigos músicos, convidei minha esposa e sua bela voz para dividir os vocais e estamos ensaiando para valer até hoje.

A guitarra? Bem, ela está reluzente, pendurada na sala da minha casa, para sempre me lembrar que os sonhos não envelhecem.

> Curiosidade:
>
> Meu objeto é de origem nacional, feita em São Paulo, construída entre 1974/1975 por Romeu Benvenutti, que criador de muitos instrumentos usados pelo pessoal da Jovem Guarda nos anos 1960. Romeu é irmão de Lídio "Nenê" Benvenutti, baixista dos The Clevers/Os Incríveis.

Nome completo: Luiz Gonzaga Kedi Ayrão (Luiz Ayrão)

Idade: 69 anos   Cidade que reside: São Paulo

Profissão: Cantor e Compositor

Área de atuação: Música do gênero Samba

Perspectivas para o futuro (pessoal ou global): Viver muito ainda.
" Que os idosos cheguem bem com saúde até a quinta idade."

Pode parecer estranho, ingênuo ou piegas, mas é a pura verdade

    O objeto, sobre o qual eu vou falar, tem um significado tão importante e especial em minha vida, que, sinceramente, não sei se deveria designá-lo desta maneira, usando um simples substantivo comum.

    Com poucos centímetros de altura, a pequenina imagem de Nossa Senhora Aparecida, que conservo comigo há 33 anos, é inversamente proporcional ao tamanho da fé que despertou em um coração prematuramente endurecido pela orfandade súbita, aos 13 anos e, na juventude, inspirado pelas doutrinas ateias de esquerda, que encontraram terreno fértil nos bancos universitários, pouco antes e durante os chamados anos de chumbo da história recente do Brasil. Esses fatos fizeram do adolescente e do jovem um adulto descrente, afastado das coisas de Deus, indiferente e empedernido, até começar a ser dobrado por esse fato inusitado que narro a seguir.

Dezembro de 1976. Minha mãe em coma no melhor hospital de São Paulo. Doze dias de desespero. Todos os recursos médicos parecem se esgotar, e este filho único é dificilmente convencido a ir ao Santuário de Aparecida, a 170 quilômetros de São Paulo. Reza, pede, suplica. Numa loja de lembranças, minha mulher compra a tal pequenina imagem de Nossa Senhora, e a coloca na cabeceira do leito de minha mãe. Nada adianta. Luto, dor, mais descrença.

Setembro de 1977. No auge do sucesso, sou contratado para fazer um show em Uberlândia, triângulo mineiro. Um colega cantor, organizando as apresentações músicais da exposição agropecuária de Ituiutaba, cidade vizinha, me pede que, aproveitando as passagens aéreas patrocinadas pelo primeiro contratante, dê-lhe uma colher de chá – palavras dele – e me apresente, no dia anterior, em sua terra natal. Faltando poucos dias para os eventos, falece o presidente da emissora de rádio de Uberlândia, responsável pela festa de lá. Resultado: show cancelado, nada de passagens aéreas. Assim sendo, vamos de carro, cumprir o compromisso, assumido "de boca", em Ituiutaba. Quase mil quilômetros de estrada cansativa e perigosa.

Eu conduzo, em um carro novo que acabara de adquirir, três músicos, e seguindo-nos de perto vem outro veículo com mais quatro integrantes da banda. A certa altura, resolvemos parar para o almoço. É o meio da viagem. Sento-me e, em frente a mim, o baterista França. Seu primeiro comentário é que eu era um privilegiado por ter-me postado, sem querer, no melhor lugar da mesa. Não entendo bem o que ele quer dizer. Ele então vira-se para trás e aponta a razão, segundo sua crença. Sobre uma pequena armação de madeira, presa à parede, em cima, quase no teto, repousa a imagem da santa, naturalmente, da devoção do proprietário do estabelecimento: Nossa Senhora Aparecida, para variar. Uma réplica, centenas de vezes aumentada, daquela pequenina de apenas 3cm de altura, que puséramos à cabeceira de minha mãe, no hospital, e que atualmente ocupava o lugar para o qual fora feita: um painel de automóvel. Minha mulher colocara-a em meu carro novo.

Eu me posiciono, de fato, por acaso, bem em frente à imagem. Para o França, é um sinal e tanto. Imediata e quase instintivamente, já me servindo, comento com ironia: "Estou muito zangado com ela, isto sim!" O músico se benze e timidamente retruca: "Não diz isso, Luiz! É blasfêmia!" Sorrio e continuo com as ironias. "Quando precisei de um milagre dela, onde estava ela? Fui até o seu santuário em Aparecida, e nada adiantou." Falo mais algumas tolices, comemos e partimos. Enquanto estivemos parados, o tempo foi mudando e desaba um tremendo temporal. À medida que prosseguimos, mais nos defrontamos com o aguaceiro. Depois de provocar um atraso de quase três horas, o tempo melhora um pouco, mas ainda temos, no mínimo, duas horas de viagem.

Quando estamos cruzando o último trevo da estrada, sinto o carro fugindo ao meu comando e saindo da pista. As duas rodas da direita descambam para o acostamento irregular, cheio de buracos e pedras. Automaticamente, puxo-o de volta à pista. A diferença de altura entre os dois pisos é grande, e o carro não obedece. Reduzo no câmbio e, no momento em que me parece oportuno, acelero ligeiramente e tento trazê-lo de novo. Ele vem, sobe, mas embica para a esquerda e sai derrapando lateralmente. Incontrolável, vai para a faixa de sentido contrário. Fiquei sabendo, semanas depois, pelo laudo, que a válvula do pneu traseiro esquerdo havia explodido.

Luzes fortes, muito fortes. Passa por nós, nesse exato momento, uma imensa carreta. Bem rente, o motorista desvia e prossegue. Escapamos, por muito pouco, de um choque frontal. Continuamos deslizando em direção ao acostamento. Surge, então, um barranco. Tem pouco mais de metro e meio de altura e muito capim. Iluminado pelos nossos faróis, me parece ter uma inclinação suave. O provável é subirmos no embalo e, ajudados pela própria vegetação, acabar parando serenamente lá em cima, num amplo patamar. Claro que isso tudo foi passado e pensado em segundos, mas erradamente. O tal patamar não existe, e nos precipitamos numa queda digna de montanha-russa. Damos imediatamente a primeira capotagem. Esta é a menos violenta das quatro seguintes, conforme o relatório da perícia. E lá vamos nós, rolando ladeira abaixo.

Quando nosso carro termina sua longa acrobacia, custo a entender que paramos de lado, mas vivos. O vidro do pára-brisa dianteiro pipoca e os pequenos estilhaços espalham-se por todo lado. Alguns já ardem pelos meus braços e rosto. Saímos os três por ali, porque o percussionista Beto, mulato magro e franzino, já havia saído segundos antes, cuspido do seu lugar, na terceira ou quarta cambalhota. Caímos de uns quinze metros de altura e paramos a uns trinta da estrada. O chão, meio pedra, meio barro, tem um mato rasteiro e espesso. Nos próximos cinco ou dez minutos, eu vou correr de um lado para o outro, socorrendo o Beto, retirando os instrumentos da mala, subindo a ribanceira da estrada em busca de socorro, indo e voltando. O corpo esfria, e uma tontura e uma dor de cabeça me fazem parar já bem distante do veículo completamente destroçado. Um fio de sangue cai de minha testa. Surpreso e assustado, aparo-o na palma de minha mão. É a primeira vez que me vejo em tal circunstância.

Nesse exato momento, um facho de luz passa rápido por onde estou. É outra carreta, com seus possantes faróis, que transita lá em cima na pista. Essa luz clareia o chão e faísca alguma coisa entre meus pés. Curioso e meio desequilibrado, abaixo e pego-a. Por mais que o tempo passe, não vou esquecer a sensação que tenho neste instante. Jamais vou poder descrever com fidelidade o que sinto diante da possível constatação de um sinal que me está sendo dado. Ali, entre os meus pés, prateada e reluzente, jaz a pequena imagem da Santa de Aparecida, que minha mulher havia colocado no painel do meu carro. Ali, no mesmo ponto onde eu paro zonzo, sangrando e sentindo muita dor. Ela também fora lançada do carro e caíra justo naquele trecho. E, por mais incrível que possa parecer, eu me detenho exatamente sobre ela. Inacreditável! Se esta cena se repetisse dez milhões de vezes, a "coincidência", com certeza, jamais se repetiria.

Este é o começo de uma longa história entre mim e uma outra a Mãe: a do Céu. Outras histórias aconteceriam, mas ficam para uma próxima narrativa.

Curiosidade:

Luiz Ayrão está na estrada desde 1963, com quase 50 anos de carreira, com extensa e respeitável discografia, e expressividade vendagem, sempre fiel ao seu estilo e gênero de samba, conquistando discos de Ouro e Platina, recebeu muitas homenagens e fez também homenagens à Escola de Samba Portela e à Seleção Brasileira. Suas músicas foram gravadas e regravadas inúmeras vezes pelas maiores vozes do cenário músical brasileiro. Participou de muitos programas de TV do país, gravou trinta discos e ganhou muitos prêmios. Realizou muitos shows em países da América Latina, Estados Unidos da América, Itália, França e Japão. Luiz Ayrão continua se apresentando por todo o Brasil e exterior. Em 2010, Luiz Ayrão lançou livro sobre bastidores da música com o título: "Meus ídolos e eu."

Fotos: Nelson Takeyama

Nome completo: Luiz Roberto Serrano Ceará – Luiz Ceará
Idade: 60 anos   Cidade que reside: Campinas-SP
Profissão: Jornalista
Área de atuação: Esporte – TV Bandeirantes
Perspectivas para o futuro (pessoal ou global): Aguardo um planeta de regeneração, com amor e fraternidade. Está a caminho, sem volta. Para isso acontecer, teremos que pensar nele com mais respeito.

A caneta

Bianca fazia 30 anos e estava encaminhada na vida. A empresa dela, uma Assessoria de Imprensa, é uma das mais conceituadas na área de Artes e Espetáculos, seguindo a veia dos pais, jornalistas. Festa recheada de amigos e parentes, e é claro, presentes. Muitos. Bianca é conhecida pelo seu gosto refinado, meio enjoado se bem me entendem. Chega à festa seu pai, que neste ano estava desempregado. Jornalista desempregado, nenhuma novidade. E o presente?

Depois de mais de 15 anos de trabalho resolvi comprar meu sonho de consumo. Uma caneta Montblanc. Preta. Clássica. Comprei num voo, oferecida pela aeromoça sorridente. Comprei porque tinha economizado uns dólares das diárias de viagem. Ao meu lado estava o cinegrafista Javier Malavasi, meu parceiro. "Compra mesmo, você merece", ele me disse com carinho, traço de nossa profunda amizade. Trabalhei com ela em três Copas do Mundo, Três Olimpíadas e mais uma infinidade de Campeonatos Brasileiros de Futebol, Vôlei, Basquete, Atletismo e por aí vai. A Montblanc viajou o mundo, e quebrou, claro, de tanto trabalhar. Entrevistou Pelé, Ronaldo, Zico, Hortência e Paula. E Romário, é claro. Caneta competente essa minha. Nunca falhou e cada vez que saía do bolso da camisa ou da calça causava um olhar de inveja.

– "É original ou china?" diziam em voz baixa. Ela, brilhante em sua negritude, com sua inconfundível cruz branca respondia por si. Cansada de tantos rabiscos, manchetes, offs e rascunhos ela foi aposentada dando lugar a uma infinidade de Bics e chinas. Estava na gaveta, sossegada, com a autoridade de ter entrevistado tantas estrelas do esporte que passaram por ela.

Eu não tinha grana para um presente á altura da Bianca; então resolvi dar a ela meu maior sonho de consumo. Minha caneta Montblanc. Era o presente que eu podia dar. A caneta quebrada e um bilhete. Abracei minha filha e com a coragem de tantos anos de reportagem nas ruas, aguardei. Esperei uma bronca e recebi em troca lágrimas emocionadas e um beijo carinhoso.

"Foi meu melhor presente, obrigado pai!"

Curiosidade:

Luiz Ceará foi musico profissional antes de fazer Jornalismo pela PUCC de Campinas.

Repórter da Rede Bandeirantes em São Paulo, onde está desde 2008, em sua quarta passagem. Antes, trabalhou nas TVs Globo e SBT e em veículos de Campinas como o Jornal Diário do Povo, Correio Popular e Rádio Cultura AM, além da TV Século 21, de Valinhos.

Nome completo: Luiz Henrique – Mamma Bruschetta

Idade: 62 anos Cidade que reside: São Paulo

Profissão: Ator

Área de atuação: Cinema, Teatro e Televisão.
Perspectivas para o futuro pessoal: Continuar fazendo muita televisão e aperfeiçoar meu lado profissional dentro das áreas que atuo. "O cotidiano é um eterno e constante aprendizado."

Relíquia de avó, presente de mãe

Fui criado no Brás, onde a colônia italiana é bastante forte, com tradição marcante, a vida em família é importante, cultivada e valorizada, sendo a relação familiar muito intensa. Aprendi a conviver e a trocar informações com vizinhos, conhecer as histórias do bairro, onde escutei as primeiras histórias da imigração e acompanhei a cultura de outros povos, como árabes, japoneses, espanhóis, portugueses, e a minha própria italiana, porque minha família é metade italiana e metade portuguesa.

Quando fui abordado para contar uma história de um objeto que valorizasse as lembranças e recordações de minha vida, imaginei vários, mas um em especial falou mais alto, por ser uma relíquia de minha avó espanhola: este xale de veludo de seda preto, que era usado tradicionalmente pelas cantoras de fado.

Em 1948 minha avó presenteou minha mãe com este xale por ocasião de seu casamento, juntamente com um cordão de ouro de dois metros. Quando eu comecei a fazer televisão, minha mãe me emprestava o xale para compor minhas personagens, até que, um pouco antes dela falecer, resolveu me dar o xale, momento que me emocionou muito, e não pretendo me desfazer dele jamais.

Não somente pelo objeto material, mas pela sensação espiritual e de energia maravilhosa que ele me transmite, porque quando uso o xale que já foi da minha avó, e me foi passado como presente pela minha mãe, sinto como se estivesse sendo abraçado pela minha mãe Rosa Piccirillo Henrique.

Curiosidade:

O detalhe importante é que o xale existe há mais de oitenta anos, e foi trazido da Espanha pela minha avó Urbana Augusta Maia.

Nome completo: Luiz Rangel

Idade: 38 anos   Cidade que reside: Gramado-RS

Profissão: Publicitário

Área de atuação: Cinema

Perspectivas para o futuro (pessoal ou global): Espero que a humanidade se respeite e seja mais coerente e que com esse respeito e coerência eu possa viver melhor. A falta de respeito e coerência é o mal maior do mundo.

Película de filme

Meu objeto é a película! Por quê? Pelos cinco sentidos que ela proporciona ao ser humano: o olfato no seu aroma único de quando abrimos a lata de negativo, a audição do seu som dentro da câmera, o tato que se não tomarmos cuidado nos cortamos com ela, ao paladar que aguça com a saliva naquela ansiedade se o que está sendo filmado vai valer, a visão que no final resume toda o sentido da película existir. Mas há outros sentidos que a película proporciona: não me refiro somente aos sentidos que significam o sentimento do espectador, espectador este que muitas vezes se agrada com o filme, ou algumas odeia, mas que raramente para pra pensar no realizador desta obra. É aí que moram os sentimentos mais obscuros que a película proporciona, os sentimentos de dor, de angústia, de desilusão, de ego ferido, de mágoa e de luta. Um filme é somente um filme? Um diretor de cinema é somente um cara metido a querer ser diferente? Será que ser diferente é ser metido? Sinceramente, não sei as respostas a estas perguntas, pois pra mim elas não são perguntas, são indagações maliciosas feitas por quem nunca sentiu os sentidos da película e os sentimentos vividos após filmá-la.

Pra mim um filme é mais do que um filme; é o registro de um olhar, a marca de uma vida que muitas vezes agrada e outras simplesmente se deixa passar e quando se deixa passar de alguma forma fica. Mas não posso falar somente do lado sombrio; também há o êxtase, há o nirvana que vicia e toma a alma do pretenso ser humano que em um exato momento tentou imitar Deus, simplesmente copiando o poder da criação, na hora que este pretenso ser humano gritou ação! Ele simplesmente iniciou a invenção da humanidade, a moldagem do mundo e, por muitas vezes, o fim do universo e quando ele grita corta! Fica ainda com aquele complexo de "Deus" e se isola em seu casulo esperando que em sua mente mais um Adão apareça e que de repente nasça de Eva e que Eva possa ser filha de Caim e esposa de Abel e que seu paraíso seja meramente uma metrópole onde as serpentes sejam passageiras do metrô e vendam planos de saúde em vez de maçãs, este é o Criador do Cinema, o dominador da película, que quando acorda vê que não domina, é dominado, é prisioneiro de sua liberdade e que esta liberdade custa caro, custa seus sonhos, sua saúde, sua juventude e seus amores. Dinheiro? Pra quê? Pra juntar?

Não, pra comprar película, para revelar película, para copiar película e sonhar a realidade que ela aguça nos sentidos físicos e espirituais. 16, 35 ou 36 70mm? Não interessa; interessa sim se ela vai ser projetada, se ela vai ser vista e principalmente sentida. Vida longa ao cinema, mas vida mais longa para quem o faz e, de preferência, uma vida digna e valorizada, pois toda forma de arte é importante, mas o cinema é a sétima arte simplesmente por ser a união das outras seis.

Curiosidade:

As películas de nitrato de celulose foram fabricadas até 1951 e tinham a particularidade de autocombustão em altas temperaturas, como também podiam incendiar com faíscas causadas com a abertura da própria lata onde eram guardadas.

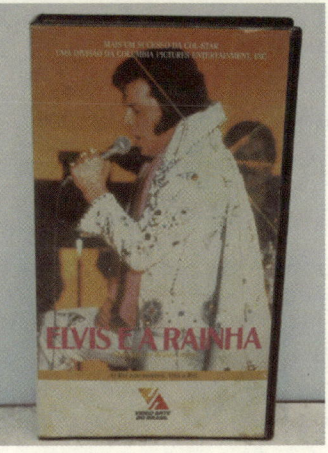

Nome completo: Luiza Paz Carlos

Idade: 73 anos   Cidade que reside: São Paulo

Profissão: Secretária aposentada

Área de atuação: Secretária área médica

Perspectivas para o futuro (pessoal ou global): Manter-me sempre ativa com saúde, cuidando da minha memória, através do computador, porque leio as notícias, recebo e gosto muito de enviar mensagens.

Lembranças de família

Sou nascida e criada em São Paulo, no bairro do Limão. Tive infância simples, rodeada de 4 irmãos, pai português severo e mãe filha de portugueses, muito carinhosa e guerreira. Comecei a trabalhar aos 9 anos, vendendo banana e amendoim nos arredores do bairro; depois fui trabalhar em fábrica de caixas de papelão e aos 14 anos conheci meu marido em uma fábrica de doces na 25 de março. Aos 16 anos contraí matrimônio e tive 3 filhos, Elizabete (57), Wilson Roberto (55) e Elaine (50), hoje tenho 8 netos e 2 bisnetos, que são minha alegria de viver.

E Luciano Risseto (43) que considero como filho, o conheci em um show onde ele se apresentava com sua banda, no ano de 1989. Foi uma benção conhecê-lo e apoiá-lo como mãe, pois ensinei e aprendi muito com ele, pude apoiá-lo com estrutura de família em minha própria casa e ele sempre retribui com carinho e atenção.

Sempre que posso, estou presente em suas apresentações, em contato por telefone, pois agora cada um segue o seu caminho, mais ficou em mim lembranças muito boas dos momentos em que vivemos em família.

Meu ídolo é o Elvis Presley, gosto muito do gênero músical que ele tocava, e sendo assim o Luciano, em 1991, me presenteou com esta fita cassete do filme do Elvis, e com isso este objeto me traz sempre boas lembranças e recordações daquele momento de nossas vidas.

Hoje sou uma senhora aposentada e passo meu tempo muitas vezes em frente ao computador, onde tenho muitas alegrias, enviando mensagens às amigas e amigos distantes, e também recebendo lindas mensagens de alto astral.

Curiosidade:

Gosto muito de música e tive a felicidade de conhecer o Luciano, através da música, porque ele é músico e cantor profissional, e isso é muito gratificante.

Nome completo: Magdalena Figueiras Salinas

Idade: 71 anos   Cidade que reside: Lisboa-Portugal

Profissão: Aposentada

Área de atuação: Relações Públicas

Perspectivas para o futuro (pessoal ou global): Gozar a vida o melhor possível.

Chique é ser perfumada

Comecei a interessar-me pela moda nos anos 1960. Lutei até que comecei a passar na TV tirando um curso de modelo ao mesmo tempo.

Quando finalizei meu curso, tive a sorte de desfilar pelas melhores casas de Alta Costura e Boutiques principais em Lisboa. Ao mesmo tempo era Hospedeira de Terra na famosa companhia de aviação americana Pan Am, no Aeroporto de Lisboa. Consegui desfilar em "Passarella" até aos 43 anos de idade, o que hoje é inédito em Portugal ou qualquer país.

Um dos meus sonhos alimentados era ser fotografada por algum famoso nesta profissão, mostrando que se pode aparentar ser mais jovem embora com idade avançada. Assim, serviria como exemplo de vitalidade e de bem-estar, para a terceira idade. Ao sentirmo-nos bem conosco serve como uma injeção de ânimo para as mulheres se cuidarem.

Malho bastante há muitos anos e me cuido. Sou disciplinada e perseverante. Fui educada com severidade e isso me serviu de algo para minha conduta. Em questão de comida, nem tanto. Como de tudo e até muitos doces.

Desde pequena sempre gostei de roupa, mas quando comecei a desfilar me senti ainda mais atraída não só pela roupa como também pelos acessórios, maquiagem e perfumes. . Esta atração perdura até hoje em dia. O "bichinho" fica em nós e não me canso de ver desfiles e estar sempre atualizada em tudo o que diz respeito à moda.

Perfumes são lançados vários, todos os anos. Antigamente havia uns seis. Hoje são centenas e difícil de escolher. Tenho os meus favoritos, claro. No inverno gosto mais intensos e no verão, dos mais frescos. Preferidos os de Chanel, Estée Lauder, Bulgari, Narciso Rodriguez, Marc Jacobs, Givenchy, Guerlain.

Aconselho a todas que gostam de beleza, para se cuidarem não só do corpo mas da face também. E quanto aos perfumes, como dizia Coco Chanel: "Se uma mulher não se perfuma antes de sair de casa, é porque não é chique!"

Curiosidade:

Meus perfumes preferidos são vários: YSL, Estée Lauder, Chanel são os que mais gosto. Às vezes aparece algum novo que me surpreende. Gosto mais daqueles com aroma apimentado.

No inverno gosto de perfumes intensos e no verão dos mais frescos, com aroma de pessoa que acaba de tomar banho.

Fotos: Teresa Prata

Nome completo: Marah Silva

Idade: 38 anos   Cidade que reside: Rio de Janeiro

Profissão: Designer de Moda

Área de atuação: Mercado de moda

Perspectivas para o futuro (pessoal ou global): Dias melhores virão, dias melhores estão... viva os dias melhores!

Eterno...

Claro que pensei em várias coisas pra tentar dar a elas e origem da palavra "objeto predileto". Não foi nada fácil; na verdade carrego poucos apegos materiais, os objetos vêm e vão com tanta facilidade, tudo tão descartável, sempre penso que tudo é passageiro.

Mas a proposta de escrever sobre o "Objeto predileto" me intrigou. O que na verdade seria meu objeto predileto? Passei dias pensando, contemplando cada objeto que vinha em minha mente, dando respectivas importância a cada um. Pensei em muitos que estão ao meu redor, num dia a dia como minha tesoura que corta minhas artes? Minhas lentes que me dão de fato a visão? Meus lápis que traçam meus desenhos? Meu computador que carrega muitas histórias, imagens e amigos? Minha Betty Boop de cabeceira?

Dúvidas!!! Até priorizar o "para sempre..."

O que eu faria questão de carregar pra sempre em minhas trilhas? O que contaria minha história para o mundo?

Partindo desses pensamentos foi automático! Meu primeiro *vestido. O primeiro vestido que criei, idealizei, protestei, agreguei arte aos sentimentos, ele fala quem sou e como me comporto. Ele tem até hoje um portal rápido entre mim e as pessoas, traz verdades, indignações, companheirismo, igualdade... e muitos outros pensamentos positivos ou não a partir de cada novo olhar.

Olho para ele e vejo eternidade, aquele que contará histórias minhas, o passo a passo da arte em minha vida, ele será o meu melhor exemplo, falará de mim por onde passar, meu portal para o mundo.

Percebo uma ótima oportunidade de apresentar e homenagear aquele que é parte de mim em um objeto. Meu "Objeto predileto" é o vestido "As Marias".

Origem: Nasceu em meu ateliê, feito do mais puro algodão e artesanato nacional.

> Curiosidade:
>
> *Nome do vestido: As Marias (nasceu a partir de estudos sobre o sincretismo religioso, dele partiu indignações e curiosidades sobre as mães do mundo, as Marias que zelam pelos irmãos de Cristo, seu filho, filho do mundo... comércio alheio, traído e usado, aos olhos lúcidos... Maria: comércio e popularidade ao dinheiro da fé, Marias... Santa Maria, Santa Sarah, Santa Yemanjá, Santas Mães de Cristo... Santo Deus!!! Onde estamos?
>
> Cor. Corrente, união
>
> Sim – aceitação, liberdade de expressão
>
> Cretismo – sua fé, seu bem estar, seu querer
>
> Vestido "As Marias"
>
> Ateliê Cretismo

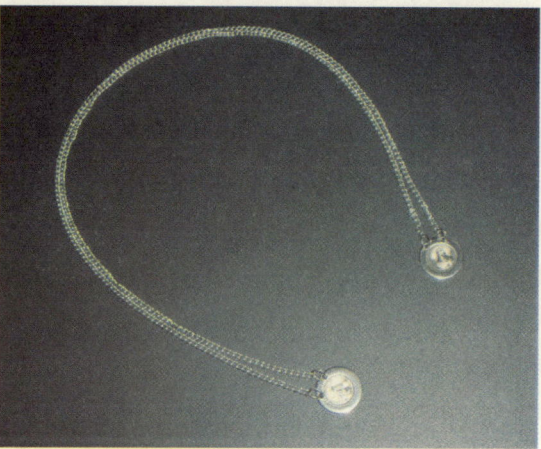

Nome completo: Marcelo Guagliumi Ayres Rocha

Idade: 41 anos   Cidade que reside: São Paulo

Profissão: Funcionário Público Federal

Área de atuação: Área Administrativa do Tribunal
Perspectivas para o futuro (pessoal ou global): Continuar meus estudos na área da música (Canto-Coral), ingressar em cursos voltados para área de Recusos Humanos e Projetos Sociais.

Esperança, fé, amor

Num momento de minha vida e de grande dificuldade em que eu me encontrava procurei apoio de uma amiga Telma, e sendo conhecedora da "Ordem das Carmelitas", me apresentou a oração de Sta. Teresinha do Menino Jesus. Fiz a novena de Sta. Teresinha, em nove dias de oração consecutivos, e com muita Fé e Esperança consegui a graça tão almejada pela sua intercessão junto ao Pai Celestial.

A Santa deixou escrito em suas memórias:

"Quero passar o meu céu fazendo o bem sobre a terra. Farei cair uma chuva de rosas..."

Por isso que, juntamente com a graça, recebe-se também uma rosa de qualquer jeito e formato, dando a certeza de que a graça será alcançada.

"Em vários momentos de aflição recorri à novena de Sta Teresinha, alcancei a graça e juntamente fui presenteado com uma rosa."

Sou devoto de Sta. Teresinha e propago sua oração e sua história de vida aos amigos e parentes, e tendo como seu exemplo a dedicação e o amor plenos em Deus, procuro, desde então, carregar em meus ombros o Escapulário de Nossa Senhora do Carmo, pois é pela FÉ que movemos montanhas.

Interessante também saber que, nas celebrações de casamento nas igrejas de Sta. Teresinha, é derramado sobre os noivos uma chuva de pétalas de rosas como sinal da consagração das bênçãos divinas.

Hoje, usam-se também escapulários feitos de cordão de prata, ouro ou como assim agradar.

Grato pela oportunidade de meu depoimento.

Curiosidade:

"Terezinha entrou aos 15 anos no Mosteiro das Carmelitas, com a autorização do Papa e sua vida passou na humildade, simplicidade e confiança plena em Deus."

Nome completo: Márcia Maia Bueno

Idade: 41 anos   Cidade que reside: São Paulo

Profissão: Empresária

Área de atuação: Venda de Instrumentos Músicais
Perspectivas para o futuro (pessoal ou global): Ter um novo ramo de trabalho, focado para a criança.

Meus 18 anos, aprendizado eficaz

Em 1984, com 15 anos, morando em São Paulo, passeando pelo Shopping Iguatemi, paramos no McDonald's e lá mesmo ficamos, literalmente... a Roseli resolveu falar com o gerente que nos entrevistou no mesmo dia (eu e minha irmã Rosemeire) ainda estava estudando, pois perdi um ano devido às mudanças de São Paulo para Suzano, na época conciliei os estudos e o trabalho tranquilamente.

Gostava muito do trabalho, dos gerentes, dos colegas, alguns dos quais transformei em verdadeiros amigos. Ah! Como gostava de trabalhar no salão, a equipe era muito boa.

Para o trabalho, juntamente com minha irmã, íamos contentes, sem medo de sermos felizes, por cinco anos. Aprendi a trabalhar para as pessoas, a interpretar suas feições, a criar material promocional com poucos recursos, a servir... Vida nova, experiências novas e aí foram surgindo as paqueras, os namorados, as festas, lá conheci o meu primeiro namorado, recebi o meu primeiro pedido de casamento, ganhei prêmios, formei pessoas.

Pensar em um objeto que te traz memórias busquei um "que realmente me acompanha por vinte anos". Ele me faz lembrar de minha adolescência.

Foi nesse período que aprendi realmente a dar valor para minhas conquistas, pois éramos de família simples, todos trabalhávamos para ajudar nossa mãe.

Mas... vamos falar um pouco sobre o objeto: broches, era uma forma de incentivo de motivação para os funcionários. Recebíamos nossos broches de ano em ano, e eles acompanhavam a evolução dentro da empresa, conversando, orientando do certo e errado, até mesmo para que eles pudessem formar novos gerentes, esses grandes professores com certeza formaram o que sou hoje.

"Eu gosto de guardar essas lembranças."

Curiosidade:

Esses broches eram entregues pelo Ronald para as Assistentes de Marketing.

Tive muitas alegrias, participando de eventos com o Ronald, o personagem era uma pessoa maravilhosa, extremamente simpática, de bom humor, alegre, características de quem trabalha para crianças.

Realizávamos festas nas lojas, e trabalhar com crianças é sempre muito gratificante. Eu me realizava com elas.

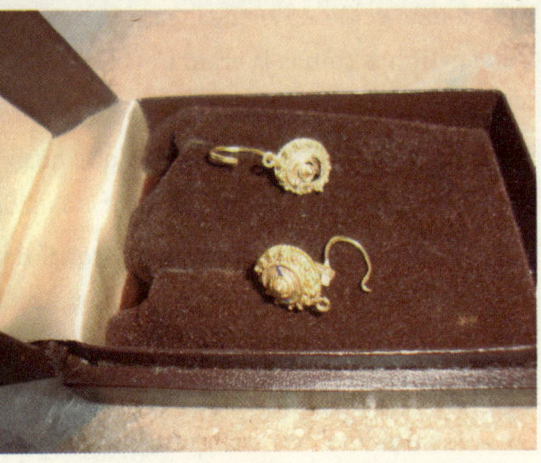

Nome completo: Marcia Janete de Freitas

Idade: 47 anos   Cidade que reside: Cuiabá-MT

Profissão: Comerciante.

Área de atuação: Comércio/estacionamento rotativo

Perspectivas para o futuro (pessoal ou global): Acredito que seja o que todos desejam: um mundo com mais igualdade social.

Pequenino detalhe... fez a diferença

Desde que tive noção de "família", admirava muito minha avó e tias do lado materno. E isso começou bem cedo.

Minha mãe hoje está com 88 anos. Quando nasci, ela já estava indo para os seus 42 anos. E eu sempre acompanhei ela em todos os lugares, mais que os meus irmãos. Talvez por ser a caçula.

Nas minhas férias, geralmente no sítio de meus avós ou dos tios, ficava observando o trabalho das mulheres no campo. E depois ainda em casa. Pouco entendia. Mas via que não era nada facíl.

Carregar uma saca de café de 60kg é pra poucos. E sempre alegres. Contando histórias, numa linguagem "abrasileirada-portuguesada", já que minha mãe veio de Portugal com menos de 2 anos, sendo ela a filha mais velha. Minhas tinhas já eram brasileiras.

E nisso tudo, um pequeno objeto sempre me chamou atenção. Um brinco na orelha de minha avó. E também um, quase igual, na orelha da minha mãe. Digo quase igual, pois foram peças feitas à mão. E nunca são exatamente iguais.

Como que podia uma "mulherona" daquela (minha avó), exibir com tanta delicadeza um brinco tão mimoso, no seu dia a dia de trabalho? Não sei. Mas era um "pequeno" toque feminino que se empunha naquela pessoa judiada pelo tempo e também pelas lidas diárias.

Como uma "boa criança xereta", perguntei a ela se havia sido o meu avô que havia lhe dado ou quem. E pacientemente, no seu modo enrolado de falar, e já chorando. Sim, chorando. Pois D. Emília (esse era o seu nome) morreu com 96 anos. Se você perguntasse algo da família, pronto: as lágrimas já escorriam pela face e a boca já se abria num largo sorriso para falar do assunto. Ela me contou que sua mãe que havia lhe dado quando casou. E o que a minha mãe usava, a mãe dela tinha dado quando nasceu. E havia um terceiro, que ficou para a filha caçula, tia Laura. E eu, na minha "santa inocência", disse-lhe: -Ah, que pena. Quer dizer que o da mãe vai ficar para Maria José? (minha irmã mais velha). Ela me colocou no colo, e disse: -Oras, creio eu que sim, pois trata-se da matriarca. Mas cá entre nós, se assim o for, prometo-lhe deixar estes para ti, pois foi a primeira neta que me perguntaste sobre tal". E assim foi. Não tinha orelha furada. Fiz minha mãe furar. E naquele tempo ainda era com "agulha quente com linha grossa vermelha, e uma rolha atrás da orelha", para afirmar. Azeite português na linha 3x ao dia para girar e o furo não colar. O primeiro furo foi uma beleza. O segundo, já tinha dispensado os brincos. Mas com certeza valeu. Eles estão comigo até hoje. Tenho duas filhas. Mas, até agora, ninguém nada falou. Quem sabe se também não será uma neta que irá se interessar por "esse mimo", que já está na família há mais de cem anos?

Curiosidade:

Uma curiosidade que marcou um pouco por ser "dolorida" foi o fecho do brinco, por ser um objeto artesanal e antigo, os fechos eram meio em forma de "ganchos", para não abrir tão fácil.

Nome completo: Marco Albuquerque

Idade: 40 anos   Cidade que reside: São Paulo

Profissão: Radialista

Área de atuação: TV Gazeta

Perspectivas para o futuro pessoal: Quero envelhecer com sabedoria e aprender ouvir mais do que falar e, quem sabe, um dia servir de espelho para alguém.

Perspectivas para o futuro global: Espero que possamos utilizar menos sacolas plásticas, para ajudar na sustentabilidade do Planeta.

Meu cavaquinho

Família de sambista, assim foi a minha criação em meio aos batuques e rodas de samba. O cavaquinho era o som que me embalava nas noites de sono. Sonhar sempre, e acreditar que tudo é possivel fez com que lutar e correr atrás dos meus ideais e objetivos me levasse numa viagem poética. E compor foi um dom que despertou logo na minha infância; com 13 anos de idade fiz a minha primeira composição em homenagem a minha mãe, e a cada dia a sede de compor era mais forte e o cavaquinho era meu companheiro. É bom poder ouvir composições iniciadas nele e depois cantada numa roda de samba e de amigos. Tive orgulho e oportunidade de trabalhar com grande Arlindo Cruz e Sombrinha, durante dois anos extrai tudo que aqueles bons músicos poderiam ofertar. Me lembro que se hoje sei trocar as cordas de banjo e cavaquinho com rapidez, devo ao Arlindo e Sombrinha, que diziam que era eu que tinha que trocar as cordas, e eles tinham grande experiência.

Engraçado: enquanto escrevia minha mente se tranporta-va nos primeiros acordes que eu aprendi numa roda de samba "dó maior", naquele dia eu me sentia como se tivesse ganho o melhor presente do mundo, meus primeiros acordes. Meu cavaco e eu temos uma relação de amor e ódio: ás vezes deixo ela num canto esperando uma alegria, um pranto para compor mais um samba de amor ou de dor. Afinal sou compositor e para pegá-lo tenho que estar inspirado.

Até hoje ele me acompanha e sempre que olho para ele surgem lembranças e recordações de grandes composições do meu fiel companheiro, o cavaquinho

(Poema ao Cavaco)

Eu o amo

Sem o meu cavaco me desfaço, vem a solidão. Disfarço a dor do compasso, nos acordes que eu faço buscando inspiração. Lentamente à minha mente vem o samba de amor e carinho de fato. Mais um samba surgiu de meu cavaco.

Obrigado, Luz da inspiração

Curiosidade:

Cavaquinho de fabricação Artesanal – Nacional 1986 – Marca Rosini

Este cavaquinho já foi afinado pelo sambista e compositor Arlindo Cruz e também pelo sambista Carica do Grupo Sensação.

Nome completo: Marcondes Manchester Mesqueu (Marcondes Mesqueu)

Idade: 59 anos   Cidade que reside: Rio de Janeiro

Profissão: Ator/Jornalista

Área de atuação: Teatro e Produtor Cultural

Perspectivas para o futuro (pessoal ou global): Continuar trabalhando em prol da reflexão lúdica do homem. Quero sempre estar contribuindo para humanização da sociedade. Não acredito no homem vigiado, magoado e pacificado. A dominação mata em vida.

O dito acima forjo a cada dia com o meu teatro, poesia e outra ações lúdicas.

Pedra de amolar faca

Sou filho de um modelador de calçado nascido em 27 de fevereiro de 1906. Passei toda a minha infância vendo meu pai envolvido com as vaquetas, cromo alemão e solas. Lembro do meu pai molhando a sola para que a faca cortasse com menos esforço. Dava medo ver a lâmina indo na direção da sua barriga. Quando for a um sapateiro repare que não dá para ser diferente. A faca parece que vai entrar no bucho do profissional.

Não lembro o dia em que ele tenha se cortado. Eu sim, certa vez, por teimosia, peguei uma das "afiadinhas" e fui experimentar no couro e rasguei o dedo. Foi aquela sangreira. Fiquei até bambo das pernas de tanto sangue que saia. Corre, corre, minha mãe entra em ação. Reclama do descuido do meu pai. Coisas do lar. Desses momentos de ficar na oficina vendo meu pai trabalhando as voltas com os sapatos duas curiosidades saltam na memória: o cheiro dos couros juntos, como fedem!, ô cantinguinha desagradável!, parece que vai para o cérebro! A outra e mais fabulesca que trago para minha vida profissional até hoje é o respeito imposto a todos que ele tinha pela sua pedra de amolar faca. Aparentemente não tinha nada de especial, mas era ela que dava o fio na lâmina que, através da maestria do cortador, originaria as forma na peça de couro. Ninguém podia pegar naquela pedra. Meu pai exigia respeito. Era quase uma veneração. Sabe que eu tinha medo até de chegar perto. Não era o medo de apanhar se algo de errado acontecesse. Acho que era o medo da mácula. Ele não emprestava pra ninguém. Pra emprestar existia uma outra. A pedra preta em forma de balão japonês era só dele.

Na profissão de calçado, como ele denominava, tinha uma pessoa que meu pai respeitava mais que outros. Era o Moacir, casado com a minha irmã por parte de pai Noélia. Um dia, o Moacir chegou com a história que por um motivo que não me lembro ele estava sem pedra. Meu pai paciente serrou um pedaço da sua pedra preta e deu para o Moacir. Com isso ela ganha um cabo de madeira forjado por ele. Esse ato em nada diminuiu o seu cuidado e respeito para com o seu material de trabalho.

Seu Tufi, como era chamado, não me ensinou a adorar objetos e sim a respeitar as ferramentas que nos alimentavam e lhe dava prazer. Meu pai me ensinou gostar do que faz e eu gosto do que faço. Eu também gosto e respeito meu material de teatro e em especial o Nariz de Palhaço. TAMBÉM NÃO EMPRESTO PRA NINGUÉM.

Curiosidade:

Não sei dizer a origem da pedra de amolar que meu pai usava. Quando eu nasci ela já existia. Porém, grande parte do meu material de cena é feito ou adaptado por mim. Podem tocar, mas exijo respeito. Respeitar aquilo que nos dá dinheiro pelo trabalho é cultura que passa de geração em geração. Espero que Lira e Vinícius, meus filhos, levem isso para as suas vidas.

Nome completo: Maria Aparecida

Idade: 69 anos   Cidade que reside: São Paulo

Profissão: Aposentada

Área de atuação: Teatro da Terceira Idade

Perspectivas para o futuro (pessoal ou global): Quero ter disposição e saúde para ver o nascimento do meu nono neto e acompanhar o crescimento dele e dos meus bisnetos. Me orgulho da minha idade e espero que nós, da terceira idade, sempre sejamos respeitados.

Panelinha de ferro

Meu nome é Maria Aparecida, tenho 69 anos, nasci em 1941 no interior da cidade de Queluz, tenho 4 filhos, 8 netos e 2 bisnetos.

Tenho muitas lembranças da minha infância, nenhuma muito boa para ser lembrada, mas da minha bisavó tenho saudades, pois minha mãe contava que quando eu nasci ela nos acolheu em sua casa, porque minha avó mandou minha mãe embora de sua casa por ser mãe solteira.

A minha bisavó era uma senhorinha de pele negra, cabelos brancos. Nós morávamos na roça, não tínhamos nenhum conforto, mas éramos felizes, dizia a minha mãe. A minha mãe sempre trabalhou em casa de família. Um dia ela conseguiu um emprego em São Paulo, onde a patroa aceitava crianças, e então nos mudamos para capital, mas sempre tínhamos notícias de minha bisavó.

A vida foi difícil, minha mãe ficava nervosa e descontava em mim, que apanhava muito. Lembro-me que quando tinha dinheirinho sobrando, íamos de trem até a cidade de Engenheiro Passos onde minha bisavó morava, e ela ficava muito alegre porque eu fui a sua primeira bisneta.

Na casa dela tinha essas panelinhas de ferro que eu gostava de brincar, e ela contava que ganhara de sua avó, e gostava de contar histórias dos tempos de escravidão e eu ficava ouvindo. Um dia recebemos a notícia de seu falecimento, ela estava com 98 anos, e eu fiquei muito triste por perder minha querida velhinha. Eu e minha mãe voltamos para o interior e meu tio me presenteou com as panelinhas de ferro, herança de minha bisavó.

Curiosidade:

As panelinhas ficam em minha cozinha, em cima do armário, e sempre que as vejo lembro-me desta minha querida e saudosa bisavó, e das muitas lembranças de minha infância.

Nome completo: Maria Augusta da Silva Rosa Nani

Idade: 42 anos   Cidade que reside: São Paulo

Profissão: Culinarista

Área de atuação: Culinarista

Perspectivas para o futuro (pessoal ou global): Que possamos juntos fazer ações como esta, ajudando a quem precisa e fazendo um bem à nossa Terceira Idade, dando incentivo para mostrar o quanto as pessoas com mais idade são capazes. E que o mundo trate cada vez melhor o seu idoso dando amor, carinho e atenção.

Minha forma de bolo virou meu talismã da sorte

Meu nome é Augusta Nani. Sou culinarista há doze anos, tenho 42 anos, tenho 3 filhos, adoro dar aulas de culinária, criar receitas, poder ajudar pessoas que precisam de uma renda extra para salvar sua renda na hora do desemprego, amo fazer bolos, doces e principalmente chocolates. Eles são minha vida, minha maior recompensa é ver meu trabalho bem feito. Ver as pessoas comendo o que faço é minha melhor alegria, um objeto que lembro desde pequena é forma para bolo, pois sempre gostei de tudo que está ligado à cozinha e pode nos auxiliar na preparação de deliciosos quitutes. Lembro-me de pequena, quando ia passar férias na casa da minha avó materna, que ficava do seu lado deslumbrada com suas delícias, minha avó querida, que saudades! Mulher de fibra, do sítio, da roça, morreu ano passado com 90 anos, adorava fazer comidas da maneira dela sem ter cursos, mas, na sua simplicidade, fazia doces, pães, salgados, comidas como ninguém... Adorava vê-la fazer biscoito de polvilho, cural, pamonha.

Pão no forno à lenha e seus bolinhos, que saudades da minha infância me bateu agora, e este desejo foi vagando pelo tempo que passou, cresci, casei, e no meu casamento não vão acreditar: meus presentes eram panelas e formas para bolo. Eu e minha mãe demos muitas risadas. Mas com isto comecei a testar meus dons culinários, minha família amigos e marido era minhas cobaias, e fui me descobrindo e realmente achando meu verdadeiro dom, nesta minha vida tumultuada.

Nasceu meu filho e com ele vieram os primeiros bolos do chá da tarde, de aniversários, depois fazia dos amigos deles.

E fui aprimorando... Este meu hobby virava minha verdadeira vocação, e minha profissão, fazendo cursos, me especializando ainda mais no que eu mais gostava de fazer. Não, eu não me imaginei como professora de culinária.

Era uma deliciosa brincadeira que virou coisa de gente grande de responsabilidade, e com ela fui adquirindo várias formas de diferentes tamanhos e modelos, e começaram a aparecer várias coisas boas e grandes oportunidades. Tive uma professora que me iniciou neste ramo que foi a Eliana Teixeira, fui substituí-la e acabei gostando de dar aulas, a começar a dividir meu saber. Tive uma segunda pessoa também: a Selma da Escola Bosque dos Enfeites foi a primeira a me dar um voto de confiança. Assim, comecei a dar aula na escola dela e minha vida foi mudando, e elas se tornaram, além de minhas madrinhas de profissão, também minhas grandes amigas, e delas foram aparecendo lojas, empresas, parceiros.

E a primeira revista, a primeira entrevista no jornal, e a minha primeira participação na TV, que teve duas madrinhas, a minha amiga Ana Maria Ronchel que me apresentou na Rede Mulher no programa

Mulheres em Foco, que conheci minha segunda madrinha Claudinha Pacheco, quem me apelidou de Nani e dela veio outros programas, várias alunas, amigas também, e com todo este percurso pude ir caminhando devagar e criando meu caminho meu valor e respeito, e cada vez mais lembrando que tudo na vida tem um porquê, um sentido. Brincava de fazer comidinhas para minhas bonecas e amiguinhas, depois bolo nos batizados das minhas bonecas e depois para festas das minhas amigas e da minha família. Tenho, depois de vinte e dois anos de casada, minha forma de bolo que virou meu talismã da sorte, e compreendi que há bem mais do que apenas uma simples coincidência: às vezes temos algo que pode mudar toda nossa vida, e mostrar o nosso verdadeiro dom e eu hoje descobri que aquela forma já era sinal do que seria minha caminhada futura que poderia sim fazer a diferença, e poder ajudar, contribuir para que a vida de pessoas se torne mais doce e feliz.

> Curiosidade:
>
> Nacional, esta forma comigo há vinte e dois anos, ganhei quando casei, tenho algumas novas, mas não consigo me desfazer delas, como se já fizessem parte da minha caminhada e da família.
>
> Gostaria de deixar pelo menos uma para uma das minhas netas, já que não tive filhas, para elas se lembrarem sempre da avó boleira que adorava ensinar a cozinhar e a fazer deliciosos bolos e doces.

Nome completo: Maria das Graças Bittencourt Macedo Moura

Idade: 61 anos   Cidade que reside: São Paulo

Profissão: Pedagoga, Diretora de teatro e Escritora

Área de atuação: Grupo de Teatro Amador "Arte não tem idade"

Perspectivas para o futuro (pessoal ou global): Através do teatro levar à população carente acesso à cultura e entretenimento. Incentivar nos idosos a importância de se buscar qualidade de vida.

A louça inglesa

Djalma de Abreu Macedo, pernambucano, nascido no ano de 1909, meu pai, começou a trabalhar com 15 anos para ajudar no sustento da família, coisa comum naquela época. O Banco Real do Canadá foi o seu primeiro e único emprego: permaneceu nele por quarenta e cinco anos.

Ao completar a maioridade, e prevendo um futuro casamento, encomendou da Inglaterra um conjunto de louça, constituído por aparelho de café, chá e jantar. O conjunto era feito de porcelana e seus enfeites folheados a ouro.

O transporte foi por via marítima e demorou quase um ano para chegar no Recife. Veio em uma grande quantidade de caixotes, porque possuíam 24 peças cada jogo, entre pratos e xícaras.

O tão esperado casamento entre meus pais aconteceu após oito anos de espera, nesta época minha mãe ficou órfã, e, devido a este fato, meu pai antecipou o casamento, devido a sua pouca idade (13 anos) e assim o casal foi morar com meus avós paternos.

A louça somente foi desencaixotada quando meus pais foram morar em sua própria casa, vários anos depois. Lembro-me que a louça dificilmente saía da cristaleira: ela só era usada em ocasiões muito especiais, aniversário, Natal, Ano-Novo e quando o Cônsul do Canadá vinha nos visitar.

Hoje o aparelho está com 84 anos, algumas peças foram quebradas e algumas extraviadas quando da nossa mudança para São Paulo.

Seguindo a tradição, a louça agora está com a minha filha, que cuida dela do mesmo jeito que minha mãe cuidava e do mesmo jeito que eu cuidei.

A louça inglesa, além de nos reportar a grandes lembranças, passou a ser relíquia da família.

Curiosidade:

Louça de porcelana importada da Inglaterra em meados de 1925.

A louça era lavada com um pedaço de pano novo com sabão neutro, pois assim minha mãe achava que evitaria riscos.

Nome completo: Maria de Lourdes Ferreira Machado

Idade: 63 anos   Cidade que reside: São Paulo

Profissão: Professora de Psicologia

Área de atuação: Practitioner, Coach, Palestrante, autora do livro *Líder 24 horas por dia*, sexta edição, editora Best Seller.

Perspectivas para o futuro (pessoal ou global): A minha perspectiva para o futuro é viver cada dia, todos os 1.440 minutos de forma intensa, com minha família, ensinando e aprendendo até o último minuto.

O arrepio ainda é o mesmo!

Domingo à tarde, não sei se tinha sol ou não, mas pra mim tudo era lindo! Quase não consegui dormir naquela noite, pois no dia seguinte toda nossa "turma" estaria junta no "bailinho" na garagem da casa do Adilson. Cada uma das meninas levaria salgadinhos e os meninos levariam refrigerantes... a cada domingo que estes encontros aconteciam meu coração batia mais forte... Gostava muito de meus amigos, mas um era especial... o Fernando... Ele era muito tímido; quando nos víamos ele mal conseguia olhar em meus olhos. Eu era apavorada, pois meu pai era muito bravo e não admitia que eu gostasse de algum rapaz, namorar nem em pensamento. Eu tinha 12 anos e ele 15 anos. Mas aquele domingo, algo foi mais forte que o medo de meu pai... Nos divertíamos muito, quando finalmente ele pegou em minha mão e disse: "Dança comigo?" O rosto ruborizou, e eu odiava quando isto acontecia, pois me sentia desnuda, e respondi: "Claro que danço..." Era maravilhoso estar tocando em sua mão e ele na minha... Começamos a dançar, era muito bom! Como se o resto do mundo não existisse. De repente, olhando direto nos meus olhos, ele disse: "Lurdinha eu gosto de você, quer namorar comigo?" Quase não consegui dizer "sim"... era tudo o que mais queria na vida... O tempo parou pra mim naquele momento... me senti grande, linda, poderosa... Meu Deus o homem que eu amava também gostava de mim!!! Meu corpo tremia, o ar parecia que havia acabado no planeta... e a música que tocava naquele momento era "La Mer", com Ray Conniff... Hoje já se passaram cinquenta anos, mas cada vez que ouço a música, como estou fazendo agora, pela sexta vez em trinta minutos, para escrever este testemunhal, as sensações são as mesmas: a sensação no peito, a respiração, a leveza, o arrepio, a certeza que "posso muito"... felicidade. Com mais de 62 anos, ao ouvir a música ou simplesmente ao olhar a capa do *Long Play*, me sinto como se tivesse uma vida inteira a ser vivida, com uma capacidade de amar imensa.

Escrever estas linhas me fizeram adentrar novamente naquele estado de graça, sensação que me faz muito bem!

Curiosidade:

Saudade, nostalgia...

Incrível como o estado emocional de sentir saudade, ou de recordar um momento importante e feliz, nos faz imaginar e sentir aquele fragmento mágico novamente... Entrar neste universo por vezes me faz sentir rejuvenescida e pronta para superar todos os desafios!

Nome completo: Maria Goretti Gerevine

Idade: 51 anos   Cidade que reside: São Paulo

Profissão: Professora

Área de atuação: Ensino Superior
Atua hoje como professora de Ensino Superior para as áreas de Turismo, Hotelaria, Propaganda e Publicidade, bem como Jornalismo para a Universidade Nove de Julho.

Perspectivas para o futuro (pessoal ou global): Viver com tranquilidade e apreciar o sol da manhã em longas e gostosas caminhadas, com meu vira-latas Nino.

Objetos de minha estima

Falar de objeto é falar de algo que está diante de nós, que possua em seu aspecto a materialidade necessária para que o tenhamos vivo em nossa memória. Está ligado ao sentir, ao memorizar. Lembranças dos tempos de criança, lembranças de todos os tempos. É reconhecido em qualquer momento como uma coisa muito querida ou que provém de uma pessoa muito querida. Desta forma, o objeto é constituído de matéria, memória e sentimento.

Ecléia Bosi nos diz que "a memória não é sonho, é trabalho". Trabalho feito por experiências, que construiu lembranças por meio dos materiais que estão em nosso cotidiano. Em nosso cérebro são como trama e urdidura tecidos pela vida, formando mosaicos, desenhos, padrões que nos remetem a uma viagem ao passado.

Fugindo a regra, não tenho um objeto, mas dois... e representam uma parceria que já dura mais de cinquenta anos. Os objetos de minha estima pertencem à juventude de meus pais. Por parte dela, um pingentezinho em forma de figa; deles, a pulseira de prata com o símbolo da aeronáutica em relevo.

O primeiro, um objeto feminino, delicado, que representa uma época de mulheres formadas para o lar.

Uma delicada figa feita com um pedacinho de tartaruga (hoje um objeto politicamente incorreto), com um pequeno fio de ouro.

A mãozinha fechada segura uma chave, quebradinha na ponta. Por certo algum "pestinha" deve ter quebrado (talvez eu mesma).

Ela ganhou dele quando fez 20 anos. Em uma foto da época, ela ostentava um brinco de pérola, uma blusinha recatada e uma correntinha e o pingente...

O segundo objeto, a pulseira, ele ganhou quando terminou o curso de mecânico de aviação, na década de 1950. Época dos grandes aviões B52, do Campo de Marte, e a responsabilidade de tomar conta do avião de Ada Rogato, de muito trabalho para um jovem, do tolueno ao parafuso do motor, da graxa ao macacão, dos tempos difíceis ao namoro com minha mãe. Na foto amarelada, ele e mais quatro colegas, todos de macacão, estão sobre um pequeno avião pousado.

Um dia a pulseira de prata encontra o pingente de tartaruga e tudo começa. Com um certo ranger de uma porta velha que precisava de um ajustezinho especial.

Não posso dissociar os objetos. Estão ligados. Mesmo que eu tenha que escolher, não poderia. Fazem parte de minha infância, minha adolescência, fase adulta e até hoje.

Curiosidade:

Ela conhece como ninguém o cheiro das plantas e o teor do poder de cura que possuem; ele conhece tudo sobre parafusos e porcas, chaves e alicates, o cheiro da graxa e do tolueno.

Ela foi criada para o sonho, mas teve a realidade; ele foi criado com a dura realidade, mas vive nos sonhos.

Ela cuidou da casa e dos filhos; ele proveu a casa.

Ela gosta de lãs e novelos de lãs; ele gosta dos bichos... especialmente todos os gatos e agora também o cachorro.

Usados pela vida, envelheceram juntos e adormecem juntos, assistindo à televisão.

Nome completo: Maria Hortência Carneiro Spring

Idade: 56 anos   Cidade que reside: Belo Horizonte-MG

Profissão: Médica

Área de atuação: Ginecologia

Perspectivas para o futuro (pessoal ou global): faço pós-graduação em Auditoria Médica com intenção de expandir meu horizonte profissional.

Vínculo afetivo

De repente, me vi andando pela casa buscando um objeto...

Meu olhar, como que hipnotizado, ficou perdido em um armário que tenho em minha sala de visitas e então percebi como gosto deste móvel...

É lindo, grande, elegante, tem " pedigree"!

Ah... como gosto desta peça!

Gosto tanto que ela quase se torna um bem imóvel...

Então, me vi questionando "por quê?"

Como num passe de mágica, resolvi, literalmente, entrar dentro daquele armário...

Percebi de imediato que a palavra ARMáriO contém dentro dela a palavra AMOR.

E, lentamente, fui vendo tudo que tenho guardado em seu interior... Lá está uma peça linda que meu pai e minha mãe ganharam quando se casaram; uma mimosa jarra de água que ganhei de presente no meu primeiro casamento; algumas xícaras antigas já gastas pelo tempo e pelo desuso, que vovó tanto gostava; um frasco de "Thymol" que meu falecido pai farmacêutico se esqueceu de desfazer e nem sei como veio ficar comigo; uma linda bomboniére pintada à mão por uma amiga querida que hoje não pinta mais; um belíssimo anjo de cristal que ganhei de uma pessoa muito importante na minha vida, que partiu precocemente deste mundo; algumas peças lindas que fui adquirindo em antiquários nas minhas andanças pelo mundo; cristais, pratas, enfim uma infinidade de coisas e a maior parte delas com uma história para contar...

E escondidinho dentro deste armário, guardado no fundo falso de uma caixinha de música, está um bilhetinho escrito à mão (correio elegante) lembrança de alguém muito especial (meu primeiro amor), com os seguintes dizeres:

"Sonhei que a neve ardia... Sonhei que o fogo gelava... E por sonhar coisas impossíveis... Sonhei que você me amava... Para a mais linda flor de todos os jardins do mundo" Assinado: Mário

É... ARMÁRIO = MÁRIO

Ah! Entendo agora o porque do vínculo que tenho com este objeto: Meu Armário...

Lá existe uma história, cada peça um pedaço de minha vida, uma lembrança, um momento vivido...

A presença ausente de pessoas queridas, que deixaram lembranças no meu armário e no meu coração...

Eis porque meu " vínculo afetivo"... É um vínculo com minha história de vida, com minhas lembranças, com momentos bons do meu passado que se tornam presentes cada vez que abro meu armário...

Este vínculo tem um nome. Meu Armário se chama SAUDADE...

> **Curiosidade:**
>
> Este armário é de origem alemã de madeira maciça e eu o trouxe junto com minha mudança quando voltei a residir no Brasil. As portas são de cristal estilo " vitreau" não colado e móvel.

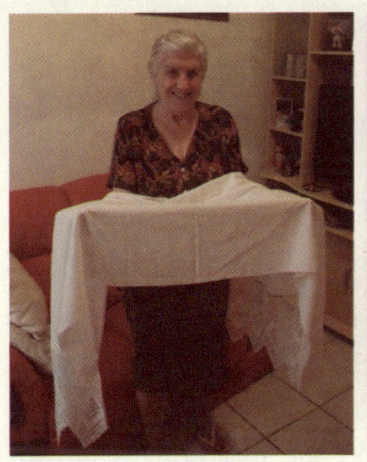

Nome completo: Maria Sastre Danna

Idade: 74 anos   Cidade que reside: São Paulo

Profissão: Aposentada

Área de atuação: Aposentada

Perspectivas para o futuro (pessoal ou global): Desejo que todos tenham muita paz, saúde, amor.

Toalha de batismo

Meu nome é Maria Sastre Danna, nasci em 17 de abril de 1935, na cidade de Cafelândia-SP, sendo a mais velha, tenho dois irmãos e uma irmã. Meus pais eram descendentes de espanhóis, e morávamos no sítio que era arrendado por eles para lavoura de arroz, café, feijão e milho. Desde cedo, com 14 anos, eu já empunhava uma enxada e ia com meu pai para a roça, "capinar café" e ajudar no semeio de arroz e milho em meio à plantação de café, meu pai arando a terra e eu jogando os grãos que mantia numa bolsa de pano a tira-colo.

Para estudar, tínhamos que caminhar alguns quilômetros a pé até o grupo escolar, onde aprendi as primeiras letras do alfabeto e a tabuada, pois meu pai me negava o acesso a estudos, alegando que se eu já sabia ler e escrever já estava muito bom.

A criação dos filhos naquela época era de muita austeridade e controle, e obedecíamos piamente, pois além do respeito imperava o medo de punições.

Com problemas de partição de terras de família, vimo-nos obrigados a deixar o sítio e mudar para a cidade, pois não havia mais possibilidades de trabalhar na roça. Então, já na cidade, consegui um emprego em uma loja de armarinhos e fazendas (secos e molhados) como balconista para auxiliar nas despesas da casa com meus pais, pois era a mais velha.

Nestes dias, conheci Décio Danna, de 27 anos, com quem me casei com 19 anos na cidade de Arapongas, PR, no dia 30/12/1954. Dois anos depois nascia meu primeiro filho, Hélio. Para que fosse utilizada no ato da cerimônia da igreja, fiz essa toalha para este momento, que foi também utilizada para o batismo dos meus outros três filhos: Nilson, Edemilson e Roberto.

Apesar de muita luta, dificuldades de todos os tipos, hoje posso afirmar que valeu muito a pena todos estes anos de ouro em que vivi com meu marido, hoje falecido, e juntamente com meus filhos maravilhosos e netos e netas lindos posso me considerar realizada, feliz e com muito orgulho da minha história vencedora.

Guardo até hoje esta preciosa toalha com muito carinho, pois é um objeto muito importante e representa muito para mim, trazendo lindas e eternas lembranças.

Curiosidade:

Toalha branca de algodão, feita à mão, com acabamento em crochê, e com as iniciais bordadas de um lado "M" de Maria e "S" de Sastre, e do outro um bordado de ramo de flores.

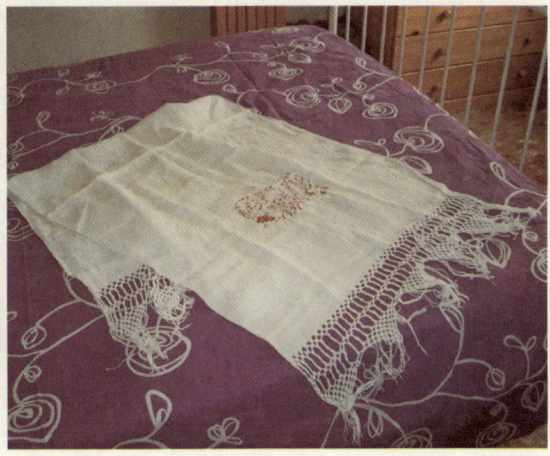

Nome completo: Maria Victoria Carmona Delfin

Idade: 54 anos   Cidade que reside: Malaga-Espanha

Profissão: Ama de casa

Área de atuação: Mi casa

Perspectivas para o futuro (pessoal ou global): que tenga menos catastrofes en el mundo, y que pare la crisis.

La toalla

Esta toalla era de mi bisabuela Carmen, la bordo ella misma a los quince años para su ajuar, como era de costumbre en esa epoca, alla por 1883, mi bisabuela en esa epoca era una terrateniente, tenia muchas tierras y bastantes trabajadores a su cargo cuando se caso, quiso la mala fortuna que se quedara viuda y sin un hombre que le llevara sus asuntos tuvo que venderlo todo y marcharse a la capital, o sea, Madrid. Alli compro un edificio de dos plantas, la de arriba para vivir y en la planta baja, puso una lecheria, hueveria y le iba muy bien; Pero vino la guerra de España de 1936 a 1939 y cuando bombardeavan todo el mundo salia corriendo a refugiarse en el metro y claro, no daba tiempo de hacer maletas. Asi es que cogian lo primero que tenian a mano para liar lo mas imprescindible, como documentos, joyas, dinero, algo de ropa y se hacian un hatillo. y ahi entra en juego la toalla; fue lo que cogio mi bisabuela para liar lo poco que le dio tiempo, pues caian las bombas como copos de nieve, y corrio a refugiarse a los tuneles del metro. Cuando salio, se le cayo el alma al suelo, habia caido una bomba sobre su casa y la habia derruido, asi es que se quedo con lo puesto y lo poco que habia liado en la toalla. La toalla, testigo mudo de la vida y del infortunio de mi pobre bisabuela que paso de la riqueza a la pobreza en un abrir y cerrar de ojos. Se fue a vivir con una hija, mi abuela Eulalia, que me crio como una madre y asi de esa manera fue como la toalla, vino a mis manos y la conservo como oro en paño.

Espero que la historia te guste, puesto que es verdadera y espero que la incluyas en tu libro, me agradaria mucho que te sirva esta hermosa, aunque triste, historia de la toalla.

Nome completo: Marilsa Ribeiro Mendes

Idade: 73 anos   Cidade que reside: Guarujá-SP

Profissão: Professora de Geografia

Área de atuação: Aposentada

Perspectivas para o futuro (pessoal ou global): Viver tranquila ao lado de meus filhos, netos, netas, irmãs, com simplicidade, cuidando de meus objetos que são muito queridos.

À sombra das oliveiras

Seu nome era Mario Ribeiro Mendes, nascido em Virginia, Minas Gerais, no dia 4 de novembro de 1912. Faleceu em Lorena cidade do Vale do Paraíba aos 76 anos.

Meu pai fora um artista nato, pintava em tela, escrevia poesias e músicas sem nunca ter frequentado curso superior ou escola de artes. Ele só tinha o primário, trazia a arte consigo.

Em nossa casa havia todos os instrumentos de corda. Recordo-me, saudosa, o som de seu violino "manhoso" acompanhado pelo violão e o pandeiro... a música seguia noite adentro. A boêmia imperava.

Aprendi com ele a amar a noite, principalmente na lua cheia. O luar pertence aos seresteiros.

Lembro-me, como se fosse hoje, quando pintou seu mais bonito quadro... Eu ainda criança sentadinha num caixote observava-o rabiscando o esboço do seu quadro "Jesus no Monte das Oliveiras", mexia em suas tintas e pincéis, mas ele não gostava. Considero o quadro mais belo que já vi. Por essa razão, qualquer tentativa de explicar em meras palavras o que sinto ao observá-lo será em vão.

Este quadro tem 60 anos. Ele tornou-se a presença contínua dele em minha vida, e o seu legado, que perpetuará seu nome.

A ausência de meu pai deixou um vazio que preencho com lembranças e saudades dos belos dias que passamos juntos.

Obrigada paizinho, por deixar a mim o privilégio de repousar à Sombra das Oliveiras!

Espero que um dia possamos nos encontrar, não importa onde.

Saudades
Sua filha Marilsa

Curiosidade:

O que mais me dá saudade do meu pai é o meu estilingue, feito a canivete, cortado de galho de árvores. Nós apostávamos quem conseguia mais acertar o alvo.

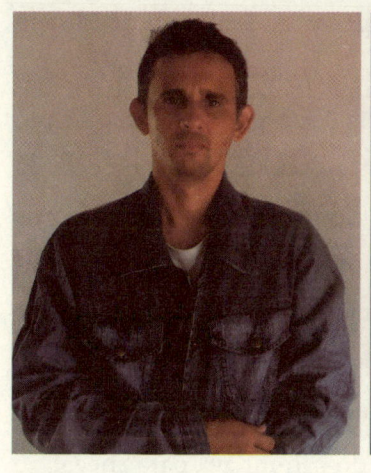

Nome completo: Mario Pinheiro de Almeida

Idade: 33 anos   Cidade que reside: Castanhal-PA

Profissão: Escritor, Funcionário Público, Técnico em Administração de empresas e Informática

Área de atuação: Pública e Privada

Perspectivas para o futuro (pessoal ou global): Concluir meus cursos de Direito e Letras, continuar minha luta em prol da sociedade e da literatura, trabalho que venho realizando como presidente de associação, membro de conselho de educação, academia de letras e agremiações literárias.

A caneta mágica

No ano de 1993, depois de muito penar para estudar, consegui concluir o meu ginasial. Agora era outra realidade totalmente diferente. Sairia de um interior para estudar na cidade, mas as dificuldades seriam em dobro, haja vista que, além dos três quilômetros que percorria a pé para chegar à escola, eu teria que pegar um ônibus e percorrer mais 14 quilômetros para chegar à nova e tão cobiçada instituição de ensino.

O primeiro dia foi um deus nos acuda, não conhecia nada, ninguém da minha turma. Todos eufóricos conversam, gritavam, riam e eu no meu canto sozinho, em silêncio estava estático diante da realidade. Tudo era novo, desconhecido para mim. Com tempo a professora entrou na sala, deu boa tarde e todos ficaram em silêncio. Ela se apresentou e depois pediu que nos apresentássemos. Eu como sempre sentei na última cadeira da quinta fila, as apresentações começaram desde a primeira. E logo de princípio uma garota, branca, dos olhos azuis, cabelos encaracolados, lábios rosados levantou-se e com sua voz suave falou seu nome. O nome que nunca mais esqueci. Daquele momento em diante minha vida mudou, meu coração acelerava todas as vezes que eu a via.

Ao final do primeiro dia de aula, quando caminhava para chegar ao local onde pegaria o ônibus, tive como companhia aquela bela garota, só que ela ia a minha frente e eu atrás, caminhava, admirando seu andar, seus cabelos longos, seus sapatos vermelhos. Isso ocorreu por vários meses. Até que um dia a nossa professora de português resolveu fazer um trabalho e sorteou os nomes das duplas e ela foi a escolhida para ficar comigo. Ao sentar ao seu lado fiquei tímido, retraído, não sabia nem o que dizer, meu coração parecia que ia sair do peito.

Mas ela era muito especial, veio com sua voz suave, calma e com todo carinho foi dando as suas sugestões. E com o tempo aquele clima devastador havia sumido, parecia que nos conhecíamos há tempos. Na saída, saímos juntos, lado a lado, conversando pela primeira vez. Foi a melhor experiência da minha vida.

Daí em diante, passamos a ser colegas e com tempo fomos deixando os sentimentos fazerem parte de nossos olhos. Criamos uma rede de comunicação, só nossa. Ela sempre deixava um recadinho no meu caderno na hora do recreio e eu a retribuía entregando outro quando nos despedíamos. Seus recados eram sempre escritos com uma tinta cor-de-rosa, suave e cheirosa. Tinha vezes que passava horas cheirando aquele papel, tentando sentir o seu cheiro, trazer sua lembrança para perto de mim.

E com tempo, o ano terminou, e na despedida ficamos tristes por dentro, apesar dos sorrisos. Ela continuaria a estudar à tarde, e eu iria para o turno da noite, pois tinha que ajudar meus pais durante o dia. Na despedida ela me deu um presente e ao abrir vi uma caneta cor-de-rosa. Ela vendo a minha surpresa foi dizendo: "Eu passei os dias escrevendo para você coisa lindas, coisas que guardo no meu coração com todo o carinho, e sempre tive como aliada esta caneta que quero que a guarde de lembrança minha". Naquele momento não sabíamos que era a última vez que nos víamos, mas foi e ainda tenho esta caneta que a batizei de A caneta mágica, pois todas as vezes que a pego ou a vejo ela me leva há um mundo encantado, repleto de sonhos.

Curiosidade:

Esta é uma caneta que recebi de presente de uma pessoa muito especial na minha vida fabricada pela empresa BIC. A cor é rosa e tinha um cheiro delicioso de tutti-fruti que se foi com o passar do tempo.

Nome completo: Mario Cardoso

Idade: 61 anos   Cidade que reside: Rio de Janeiro

Profissão: Ator e Diretor

Área de atuação: TV, Teatro, Cinema e Dublagem.

Perspectivas para o futuro (pessoal ou global): No nível pessoal tenho a preocupação voltada para transferência de mensagens positivas e construtivas para o próximo, através do meu trabalho. No nível global, fica a expectativa de uma uma melhor interação e entendimento do ser humano em relação aos problemas do meio ambiente e da violência, com um aumento de massa crítica de construção de um mundo melhor.

Palavras cruzadas

Desde pequeno eu me perguntava como um adulto conseguia ficar tanto tempo sentado em um sofá lendo ou se distraindo simplesmente com palavras, letrinhas tão miúdas que dão sono só de olhar. Eu via minha mãe dia após dia, manhã, tarde e noite, trabalhando na sua costura e administrando a casa com seus problemas, tomando conta de marido e filho, e ainda conseguindo tempo para o seu lazer que era o tênis, afinal, somos uma família de tenistas, para a sua leitura e para aquelas revistinhas onde as letrinhas se misturavam e se embaralhavam, e eu com pouca idade não entendia como aquilo podia ser interessante, coisa de adulto, eu achava. Essas revistinhas é que são o motivo deste pequeno relato, pois passei a me interessar pelas palavras cruzadas de tanto ver minha mãe debruçada nesta tarefa. Aos poucos esse passatempo foi me despertando interesse e não me escapava uma palavrinha cruzada de um jornal. O tempo foi passando, fui me aprimorando, adquirindo experiência cruzadística e hoje, aos 61 anos, já na terceira idade também, me dou conta do que significa isso.

Há mais ou menos sete anos meus pais foram obrigados, pelas circunstâncias, a mudar de vida, saindo do Rio de Janeiro para o interior, precisamente para Paraíba do Sul, uma bucólica e pacata cidade, às margens do rio que dá o nome a esta cidade. Se instalaram em um sítio confortável, cercado de árvores frutíferas e com muitos pássaros, um paraíso. Meu pai adoeceu e faleceu em menos de quatro anos morando no sítio, e fiquei atordoado, achando que a atitude de levar meus pais para morar no sítio tinha sido uma péssima ideia, mas, refletindo melhor, esse cantinho tinha sido um achado, onde meu pai passou seus últimos dias com qualidade de vida e sossego, com minha mãe se desdobrando para dar o maior conforto possível para ele. Eu fiquei então me dividindo entre Rio e P. do Sul preocupado com a Dona Rubia, minha mãe, sozinha naquele sítio aos 78 anos. Fiquei tentando imaginar como seria dali para frente, pois a minha preocupação era com o isolamento que ela se encontrava, mas para minha surpresa, identifiquei o objeto que estava segurando aquela mulher de fibra inabalável a se manter lúcida e esperta: as palavras cruzadas. Voltei a me interessar efetivamente por elas a partir daí. Agora minhas idas semanais ou quinzenais para vê-la no sítio, incluem, além de colocar os assuntos em dia, fazer as palavras cruzadas a quatro mãos. Cheguei à conclusão que esse exercício mental diário é de extrema importância para manter a mente em constante funcionamento, ajudando muito no processo de estímulo mental, raciocínio e memória. Hoje somos capazes de largar qualquer evento para ficarmos juntinhos discutindo e confeccionando nossas palavras cruzadas entre um gole ou outro de um bom vinho e de algumas risadas.

> **Curiosidade:**
>
> Faço auditoria do que ela não concluiu durante aquela semana, ficamos horas juntos pesquisando e conversando sobre aquelas minúsculas letrinhas.

Nome completo: Martinha- Martha Vieira Figueiredo Cunha

Idade: 63 anos Cidade que reside: Cotia-SP

Profissão: Cantora/Compositora

Área de atuação: Cantora/Compositora

Perspectivas para o futuro (pessoal ou global): Meu futuro como de toda humanidade é feito de sonhos e eu sonho em perpetuar o meu trabalho, além, é claro, de viver perto de minha mãe, meus filhos, meus netos e da minha crença de que, mesmo a duras penas, buscando o conhecimento, posso ser feliz. E assim eu sou. E assim serei. Feliz!

Meu piano, minha história

No dia 30 de Junho de 1956 eu fiz 9 anos. Não sabia o que viria a ser isso mas foi um marco em minha vida. Dois anos antes eu já havia manifestado meu interesse pelas artes e, sentindo isso, minha mãe me matriculou no balé clássico e comprou – era o que podia – um acordeon branco, lindo. E com isso começou a realizar meus sonhos. Durante esses dois anos uma professora chamada Dona Maria da Glória frequentou nossa casa, a casa dos meus queridos avós, uma vez por semana, e eu disciplinada e mais que isso, feliz. Muito feliz.

Aprendia, tocava, tocava, até que um dia ela – a professora – chamou mamãe e disse que o que podia me ensinar já havia sido feito. Que meu instrumento não poderia mais ser aquele. Até onde eu podia compreender mamãe e eu ficamos muito honradas e eu outra vez feliz.

A gente sabia o que fazer, mas as possibilidades de minha mãe eram limitadas, já que havia ficado viúva e o compromisso dela comigo não era só esse.

Mas um belo dia, o dia em que eu completei 9 anos, sem que eu pudesse ter a menor ideia de como isso aconteceu, a campainha tocou, e pela porta aberta por minha mãe e minha avó, entrou o que foi um dos grandes momentos da minha vida. O meu piano.

Todos os bons e puros sentimentos tomaram conta de mim, mesmo sendo tão infantil e tão pequena. Estava ali, diante de mim, tudo o que eu, em sonho quase materializava.

É claro que não tinha sabedoria, mas curiosidade não me faltou para querer saber como minha mãe conseguiu me dar esse tesouro. Ela me contou então, que vendeu meu acordeon, deu como entrada, e ia pagar durante muito tempo as prestações. Imediatamente coloquei uma almofada no banquinho, sentei-me e comecei, com muita intimidade com o piano, a tocar a valsa Danúbio Azul.

A nossa casa era a própria alegria. Todos à minha volta, sorrisos lindos e inesquecíveis. A partir daí segui com a música clássica durante muitos anos, até que me encantei também pela popular e começou minha trajetória.

E este piano querido está aqui, comigo até hoje. Foi a coragem e dedicação da minha mãe que me proporcionaram tudo isso. E ele será dos meus filhos, netos, bisnetos... Até que o universo se apodere dele em um lugar qualquer será meu outra vez.

Carreira:
Em 1966 participou do Movimento da Jovem Guarda, sendo chamada com carinho por Roberto Carlos de "Queijinho de Minas". A música "Eu te amo mesmo assim", de sua autoria, foi gravada no mesmo ano,

alcançando grande sucesso, e no mesmo compacto simples, gravou "Quem disse adeus agora fui eu". Em 1967 Erasmo Carlos gravou sua composição "Só sonho quando penso que você sente", pela RGE. No mesmo ano, lançou seu segundo compacto com as músicas "Barra limpa" e "Não brinque assim", pela Rozenblit. Em 1968, obteve seu maior sucesso com a canção "Eu daria a minha vida", de sua autoria, gravada por ela, inicialmente, e, depois, por outros artistas. Roberto Carlos também gravou algumas de suas composições, tendo a chance de retribuir como cantora na interpretação de "Última canção", de Roberto Carlos. Com o passar dos anos passou a utilizar em seu repertório músicas românticas. Durante a década de 1970 participou de festivais internacionais em vários países da América Latina. Dessa nova fase de sua carreira destacam-se as canções "Vai ser assim", de sua autoria e lançada em 1970, e "Pouco a pouco", em parceria com César Augusto, sucesso de 1983.

Em 1985 Chitãozinho e Xororó gravaram sua composição "Vem provar de mim", em parceria com Cesar Augusto, e no ano seguinte, a mesma dupla gravou "Queixas", outra de suas parcerias com César Augusto.

Grandes intérpretes como Angela Maria, Moacyr Franco, Wanderley Cardoso, Perla, Leno, Paulo Sérgio e Ronnie Von, gravaram músicas de sua composição. E na década seguinte passou a compor para duplas sertanejas como Leandro e Leonardo e Chitãozinho e Xororó. Em 1992, Chitãozinho e Xororó gravaram "Nossa história".

Na virada do milênio, Martinha em busca de um ambiente mais tranquilo, passou a viver numa granja com sua família, na região da grande São Paulo.

Em 2005, participou em diversos eventos e shows comemorativos dos 40 anos da Jovem Guarda, o projeto "Festa de arromba – 40 anos da Jovem Guarda", apresentado durante todo o mês de agosto, no Teatro II do CCBB (Centro Cultural do Banco do Brasil), no Rio de Janeiro, Brasília e São Paulo, no qual fez dupla com Wanderley Cardoso, em temporada de três dias, alternada com outros expoentes da Jovem Guarda, que também se apresentaram em duplas, como Jerry Adriani e Waldirene, Golden Boys e Vanusa, Wanderléa e Erasmo Carlos. Com agenda lotada, a cantora participou de gravações, shows e programas comemorativos por todo o Brasil.

> Curiosidade:
>
> Em 2010, apresentou-se ao lado de Roberto Carlos no show do cantor "Emoções Sertanejas", projeto que foi convertido em DVD, cantando a música "Alô", de autoria dele. O espetáculo foi exibido como Especial da TV Globo.
>
> Minha avó paterna (Martha Lobato Figueiredo Cunha) era prima do escritor Monteiro Lobato e para perpetuar os Lobatos da família, coloquei o sobrenome Lobato em meus filhos: Luciano e Fernando Lobato Vieira Figueiredo Cunha.
>
> Em minha árvore genealógica ainda temos Noel Rosa – Noel de Medeiros Rosa (grande nome da música no Brasil) e Bidu Sayão – Balduina de Oliveira Sayão (grande intérprete lírica brasileira).
>
> D. João VI – Monarca de Portugal – Imperador do Brasil, tem brasão da família do meu pai.
>
> Com orgulho menciono estes nomes, como forma de homenagear a minha família.

Foto: Nelson Takeyama

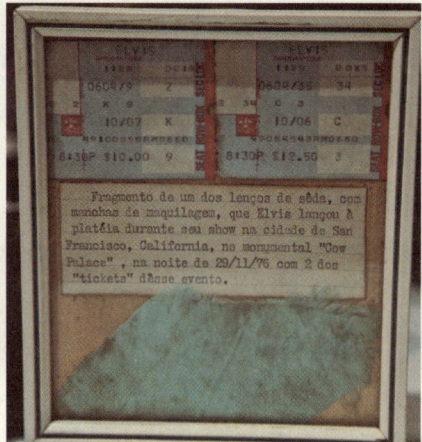

Nome completo: Maurício Camargo Brito

Idade: 64 anos   Cidade que reside: São Paulo

Profissão: Musico, Produtor Músical

Área de atuação: Palestras e Estúdios

Perspectivas para o futuro (pessoal ou global): Aperfeiçoando-se sempre, melhorando cada vez mais, caso o mundo não acabe em 2012, e divulgar o meu livro *Elvis: Mito e Realidade* o qual só pode ser adquirido pelo email: mauriciocamargobrito@hotmail.com

Guardo com muito carinho

O show começou com atraso para a plateia que lotava o Cow Palace, um ginásio coberto em forma de um imenso hangar. Originalmente conhecido como o "Pavilhão de Exposições de Gado e Cavalos", os chamados "livestocks", o enorme ginásio situa-se entre San Francisco e Daly City, na Califórnia, e além de rodeios, sedia competições esportivas, lutas de boxe, shows de patinação no gelo, convenções partidárias, circos, feiras e grandes eventos músicais. Sua história é recheada: alojou soldados na Segunda Guerra e apresentou desde a cadela Lassie até o fabuloso pianista Liberace, do U2 ao presidente Eisenhower, da Polícia Montada do Canadá ao pregador Billy Graham, do motociclista

Evil Knievel a John Kennedy, Beatles, Eric Clapton, Elton John, Pink Floyd, Rolling Stones e Paul McCartney. E nessa imensidão de concreto, misturado entre as 14.300 pessoas na plateia, estava eu, ainda sem conseguir acreditar que realizaria o sonho que há mais de duas décadas vinha alimentando a ilusão de bilhões de almas por todo o planeta: VER E OUVIR ELVIS PRESLEY AO VIVO! Nada é impossível quando alimentamos bons pensamentos!

No final do espetáculo, já no estacionamento, deparamos com um corre-corre ao lado de um automóvel. Uma frágil lourinha parecia estar em apuros, acossada por várias pessoas. Ela havia conseguido uma das echarpes atiradas pelo ídolo Elvis e agora todos queriam levar um pedaço. Em vez de ajudá-la, me infiltrei no bolo e joguei aquele "far from Brazil", "please", "you´re so beautiful", "... I left my money, in San Francisco..." e outros blá-blá-blás justificando que eu não poderia retornar sem algo concreto que lembrasse Elvis e coisa e tal. A garota estranhou meu sotaque latino, fitou-me por alguns instantes, mas cortou um pequeno pedaço da seda com seus alvos e bem cuidados dentes. Colocou-o delicadamente em minhas mãos, olhou firme em meus olhos e fez um pedido inusitado:

"Chegando lá no seu Brasil, divulgue o quanto uma *girl* norte-americana é gentil e educada!"

Até hoje não sei o porquê. Seria um transe patriótico de 1976, bicentenário da Independência dos Estados Unidos?

Em todo caso nunca deixei de cumprir o prometido, inclusive perpetuando o ponto de vista dela nestas páginas e guardando com muito carinho parte do que um dia foi utilizado pela lenda Elvis Presley.

Curiosidade:

Dirigindo a camionete da "empresa" pelas ruas de Memphis, Elvis passava pela Union Street e olhava com interesse para o número 706. Ali estava o Memphis Recording Service, firma especializada em gravações fonográficas. E ele desejava de qualquer maneira gravar um disco.

Os aparelhos de gravação estavam em efervescência desde que cientistas alemães pós-guerra levaram os segredos das fitas magnéticas da Basf para o ocidente. O Memphis Recording era o ganha-pão da Sun Records Co., criada e dirigida por Sam Phillips, uma gravadora independente que também vendia e alugava fitas para outras companhias. Sam Phillips gravava eventos em bares, festas e rádios, além de oferecer duas gravações em disco acetato 78 rotações a quem quisesse gravar, cantando ou tocando. Bastava pagar 3,98 dólares.

Nome completo: Mauro Martiniano de Oliveira

Idade: 47 anos   Cidade que reside: São Paulo-SP

Profissão: Capitão da PMESP

Área de atuação: Secretaria da Segurança Pública
Perspectivas para o futuro (pessoal ou global): Prosseguir minha carreira na Polícia Militar do Estado de São Paulo e lançar meus primeiros livros de poesias e contos, e obviamente outros mais.

Cadeiras de balanço

Era fim do ano de 1988, início de 1989, quando comecei a transitar pela rua Eudélio Ramos, no Jardim Danfer, em São Paulo, atrás do meu grande interesse que perdura até os dias de hoje, que era o namoro com a minha esposa.

Nos primeiros dias de namoro, quando descia pela citada rua, certamente há três casas do meu destino, do mesmo lado da calçada da casa de minha namorada, podia-se notar um casal de simpáticas pessoas sentadas na área de uma casa, em cadeiras de balanço, daquelas com armações de ferro e forradas com plásticos azuis, que me olhavam curiosos ao me ver passar.

Claro que logo fiquei sabendo se tratarem dos avós maternos de minha então namorada, e assim, após saber destes laços familiares, e também um pouco mais desinibido por estar numa vila "estranha" às minhas andanças, quando passava em frente à casa daqueles avós, comecei a acenar com uma das mãos e, num discreto movimento com a minha cabeça, a cumprimentá-los com o meu *"bom dia... , boa tarde... , ou boa noite... "*, cumprimentos esses que eram prontamente respondidos com satisfação pelos avós.

E por muitos anos foi assim... A figura daquele casal de avós na área de entrada daquela casa na rua Eudélio Ramos, todos os dias, sentadinhos naquelas cadeiras de balanço, passaram a fazer parte do panorama daquele simples lugar.

As pessoas que ali passavam, transeuntes ou os próprios vizinhos, se acostumaram com aquele "quadro pintado" em frente a casa de número 198, do qual suas figuras principais eram aqueles avós com os seus alvos cabelos estampados ao fundo da tela em volta de moldura.

E essas pessoas sabiam que ao passar por lá, não poderiam deixar de admirar aquele belo quadro vivo, cujas personagens "desenhadas" enfeitavam-no do amanhecer até o anoitecer e ainda acenavam sorridentes na espera da troca de cumprimentos.

E eu tive a grande felicidade de ter feito parte daquele cenário, e foram muitas as vezes, por anos, que sentei naquela área, e por horas, após "roubar" um poucadinho daquele balançar, saboreando um delicioso torresminho bem crocante e um cafezinho feito na hora, ao lado de seus filhos, netos e bisnetos, conversamos, contamos e ouvimos histórias daqueles avós...

Mas, um outro dia amanheceu, e aquela tela havia sido levada com suas principais personagens. Num simples sopro, Deus havia levado para si aqueles avós, que também, por consideração, tinham passado a serem meus avós.

Que coisa!... Agora a Eudélio Ramos nunca mais será a mesma...

Nem se ouve mais o descolar no asfalto do pneu do carrinho de mão do Chiquinho Teixeira carregando e negociando seus chinelos e outras bugigangas, e nem mesmo o som do alto-falante em cima da kombi do mascate a vender colchas e lençóis. Não se vê mais o mandioqueiro com sua carriola a comerciar suas mandiocas amarelinhas e boas de cozinhar e nem o trinar do apito daquele vendedor de algodão-doce a despertar o correr das crianças. E o pior... não se tem mais os cumprimentos daquele casal de avós, dizendo com os sorrisos estampados em suas faces: "*Bom dia!... Tarde!... Noite!...* ", e perguntando: "*Como vai o Fulano?... a Fulana?... o Ciclano?*". Aliás, não se tem mais vida naquela área. Nem mesmo as cadeiras de balanço ficaram para contar outras histórias...

Quem sabe as cadeiras de balanço também estejam lá no céu, para agora fazerem parte do panorama celestial, no balançar descontraído daqueles avós em seus eternos dias ao lado de Deus... Saudosas idas... Eternos avós: *Seu Francisco, o Vô Nêgo! E a Dona Aparecida, a Vó Cida!*

Curiosidade:

Nos finais de semana, principalmente, quando íamos na casa dos bisavós maternos de meus filhos, as cadeiras de balanço eram bastante disputadas entre os meus filhos, Felippe e Monique, na época crianças, que corriam para sentar nas cadeiras dos bisavós, dizendo em suas inocências: "*Cheguei primeiro vô/vó...* ". E é claro, que os avós sempre simpáticos, diziam: "*Podem ficar, mas quando levantarem me avisem antes que outras pessoas sentem*".

Nome completo: Michael Anderson Persaud – S-UNO

Idade: 30 anos   Cidade que reside: São Paulo

Profissão: Cantor, Compositor, Produtor

Área de atuação: Música, Cultura Hip Hop - Membro no Group www.blackavatarz.com

Perspectivas para o futuro (pessoal ou global): Progresso pessoal, com o lançamento do meu CD – Black Avatarz (Sound Waves). Espero que o Brasil atinja na educação, cultura e música os níveis mundiais que conheço, para que seja respeitado como uma grande potência de amor, paz e de conhecimento.

Um estrategista do ritmo

Minha vida nas rimas começou nas ruas, quadras de basquete, desde o tempo da 5ª série na escola em Nova Iorque, onde comecei a improvisar nos "cyphers" que é a rodinha em que uma pessoa faz um "beat box" e outros fazem rimas e dali fui muito bem elogiado mais não levava a sério e não tinha importância nenhuma em ser algo especial ou algum artista. Em outra oportunidade teve combate de rimas em parques, vielas & trens e também festas locais em residências que tinha pessoas combatento e daí que descobri que eu era bom mesmo no que fazia porque estava curtindo com amigos enquanto "MC" de fora da região do Southside Queens, não estavam ganhando, os caras de repente me chamaram para salvar a área, e fui numa boa e fiz que sei fazer bem... sem crise... e fiquei conhecido por muitos como um bom improvizador.

A partir daí pessoas me chamavam para rimar nos microfones em cima das Pick ups e mandar metáforas e criar arte com palavras rimando e falando também do dia dia... Mas devo isso também ao meu pai, Harold Caribbean, cantor de reggae do Caribe, que me influenciou na música, e dali segui os caminhos...

Tive ótimos momentos com muitos artistas com Afrika Bambaataa, o padrinho do hip hop, The God Father of Sound. Já fui muitas vezes MC pessoal dele em turnês; também já fui MC do TC Izlam e do filho dele que foi uns dos cabeças do cenário "Drum n bass da America". Fiz perfomances com DJ Jazzy Jay. Abri shows em Nova York para muitos nomes importantes do Hip Hop nos Estados Unidos.

Através da oportunidade que o empresário falecido, R. I. P SANO IN uma pessoa que dava força e apoiava o hip hop latino, e seus grandes nomes como Cypress Hill, Funkdoobiest, Notch, Big Puna, já participei de vários eventos com apoio G Unit, Bad Boy, Rocafella, Shaddy Records, Duck Down, nomes reconhecidos de gravadoras e organizações de hip hop nos USA.

Sou muito grato por ter muita influência com True Master do Wu Tang, produtor de peso que no Brasil trouxe o improviso direto de Nova York em 1995 rimando inglês nas festas do Rap Soul Funk Primo Preto, Oitava DP do Guigo da Clash com Andre Oitava, Ton Ton, Jive. Fui elogiado pelo Black Panthers um group mais antigo, Mano Brown Racionais, que também participou de Freestyles com, Thaide e DJ Hum, Xis e D2 que também fazia flows-shows com a gente BBS, Tio Fresh, Max BO, Espião rua de baixo nas festas com nation, Torre Dr. Zero em festas antigas de favelas até levar para outro nível, onde havia champanhe em casas mais chiques como Heaven disco.

Agora que me deram o nome de estrategista na rima, Strategik Uno tenho um supertrabalho com Jorge Groove na produção chamada Black

Avatarz com recurcos Black Caribbenhos, Brasileiros Rock e outras misturas e elementos, com banda música ao vivo, soltando a voz no microfone uns dos principais elementos do Hip Hop... voz ativa... Hip Hop maior cultura do mundo e tambem da música... fazendo parte da história músical dessa nova geração que esta cada vez mais expandindo, com portas abertas para todos os gostos e para curtirem e se divertir no Brasil, e outros países como USA, França, México, Japão, UK, Alemanha, Canadá, Colômbia, Chile, Porto Rico, Austrália, o Brasil vem chegando porque sempre foi rico em música e hip hop é nosso também e mundial. Respeito a todos da Universal Zulu Nation que põe trabalho e dedicacão ao movimento de muita cultura e arte.

O meu objeto é o microfone porque é o elemento de um mestre de cerimônia MC que faz a galera dançar, curtir, levantar, e chamar os fãs também para fazer parte do show interagindo como todo mundo. Diga hip hop -hip hop... microfone e o artista que diverte o povo com inspiracão do tema ou ambiente rimando, falando, expressando à capela, o DJ vira a atração da festa, e os Break Dancers dançam e os que têm facilidade em escrever podem se expressar e grafitar sua sabedoria e cultura.

Tendo entendimento no elemento mais importante desse movimento, não nos trajes que você veste, independentemente de raça ou idiomas, e sim saber, entender e compatilhar a cultura Hip Hop.

> **Curiosidade:**
>
> Quando voltei ao Brasil em 1995, entrei pela primeira vez em um estúdio, sempre tive muita facilidade com as letras, e no estúdio entrei em contato com a músicalidade que me fez evoluir. A música brasileira tem ritmos e melodias maravilhosas, procurei no meu CD agregar a experiência que tenho com o ritmo americano e caribenho, porque acredito em novos ritmos que fazem crescer a cultura de um povo; esta mistura que transcende, incorporei no meu trabalho.

Nome completo: Monica Carvalho

Idade: 47 anos   Cidade que reside: São Paulo

Profissão: Pedagoga

Área de atuação: Gastronomia – Restaurante Carambolla

www.carambolla.com.br

Perspectivas para o futuro (pessoal ou global): Progredir com a atividade que me comprometi e poder ajudar sempre mais pessoas.

Herói de tantas pessoas, e particularmente meu pai...

Manhã de domingo. Como todos os outros, era o dia de conversar com meu pai. Tenente-coronel reformado, bombeiro por opção, muitas histórias para contar.

– Senta aqui filha. Tá vendo aquele capacete?

– Claro pai... Seu primeiro capacete de bombeiro! Aliás, velhinho não?

Os olhos dele brilhavam ao olhar aquele capacete antigo, amarelado, amassado. Foi aí que perguntei porque ele tinha tanto carinho por ele.

Entre as tantas histórias vividas, paramos por algum tempo só olhando. Foi quando ele, com os olhos cheios de água, perguntou se eu lembrava do primeiro grande incêndio que apagou (ou pelo menos tentou) na vida. E lembro, de cada detalhe, como se fosse hoje!

Vinte e quatro de fevereiro: dia do seu aniversário. Logo de manhã, uma viatura com as sirenes ligadas, para na porta da nossa casa. Meu pai abre a porta rapidamente e, quando percebo, lá vai ele: roupa de "briga", capacete, botas. Beija minha mãe, entra na viatura e desaparece. Ligamos a televisão e só então entendi para onde ele tinha ido. Um grande incêndio destruía o Edifício Andraus. Sabia que ele tinha ido, pois comandava o batalhão que estava lá. Angústia permanente. Notícias sem nexo. Pessoas sendo salvas. Pessoas não sobrevivendo. Notícias do meu pai? Nenhuma. Só à noite escuto a viatura chegar. Apreensão: seria ele ou alguma notícia que talvez não quiséssemos receber?

Abro a porta correndo e lá está ele: farda suja, abatido e o capacete com mais um amassado. Mas meu pai estava de volta!

Passado algum tempo, acordei com uma sirene tocando. Assustada, desci as escadas e vi minha mãe entregando a farda do meu pai a um soldado. Sabia que era mais um incêndio. E que não era pequeno. Corri para a televisão e lá estava: Edifício Joelma. Labaredas, pessoas se atirando prédio abaixo, na esperança de sobreviver. Mais uma vez, meu pai comandava o pelotão. Medo. Angústia. Esperávamos alguém mandar notícias, mas nada. Lembro que, aquela noite, ninguém foi deitar enquanto ele não chegou. Na verdade, não sabíamos se ele voltaria ou não. De madrugada, o portão abre.

Novamente, farda suja, capacete amassado nas mãos. Mas, dessa vez, ele não falava. Passou por nós, tomou um banho, deitou no sofá e de lá não saiu por três dias. Olhar parado. Movimentos absortos, sem nexo. O médico disse para que o deixássemos descansar, pois estava traumatizado e precisava de um tempo para absorver tudo que tinha presenciado.

Três dias depois, ele volta ao nosso mundo, ao nosso convívio.

E só então soubemos, realmente, o que aconteceu.

- Sabe, ele disse, nunca vi tanta gente tentar se salvar e morrer. Nunca na vida senti-me tão impotente. Não consegui salvar todo mundo. Isso acabou comigo. O fogo é maravilhoso, mas não perdoa.

Depois disso, mais alguns pequenos incêndios aconteceram. Ele se afastou do bombeiro por opção. Mas continuou bombeiro na vida, no coração. A cada sirene na rua, ele levantava da cadeira e dizia: "Olha que coisa linda! Essa é a minha vida!!"

Hoje, ele não está mais conosco. Acho que Deus precisava de uma pessoa como ele lá em cima.

Meu pai: sinônimo de honestidade, hombridade, amor, luta perseverança, coração.

Tenho muito orgulho em ter tido um pai como ele. Hoje, fica a saudade, o exemplo que tento passar aos meus filhos e a sensação do dever cumprido.

Hoje fica o amor pelo capacete que está guardado comigo. E que vai ficar para sempre com as histórias vividas.

Curiosidade

Durante o incêndio do Edifício Andraus, houve um episódio interessante, que foi a queda de um fragmento diretamente no capacete do meu pai, amassando-o. "O capacete salvou sua vida"

O incêndio do Edifício Andraus ocorreu em 24 de fevereiro. Na mesma data, em 1940, nascia meu pai: Herculano Gonzaga de Carvalho.

Nome completo: Nelson César Júnior (Junior Voz)

Idade: 27 anos   Cidade que reside: Barueri-SP

Profissão: Cantor e Apresentador de TV

Área de atuação: Comunicação

Perspectivas para o futuro (pessoal ou global): Consolidar minha carreira na música e na TV e desenvolver um grande projeto social voltado para crianças.

Meu violão, minha voz

Não culpo meus pais, nem o sistema, mas entrar numa faculdade sempre foi algo muito distante pra mim. Está certo que no tempo em que estamos entrar para faculdade é algo muito mais acessível, ainda mais se falarmos de uma particular, mesmo assim ainda era muito difícil para o meu padrão de vida, acredito que tudo na vida tem um porque, mas nem por isso me levo ao conformismo, e é disso que quero falar, e é por isso que meu objeto é tão importante. Todo profissional tem sua ferramenta de trabalho, então essa ferramenta lhe dá o sustento, comigo não foi diferente, o que diferenciou a minha relação com a minha ferramenta de trabalho foi a forma que eu cheguei até ela...

Com toda a minha dificuldade financeira e intelectual, eu me vi estimulado por um amigo a prestar vestibular, logo após conhecer um pouco da grade do curso de rádio e TV através do jornal da faculdade, que ele me mostrou. Daí foram poucos meses até chegar no palco do programa "Tudo é possível" na Rede Record, representando a faculdade junto com mais alunos, onde, em rede nacional, iríamos assistir à uma matéria sobre a arte de fazer desenho animado, na qual eu era um dos apresentadores. Logo veio o estágio na RedeTV trabalhando com Olga Bongiovanni, Faa Moreno e a galera do Pânico onde eu era um dos responsáveis pela operação do microfone dos apresentadores. Lutei muito para estar ali, nessa altura já havia evoluído minha capacidade intelectual para muitas coisas, mas a minha realidade financeira ainda era a mesma. Como disse no início eu realmente não me acomodo, e também não fecho os olhos para a realidade e a realidade é que sem dinheiro e com dívidas, eu tinha que mudar o rumo das coisas, por mais que aquilo tudo me encantasse tanto.

Desde os 14 anos, eu cantava em festas na escola e fazia shows para prefeitura de Barueri onde moro, sempre com um violão emprestado. Meu pai era músico e eu sabia do quanto era difícil, por isso nunca pensei em ter a música como profissão, mas agora precisava de uma atividade extra para ganhar dinheiro, e eu fazia aquilo tão bem, porque não? Eu precisaria de um violão, o único dinheiro que tinha era prioridade pra faculdade, o que restava, pagava um pouco das outras contas, daí a decisão, deixei tudo pra trás com muita dor no coração e comprei um violão, mas era muita coisa, minha cabeça estava pirando, perdi a faculdade, perdi o estágio, mas a música cresceu em mim, fiz muitas apresentações voz e violão, principalmente em bares, e com isso pude ajudar em casa, ganhei muita paz interior e estímulo pra continuar o meu sonho de trabalhar na TV, ganhei uma bolsa de estudos no Senac e em 2009 me formei Apresentador de TV. Em 2010 assumi o comando do Som da Praia numa afiliada do SBT no litoral de SP. Hoje, em 2011, estou no começo de uma nova fase, trabalhando com o Maestro Pinocchio, exercendo tudo que aprendi na TV e na música, e o que me trouxe até aqui? O objeto de várias memórias que guardo... é onde me distraio, onde trabalho, onde me supero, onde me encontro, também com Deus... meu violão.

> Curiosidade:
>
> *"Do cara que devora a moça*
> *Da mosca que pousa na sopa*
> *Do corpo dourado da moça*
>
> *Das palavras jogadas ao vento*
> *Do lindo momento de revividos sentimentos*
>
> *Do menino saltitante do berrante*
> *Do milagre de um gigante."*

Nome completo: Nelson Cônsolo Junior

Idade: 50 anos   Cidade que reside: São Paulo

Profissão: Representante comercial e Corretor de imóveis

Área de atuação: Setor Imobiliário
Perspectivas para o futuro (pessoal ou global):
Reencontrar-me na nascente,
lavar o rosto na água limpa da essência.
Rever estampada a face na minha origem,
reinventando-me onde eu nasço, onde eu mino...
Para quando esse fio cristalino que sou
fluir rumo aos rios e mares imensos da vida,
eu ainda me reconheça.

O tempo, esse temporão...

- Este estojo de barba foi do seu pai, guarde-o com carinho.

A recomendação de minha mãe ainda ecoa na mente, ela com olhos úmidos de emoção e na voz suave a saudade e o carinho aveludando aquele momento quase litúrgico.

Meu pai deixou este mundo ainda muito jovem, aos 36 anos de idade; eu um bebê com apenas 15 meses, único homem, caçula de uma "escadinha" com mais três irmãs, 3, 5 e 7 anos, respectivamente.

Dele, na minha memória nenhuma lembrança ficou. Além de poucas fotos, como sopro, como brisa, sinto às vezes sua presença no sótão, no porão e nos alicerces de quem sou. Cresci imaginando como seria aquele homem, como sorria, como se expressava. Ora o via como espelho, como ícone, como gigante, ora como novelo... Sua presença imaginária às vezes me guiava, outras me ladeava, em algumas era tudo, em outras era nada. O estojo de barba, ali e acolá, mas sempre perto, como referência, como porto mais de partida dos meus delírios do que de chegada de alguma recordação. Acordado, sonhava um encontro comedido, contido... e no sonho dormido, quando tinha, de longe eu apenas o observava, mas nunca chegava, nem ele me via, nunca o tocava, nem som, nenhuma palavra.

Os anos em décadas foram se agrupando, passando, filhos chegando, vazios se povoando, se esvaziando e uma reflexão irônica se agigantando: hoje tenho 50 anos, e ele, continua com seus 36... Agora, eu já mais velho que meu pai, como seria esse encontro? Quem primeiro acolheria o rosto no peito de quem? Eu grisalho, ele eternizado.

Reflexões sobre o tempo dos calendários que traz rugas, horas, realizações e decepções, que refaz pausas, pontes, sabedoria, hiatos, exclamações e interrogações... E o tempo dos nossos sentimentos, onde não há tempo, onde a sabedoria é tão sabiamente substituída pelo amor, onde tudo nunca muda e nada e ninguém envelhecem. Estranho fascínio de sentir uma saudade que não vem da perda, do passado, mas sim da busca, do futuro mesclado. Onde da minha boca a palavra "pai", nunca dita com verdade, é como um grão de areia que jamais passou no gargalo da ampulheta, se tornando em cada virada dela, maior e mais impossível de passar, mas cada dia mais doce, mais madura, como fruta com sabor de infância.

O estojo de barba, com seus apetrechos frios, metálicos, sem refletir nenhuma imagem do passado, tornou-se quase sagrado. Porque dele, objeto, veio a certeza de que os sentimentos sim são sagrados. Como a fé que traz espírito aos templos, famílias que dão vida às casas, corpos que dão sentido às praias e peles que justificam o sol. Objeto e sentimento. O gesto da mão na face de um pai e a solene outorga ritualística da mãe, que enobrecem e transmutam um simples estojo de barbear.

A ele, meu pai enigma, agradeço a incógnita como legado, tal qual inventário do avesso, onde o que herdei descubro aos poucos em mim e nos meus filhos. Como se cada ladrilho colocado, revelasse no mosaico de quem sou e em quem estou, mais que o rosto que me foi negado tocar, mas o coração que dentro e fora dos calendários em nenhum momento deixou de pulsar. E assim revelar quem ele foi. E quem é. E quem sou. E quem meus filhos são e serão.

O tempo! Ah, esse temporão...

Curiosidade:

"A gente tenta ser eterno, ser profundo no pensar... mas tão simples são as coisas que quero eternizar."

Nelson Cônsolo Junior

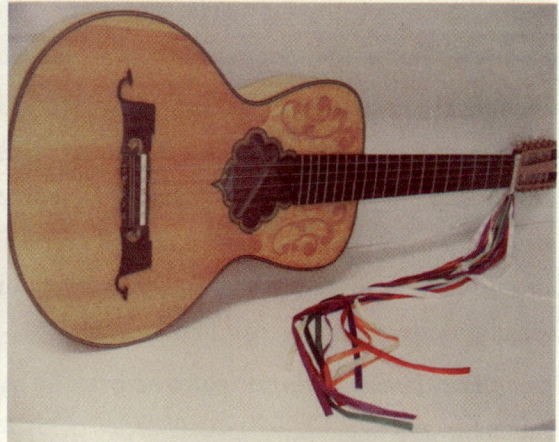

Nome completo: Neusa de Fátima Mariano

Idade: 38 anos

Profissão: Profa. do curso de Licenciatura em Geografia da UFSCar Campus de Sorocaba.

Área de atuação: Geografia

Perspectivas para o futuro (pessoal ou global):

A vida acadêmica me deu a oportunidade de aprender a tocar viola, a partir de meus estudos sobre a cultura caipira. Esta mesma vida acadêmica me impossibilita, hoje, de dar continuidade aos estudos e à dedicação ao instrumento. Mas há uma meta: retomar a prática da música caipira, aprofundar os conhecimentos sobre a viola e aproveitar mais este universo músical em meu tempo livre.

A viola

A viola caipira me faz lembrar muitas coisas. Seu timbre me leva a lugares que nunca conheci, situações que nunca vivi, pois me remete ao campo, à terra, ao aroma do café feito em fogão de lenha.

Razões acadêmicas me levaram a aprender a tocar viola, pois pesquisava a cultura caipira sob o olhar da Geografia, em minha dissertação de mestrado. Ao me aprofundar no elemento músical, fui descobrindo a permanência desta cultura do homem simples em plena cidade de São Paulo.

Fiz parte, sutilmente, deste universo, adverso à cidade grande, quando ingressei em uma orquestra de violeiros. Em meados de 2004, conheci um luthier em Jacareí que, ao aceitar a encomenda, passou seis meses pensando em como confeccionar uma viola especialmente para uma mulher. E ele cumpriu a missão, pois a sua criação traduz toda a delicadeza e toda a sensibilidade da alma feminina.

Experimentei a luz do palco e o bater forte do coração juntamente com as palmas do público. Deslizei meus dedos pelos acordes da preciosa. Viajei pelo som a bordo do "trenzinho caipira", com a minha viola cheia de fitas coloridas.

Aprendi que ela é muito mais que um simples instrumento músical, pois revela a alma da cultura caipira, seu universo repleto de causos, magia, criação, segredos e simplicidade. Ela tem uma história que conta um pouco de nossas origens, e dá prosseguimento aos costumes e às tradições de nossos antepassados.

Hoje, além disso tudo, a viola – a minha preciosa – me remete a recordações desta época em que vivi envolvida com a orquestra, dividindo o palco, timidamente com cerca de 50 violeiros, ensaiando religiosamente durante horas, degustando o sabor da descoberta de um mundo nos interstícios de outro mundo.

A viola me faz lembrar também que, apesar de tocá-la tão pouco hoje, em meu tão escasso tempo livre, tenho uma meta a alcançar: despertar os acordes e a harmonia do som enviolado, reviver este momento que se congela no tempo durante o movimento dos dedos que deslizam agudamente sobre as cordas de aço, tangendo a caixa feita de maple e abeto alemão.

Curiosidade:

A viola é um instrumento de cordas. No Brasil é mais comum encontrar violas de dez cordas (cinco duplas), mas também de doze cordas (seis duplas). Sua origem está em Portugal, trazida para o Brasil durante o período de colonização. A viola a qual me refiro foi confeccionada por um luthier de Jacareí (SP), Regis Bonilha, em meados de 2003. É feita de abeto alemão, maple e ébano. As suas cordas são de aço.

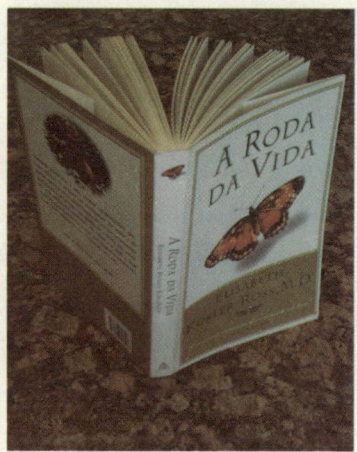

Nome completo: Neuza Bueno Balikian

Idade: 60 anos   Cidade que reside: São Paulo

Profissão: Gerente Administrativa

Área de atuação: Administração

Perspectivas para o futuro (pessoal ou global): Um projeto de quatro anos em andamento e o próximo para daqui a dezoito meses. Estou sempre em busca de novos conhecimentos para o meu aperfeiçoamento pessoal e profissional, pois assim estarei mais preparada para os novos desafios que constituem motivação para minha experiência no presente e futuro.

Livro é a magia do conhecimento

O livro é um objeto de fundamental importância em minha vida. São mestres mudos que ensinam sem fastio, falam a verdade sem respeito, repreendem sem pejo, amigos verdadeiros, conselheiros singelos; e assim como à força de tratar com pessoas honestas e virtuosas se adquirem insensivelmente os seus hábitos e costumes.

É um objeto que me fornece norteamento para a continuidade incessante de conhecimento, proporcionando-me processamento de recursos internos, que vão se transformando, do inconsciente ao consciente, em decorrência de vigorosos mecanismos de aprendizagem, sem pressa, e é uma das formas possíveis de felicidade.

O livro me leva a viagens fantásticas e reflexivas, traz liberdade, estimula o raciocínio e colabora com a visão de mundo. Através da leitura de um belo estilo, que consiste em provocar o pensamento e as reflexões, criando uma atmosfera mental, que contribui para desenvolver e enriquecer minhas faculdades, ampliando horizontes.

Mantenho disciplina para me dedicar a leitura, pois dentro desse trajeto, desperta-me a consciência impondo o discernimento necessário.

Acredito que todo esforço de educação pessoal em superar as más inclinações constitui terapia valiosa para o autoconhecimento. Como bem nos ensinou o Mestre dos Mestres, Jesus: "Conhecereis a verdade e ela vos libertará", juntamente com o grande filósofo Sócrates: "Conhece-te a ti mesmo" e que tão sabiamente o grande sábio da humanidade, Santo Agostinho, desenvolveu esse pensamento com maestria.

Há livros que devem ser saboreados, outros devorados, e poucos mastigados e digeridos. Ninguém o utiliza sem aprender alguma coisa.

A história doutrina os homens, a poesia anima-os, a matemática aguça-os e a filosofia torna-os profundos.

> **Curiosidade:**
>
> Minha biblioteca é bem vasta de títulos, além de assuntos/temas diversos, tenho preferência pela literatura psiquiátrica e psicologia transpessoal.

Fotos: Olga Susie Eliasson

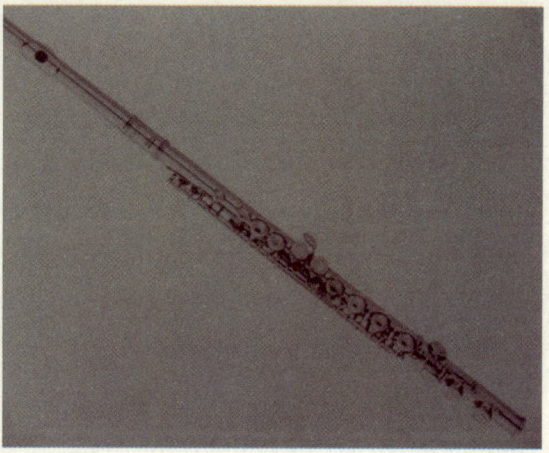

Nome completo: Olga Regynna Calçada Weinheber

Idade: 66 anos   Cidade que reside: Porto Alegre-RS

Profissão: Jornalista

Área de atuação: Jornalista especializada em Equitação. Site:www.sitedaolga.com
Perspectivas para o futuro (pessoal ou global): Montar a cavalo, caminhar bastante e ler muito sobre História do Mundo até que Deus permita. Preciso de muito exercício. Também sinto falta física de ir ao cinema, ver filmes bonitos como "O Paciente Inglês". Ouvir Bach, Yves Montand e Doris Day. Para mim o futuro é sempre daqui a pouco.

A flauta

Quando tinha um tempo livre, meu pai sentava em meu quarto, à noite, depois da janta, e tocava flauta para mim, sem partitura. Ninguém podia botar a mão naquela flauta, que só saía de seu refinado estojo pelas mãos de meu pai. A flauta era um ícone para mim. Eu era muito pequena, tinha 5 anos ou um pouco mais e nem tinha noção de que músicas eram aquelas, todas lindas. Eram clássicas, que ele tinha aprendido com o Professor Rocco Postiglione e depois tinha tocado na Orquestra de Amadores Club

Haydn, da Sogipa, aqui em Porto Alegre. Vocês já notaram: eu amava aquela flauta, que era uma músical extensão do pai.

A família me contou que segundo ato de uma ópera italiana, Lucia de Lammermoor, a orquestra toda silencia e ocorre um diálogo entre a flauta e a cantora principal. Mesmo sendo um flautista amador, meu pai executou sua parte com tal perfeição – ah! o velho perfeccionismo alemão... – que o Professor Postiglione quis levá-lo para o Teatro Alla Scala, de Milão. O pai ficou em Porto Alegre. E a flauta ficou também.

A vida ia bem normal quando apareceu lá em casa um tal Senhor Tommy, musicista de flauta transversal. Desejava comprar a flauta do pai. Eu ainda estava longe de completar dez anos e achei o cúmulo da ousadia alguém desejar comprar a flauta.

Chorei num canto e ninguém notou.

E então o pai vendeu a flauta e eu chorei muito mais. Todos riam contentes.

Mas aquilo não podia acontecer.

Me senti impotente. O pai ficou feliz por "se livrar de um trambolho". Para que ficar com uma flauta que só era tocada para a filha e lá no de vez em quando? O Senhor Tommy ficou ainda mais feliz, por ter vindo da Escócia e ter achado um instrumento raro e em perfeitas condições. E nos anos 1950 do século XX Porto Alegre era muito mais distante da Escócia do que hoje... Nossa casa era enorme, tinha muitos cantinhos, onde me escondi para chorar. Quando minha mãe me encontrou, chorei mais ainda porque o colo dela era um lugar muito melhor para chorar. Soube que o Senhor Tommy estava indo para a África do Sul, tocar numa orquestra sinfônica. E com a flauta do meu pai! E todos estavam contentes.

Para vocês terem uma ideia, para mim foi a mesma coisa que o Arthur Rubinstein vender o seu piano!

Hoje tenho mais idade que meu pai tinha quando vendeu a flauta.

Tá certo pai, agora entendo. O Senhor Tommy está perdoado e não é mais um vilão.

Agora sei que o melhor de tudo foi meu pai ter ficado em nossa casa e só a flauta ter ido embora. Até hoje, meu pai ainda é maior que sua flauta.

Curiosidade:

Destaca-se a curiosidade da época é que meu pai, Carlos Weinheber, além de ser um virtuoso na flauta transversa, também foi campeão de saltos a cavalo, jogou polo muito bem com a camisa 1, que é a do goleador e remou no Grêmio Náutico União, recebendo diversas medalhas.

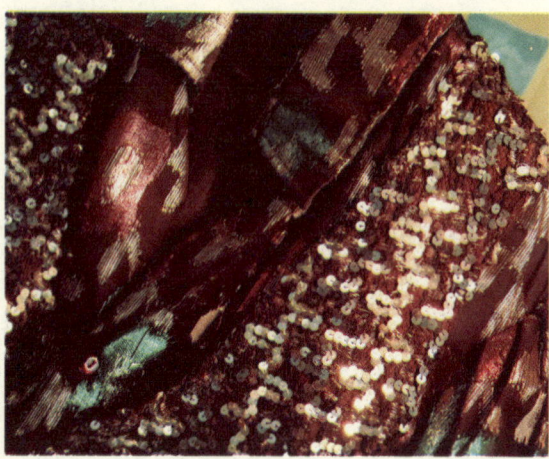

Nome completo: Orlando Alvarado (José Señor)

Idade: 70 anos   Cidade que reside: São Paulo

Profissão: Cantor e Empresário

Área de atuação: Shows-Produções-Marketing
Perspectivas para o futuro (pessoal ou global): Produção do Show "Anos Dourados", fazer um site para divulgação do meu trabalho desde a época da Jovem Guarda no Brasil. Para mim a família é muito importante, estão presentes nos momentos melhores e nos mais difíceis. A terceira idade é muito importante, merece respeito e atenção de todos, da família, do governo e dos jovens.

Um argentino de sucesso no Brasil

Iniciei minha carreira em Buenos Aires, estreei aos 13 anos no Teatro Lasalle, cursei Arte Cênicas, dança, sapateado e coreografia aos 16 anos. Montei o Ballet Espanhol de "Orlando Alvarado", realizando e produzindo "Bolero de Ravel", "Capricho espanhol", "Dança do fogo", "Bodas de Luiz Alonzo", entre outras produções. Fui contratado e vim ao Brasil com a orquestra com atração principal, onde realizamos apresentações em vários estados e cidades brasileiras, e posteriormente viajei ao exterior com o meu ballet.

Participei na TV Cultura do Programa "Romarias Espanholas", trazido por Palhina SA, e também fiz um espetáculo para o Teatro Municipal em São Paulo. Por intemédio de Helio Ansaldo conheci Paulo Machado de Carvalho e realizamos o Show do Roquete Pinto, e ele também me convidou para particpar do Show do Sérgio Endrigo no Teatro Record. Representei a Espanha no "Festival das Nações", convidado por Caetano Gerardi –Diretor da Intervalo.

Querendo fazer shows populares, lancei meu primeiro Disco pela Gravadora Continental "Bienvenido amor" que alcançou o primeiro lugar nas "Paradas do Sucesso" e outros sucessos como "Carmelia", Como te extranho mi amor" e outros com The Clevers. A BBC de Londres enviou telegrama para a Continental solicitando as músicas "Amor e tristeza" e "A tua voz" que gravei com Os Incríveis.

Participei da "Jovem Guarda" e durante muito tempo do Programa do Silvio Santos e do Programa do "Chacrinha" (Abelardo Barbosa) que me lançou no Rio de Janeiro. Tenho uma enorme lista de pessoas com quem trabalhei que faço questão de mencionar e homenagear: Barros de Alencar, Ely Correa, durante sete anos com Carlos Aguiar, e desde o início com Gilberto Barros, recém-chegado de Bauru.

Como empresário e produtor cheguei a realizar mais de 60 shows por mês com grandes nomes da música brasileira. Atualmente realizo shows de forró com grande sucesso junto ao público desta categoria, e estou ensaiando a produção do Show "Anos Dourados" com o regresso da música latina com Orlando Alvarado e a Produtora Produarte, sob a direção de Adão Inácio.

Sendo este um livro que procura salientar os objetos importantes para as pessoas, procurei mencionar o objeto que mais marcou minha vida, que foram os trajes. Todo o vestiário dos meus espetáculos, foi idealizado por mim, sempre tive muito esmero e fui exigente, pois utilizei tecidos nobres importados com acabamento em paetês, visando um glamour para que, além de valorizar o visual, estivesse à altura de um grande astro da música latina. Todas as minha produções sempre foram fabulosas, sempre me preocupei com cenário, iluminação e efeitos especiais que pudessem ser comparados aos espetáculos da Broadway.

Ao pisar no palco, entrava em uma atmosfera especial, que refletia totalmente em meu público, que muitas vezes me aplaudia de pé, pois toda a energia emanava-se pelo ambiente que nos transportava para um universo único e especial.

A Orquestra de Miguel Salo é uma das orquestras mais famosas da Argentina de todos os tempos, e para estar no palco com eles tinha que ser um show muito bem produzido, com muito valor artístico e sinto-me honrado por ter trabalhado com todos estes artistas e também pela oportunidade de imortalizar minha história neste livro e assim auxiliar a terceira idade.

> Curiosidade:
>
> Silvio Santos gostava tanto do meu trabalho que me requisitava a toda semana.
>
> Entre os demais programas e artistas que trabalhei estão:
>
> Show do Meio-Dia com Hugo Santana na Excelsior.
>
> Reino da Juventude com Antonio Aguillar.
>
> Signo Show com um dos maiores Astrólogos do Brasil – Omar Cardoso.
>
> Almoço com as Estrelas na TV Tupi.
>
> Clube dos Artistas com Ayrton e Lolita Rodrigues – TV Tupi.

Nome completo: Osmar Santos (Osmar Aparecido dos Santos)

Idade: 62 anos   Cidade que reside: São Paulo

Profissão: Artista Plástico

Área de atuação: Artes Plásticas

Perspectivas para o futuro (pessoal ou global): Continuar produzindo meus quadros porque através deles posso passar a mensagem do meu coração, manter tratamentos de manutenção de minha saúde e estar sempre ao lado de minha família e amigos. E iniciar um contato mais aproximado com a internet, com apoio da família e de amigos.

Alegria de viver do pai da matéria

Formado em Educação Física, Administração pela Faculdade Getúlio Vargas e jornalismo, Osmar Santos trabalhou como locutor esportivo nas rádios Jovem Pan, Record e Globo, e nas TVs Rede Globo, Rede Record e Rede Manchete. Narrou a Copa do Mundo de 1986 pela Rede Globo. Fez para a Rede Manchete a Copa do Mundo de 1990.

Foi um dos melhores narradores de futebol do rádio brasileiro. Faziam parte da equipe comandada por Osmar na Rádio Globo, na fase de maior sucesso: Loureiro Júnior e Carlos Aymard (comentaristas), Fausto Silva, Roberto Carmona e Henrique Guilherme (repórteres de campo). E os também narradores: Oswaldo Maciel, Oscar Ulisses e Odinei Edson (esses dois últimos, seus irmãos). Juarez Soares entre outros. Osmar Santos criou e apresentou o Balancê, programa de variedade que marcou época.

Osmar teve uma participação importante como locutor dos comícios da campanha política de 1984 pelas Diretas Já!. Bastante popular, recebeu proposta para candidatar-se a cargos políticos, mas não aceitou.

Sempre muito criativo, inovou também quando passou a narrar jogos pela TV Record. Em alguns momentos, a câmera o mostrava na cabine e ele falava diretamente com o telespectador. Também criou bordões que foram tão bem aceitos pelo público, que ecoavam pelos estádios, como o famoso "Parou por que, por que parou?". Entre suas expressões inesquecíveis, estão: *Ripa na chulipa e pimba na gorduchinha*, "Um pra lá, dois pra cá, é fogo no boné do guarda", "No carocinho do abacate" "ai garotinho", "vai garotinho porque o placar não é seu" e uma das narrações de gol mais marcante do rádio brasileiro "E que GOOOOOOOOOOOOOOOOOOOOOOOL". Criou a expressão "Animal", usada nas transmissões para enaltecer as qualidades dos atletas. Acabou se tornando uma das marcas do craque Edmundo.

Em 1994 sofreu um grave acidente de carro, quando viajava de Marília para Birigui, interior de São Paulo, que deixou sequelas que mudaram sua vida, pois sua fala ficou comprometida, impedindo-lhe de continuar trabalhando como narrador.

Osmar Santos começou a pintar dois anos após o acidente como terapia e utiliza as próprias mãos como pincel. Ganhou gosto, se dedicou e acima de tudo, achou nessa arte uma forma de se expressar e interagir.

Sua primeira exposição aconteceu em São Paulo, na De Simone. Logo foi convidado a apresentar suas telas no espaço nobre da Casa da Fazenda do Morumbi, sede da tradicional Academia Brasileira de Arte, Cultura e História – ABACH. Osmar Santos conta com o apoio de sua família. Suas obras são conhecidas por diversas exposições já realizadas, e aparições em leilões renomados como os da Renault e outros.

"Deixarei aqui registrado o imenso carinho que sinto pelo Osmar, uma pessoa carismática, sua persistência, disciplina, dinamismo e força de viver estão presentes em cada momento, em cada sorriso, em cada aceno de mão que faz aos seus inúmeros admiradores. Sua presença marcante cativa todos os lugares onde ele passa, e a energia positiva que ele transmite não só através de seus olhos que filtram tudo, mas também através das cores e figuras de suas obras que são frutos de toda esta emoção e esta essência iluminada que Osmar sem duvida nenhuma tem e que envolve á todos" (Roseli Bueno).

Curiosidade:

Em meados 1997, Osmar começou a ter aulas de artes com o mestre Rubens Matuck, recebendo orientação artística e uma mescla de amizade que propiciou a mudança construtiva de Osmar Santos para este novo universo de cores e amores, onde mergulhou no mundo das artes, e conquistou seu lugar de prestígio e reconhecimento.

O Troféu Osmar Santos foi criado em 2004, pelo *Diário Esportivo Lance*, e é concedido a cada ano à equipe que termina o primeiro turno do Campeonato Brasileiro de Futebol no primeiro lugar.

Bola da Copa do Mundo 2014 pode se chamar "Gorduchinha"

Iniciada por amigos do locutor Osmar Santos, uma campanha pretende batizar a bola da Copa do Mundo 2014 de "Gorduchinha". O nome é referência a um dos bordões eternizados pelo pai da matéria: "Pimba na Gorduchinha".

O movimento tem o Twitter e o Facebook como interface e conta com quinze administradores e o apoio de mais de mil pessoas nas duas redes. As postagens no Facebook foram vistas cerca de 50 mil vezes no último mês.

A campanha foi iniciada em dezembro de 2010 pelo publicitário Delen Bueno que, durante um almoço com o Osmar, teve a ideia de batizar a bola. "O Osmar aprovou prontamente", disse. Ao contar para a radialista Mariângela Ribeiro, a campanha tomou forma e as páginas foram criadas.

Porém, foi apenas no aniversário de Osmar Santos, em julho deste ano, que a empreitada ficou mais conhecida. "Muitos portais na internet noticiaram a pretensão de chamar a bola de Gorduchinha. Agora, a campanha vem crescendo todos os dias", contou Bueno.

"O interessante é que as pessoas que apoiam a campanha nos mandam conteúdo", explicou Mariângela. Entre as postagens mais vistas e replicadas estão os gols históricos narrados por Osmar.

"Celebrar", esse é o significado de Jabulani – nome da bola usada na Copa de 2010, na África do Sul. Gorduchinha é fruto do exemplo de superação que o Osmar foi e é para todos os fãs. Osmar Santos sofreu um acidente em 1994 que afetou sua fala e mobilidade. Desde então, dedica-se a pintar quadros.

Osmar no Estúdio da Rádio Globo – década de 80

Oscar Ulisses (irmão)

Odinei Edson dos Santos (irmão)

Osório Roberto dos Santos (irmão)

Livia Sá dos Santos (filha)

Clarisse Chiavelli Santos (mãe)

Victor Sá dos Santos (filho)

Osmar Orgulhoso de sua arte

1º quadro com motivo de bola pintado por Osmar para simbolizar a campanha "Gorduchinha 2014"

Fotos: Henrique D'eça Neves

Nome completo: Penelope Charmosa - Patricia Fortes Silva

Idade: 39 anos   Cidade que reside: Biguaçu-SC

Profissão: Empresária

Área de atuação: Comércio

Perspectivas para o futuro (pessoal ou global): Pretendo me firmar profissionalmente para que possa trabalhar mais e melhor em prol dos que precisam e que eles tenham mais qualidade de vida.

Penélope motociclista solidária

Me chamo Patrícia Fortes Silva, nasci em 11 de dezembro de 1971, como boa sagitariana, sou uma pessoa apaixonada.

Entre as minhas paixões está a cor rosa e assumi-la no meu dia a dia acabou se tornando um diferencial meu.

Tenho, também, um hobby um pouco diferente: adoro motocicleta.

E foram estas duas paixões que me trouxeram aqui.

Vou contar um pouco da minha história para vocês.

Ainda na infância, quando assistia o desenho animado "Corrida Maluca", ao contrário dos meninos, quem me encantava era uma personagem feminina:

a Penélope Charmosa, uma simpática mocinha que pilotava um carro rosa, trajava roupas rosa, e procurava sempre fazer tudo da maneira certa.

Com 13 anos, comprei uma "mobilete" vermelha, pois não tinha na cor rosa.

Aos 16 casei-me com Evaldo, e tivemos uma linda filha Cindy, hoje com 22 anos. Por sorte, meu marido é muito legal e também é apaixonado por moto, o que contribuiu para que ele me incentivasse a realizar meus sonhos e a consolidar a minha marca.

Depois de adquirirmos muitas motos, de vários modelos e cores, por fim cheguei ao meu modelo favorito e atual, uma Virago 535 da Yamaha ano 99, que já na caixa e desmontada como veio de fábrica, foi levada para a pintura, onde recebeu a cor rosa que permanece até hoje. Foram customizados, também além da moto, os acessórios como capacetes, celulares, bolsas, carteiras, botas, calças, jaquetas enfim tudo muito pink.

Desde o primeiro momento com esta moto uso a minha imagem para eventos beneficentes. Entre eles, o que mais se destaca ao longo dos anos é a Feira da Esperança, realizada em prol da APAE (Associação de Pais e Amigos dos Excepcionais) de Florianópolis, que apoio desde 1999.

No ano de 2009 fiz, junto a outras personalidades de Florianópolis, uma Barbie personalizada intitulada "Penélope Motociclista Solidária" que foi vendida e toda a renda revertida para a referida instituição (APAE).

Participo também de atividades em prol da CETE (instituição que abriga crianças em situação de risco social, em Florianópolis/SC.), da Noite da Bella Donna em que uma creche e/ou orfanato é escolhido para receber o dinheiro arrecadado com o evento, e de várias outras atividades que considero significativas para o bem-estar social.

É claro que, como toda boa motociclista, viajar é sempre muito incrível e emocionante, poder sentir o vento, contemplar a paisagem e estar em contato com a natureza é, sem dúvida, uma das grandes vantagens deste tipo de veículo.

Minha última viagem foi a Tiradentes (Minas Gerais). Fomos em duas motos: eu em uma e meu marido na outra, e foi incrível. Mas isto não é novidade. Tenho certeza que haverão outras e serão todas maravilhosas, o que espero, realmente, através destas viagens, é consolidar ainda mais a imagem da "Penélope Charmosa" para que eu possa continuar a usá-la em favor de quem necessita. Considero que este é o real sentido da minha vida.

O signo de sagitário representa a sabedoria, o idealismo, a fé, a lei, a filosofia, o positivismo, o exagero e a religiosidade. Os sagitarianos são otimistas, bem humorados, independentes, francos, intuitivos, idealistas, gostam de aventuras e são atraídos pelo exótico.

Curiosidade:

Minha motocicleta é uma Yamaha, Virago 535cc, que veio zero km na caixa e antes mesmo montá-la mandei para a pintura. Ao mesmo tempo, providenciei a documentação do veículo junto ao Detran, para que saísse já na cor que atualmente, e desde sempre, roda por esse Brasil, a cor rosa.

Nome completo: Paula Quinaud

Idade: 41 anos   Cidade que reside: Belo Horizonte-MG

Profissão: Designer

Área de atuação: Design de Ambientes – Foco em Projetos Comerciais
Perspectivas para o futuro (pessoal ou global): É certo que o futuro construímos hoje. Espero estar traçando um caminho cujas bases sólidas sejam a dignidade, o respeito e o afeto irrestrito, valores nos quais acredito. Quero ter a chance de trocar experiências, sonhos e realizações para, quem sabe, poder envelhecer com sabedoria e em paz.

Aos sete

Click. E o mundo de repente ficou preso.

Eu não sabia. Era só uma caixinha preta, bem pequena...

Uma afronta à altivez de sete anos! Sete anos sem boneca de cabelo cacheado?!!! (certo que eu devia ter pra lá de trinta, já sem cachos).

Joguei num canto da cama. Joguei-me no outro.

Chorar, não chorei – ou talvez tenha sido o primeiro choro chorado baixo, choro de gente grande.

Lá fiquei. Dormi e sonhei. Com bonecas, castelos e príncipes... E bicho-papão de adulto que não escuta gente pequena!

Daí acordei. A caixa ali, do canto, me olhando. Olho tinha um só, mas danava a olhar.

Olhei de volta. Olhei com a mão. *Click!* Soltei num salto... Caiu repique. Corri pra pegar.

Foi a conta, mamãe passou na hora. Parou e me olhou bem lá dentro. É esperta de muito:

"Você já começou a prender o mundo?"

Ri sem dente. (mãe tá doida!)

"Parece que você não gostou..." (acho que perguntou).

Tranquei o riso. Ainda era miúda que não mentia. Nem com o rosto.

"Sete anos não é idade pouca", emendou. "Merece presente de gente grande!"

Brilhei olho que só gente pequena:

"É de verdade?", saiu num soluço.

"Claro que é!" (minha mãe deu gargalhada que dava vontade de rir junto)

Corri a fazer cliques.

Passei meus sete anos prendendo as sete cores, os sete dias, meus sete amores... Era um monte de coisa sem fim, e cabia tudo na minha caixinha. Preta.

Depois mamãe tirava tudo de lá. Belo dia chegava com os pedaços de mundo em papel. Alguns eram só borrões, outros pretos, achava engraçado porque nunca mirava nada preto...

Mas em um tanto dava até pra entrar dentro! Pra trazer de volta. Pra nunca esquecer. Pra escutar o riso. Quase dava pra ouvir as sete notas...

Deixei de ser menina sonsa que só queria boneca de cabelo cacheado.

Deixei de ter amiga sonsa que só queria boneca e cacho.

Não importava, continuei nos anos depois dos sete.

Segui vida com vício de parar tempo. Com gosto por prender mundo. Olhando, retendo e libertando.

E ficando eu, sempre, sempre, presa nos repentes desse mundo.

Mas aí, eu já sabia... o que era só uma caixinha preta. Bem pequena.

> Curiosidade:
>
> O meu objeto é uma câmera fotográfica – Tekinha, do início dos anos 1970.
>
> Ganhei de presente no meu aniversário de sete anos.

Nome completo: Paula Cristina Dias

Idade: 39 anos Cidade que reside: São Paulo

Profissão: Empresária

Área de atuação: Buffet – Banquetes e Eventos
Perspectivas para o futuro (pessoal ou global): Prosperar com minha empresa, criar oportunidades de negócios para mim e para meus colaboradores; tornar-me a cada dia um ser humano melhor aprendendo com os erros, superando os obstáculos e agarrando os desafios!

O presente guardado

Confesso que toda a espiritualidade e religiosidade que vivenciei pela minha vida devo à minha avó paterna, Dona Lídia ou "Vó" Lídia, como eu a chamava carinhosamente.

Sempre fui uma menina de sorte. Mesmo minha avó ter ficado tão pouco tempo neste planeta, eu ainda lembro de quando era pequena, o cheirinho de arroz e feijão fresco, o melado especial de goiabada que ela fazia, o bolinho de chuva... Ela faleceu em 1977, eu tinha 7 anos. Não foi antes de ver seu Corinthians campeão brasileiro (ela era roxa!).

Lembro-me que em minha infância na zona leste de São Paulo, minha avó morava na casa ao lado da nossa, ainda de barro, mas sempre arrumadinha e com aquele chão vermelho de cera. Todos os dias pela manhã ela chamava minha mãe e falava: "Olha, hoje é dia de São Expedito e aniversário da prima da Nena". Todo santo dia! Eu ouvia aquilo e pensava comigo: "- Como ela lembra do aniversário e dos nomes de todos os Santos??!"

Anos após ela falecer fui visitar seu túmulo. Eu era muito jovem e era algo que eu não compreendia. Mas já maior de idade resolvi ir lá conversar um pouquinho com ela. O túmulo estava todo sujo, saqueado e até pichado. Lembro que haviam azulejos pintados da Nossa Sra. de Fátima, até isso os saqueadores tinham levado. Chorei muito, mas resolvi limpar aquele santuário mesmo assim. Mas para minha surpresa quem estava lá, guardadinha num canto pra mim? A Nossa Sra. Aparecida, o objeto deste relato! Ninguém a levou, pois era minha! Minha vózinha havia deixado pra mim!!!

Esta santinha já me acompanha há mais de vinte anos, e é meu amuleto da sorte. Uma ligação cósmica e espiritual com a pessoa mais especial da minha vida, alguém que me ensinou tanto sobre valores, sobre respeito e sobre igualdade!

Curiosidade:

Minha santinha provavelmente deve ter vindo da Itália, nacionalidade da minha avó. Acho que é de fibra de vidro, mas eu resolvi pintá-la de prata, a cor preferida dela. O oratório eu comprei de madeira, e minha mãe revestiu de tecido para mim.

Nome completo: Paulo Stocker

Idade: 45 anos Cidade que reside: São Paulo

Profissão: Cartunista

Área de atuação: Artes Gráficas

Perspectivas para o futuro (pessoal ou global): Concluir o livro do Clovis e uma animação, além de prospectar sua imagem em nível nacional e internacional.

Continuar acompanhando o crescimento de minha filha Teodora, minha pequena inspiração. Viver bem em família e realizar os projetos pessoais e artísticos profissionais com dedicação.

Clovis, Augusta e a gamela

Minha avó nasceu em Canoinhas, Santa Catarina, ali pelo ano de 1920. Era costume usar gamelas para dar banhos em crianças ou fazer massa de pão. Filha de imigrantes alemães, famíla Heiden. Na guerra do contestado a família se dividiu, uns ao lado dos camponeses e outros ao lado dos republicanos.

Depois disso, a gamela andou sumida. Até que viajei a Canoinhas para conhecer meus tios e me deram ela de lembrança. Não sou muito de palavras, sei que a pequena Teodora vive pegando frutas às escondidas.

O Clovis surgiu faz um ano, quase ao mesmo tempo que minha filha, depois de uma grande pesquisa sobre meu palhaço interior.

A inspiração vem do cinema mudo e do teatro de sombras javanês. Aprendi a desenhar primeiro do que escrever. Me interessei pelo carton lendo os gibis do irmão mais velho.

Meu trabalho é autodidata, também desenvolvo uma mistura de arte de rua, surrealismo e impressionismo. Retrato ruas de São Paulo ou máquinas imaginárias. Além disso, colo adesivos do Clovis pela rua Augusta.

> Curiosidade:
>
> Aprendi a desenhar primeiro do que escrever. Me interessei pelo carton lendo os gibis do irmão mais velho.
>
> O Clovis surgiu depois de uma grande pesquisa sobre meu palhaço interior.
>
> A gamela era da minha avó que dava banho nos filhos recém-nascidos. Hoje é a gamela de frutas da Teodora, minha filha.

CLOVIS

CLOVIS

Nome completo: Pedro di Alcantara

Idade: 58 anos   Cidade que reside: São Paulo

Profissão: Radialista

Área de atuação: Rádio

Perspectivas para o futuro (pessoal ou global): Vou lutar com todas as minhas forças, que é a comunicação através do Rádio, por um Brasil menos desmatado, mantendo uma ética profissional que sempre tive, para que meu neto, ou quem sabe netos, possam algum dia viver em um mundo melhor, e continuar acreditando que honestidade não é virtude e sim obrigação da natureza humana, e que ainda confio no próximo, e não esquecer de respeitar os animais.

O caminhão do véio Maneco

Tudo começa em 1928 quando meus pais Manoel e Maria se casaram na cidade de Birigui-SP e daí se formou uma família de 11 filhos, eu o caçula, nascido em 1952. A vida do véio Maneco sempre foi na boleia de um caminhão, durante anos teve 2 jardineiras mistas que transportavam pessoas e cargas que ele batizou de Expresso Mato Grosso pois era lá em Terenos e fazia a linha até Campo Grande, hoje a capital do Mato Grosso do Sul, mas o que realmente me marcou foi um caminhão Dodge ano 1942, isso já em São Paulo na Vila Maria, Zona Norte. Vejo ainda hoje na memória minha mãezinha. (Dona Mariquinha) levantando às 3h da madrugada para fazer nossa marmita, trabalhavamos dez, às vezes doze horas por dia. O meu pai fazia entregas com esse caminhão e olha que não eram poucas, as vezes até setenta, oitenta por dia para uma empresa muito grande na época (Orniex, detergentes desinfetantes etc.) eu ajudava o véio Maneco nessa luta isso foi lá pelos anos 1965 e 1970.

Quantas vezes fomos pescar no rio Paraibuna. Meus irmãos faziam bancos na carroceria e passavam uma lona por cima e lá iamos nós, era muito divertido e sempre íamos também à Aparecida do Norte pelo menos uma vez por ano. Naquele tempo não tinha tanta fiscalização e foi através desse caminhão que aprendi a dirigir e era difícil, câmbio seco, direção hidráulica? Nem pensar e eu magrelinho que só e o meu pai sempre ensinou dar valor ao trabalho. Sinto muita saudade do véio Maneco e saudade do caminhão que ajudou a criar 11 filhos, 7 homens e 4 mulheres... .

Agradeço a Deus, o pai que ele me deu aqui na Terra.

Que saudade véio Maneco, que saudade.

Curiosidade:

A minha história em rádio foi um tanto quanto engraçada. Quando vim para São Paulo em 1978 fazer testes na Rádio Capital, achei melhor ir na Rádio Tupi, na época muito famosa. Em 1978 fiz teste com Jair Brito e passei: "Pronto você começa na segunda-feira". Desci todo feliz e fui tomar refrigerante para comemorar na padaria na Afonso Bovero. Então encontrei o Moacir Franco e comuniquei a ele minha contratação, ao qual respondeu: "Rapaz sai fora! Você vai trabalhar e não receber, isso aqui tá falindo..." Pronto desci a pé para a Av. 9 de Julho, e aí começou minha história. No Rádio Paulista conheci o maior de todos os radialistas e diretores de rádio do Brasil, meu "Professor" Hélio Ribeiro.

E deu no que deu...

Fotos: Nelson Takeyama

Nome completo: Philippe P. M. Garai

Idade: 61 anos   Cidade que reside: São Paulo

Profissão: Restaurador

Área de atuação: Restaurador de Obras de Arte

Perspectivas para o futuro:

Pessoal: Pretendo aprender a lidar mais com a internet porque é uma ferramenta fundamental para minha divulgação, para obter novos contatos e conhecimentos.

Global: Desejo mais qualidade de vida aos idosos para que a longevidade passe a valer a pena.

Uma história de amor

Eu não tenho uma única obra de arte para contar uma verdade. Tenho sim milhares de obras de artes para contar milhares de verdades, baseadas unicamente no amor da pessoas que me as entregaram feitas por tantos artistas sublimes aos quais eu ressuscitei. Obras de todas as épocas e importantíssimas para cada um de seus zeladores.

Existem várias maneiras de recuperar uma vida, a minha maneira é indireta ressuscitando um objeto de amor que atuará diretamente na pessoa que em mim confiou.

Durante todos estes anos em que tive contato com milhares de obras de arte, as quais tive o privilégio de restaurar, tornei-me parte integrante da própria arte. Neste contexto o meu apego é geral, e saliento que cada peça ou obra de arte é única, um diamante, como a pessoa que me confiou sua joia.

Contudo, um objeto que posso destacar, é uma ferramenta preciosa de manuseio para restauração, "uma espátula" que era do meu bisavô, original de Budapeste – Hungria. Está na família há 3 gerações desde o século XVIII, uma responsabilidade que levo muito a sério, e procuro honrar a cada dia que passa.

E neste livro aproveito para prestar uma homenagem aos meus antepassados que tornaram a minha existência possível.

Curiosidade:

A restauração me levou a mais um presente, que foi conhecer a Jornalista Renata Maranhão, através da autora Roseli Bueno que me procurou para realizar a restauração do Buda pertencente a história que ela narra neste livro.

Nome completo: Priscila Gonçalves Boaventura

Idade: 25 anos   Cidade que reside: São Paulo

Profissão: Universitária

Área de atuação: Turismo

Perspectivas para o futuro (pessoal ou global): Tenho como meta na vida ser feliz, e todos os dias faço tudo para conseguir. No futuro pretendo estar sempre ao lado da minha família que é tudo na minha vida. Também quero fazer intercâmbio para adquirir fluência em inglês e espanhol, e além disso conhecer outras culturas, outras formas de viver. Vou trabalhar muito, ter sucesso, ganhar dinheiro, enfim quero ser feliz e fazer feliz quem estiver a minha volta!

O vestido da minha bisavó

Minha mãe é órfã, perdeu a mãe quando tinha 5 meses de nascida e o pai no dia seguinte (possivelmente de infarto, mas há controvérsias, pois a morte dele nunca foi bem explicada). Após esse triste evento meus bisavós Ana e Ezequiel levaram ela e minhas duas tias, Ana e Laudemira, da cidade de Montes Claros em Minas Gerais onde moravam em uma fazenda, para interior de São Paulo (região de Presidente Prudente), criaram todos com muita dificuldade, eram muitas crianças, criavam os 7 filhos e as 3 netas.

Muitas pessoas em Minas viam as dificuldades dos meus bisavós em criar as netas e pediam que ela desse as crianças para outros criarem, mas ela simplesmente não admitia a ideia de separar as meninas, e dizia que só a morte poderia separá-las.

A vida em Presidente Prudente era difícil principalmente porque viviam na roça, eram extremamente pobres, moravam em sítio em troca de trabalho e dividiam com o dono o que produziam. Quando minha mãe tinha 17 anos, meu bisavô faleceu. Ele tinha 84 anos ficou doente cerca de trinta dias, em razão uso prolongado do cigarro. Com 22 anos, minha mãe saiu de Prudente e veio morar na cidade de São Paulo, e passou a visitar a família sempre que podia.

Em 1981 minha mãe casou-se com meu pai Manoel e teve 2 filhos o Renato, e depois eu, Priscila. Em 1993 eu tinha 7 anos e fomos visitá-la em Presidente Prudente, aonde ela morava, e no dia em que estávamos voltando para SP, ela me chamou e disse segurando na minha mão: "Filha cuida bem da sua mãe, fica sempre perto dela, obedece seu pai" e, tinha um pacotinho nas mãos. Pediu para que eu chamasse a minha mãe, eu chamei, e ela entregou um vestido dela, deu de presente para minha mãe. Ela disse que não queria o vestido porque era "muito vistoso". Ele é meio vermelho sabe, ela achou que não ficava bem uma senhora de 93 anos com aquela cor. Minha bisavó Ana faleceu vinte dias depois que voltamos pra São Paulo. Eu nunca esqueci as palavras dela, e para mim aquele vestido foi um presente de despedida. Agora temos uma lembrança dela para o resto da vida.

Curiosidade:

Contar essa história foi a forma que eu, Priscila, e a minha mãe, Maria, encontramos para homenageá-la. É um pequeno gesto para agradecer pela existência de uma grande mulher, que foi decisiva na história de nossas vidas.

A origem do vestido é nacional, uma tia minha comprou o tecido, costurou o vestido e deu de presente para minha bisavó.

Nome completo: Priscila Bueno Danna

Idade: 24 anos   Cidade que reside: São Paulo

Profissão: Estudante

Área de atuação: Turismo

Perspectivas para o futuro (pessoal ou global): Espero que esse livro seja um pontapé inicial para diversas ações em prol de causas nobres, pois o futuro é feito por nós.

A magia feita por pessoas reais

Qual a sensação de ver um sonho de infância se realizando, dez anos depois?

Posso dizer que escrevo esse relato dividida entre um enorme sorriso e algumas lágrimas, com a certeza de que batalhar por um sonho faz com que ele se transforme em um objetivo real.

Em 1997, fui apresentada aos encantos de um dos maiores centros de turismo e entretenimento mundiais, o Walt Disney World Resort, na Flórida, Estados Unidos. Foi atração instantânea. Até aquele momento, eu tinha a certeza de que havia nascido para ser astrônoma. A partir de então, eu entendi que o propósito da minha vida seria fazer parte daquele mundo, cuja magia era real e feita por pessoas que acreditavam no poder de um sorriso. Eu não conseguia entender exatamente o que me atraía tanto nessa ideia, mas se tornou algo muito forte em meus planos. Alguns anos depois, iniciei a faculdade de Turismo e me inscrevi no tão sonhado programa de intercâmbio que me possibilitaria uma vaga como Disney Cast Member, ou "membro do elenco", como são chamados os funcionários dos parques.

Chegando lá, fui escolhida para atuar no controle de uma das montanhas-russas mais familiares do parque Magic Kingdom, aquele do castelo da Cinderela. Minha função principal era auxiliar o embarque de "convidados muito especiais" que eram crianças com qualquer tipo de necessidade especial. Alguns portavam um bottom da Make a Wish Foundation, fundação que garante desejos às crianças com doenças terminais.

Nesses momentos, eu quebrava algumas regras e deixava a criança escolher em qual parte do trem gostaria de ir, quantas vezes seguidas quisesse, mesmo que isso causasse um atraso em todo o funcionamento do brinquedo. Durante a espera, eu contava histórias sobre a atração, alertava sobre Mickeys escondidos no cenário e distribuía cartões para ir às atrações sem fila. Cada criança que passava levava um pedacinho de mim, e eu fazia de tudo para garantir que fosse um dos momentos de maior felicidade daquele dia tão importante na vida delas.

Um dia, durante o treinamento, fomos escalados para participar da parada, aquele desfile de carros alegóricos que acontece todos os dias, às 3 horas. Quando criança, assistir a parada era um dos meus momentos preferidos do dia. A primeira parada que assisti, em 1997, tinha um carro prateado como abre-alas, carregando o Mickey, a Minnie e todos os personagens principais. Esse carro ficou muito marcado na minha memória, pois foi o meu primeiro contato com esse tipo de evento, que tem uma música e dançarinos animados, deslumbrando qualquer criança menor de 12 anos. Voltando ao treinamento, nós assistimos a parada em um local VIP, e, no final dela, levamos uma corda, sinalizando o último carro. Adivinhem qual era esse último carro? O prateado, dez anos depois! Eu andei a parada toda me sentindo parte de um sonho, relembrando as fases da minha infância que se passaram ali, junto à minha família, enquanto sorria para as pessoas e via seus sorrisos de volta. Senti que estava retribuindo um momento tão importante na minha vida, para todas aquelas pessoas desconhecidas.

E você me pergunta, onde entra o seu objeto? Esse "pin" representa todas essas lembranças. Ganhei dois "pins" idênticos do meu treinador, minutos antes da parada começar. São itens que não estão à venda e você só tem acesso a um se receber de um Cast Member. Eu deveria escolher alguém durante a parada e presenteá-lo(a). Um deles eu guardei. O outro, eu prestei muita atenção e encontrei uma garotinha chorando, muito triste, porque a parada tinha acabado. Fui até ela e disse que dentre todos os que estavam ali, ela tinha sido a escolhida para ganhar um pedacinho da parada pra levar pra casa, só dela, todo especial. A garotinha parou de chorar na hora e abriu um sorriso gigante!

Nesse dia, descobri que tinha realizado uma das metas que sonhei quando criança: proporcionar a alguém uma lembrança de felicidade, que tenho quando penso na primeira viagem com a minha família ao Walt Disney World Resort.

Curiosidade:

O "Pin" foi trazido do Walt Disney World Resort na Flórida – EUA, em dezembro de 2008. É item de colecionador e não está à venda, sendo distribuído pelos Disney Cast Members de acordo com critérios pessoais.

Nome completo: Rafael Tavares de Jesus

Idade: 24 anos   Cidade que reside: São Paulo

Profissão: Jornalista

Área de atuação: Televisão e Mercado Financeiro
Perspectivas para o futuro (pessoal ou global): Apresentar um programa de televisão com qualidade em uma emissora que tenha os mesmos objetivos que os meus.

Minha mãe, minha profissão, minha vida: por que escolhi tão cedo a minha profissão

A história do meu objeto começa quando eu tinha por volta dos três anos de idade. Para que possamos entender melhor a ligação que tenho com ele, hoje em dia, tudo começou bem cedo, mais ou menos quando eu tinha de três para quatro anos de idade.

Nessa idade comecei a aprender a ler vendo televisão. Minha mãe conta que eu copiava as palavras exibidas no vídeo e pedia para que ela as lesse para mim, e assim foi que certo dia eu comecei a ler sozinho com quatro anos. O meu primeiro contato com ele foi mais ou menos aos cinco anos, eu sempre via na televisão aquelas pessoas falando, e segurando algo para poderem falar e serem ouvidas.

Recordo-me que naquela época, início dos anos 1990, o modelo mais usado era meio quadrado, tinha um bastão prateado, com um globo também quadrado preto e com uma antena longa preta na parte de baixo. Comecei a encher minha mãe perguntando o que era aquilo, para que servia, descobri então, que aquilo era o microfone.

Nossa! Coitada da minha mãe porque, a partir daquele momento, comecei a encher a paciência dela dizendo que queria um daquele, que eu também queria ter um microfone para poder apresentar.

Não me lembro bem, mas certo dia minha mãe, cheia da minha insistência, fez o meu primeiro microfone. Só me lembro que ela encapou um pedaço de madeira com papel de presente, fez o globo com pano, e ainda colocou um bichinho na frente, mais ou menos como era o microfone da Xuxa na época (meio cafona, mas na época era moda!). A partir daí foi uma felicidade só: eu vivia com o meu microfone, entrevistando, apresentando, acho que foi daí que veio o meu gosto pela profissão que escolhi depois. A grande contribuição para essa escolha, com certeza, foi da minha mãe, que me deu, ou melhor, fez meu primeiro microfone.

Depois disso, já um pouco mais crescido, comecei eu mesmo a fazer meus próprios microfones, cada modelo novo que eu via um apresentador usando na TV, eu logo corria cortava o cabo das vassouras de casa e lá estava o meu novo microfone. Tinha uma época que eu tinha vários, praticamente um de cada modelo. Sempre tinham com o bastão de madeira, ou melhor, cabo das vassouras, pintados de preto e os globos de vários materiais, plástico, papel, espuma etc. Cheguei até a levar umas chineladas da minha mãe algumas vezes por cortar as vassouras.

Hoje, eu não faço mais meus microfones. Eles acabaram virando parte da minha profissão. Infelizmente, hoje não tenho mais nenhum da época em que os fazia de madeira das vassouras. Os que possuo atualmente, acabei comprando só pra ter em casa, por que não os uso no dia a dia. Talvez tenha comprado porque eles fazem parte da minha história pessoal e profissional, ou, simplesmente, porque eles, de certa forma, me fazem lembrar do gesto carinhoso da minha mãe de confeccionar aquele que seria futuramente meu instrumento de trabalho e incentivar na escolha da minha profissão que tanto amo.

> Curiosidade:
>
> O microfone surge através da ampliação dos recursos do bocal do telefone, conseguidos em 1920, nos Estados Unidos, por um engenheiro da Westinghouse.
>
> O primeiro microfone era um diafragma de metal preso a uma agulha e esta agulha riscava um padrão sobre um pedaço de folha metálica. As diferenças de pressão no ar, que ocorriam quando se falava, moviam o diafragma que, por sua vez, deslocava a agulha, o que era registrado sobre a folha. Quando mais tarde se passava a agulha novamente sobre a folha, as vibrações riscadas na folha moviam o diafragma e recriavam o som original.

Fotos: Nelson Takeyama

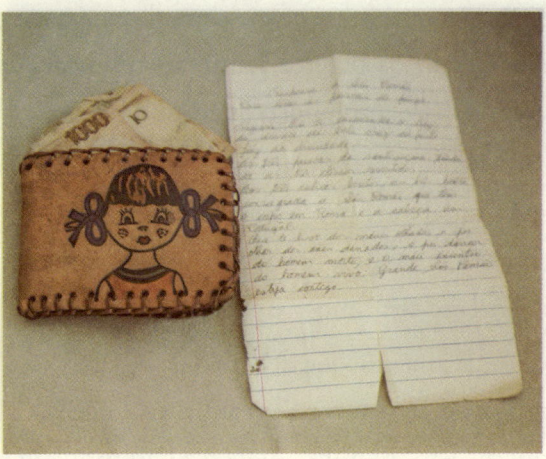

Nome completo: Regiane Stella Jouclas

Idade: 38 anos   Cidade que reside: São Paulo

Profissão: Jornalista

Área de atuação: Televisão

Perspectivas para o futuro (pessoal ou global): Viver sempre muito feliz com minha família e dar um futuro digno à minha filha. Fazer com que minhas experiências mostrem a ela o melhor caminho para alcançar sua missão na Terra!

A carteira da menina de chiquinhas

Quero uma bolsa de couro, mas tem de ser de "moça", e uma carteira para guardar o dinheiro da minha mesada. Esta foi a resposta que dei ao meu pai, quando ele me perguntou o que eu queria levar de lembrança.

Era 1978, eu tinha seis anos e um jeito já bem "adulto" para minha idade. Eu, meus pais e meus irmãos estávamos visitando a cidade de Serra Negra, no interior de São Paulo. No fim do passeio, fomos a uma feirinha de artesanato.

À minha frente eu tinha bonecas de pano e casinhas de madeira, mas foram os objetos femininos que me encantaram. Uma decisão que demonstrava um pouco quem sou hoje.

Por muitos anos esta carteira esteve comigo em diversas outras bolsas. Aquela primeira logo saiu de moda e eu tive de me desfazer. Mas a carteira, não: essa me acompanhou por muito tempo. Até pelo menos eu realmente virar moça e optar por outros modelos.

E imagine que dentro dela eu tenho até hoje, em 2011, preciosidades difíceis de encontrar: em uma única nota mil cruzeiros. A outra de cinco mil me lembra muito meu avô paterno. Sempre que tinha de desembolsar uma dessas, ele dizia "Lá vai barão", se referindo ao retrato do presidente Castelo Branco.

E tem ainda uma nota de dez cruzados, várias moedas, dinheiro brasileiro antigo e uma oração que minha mãe reescreveu em uma folha de caderno, já amarelada pelo tempo, para me proteger: "Responso a São Romão para livrar as pessoas do perigo". Não é o máximo guardar isso?

E aquele saquinho verde minúsculo? Ah, ali estão algumas sementes de romã de algum ano novo do passado. Quantas histórias vêm à minha cabeça agora...

Mudei-me algumas vezes de casa, por causa do trabalho, e a carteira sempre foi comigo. Aos seis anos, ela representava um símbolo de responsabilidade. Depois, passou a ser um símbolo de boas lembranças junto à minha família.

Hoje, estou casada e a carteira, é claro, veio comigo para a nova vida. Tem um lugarzinho bem especial no meu guarda-roupa e está junto a outros objetos de valor. Qualquer dia volto a colocá-la na bolsa para exibir sua beleza tão especial, única e simples ao mesmo tempo.

E sabe de quem ela chama atenção neste momento? Da minha pequena Luiza de dois anos. Minha filha tem muito de mim, e é claro que vai herdar a carteira para nela colocar outras tantas histórias e carrega-las por aí, mundo afora.

Por enquanto ela vive o "Mundo da Barbie, do rosa", mas quando descobrir quem é aquela menina loira de chuquinhas, ah, tenho certeza que irá desvendar muitos segredos dentro dela. Não é, menininha? Obrigada por estar comigo sempre!

> Curiosidade:
>
> Meu objeto é de origem nacional, feito de couro de vaca, produto totalmente artesanal. Tem o retrato de uma menina feito à mão e, na volta inteira, o acabamento é uma espécie de bordado, feito com um fio bem resistente. Foi adquirido em 1978 na cidade de Serra Negra, interior de São Paulo, e ainda hoje cheira a novo!

Fotos: Jarbas Duarte e Nelson Takeyama

Nome completo: Renata Maranhão

Idade: 37 anos   Cidade que reside: São Paulo

Profissão: Jornalista

Área de atuação: Televisão – Programa Leitura Dinâmica-RedeTV
Perspectivas para o futuro (pessoal ou global): Direcionar minha carreira de forma com que eu possa viver com qualidade e tranquilidade quando me aposentar.

Amor à primeira vista

Foi amor à primeira vista. Tinha 17 anos quando fui ao Japão pela primeira vez e tudo que dizia respeito à cultura oriental me encantava, mas cativei apreço especial aos budas. De pé, sentado, deitado, escondido. Eles estavam sempre sorrindo, alguns tinham até dentes.

Até os 24 anos cheguei a ir cinco vezes para a terra do sol nascente, passando no mínimo três meses por lá e cada vez que voltava trazia souvenires típicos para família e amigos. Na última vez que fui, percebi que, para mim mesma, nunca havia comprado nada de decoração do Japão! E havia uma loja chique, única, na qual sempre passava namorando a vitrine, chamava-se Oriental Bazaar, no bairro de Omotesando, em Tóquio. E desde minha primeira estadia em terras japonesas eu me apaixonei pela estatueta de porcelana branca e azul daquele Buda sentado, que se abanava em um leque com um sorriso delicado no rosto, porém era muito caro para meu bolso adolescente. Fui uma, duas, três vezes ao país. E a estatueta continuava por lá. Aquele Buda parecia sorrir para mim!

Na quinta e última vez que fui, em 1994, finalmente o adquiri. Trouxe para o Brasil embalado cuidadosamente, segurando no colo durante as 24 horas de voo. Ainda morava com meus pais e o guardava para quando tivesse minha própria casa. Casei-me, mas por algum motivo o mantinha embalado na caixa no fundo do armário. De qualquer jeito, não combinava com a decoração...

Seis anos se passaram. O casamento não deu certo e finalmente tive minha própria casa para expor o meu tão amado Buda. Ele merecia um lugar de destaque na minha sala. Da caixa empoeirada do fundo do armário, ele saiu imponente e expôs seu sorriso de porcelana oriental.

Para minha companhia, adquiri dois gatos siameses que, com sua energia e vitalidade de filhotes, corriam pela casa com uma agilidade invejável, quase mais rápidos que os olhos. Meu adorado Buda não resistiu a três semanas na companhia de meus felinos. Numa corrida de pega-pega, foi-se ao chão de cabeça, esfarelando em pedaços seu tão belo sorriso.

Tive o cuidado de recolher todos os cacos, até os mais pequenos, e guardá-los novamente numa caixa. E lá ficou a espera de um milagre... A espera de uma restauração que o deixasse novamente sorrindo para mim.

Curiosidade:

Japão – Foram mais onze anos dentro de uma caixa, desta vez, com a cabeça quebrada. Quando fui convidada a participar deste livro, fotografei meu Buda sem cabeça. Roseli Bueno, a autora, me alertou que poderia ser ofensivo para algumas pessoas e se propôs a me ajudar, o restaurador perfeito. Chegamos ao Phillippe Garai, que fez um trabalho magnífico e aparece com sua espátula mágica neste mesmo livro.

Nome completo: Ricardo Fortunato de Moraes

Idade: 37 anos   Cidade que reside: São Paulo

Profissão: Professor

Área de atuação: Professor de ensino superior

Perspectivas para o futuro (pessoal ou global): Pretendo me aperfeiçoar profissionalmente e, daqui há alguns anos, conhecer a China.

O chapéu

As coisas são objetos e os objetos são coisas. Um chapéu é somente um chapéu e nada mais. Então, por qual motivo me apeguei a ele?

A resposta estava escondida no passado. Consegui encontrá-la pouco antes de o chapéu e tudo aquilo que ele representa transformarem-se em esquecimento.

Rever o passado era como estar numa sala de projeção assistindo algumas reminiscências de minha vida. Na primeira cena, lá estava ele descansando na poltrona. Era uma poltrona velha que, inclusive, já havia perdido a resistência de seu assento. Ali descansava o chapéu enquanto o seu dono se preparava para ouvir a "Ave Maria".

Aquele chapéu, assim como a poltrona, também perdera a sua forma. Estava um pouco torto por causa de alguns distraídos que se sentavam nele, durante o instante da "Ave Maria". Nesse trecho do filme percebi que por mais genérico que seja um objeto ele sempre guardará as impressões de seu dono. Lembro-me do ritual que meu pai fazia antes de vesti-lo.

Ele o apanhava sem a mínima delicadeza; talvez por excesso de intimidade, e o punha na cabeça, mas não antes de dar-lhe alguns tapas para espanar-lhe o pó.

Esse chapéu era tão famoso quanto o meu pai. Não me lembro de uma fotografia em que ambos não foram registrados juntos: um sobre o outro; como o pingo no "i".

Era impossível o meu pai sair de casa sem ele. Não me lembro de tê-lo visto se esquecer dele e retornar, em seguida, para buscá-lo. Meu pai não gostava que outras pessoas usassem o seu chapéu. Mesmo que fosse, somente, por alguns instantes. Só para experimentá-lo. Mas lembro-me que ele achava engraçado quando eu vestia o seu chapéu. Alguns diziam que ele não "respia" comigo por eu ser criança. Hoje, após tanto tempo, percebo que ele não se incomodava porque eu era o seu filho e não, somente, uma criança.

Atualmente, sei que aquele objeto que, por tanto tempo, eu chamei de chapéu é, na verdade, uma boina: a minha boina que era de meu pai.

Percebi, quase no final do filme, que o apego que sentimos por algumas coisas estão relacionadas não ao seu valor de compra, mas, sim, a todo referencial afetivo que essa coisa pode guardar.

Olhar para a boina é como ver o meu pai. Ela é uma peça que integra o meu museu pessoal. Hoje, ela é lembrança, em outras palavras: uma coisa deixa de sê-la a partir do instante que a preenchemos de reminiscências. Ontem era o chapéu de meu pai. Hoje é a lembrança mais concreta que guardo dele.

Curiosidade:

Após o falecimento de meu pai ocupamos, com suas roupas, algumas malas que seriam destinadas à doação. Pouco antes de as pessoas, que receberiam as doações, chegarem, abri uma das malas e retirei dela o chapéu, cuja parte de sua história relatei no texto "O chapéu".

Fotos: Nelson Takeyama

Nome completo: Ricardo Leite

Idade: 38 anos   Cidade que reside: São Paulo

Profissão: Apresentador

Área de atuação: Comunicação

Perspectivas para o futuro (pessoal ou global): Pessoal: Estabilidade. Global: A luta e conquista do respeito humano.

Um garotinho sintonizado no pai da matéria

Como eu nasci de uma escapada de meu pai, que era casado, minha mãe sempre teve uma vida sofrida. Houve um tempo em que ela foi trabalhar na casa de uma pessoa e eu não podia estar junto.

Então, eu fui morar com uma tia e sua família. A ausência de minha mãe foi suprida pelo primeiro parente que me dava atenção. Aos meus 5 anos eu notava que todo domingo a tarde a família ficava no quintal conversando, comendo alguma coisa, chutando bola e em cima do muro, em alto volume, um aparelho de rádio.

Notei logo cedo que aquele aparelho dominava o ambiente pois toda vez que o homenzinho que estava lá dentro gritava "goooollll" as pessoas paravam e saiam correndo pra acompanhar mais atentamente.

No Natal, quando tinha 9 anos, todos se espantaram com o meu pedido "um rádio"! Após vencer a incredulidade das pessoas pois enquanto meus primos ganhavam um videogame Atari, lá estava eu no quarto, abrindo a caixa de um rádio com toca-fita.

Pude ir morar com minha mãe num sítio em que ela cuidava de um casal. Mas era um sítio grande e não tinha companhia. Você só descobre realmente o que é uma noite escura com estrelas brilhantes quando mora no sítio. Você sai na porta da casa e olha para uma tela escura. Não vê nada. Um breu. Como a tela de um aparelho de tevê desligado.

Aos domingos à tarde eu ia até uma rede, à beira da piscina, e ligava o rádio. Então reconheci aquela voz: o "pai da matéria" Osmar Santos.

Eu teria de escrever um livro só para as emoções que vivi e o quanto isso mudou minha vida. As narrações do Osmar todo domingo eram pra mim como casamento de uma filha: não podia faltar. Algo que beirava o sagrado.

Outro divertimento: como era sozinho no sítio, eu organizava jogos de futebol de botão. Com tabela e tudo. Era o clássico "eu" contra "mim". E eu também era o narrador e o comentarista. Como no rádio, como o Osmar. Ou quase.

Anos depois, a vida me proporcionou começar minha carreira no rádio. E como repórter de futebol vinha todo domingo para São Paulo para transmitir os jogos.

Após os jogos, enquanto todos ficavam horas nos vestiários, eu ia para o centro do gramado, bem no círculo central e ficava lá no escuro, em pé ou sentado, com um fone de ouvido e olhando para as cabines de rádio. E ficava olhando o Osmar Santos lá sentado, comentando e dando risada.

Muitas vezes eu tomei banho no gramado. Pois após o jogo eles ligam o sistema de irrigação. Era comum o restante da equipe se espantar ao me ver chegar na viatura da rádio todo ensopado. Mas feliz da vida.

Todo final de jogo eu ia lá bem no meio e ficava olhando para a cabine de transmissão. Era um ritual.

Anos mais tarde vim para São Paulo e trabalhei anos na Rádio América com o Eli Correa. E depois fui para Globo, onde fiquei muitos anos apresentando meu programa.

Dá pra imaginar a emoção que senti quando encontrava quase todo dia o Osmar Santos caminhando nos corredores da rádio.

Mostrei para ele uma foto que tiramos na cabine da Globo no Morumbi tempos depois do acidente que ele sofreu em 1994. Aliás, eu estava lá naquele Palmeiras e Corinthians, no Pacaembu, cinco dias antes do acidente do Osmar. O último jogo que ele narrou. Eu ouvi sua despedida na transmissão e vi. Pois eu estava lá, no escuro, no meio do gramado.

Dias depois, quando recebi a notícia do acidente, naquela manhã, eu saí atordoado da rádio. E bem em frente tem uma linda igreja. Fazia anos que não entrava em uma. Entrei lá, chorei como se tivesse perdido um parente. E fiquei uma hora mais ou menos olhando para uma cruz no altar.

Curiosamente foi um programa com o Padre Marcelo que me proporcionou muitas coisas, inclusive circular no corredor e contar essa história ao Osmar.

Lembro da última macarronada que tive o prazer de participar nos corredores do fundo da Globo para comemorar resultado. Eu estava sentado ao lado do Osmar. E como ele sorri fácil. Dá gargalhadas.

Apesar de meu programa não ter a ver com esporte, apesar de eclético, em muitos momentos eu me inspiro no Osmar. Como se isso estivesse no DNA. Como se nunca pudesse me esquecer.

Tão automático quanto respirar.

Trabalhar em rádio. Apresentar um programa nas maiores emissoras de São Paulo. Atualmente estou na Rádio Tupi AM. Prefixos importantes e históricos, coisas que um menino de sítio, nas noites frias de Itapetininga nem podia imaginar.

Conviver com jogadores, cantores, artistas ou personalidades que nunca imaginei falar. Lugares ou sensações.

Tudo isso o rádio me proporcionou. Eu não consigo andar de carro sem ouvir rádio. Por isso, você pode imaginar o que sinto toda vez que chego em casa ou em qualquer lugar e olho para um aparelho de rádio.

Curiosidade:

Muitas vezes assistindo, no sofá de casa, uma partida de futebol na TV, começo a narrar o jogo sozinho, como se estivesse no rádio.

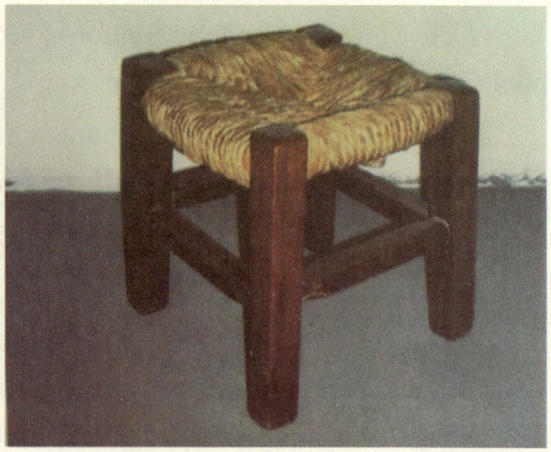

Nome completo: Roberto Rossi Jung

Idade: 75 anos   Cidade que reside: Porto Alegre-RS

Profissão: Jornalista aposentado

Área de atuação: Literatura

O banquinho do macaco

Tem um bicho que eu não gosto. Eu não tenho muito medo dele, simplesmente não gosto. É o mico, que as pessoas chamam de macaco. Ele é traiçoeiro e malvado.

Tia Gabriela, que mora com o seu Germano, compadres dos meus pais, perto dali nossa casa, na Av. Cristóvão Colombo, a caminho da minha escola; na parte de cima de uma casa muito grande, que para chegar lá tem que se subir uma enorme escada, e tem um macaco de estimação. Eles moram na parte de cima com um pequeno avarandado na frente, todo gradeado, antes de se chegar à porta. Ai fica o Chico, esse o nome do mico, amarrado pela coleira, como se fosse um cachorro. A corrente é muito comprida, de tal jeito que ele fica subindo e descendo pelo gradeado como os macacos que têm na Praça da Redenção. Todos os dias, quando eu passo pela casa, paro no portão da rua e fico mexendo com ele, que lá em cima fica saltando de um lado para o outro, guinchando e rindo mostrando os dentes, faceiro. Algumas vezes, quando não estou atrasado, dou uma subida rápida e divido com ele um pouco da minha merenda.

Pelo menos um ou dois domingos do mês, minha mãe vai visitar seus compadres e me leva junto. O Chico sempre nos recebeu muito bem, principalmente porque levo bananas para ele. Ele adora bananas e com muita educação as descascas antes de comê-las.

Certo domingo, igualzinho a todos os outros anteriores, fizemos a visita para os tios e levei a banana para o Chico. Pela primeira vez ele não a pegou quando lhe ofereci. Subiu o gradeado e ficou lá em cima de um lado para o outro, guinchando de maneira estranha, mostrando os dentes, mas não rindo. Chamei, assobiei e bati palmas. Nada. Chico não dava a mínima bola. Resolvi eu mesmo comer a banana. Acho que me distraí, pois não vi que ele havia descido e num pulo se atirou contra mim, cravando seus dentes acima do meu joelho. Agora acho que não foi domingo, deveria ser sábado, pois estava de uniforme ainda, ou seja, de calça cáqui curta, de sapato preto e meias de cor cinza, grossas com a dobra quase na altura do joelho. Foi ali onde não tinha roupa nenhuma protegendo que ele mordeu. Esguichou sangue para todo lado e doeu muito. Tia Gabriela e mamãe levaram um enorme susto e chegaram aos gritos para o meu lado. A mordida foi feia, tanto que me levaram para o Hospital Beneficência Portuguesa, que ficava mais perto do que o Pronto Socorro, e lá me deram várias injeções, que confesso, me assustaram e doeram muito mais do que a mordida.

Tive que voltar outras vezes para mais injeções e o médico elogiou minha coragem, principalmente por nunca ter chorado e me disse que eu iria ficar com uma, bela cicatriz para o resto da vida. Foi por isso que ganhei o meu banco baixinho, de madeira e de assento de palha trançada, que já havia desistido de receber, e que pretendo conservar como recordação, também para o resto da vida. Não me lembro do que aconteceu com o Chico, mas nunca mais o vi, o que não me deu saudades nenhuma.

Hoje, quando leio esta história, dou-me conta que o tal banco/troféu já me acompanha por quase setenta anos e pouca gente sabe do orgulho e uma pontada de orgulho e saudade que me toca aqui do lado esquerdo do peito, sempre, como agora, e quando o vejo ao meu lado.

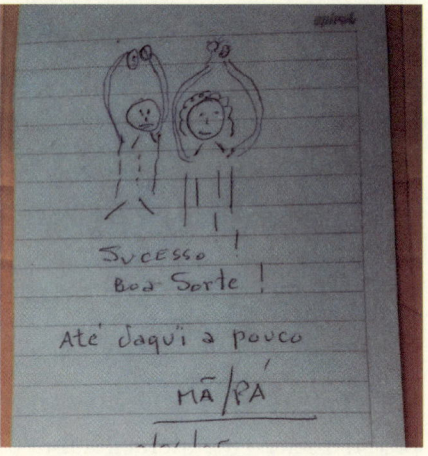

Nome completo: Rodrigo Cruz Chiado

Idade: 29 anos   Cidade que reside: São Paulo

Profissão: Músico

Área de atuação: Mercado Músical

Perspectivas para o futuro (pessoal ou global): Reconhecimento na área músical.

A máquina do tempo

Acho incrível como aquela velha frase "só damos valor para as coisas quando as perdemos" permanece firme até hoje em nossas vidas.

Passamos a vida inteira buscando por casa, carro, luxo, viagem, dinheiro, status, entre outros, e quando chegamos a um certo ponto, nos deparamos com uma situação em que nada disso nos é mais válido, onde apenas as pequenas coisas nos levam às melhores memórias de nossas vidas. E é exatamente neste momento que aquilo que nos apegamos deixa de ter valor monetário ou material e passa a ter apenas valor sentimental. E o valor é tão grande, que não trocaríamos por dinheiro algum.

Posso comprovar isso pelo meu objeto de maior apego, que nada mais é do que um pedaço de papel e alguns rabiscos de caneta. Sim, para os outros nada mais é do que exatamente isso. Para mim, não é nada menos do que uma máquina do tempo, pois, cada vez que olho para ele, me remeto aos momentos maravilhosos em que vivi com meu pai. Tal como o momento em que este rabisco tão inocente foi feito. Um momento em que eu estava desesperadamente procurando por um emprego e este bilhetinho foi deixado em minha mesa, me desejando sorte na minha entrevista. No momento em que li achei muito legal e até guardei em uma de minhas gavetas. Depois de muito tempo, procurando por algo, encontrei este bilhetinho dobrado no meio de tantas outras coisas.

Hoje refletindo, vejo que, talvez se meu pai estivesse aqui hoje, eu levaria até ele, mostraria o bilhete para relembrar e logo depois o jogaria no lixo, como se fosse realmente um mero papel com alguns rabiscos legais que meu pai tão carinhosamente fez. Mas este não foi o caso. Hoje meu pai não está mais presente fisicamente e quando encontrei este bilhetinho, ele significou mais do que tudo pra mim. Mais do que qualquer foto ou vídeo que me faça relembrar dele. Significou a lembrança de todo o amor, toda a alegria e, principalmente, todo o apoio que ele me deu em toda minha vida. A frase "Sucesso, boa sorte" escrita no bilhete, naquele momento era apenas uma frase de apoio, um desejo de que minha entrevista fosse boa. Hoje, enxergo como se estivesse me desejando sucesso em toda a vida que tenho pela frente, torcendo por minha felicidade, pelas minhas conquistas. A frase escrita logo embaixo com os dizeres "Até daqui a pouco", naquele momento era apenas um "Até logo", nada mais do que um "Já volto", mas hoje enxergo como se estivesse me esperando, me ajudando, torcendo por mim e que logo mais iremos nos encontrar novamente.

Não, este bilhete não quis dizer apenas "Sucesso, boa sorte" e muito menos "Até logo".

Sim, na verdade meu pai quis dizer tudo isso, mas, naquele momento, eu apenas li, mas não enxerguei quanta coisa meu pai quis me dizer em tão poucas palavras.

E você? Tem alguma máquina do tempo na sua casa, na sua vida, na sua gaveta? Pois, se tiver, te desafio a pegar agora mesmo e ler, mas não leia apenas com os olhos, leia com o coração e aproveite, pois a época para a qual você quer voltar nessa máquina do tempo, está acontecendo agora mesmo, talvez amanhã já seja um outro dia...

É, pai, você estava certo! O valor das coisas está nos olhos de quem as vê.

Ah... e para quem ficou curioso, sim, eu consegui o emprego.

> **Curiosidade:**
>
> Apenas um pedacinho de papel com alguns dizeres.

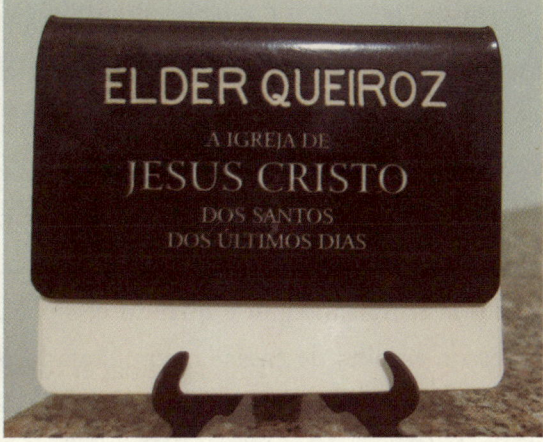

Nome completo: Rodrigo de Queiroz Martins Silva

Idade: 23 anos   Cidade que reside: Rio de Janeiro

Profissão: Estudante

Área de atuação: Estatística

Perspectivas para o futuro (pessoal ou global): Ter uma grande família e trabalhar com investimentos na Bolsa de Valores.

Os dois melhores anos da minha vida

Durante minha infância e juventude tive a oportunidade de conhecer e aprender sobre o evangelho de Jesus Cristo. Isso para muitos pode ser só mais uma história sobre religião ou coisa parecida, mas para mim é o que faz toda diferença em minha vida.

Quando tinha 13 anos meu irmão fez uma escolha, que para mim serviu de grande exemplo. Ele decidiu fazer uma missão de tempo integral pela Igreja de Jesus Cristo dos Santos dos Últimos Dias. Ele foi chamado para servir em Las Vegas, e durante dois anos meu irmão compartilhou experiências magníficas que me deixavam muito orgulhosos em saber que ele deixara tudo para ajudar ao próximo.

Por isso eu sonhei durante anos com a época que que completaria meus 19 anos, e poderia ter minhas experiências como um representante de Jesus Cristo. E assim me preparei para ser um grande missionário assim como meu irmão e também meu pai.

Vocês podem se perguntar o que tem a ver essa história com esse objeto, mas essa plaqueta é a identificação mais tradicional de um missionário de tempo integral e quando completei a idade necessária fiz a tão esperada escolha de enviar meu chamado para servir como missionário. Só que tinha algo em meu coração que me deixava ansioso com a resposta de onde iria servir, pois eu queria ajudar em algum lugar do meu país, já que sou extremamente patriota, e fui atendido sendo chamado para servir no interior do Rio Grande do Sul, na Missão Santa Maria. O que mais me impressionou e emocionou ao saber o lugar em que serviria minha missão é que essa era a mesma região em que meu avô servira sua missão mais ou menos quarenta anos atrás.

Durante dois anos andei com essa plaqueta em meu bolso da camisa. E pude realizar meu grande sonho de ajudar meu próximo, assim como meu Salvador faria se estivesse aqui.

Não existe alegria maior de que ajudar um irmão a vencer seus vícios como drogas ilícitas, tabaco e bebidas alcoólicas, e se tornarem pessoas sóbrias e felizes. Ajudar famílias prestes a se desfazerem pelo vício de pornografia e consequentemente adultério, mudarem seus atos e perceberem o mal que faziam a si próprios e aos seus cônjuges e filhos.

Não há época de minha vida mais memorável para se relatar do que a época em que usei esse objeto em meu peito, pois foi uma época em que fiz infinitas amizades, das quais sinto imensa saudade, mas que foram alimentadas pela caridade que é o puro amor de Cristo.

Convido a todos que conhecerem rapazes ou moças que andam com essa plaqueta a entenderem o porque eles estão ali e não os julgarem por fazer parte de uma determinada religião, pois todos temos experiências de vida que pode nos ajudar a crescer e aprender, independentemente de nossas diferenças.

Essas são minhas memórias mais valiosas! Sempre que olho para esse objeto sinto me honrado de um dia ter servido uma missão de tempo integral para servir meu próximo e ser testemunha de verdadeiros milagres.

Curiosidade:

A origem desse objeto é de fabricação nacional, e no meu caso o meu nome foi escrito artesanalmente. Uma curiosidade é que todos os rapazes são chamados por "Elder" que significa missionário e seguido do sobrenome da família que no meu caso foi "Queiroz".

Fotos: Renato Netto

Nome completo: Rosa Marya Colyn (nome artístico)

Idade: 66 anos				Cidade que reside: Rio de Janeiro

Profissão: Cantora/ Atriz

Área de atuação: Música e Dramaturgia

Perspectivas para o futuro global: Conturbado, com necessidades básicas, falta de alimento, racionamento de água, crise na comunicação entre outros.

Troféu Ermita del Milagroso

Bem, sempre me perguntam se prefiro a música americana ou a brasileira, e eu respondo que não tenho preferência, tenho vocação tenho habilidade para cantar em qualquer idioma. É uma questão de ouvido, o que realmente importa para mim é a qualidade, se a música é de qualidade e me fala ao coração então não me importa o idioma, eu canto!

A prova disto é este episódio acontecido na Colômbia no ano de 1987.

Em agosto de 1987 eu estava no teatro da Lagoa no Rio de Janeiro participando da peça Noviça Rebelde, quando fui convidada para participar do festival de intérpretes na cidade de Buga, no interior da Colômbia. Fiquei muito feliz, pois naquela altura de minha carreira já tinha cantado em Londres, Nova York, México e Paris, mas nunca tinha ido aos países vizinhos. Buga é uma cidadezinha típica do interior, seus habitantes são receptivos, gentis e alegres, me fizeram sentir muito bem. Cada artista tinha um casal que era uma espécie de cicerone, nos acompanhavam o tempo todo, só ficávamos a sós quando íamos dormir, eu tinha por colega de quarto a cantora representante da Argentina chamada Magdalena de Leon.

No primeiro dia do festival, pouco antes de começar, estávamos todos os participantes no camarim, quando subitamente entram alguns guerrilheiros de arma pesada em punho apontando para nós e com olhares incisivos e investigadores. Eu realmente fiquei apavorada, pois na ditadura brasileira eu nunca tinha passado por algo semelhante, mas ouvia falar de coisas de arrepiar. Eles fizeram la sua revista e se foram e ficamos todos aliviados. Este foi o primeiro episódio.

O segundo foi o fato de eu ter vencido a competição concorrendo com onze países e ganhei o prêmio que vocês veem na foto, que se chama "Ermita Del Milagroso" e é uma replica da torre da igreja local construída em 1884. Não acreditei! Porque escolhi duas músicas lindas, mas sem o ritmo típico do Brasil o samba, e tinham concorrentes maravilhosos. Após receber o prêmio, jornalistas acorreram para entrevistar, e um deles disse achar curioso por ser eu negra e brasileira não ter concorrido com um samba. Eu cantei "Calix Bento" à capela e "Viagem" do Taiguara com a orquestra, ele estranhou e eu também pois até ali não me havia passado pela cabeça que eu deveria concorrer com um samba por ser brasileira.

Foi uma emoção intraduzível. Mas o fato de ter vencido demonstra a nossa diversidade músical reconhecida.

Curiosidade:

Cantora mineira, mais conhecida como Rosa Maria, começou a carreira no Rio de Janeiro aos 18 anos, cantando na Rádio Tupi, Rádio Mayrink Veiga e TV Rio. Gravou seu primeiro compacto duplo pela Odeon em 1963. Depois disso fez shows por todo o Brasil, participou de programas de televisão e atuou na primeira montagem brasileira do músical "Hair". O jazz só veio nos anos 1980, com voz aguda e plena de vibratum, era uma menina, a voz era tipiva. Firmou-se como cantora de jazz, tocando ao lado da Tradicional Jazz Band, no Opus 2004. Com alguns discos gravados, mas ainda pouco conhecida, depois de mais de vinte anos de carreira, uma gravação despretensiosa para um comercial de televisão em 1988 alçou-a ao topo das paradas. Uma regravação "cool" de *California Dreamin*, do grupo The Mamas and the Papas, para uma loja de departamentos tornou-se o seu grande sucesso. No fim dos anos 1990 mudou o nome para Rosa Marya Colyn. Dona de uma beleza explêndida, uma excelente representante da raça negra, Rosa Marya sempre foi vista como uma mulher muito bonita, mas reservada. Em 2007 deu um grande passo em sua carreira de atriz, participando da minissérie Hoje é dia de Maria, tornou a Tia Nastácia do Sítio do Picapau Amarelo, sendo Nha Barbina de Sinhá Moça seu grande sucesso como atriz, entre outros inúmeros papéis na TV.

Fotos: Nelson Takeyama

Nome completo: Roseli Bueno Pires Danna

Idade: 46 anosCidade que reside: São Paulo

Profissão: Empresária

Área de atuação: Metalúrgica – setor administrativo

Perspectivas para o futuro (pessoal ou global): Desejo alcançar sempre um paz de espírito e ter saúde para realizar outros projetos sociais. Cuidar de minha família, ver minha filha casar-se e ter filhos. Conhecer novas culturas, ter a possibilidade de realizar outras viagens.

Amor, vida, luta, amizade e sonhos

Todos os dias para mim são especiais; porém ao chegar aos 46 anos sinto-me tranqüila, madura, apoiada em conquistas e realizações que foram plantadas durante anos claro, hoje me empolgo muito mais com as coisas simples e com as atitudes espontâneas do coração.

Um homem de grande valor me acompanha, nesta jornada e uma menina/mulher, veio como filha especial, linda... e ambos preenchem minha vida e meu lar.

Por todos os gigantes que enfrentamos e pelos quais obtivemos experiência nos arriscamos sempre no intuito de vencer os obstáculos, usando-os como experiência de vida, aprendizado e crescimento espiritual.

Hoje desejo e peço a Deus, que nos dê saúde para continuar...

Sou completamente anônima para o mundo, porém intensamente especial para os que me amam, com orgulho e simplicidade, coloquei minha vida em exposição, para demonstrar que, apesar de anônima, qualquer pessoa pode iniciar um projeto que visa ajudar e auxiliar o próximo.

Este livro me proporcionou conhecer pessoas maravilhosas, ampliar meu círculo de amizades, experimentar situações das mais inusitadas e que me fizeram refletir muito sobre a real missão a que me foi destinada.

Estar em meio há tantas histórias, recordações e lembranças, vínculos afetivos que até então faziam parte do grande universo humano, e que foram gradualmente fazendo parte do meu mundo, das coisas e valores que eu acredito, se misturando ao universo quase mágico e deslumbrante de minha alma, que foi captando e vivenciando cada história, como se dela eu pudesse a partir de agora fazer parte.

Quero, em primeiro lugar, salientar a maneira muito particular e inusitada que iniciei os convites e como esta obra, foi acontecendo, como se pudesse ter em minha volta sinais, energias, algo sensorial, ou espiritual, nunca saberei ao certo.

Estava em uma manhã de dezembro de 2010 retornando de uma consulta médica com minha mãe, e a mesma me convidou para almoçar em sua casa, pois havia feito um delicioso almoço caseiro, cheio de amor, carinho e do jeito que ela sabe que gosto. Durante o almoço, minha mãe como faz sempre, lembrava de passagens e fatos do passado, porém, desta vez, ela delimitava cada fato ligando a um objeto de sua casa, aos quais ela tem enorme apreço e dedicação. Ouvindo atentamente, imaginei que ela ficaria muito feliz se eu pudesse transformar e tentar traduzir toda esta dedicação para com os seus objetos prediletos em imagens, em fotos! A proposta foi lançada: "Mãe, vou presenteá-la com um foto book". Imediatamente ela sorriu, emocionou-se e comentou: "Que lindo! Quero mostrar para todos, até na padaria!" Olha só!!! Que surpresa gostosa! Porque fiz a proposta receosa, achando que poderia soar meio piegas! Mas não!!! A família curtiu a ideia! Que bom, então o próximo passo, foi agendar uma dia apropriado para realizar a sessão de fotos.

Duas semanas passaram-se até chegar o dia "D", e lá vamos eu e minha filha com sua câmera profissional, e as lentes especiais, empolgadas, afinal iríamos fazer algo fora da rotina tradicional de "trabalho, casa, faculdade, supermercado, rotinas domésticas, passeios aleatórios etc." Desta vez, iríamos trazer para o rosto marcado e envelhecido de minha mãe, que já esta com 71 anos, uma felicidade, um ar jovial, radiante, como vocês podem ver nas fotos, iríamos fazê-la adentrar em suas mais maravilhosas lembranças, suas mais emocionantes passagens, porque a cada foto isso foi ficando mais latente, ao ponto de nós também entrarmos e viajarmos em suas lembranças, e ao ápice de uma lembrança "única" que jamais poderei esquecer... Minha avó Alexandrina Cunha Bueno, "Xandica" para os mais chegados... Ali estava o objeto que traria à tona uma promessa, aliás nem sei se poderia chamar de promessa, foi uma conversa que tive com ela na beira de seu leito no Hospital das Clínicas, uns dias antes de seu falecimento.

O teor da conversa era o fato de que sua existência estava mais bem preservada devido aos cuidados, carinho e apoio que a família dava a ela, sobretudo especialmente eu, pelo fato de que nos últimos quinze anos ela morava com minha mãe, e sempre estávamos presentes, apoiando nos momentos mais necessários, e também em longas conversas, festas, eventos e passeios que proporcionei a ela.

Enfim. lembro-me que, durante esta conversa, ela manifestou a preocupação com os demais "idosos" que estão abandonados, que não tiveram a mesma sorte que ela, e tal... e então no momento disse a ela que faria algo que pudesse ajudar aos idosos, talvez ir em algum asilo, levar coisas ou auxiliar à distância, não saberia no momento, mas iria pensar em alguma forma de contribuir com a terceira idade.

Ela, muito debilitada, mas extremamente lúcida, apenas sorriu e disse que eu tinha um bom coração... Passados cinco anos... Neste dia das fotos na casa de minha mãe, ao chegar no "prato azul de porcelana, com a descrição Deus proteja esta casa" senti uma emoção, uma energia diferenciada, algo transcendental, e como se pudesse ser uma mágica, a imagem e lembrança de minha infância... de meus avós... de minha mãe mais jovem... de meus irmãos... minhas tias... e tudo o que fazíamos... naquela sala da minha avó Xandica... pude vê-la inclusive no fogão... abrindo a geladeira... e então chegou aos últimos dias, quando ela estava lá no hospital falando sobre os idosos... E como se pudesse ser um sinal... me veio a ideia: "Fazer um livro com contos e histórias de pessoas das mais variadas profissões e idades".

Como assim? Não é tão fácil! Por onde começar? Quem poderia chamar? O que escrever além das histórias? Será que as pessoas iriam topar? Será que iriam abrir seus corações, expor suas vidas, seus objetos pessoais? E quanto este projeto poderia custar? Como poderia viabilizar!? Nossa! Fiquei mal porque por um milésimo de segundo não acreditei... por uma fração de milésimo de segundo entrei em *blackout* mental, mas, como boa virginiana, organizada, semeadora, solidária e transparente, exigente, crítica, detalhista e minuciosa, espera, ainda tem perseverante e guerreira, retomei imediatamente o fôlego e empunhei a bandeira do idoso e a levantei com tanta fé, com tanta força, que foi muito, mas muito maior do que tudo que havia pensado ou imaginado sobre a Terceira Idade até então!

Ok, preciso agir! Por onde começar? Bom vou participar a ideia aos mais próximos, marido, filha, mãe, irmãs, tias, primos, amigos, professores, amigos dos amigos, pessoas desconhecidas, pessoas conhecidas, personalidades, celebridades, Meu Deus!!! Obrigada, porque estava feita a corrente, a semente tinha sido lançada em paragens de autoestima, de alto respeito, com muita dignidade.

O dia tem 24 horas, o mês 720 horas, durante sete meses temos 5.040 horas, deste tempo dormi 1200 horas, uma média de cinco ou seis horas por dia, significa que dormi menos do que 15% do tempo, foi uma dedicação visceral, de entrega, de corpo, alma, amor, felicidade, e emoção. "Sempre que possível faço uma boa ação, ao meu próximo."

Meire(44), Márcia(42), Roseli (46)

Casamento aos 18 anos
Leonor, Roseli, Edemilson, Alexandrina e Olívio

Aprendizado

Em minha família não tive propriamente alguém que tenha realizado grandes feitos, porém tive pequenos exemplos que fizeram com que o meu senso de fraternidade, justiça, coerência fossem moldados dentro de um padrão satisfatório de equilíbrio. O ensinamento dos mais velhos, sutil muitas vezes, não explícitos, nos aguça a percepção e nos dá parâmetros de limites.

Educação

Minha educação foi através de exemplos práticos e muito simples. O respeito foi um ingrediente extremamente predominante, pelo ser humano em qualquer circunstância, independentemente de sua condição social, religiosa, política ou sexual.

Amizade

Confio muito nas pessoas, levo fé, até que provém o contrário. Não me interessa o que a pessoa possa ter feito no passado, ela pagará por seus atos no momento oportuno, não sou eu que vai julgá-la.

Se me tratam bem, retribuo, não gosto de denegrir imagem de ninguém. Gosto e aprovo crítica que seja construtiva. As pessoas já vivem em estresse com um olho aberto outro fechado, não enchem o pulmão quando respiram, não mastigam direito o alimento, tomam banho de cinco minutos, não conseguem mergulhar de cabeça em nada. Sou como esponja, me entrego a tudo e a todos, porque acredito nas boas energias, acredito, sobretudo no bem.

Bibelô de porcelana 1980   Prato de porcelana de 1960

Prato de porcelana azul- "Deus proteja esta casa"

Sempre admirei a maneira como a minha avó conduziu e criou seus filhos, com muitas dificuldades, cabeça erguida, conseguiu também ajudar a criar os netos, entre eles os 5 filhos de minha mãe! Não tinhamos luxo, nem fartura; o que tinhamos era amor, carinho, união e exemplos! Muitos ensinamentos de responsabilidade, caráter e ombridade, valores que trago enraizados em meus princípios e em minha vida.

Durante anos pude tê-la por perto em suas palavras objetivas e sábias, em sua conversas sempre uma gargalhada! Raramente estava de mau humor ou baixo astral, foi minha madrinha de nascimento e casamento, a tratava de segunda mãe!

Este prato pertenceu a ela e lembro-me de vê-lo em sua sala de estar, fixado na parede sobre a porta, e sempre senti não só apresença de Deus, mas a proteção que as palavras traziam sobre a minha cabeça... Deus proteje a nossa casa sempre!

Este objeto existe há mais de cinquenta anos!

Trio de patos de porcelana marron

Em minhas memórias de infância me veem lembranças emocionantes de tempos calmos, cheios de ensinamento e exemplos que foram passados pelos meus avós. Especialmente meu avô Olivio Bueno, um senhor muito tranquilo, pois lembro que ele gostava de usar roupas claras, terno de linho branco, chapéu e sempre engraxava seus sapatos...

Os avós conseguem realmente ser marcantes em nossas vidas, e nas circunstâncias da minha infância é realmente a minha memória mais doce, que felizmente ainda faz parte do meu dia a dia. Este trio de patos de porcelana, pertenceu ao meu avô e já existe há quase trinta anos! Hoje faz parte do acervo de objetos de minha mãe, que cuida e zela por todos com amor e carinho.

Meus avós
Maternos e paternos
(*in memoriam*)

Suaves lembranças...
Meu olhar desliza no horizonte, querendo saber que distância
um nome deixa de doer...
Se o tempo desfaz o nó que tenho dentro, ou se o nó que
tenho dentro se desfaz com o tempo...
O cheiro do mato, da chuva, do café ou de um perfume
leve, paralisa o tempo e me transporta as bordas de uma lembrança
que murmura com ternura, flashes de momentos vividos,
e que me invadem a alma, me tirando por instantes do
que é real.
Lembranças são como feixes de luz, que entram pelas frestas
de uma janela entreaberta, são como o balançar das folhas
que os ventos embalam.

A ausência destas almas, que hoje descansam no infinito, me trazem saudades, e não compreendo com nitidez liquida e completa qual a distância que estamos delas.

No mesmo instante que me fecho em lembranças dos entes queridos que já se foram, fortaleço-me cada vez mais, por superar a cada instante a falta que eles me fazem.

Mas confesso que gostaria muito de poder me desdobrar em espírito, para poder abraçá-los.

Em meu coração pulsa a esperança de reencontrá-los e revê-los com amor e fraternidade.

O tempo é muito lento para os que esperam, muito rápido para os que tem medo, muito longo para os que lamentam, muito curto para os que odeiam, mais infinito e eterno para os que amam.

Meus avós foram imensamente amados e amaram com reciprocidade. Espero que estejam em paz nos braços dos anjos, estes dois objetos me fazem lembrar de minha infância e da casa deles.

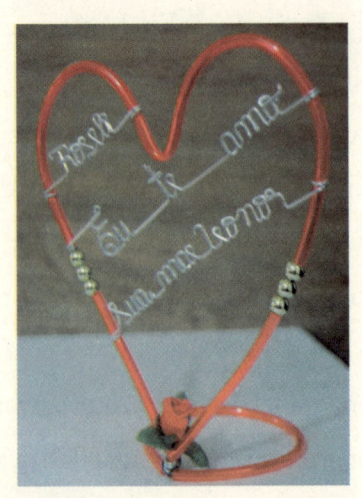

Coração feito de arame revestido de borracha com a inscrição: "Roseli eu te amo, sua mãe Leonor"

Minha mãe, minha heroína!

Minha mãe esteve sozinha sem a presença de meu pai por toda a sua vida! Casou-se por amor? Sim, com seu primo, namoro de roça, ambos colhiam algodão em paragens do interior de São Paulo. Consta que meus avós se mudaram do interior para São Paulo e as duas crianças apaixonadas foram separadas, aos 12 anos de idade até chegarem à idade adulta, quando reencontraram-se aos 18 anos, tiveram que superar todas as regras da época até o momento que foi realizado o casamento... com amor e abençoado pelos pais, meus avós!

Tanta felicidade que minha mãe não podia acreditar... mas infelizmente, por motivos do alcóol, ela foi obrigada a se afastar daquele rapaz que na época já estava com 30 anos e assim seguiu sozinha sua jornada com 5 filhos, 3 meninas e 2 meninos, tendo em muitos momentos trabalhado em 3 empregos, sendo o principal de costureira, onde realizou inúmeros trabalhos, todos altamente elogiados, pela destreza e pelo dom de confeccionar roupas para nós, para ela e para muitas outras pessoas, durante mais de quarenta anos!

Superou bravamente todos os obstáculos e hoje, com 71 anos, sobreviveu ao implante de marcapasso em seu frágil coração, que recupera-se após o baque de ter perdido o maior e único amor de sua vida: meu pai! que faleceu quase dois anos depois que o resgatei e o trouxe com 63 anos para viver ao nosso lado. E assim minha mãe leva a vida, entre seus objetos, sonhos, saudades, vivendo todos os dias com bom humor e alto astral e sempre buscando fazer o melhor! Sra. Leonor Bueno, minha mãe, minha heroína!

Mãe

Mãe, eternamente mãe... Que me emprestou seu ventre,
para que pudesse me desenvolver em suas estranhas entranhas...
Falou-me do bem, do amor, acendeu-me a esperança, a
luz brilhante da vida, a chama dentro do meu coração...
Colocou-se ao meu dispor, me acalantou e me abençoou...
Foi como um diamante bruto, do mais alto quilate...
Foi guerreira sem temer aos inimigos, buscou o néctar dos
anjos e colocou em minha boca, nunca passei fome...
Ensinou-me tudo num só gesto, num só olhar...
Não tem posses, não é letrada, o tesouro que possui é só
seu, legítimo... O dom que tem, não pode ser de ninguém,
o teu legado vive hoje, nesta filha que te ama e te agradece.
Sou orgulhosamente sua filha, e trago ainda em meu coração
a mesma chama que me deste quarenta e seis anos atrás.
Aqui está a minha alma em suas mãos, abro as minhas mãos
para acolher a sua alma.
De coração, ofereço-te estas palavras: Que mantenha o
brilho nos olhos e a cabeça erguida como sempre, desejo-te
muita saúde e muita paz!
Que os anjinhos do senhor e os seus anjinhos façam uma
brincadeira e juntem-se numa grande ciranda em seu redor.

Artesanato em madeira original do Estado do Mato Grosso

Meu Pai

No ano de 1940, vinha ao mundo um menino, que aos 12 anos pela perda do pai, pula a fase de adolescência e vira homem, com responsabilidade.

Sempre teve olhos para sua mãe, seus irmãos, foi como um pai para eles. Ainda menino, passava seu tempo trabalhando em meio às plantações de algodão. Cheio de sonhos, com habilidades para vários trabalhos manuais, alto, moreno, alinhado, cheio de vida, carinhoso, respeitava todos, e tinha um futuro promissor. Começa a transformação do menino em pássaro... Aos 19 anos aprendeu a profissão de carpinteiro e começou a paquerar uma moça, sua prima, que seria sua esposa e mãe de seus 5 filhos.

Aos 25 anos, tem seu primeiro contato com o álcool e, entre idas e vindas, discussões e desentendimentos, aos 30 anos deu início ao voo, e se perdeu do bando, para um longo voo solitário...

Durante mais de trinta anos vagou solitário e carente, de queda em queda, com muitas cicatrizes e algumas feridas até ser resgatado por mim, uma filha, que lhe estenderia as mãos, abriria seu coração e o faria enxergar novamente a luz.

Em 2004 resolvi comprar um terreno e fazer uma casa para meu pai no Município de Francisco Morato-SP e assim o trouxe da cidade de Caarapó Mato Grosso, onde vivia com seu irmão caçula, para viver ao nosso lado.

Durante um ano ele morou na casa sem acabamento, apenas com piso, e reboco grosso. No dia 11/5/2005 ele completou 65 anos e prometi para ele que no mês seguinte faria uma reforma total em sua casa e compraria móveis novos e iríamos comemorar com um churrasco entre os filhos e minha mãe.

No final de julho, a reforma estava concluída, os móveis comprados, e fui até a casa dele terminar de pagar os pedreiros e combinar o churrasco de comemoração, dia de sol brilhante, passei pela casa de minha mãe e ela resolveu ir até a casa para ver a reforma feita. Durante duas horas, meus pais conversaram muitas coisas, lembraram do tempo da roça, do algodão, das brincadeiras, da laranja, do café e todas as outras lembranças que os mantiveram apaixonados desde sempre... Não querendo que aquele momento acabasse nunca... mas tendo tantos compromissos... chamei os dois e avisei que tinha que ir embora. Minha mãe de pronto pegou sua bolsa, e meu pai, subindo a rampa de cimento até a rua, disse: Leonor estou no céu de pernas para fora! Referindo-se a alegria que estava naquele momento, casa nova, filhos e ela por perto...

— Fiona, quero que você faça um caminho de flores desde a minha porta até a rua, e pinte toda a mureta de branco, e plante rosas, sua mãe gosta de flores.

— Claro, pai, e depois vamos fazer um churrasco com toda família aqui, semana que vem.

Fomos embora muito felizes porque afinal parecia que tudo estava dando certo e todos estavam muito felizes. Então, o fim de semana foi tranquilo, chegou domingo dia 02/07/ 05, por volta de 19h, o telefone toca, e alguém do outro lado:

— Quem fala, é a Sra. Roseli?

— Sim, quem é?

— Aqui é o vizinho do seu pai, tenho uma notícia para dar.

— Pois não, meu pai não está bem?

— Senhora é coisa pior... Infelizmente, ele faleceu.

— O quê?!!!!!!!!! Tem certeza?!!!!!!!!!!!! Ele estava bem na sexta-feira, não acredito!!!!!!!!!!

Chorei muito, fiquei sem ação, mas eu tinha que avisar as pessoas, tinha que ir lá, registrar boletim de ocorrência na delegacia, tinha que ir na funerária. Meu Deus! Tanta coisa acontecendo, eu estava fazendo tudo, estava tão feliz, ele não podia ir desse jeito, não podia... Cheguei lá em Francisco Morato às 22h, a polícia já estava na casa, alguns vizinhos. O meu pai, estava na cama, meio torto, arrumei seu corpo, passei um lenço em seus lábios e o cobri. O seu semblante estava tranquilo.

Eu não acreditava: ainda tinha a vasilhinha que ele tinha almoçado, tinha louça na pia, comida no fogão, a roupa dele na cadeira, seu sapato na beira da cama, o rádio ligado, não podia ter sido assim, eu nunca vou esquecer.

O IML chegou para levar o corpo para autópsia, eu fui para à funerária; foi uma noite muito longa, eu não dormi... O médico disse que o pulmão e o fígado estavam muito comprometidos e ele morreu de insuficiência respiratória...

Meu pai foi um homem do mato, viveu em fazendas, era carpinteiro e sempre esteve em contato com a natureza, sempre contava que já havia brigado até com onça no meio do mato... Por isso, tenho esta onça que trouxe do Mato Grosso, por onde viajei a trabalho, para lembrar dele.

Meus irmãos

Nós

NÓS, pronome pessoal da primeira pessoa, no plural para
ambos os sexos.

NÓS, somos únicos, unidos...

NÓS, com nossos defeitos e qualidades...

NÓS, com nossos desejos e esperanças...

NÓS, com nossos desafios...

NÓS, com nossos pais...

NÓS, com nós mesmos...

NÓS, com nossos familiares e amigos...

NÓS, com nossa humildade sempre...

NÓS, filhos de uma estrela que brilha...

Estrelinhas pequenas na imensidão...

O clarão destas estrelas é tão surpreendente que ilumina
todo infinito.

NÓS, somos como as cinco pontas de uma estrela que brilhará eternamente, cada qual com seu brilho próprio.

Um brinde a nós e a nossa estrela maior, nossa Mãe!

Cartão que a Priscila me deu aos 10 anos   Primeira viagem á Disney aos 10 anos e meio (1997)

Minha filha, anjo bom que Deus me deu

Quando soube que a esperava em meu ventre, fiquei muito feliz, mas também com muito medo, não sabia como seria o parto.

Foi tão rápido, você foi tão espertinha. Passamos muitos momentos lindos, com puxões de orelha, com ensinamentos, com alegrias de colegas, com intimidades de amigas, espero que você sempre confie em mim e sempre saiba que pode contar comigo em qualquer situação. Sinto-me realizada como mãe, porque você sempre superou as minhas expectativas, surpreendendo-me a cada fase da sua vida.

Considero você uma guerreira, pois sempre alcança os seus objetivos. Admiro o seu jeito humilde e simples de ser; sei que a sua presença ilumina por onde passa. Tenha certeza que você, com sua meiguice e obstinação, vai chegar muito longe, não somente àquele longe de conquistas materiais, mas àquele longe de importantes realizações espirituais.

Eu te amo, e desde já, amo a todas gerações que você constituirá no futuro.

Sempre me preocupei com você por ser filha única, e você sempre foi carinhosa, consciente, porque a criei com responsabilidade e com metas, planejamento, e sobre tudo ser uma pessoa comedida e coerente, não esbanjar e saber que o dia de amanhã existe... Estou muito orgulhosa por você já ter concluído sua faculdade na USP e ter realizado seu desejo de ir trabalhar na Disney, ter ficado dois meses sozinha no Canadá... ter trocado de carro e comprado seu cantinho... Escrevendo assim, parece fácil... mas nós sabemos o quanto foi difícil e o quanto você batalhou e lutou por cada conquista. E neste pequeno cartão de coração, você aos 10 anos já mencionava que queria crescer e batalhar e realizar conquistas e sonhos!

Já estou com saudades... sei que nem sempre podemos conversar como eu gostaria, porque temos uma vida de artista, verdadeiras "malabaristas" da vida! Eu e você... eu estou em um espetáculo, você em outro! Ah! Como vamos fazer? Minha filha, respeito seu momento, desejo que você seja sempre assim esta menina meiga que hoje já cresceu... este cobertozinho que embalava seus sonhos quando bebê ficou para traz deixando muitas saudades, e agora deu lugar aos óculos, carteiras, agendas e inúmeras bijuterias coloridas e delicadas, as quais a transformam em uma moça linda, radiante e maravilhosa!!! Amo voce, minha menina linda!!! Deus te abençoe!

Obrigada por você ser assim,

beijos e abraços.

Mãe...

CARTA DE PRISCILA / 2006

Mãe, você é indispensável, incomparável e insubstituível.

Roseli como mãe é muito parecida com a Roseli como amiga, eu acho... Afinal, nunca vou saber, pois, sempre serei a filha! Minha mãe é assim, sempre alegre, sempre falando alto, gesticulando, dançando, pulando.

Sempre disposta a conversar e que disposição, hein! Atrai muitas pessoas encantadas com seu jeito de ser e sua simplicidade.

Ela se preocupa em viver com intensidade e não apenas existir. Meus amigos sempre falavam: "Nossa Pri, sua mãe é tão legal, queria que a minha mãe fosse assim também", referindo-se à sua personalidade liberal e compreensiva.

Para minha mãe não existe tempo ruim... ! E a juventude esta cada vez mais presente em seu sorriso, na sua alegria de viver e seu bom humor.

Sinto-me muito orgulhosa de andar com ela na rua e perguntarem: "São irmãs?"

Sempre se preocupou em me ensinar tudo o que sabe. Desde pequena, quando saíamos, ela ia me mostrando os nomes das ruas e os monumentos importantes. Ela sempre delegou tarefas apostando que eu seria capaz de realizá-las, independentemente da minha idade.

Para minha mãe, a minha vontade de entrar na USP-SP era algo como um sonho, ou ganhar na Loteria, quase impossível devido à quantidade de concorrentes. Mas para mim era real e tangível. Eu estudei muito no último ano para entrar na USP-SP e consegui realizar o que para muitos parecia impossível.

A frase que mais gosto é:
"Não sabendo que era impossível, ele foi lá e fez."
(Antoine De Saint-Exupery)

Minha mãe ficou tão orgulhosa que mandou fazer uma faixa linda e colocou no nosso portão. Fico feliz por ser motivo de orgulho para meus pais e de ter atingido esse objetivo e conquistado uma certa independência para a decisão dos rumos da minha vida. Esse valor da conquista, aprendi com meus pais. Apesar de ter vivido a infância acomodada sob o que eles conquistaram, sei que é muito importante correr atrás do que se sonha.

E fazer o impossível para realizar tudo o que se quer.
Afinal, a vida é uma só...
Agradeço muito por tudo que eles me ensinaram.
A frase que poderia de certa forma resumir o modo de ser
da minha mãe é:

"A medida da vida não é a sua duração, mas a sua doação."
(Peter Marshal)

Ela sempre se vê na dificuldade do outro e faz o possível dentro do seu alcance para ajudá-lo. Amo muito você, mãe. Você é indispensável, incomparável e insubstituível.

Amo muito você pai, afinal você também é tudo isso e muitas outras coisas mais.

Priscila 04/06

Objetos que hoje fazem parte do seu Universo. Formatura Turismo-USP - 2009, a criança cresceu!!

"Misto de paixão, sonho, fé e coragem!"

Em 1999, estávamos na virada do ano para 2000, todos perguntavam-se : "Será que o mundo vai acabar?" Em minha casa estava acontecendo a Tradicional Ceia de Ano Novo, quando minha filha resolveu perguntar à todos qual seria o "Sonho" ou "Projeto" que cada um gostaria de realizar, se o mundo não acabasse! Já sei, você deve estar se perguntando: Que coisa de maluco! Como assim? Isso é brincadeira! Só pode ser brincadeira! A partir daí, naquele momento teríamos alguns grandes desejos sendo revelados e sucedeu-se conforme segue:

Minha avó materna, Alexandrina Bueno, comentou que se pudesse voltaria aos 17 anos para beijar muito! Lógico que este sonho foi impossível, aliás deixo aqui minha mais profunda saudade e meu mais profundo respeito por esta avó que foi minha madrinha de batismo e de casamento, era como uma segunda mãe.

Minha filha, Priscila, manifestou o desejo de estudar na Universidade de São Paulo-USP Federal, e trabalhar na Disney, aliás desejo que ela manifestou aos 10 anos e meio, quando teve a oportunidade de conhecer o Parque da Disney, o Magic Kingdon, em 1997.

Depois era a vez da minha mãe Leonor Bueno: O meu sonho? Ah!! O terreno eu já tenho, agora quero construir minha casa própria e colocar todos os móveis brancos em minha cozinha!

Minha tia Neuza disse brincando, já que é para sonhar, eu sempre quis ir para a Grécia desde os meus 20 anos, então meu desejo será ir para lá antes de completar 60 anos!

Minha irmã caçula, a Márcia, disse que seu desejo seria casar-se e ter uma menina, igual às nossas, a minha e a Renata, filha da Rosemeire, irmã do meio, bom tudo bem, mas cadê o noivo? Nem namorado ela tinha!

Mãe disse: minha filha, agora é você: Bom eu, em tom de brincadeira, mas com uma tremenda vontade que pudesse ser verdade, disse: Quero escrever um livro, uma "autobiografia" e reencontrar meus amigos de infância, que não os vejo pelo menos há trinta anos! Ahhh!!! Será?!

Nesta altura todos os outros convidados que não fizeram seus desejos, estavam achando que éramos insanos, ou estávamos sob forte influência de algum tipo de mistura de cinco minutos de bobeira e vai que o mundo acaba?! Não poderia deixar de registrar que ao final comentei: Agora todos digam amém três vezes, porque estamos rodeados de anjos, e eles nos ajudarão a conseguir realizar estes desejos, e assim todos com a maior tranquilidade gritaram "amém, amém, amém!"

Edemilson agora você? Eu? Bom, se ainda estiver bem e a Roseli também, quero comemorar 25 anos de casados em Las Vegas, com direito ao cover do Elvis levando a Roseli e tudo! Nossa! Chegamos ao ponto exato de onde prossigo narrando sobre este meu objeto, delicado e muito precioso, uma "coroa de princesa", mas não antes de comentar que todos os sonhos e desejos foram realizados! Como assim? Não eram bobagens, e insanidades, sandices ou coisas do gênero? Não, porque ali estavam os benditos anjos que ouviram tudo, inclusive as 3 vezes que confirmamos com os votos de "amém". Foi como se pudéssemos transformar aquilo em sagrado, não sei explicar, senti naquela noite de Réveillon uma ternura, uma calma e uma sensação muito gostosa de dever cumprido, sobretudo porque aquele Réveillon era o primeiro realizado nesta casa onde resido, estava estreando o imóvel, que demorou pelo menos 10 anos para acontecer, entre a compra do terreno e a conclusão final da obra. A persistência é uma das qualidades, ou virtudes a que me identifico, dificilmente esmoreço, ou desisto de um objetivo, enfrento as dificuldades e supero os desafios com obstinação e garra, frutos de exemplos que acompanhei e herdei de minha avó e de minha mãe.

Afinal que misturada é esta? Réveillon, sonhos, casa própria da mãe ou minha! Das duas! Porque ela também conquistou o desejo manifestado naquele dia, a tia comprou as passagens para a Grécia, mas devido a um pequeno abalo sísmico, mudou o itinerário para Londres, Portugal e Madri, uma delícia, fui de companhia.

Quanto à minha irmã? Está casada e tem uma menina linda a Beatriz. E a Priscila? Esta saiu à mãe e a avó, já concluiu Turismo na USP e trabalhou na Disney em 2007.

Voltamos à coroa de princesa e ao desejo do Edemilson, meu esposo, que deu origem ao meu objeto predileto a "Coroinha de princesa", esta joia brilhava tanto que não coloquei nem uma gargantilha, porque tiraria o foco da majestosa peça. Afinal, 8 anos haviam se passado desde o dia em que ele manifestou o desejo de realizar este feito, e não para por aí, os detalhes foram marcantes, lembro-me que a viagem foi em julho/2008, mas que em janeiro ele já estava planejando tudo, da compra das passagens e reserva do hotel, a escolha do meu vestido, sim ele escolheu... aliás mandou fazer, encomendou em uma rua famosa em São Paulo, a Rua São Caetano, os preparativos estavam muito adiantados, a reserva da Capela em Las Vegas também, um buquê de rosas vermelhas, uma limusine e um jantar em uma das torres mais altas do mundo, a Stratosphere, no Restaurante Top of the World. Foi lindo, inesquecível, mágico mesmo, como em um conto de fadas! Eu já conhecia Las Vegas, tínhamos ido em Tour por Los Angeles, San Francisco e Las Vegas, mas aquela comemoração de bodas foi muito especial e merecida para ambos.

Circulei com a coroa nos parques da Disney , e todos diziam "Congratulations!"

Como citei anteriormente, em 1999 tive o desejo de escrever um livro e reencontrar meus amigos de infância, e assim o fiz, conforme havia planejado. No ano de 2005 completaria 40 anos e assim iria comemorar a minha existência com um Livro, mas com a morte do meu pai, este projeto foi adiado para 2006, quando completaria 41 anos.

Muitas coisas aconteceram nesta época que marcaram definitivamente a minha vida, coisas boas e coisas ruins, entre perdas e ganhos, tenho inúmeras lembranças, que me fazem muito bem recordá-las, pois foram momentos vividos com muito amor, intensidade e carinho.

Realizei o desejo de reencontrar meus amigos de infância como foi mencionado, fiz novos amigos e escrevi o livro que denominei *Mulher Apaixonada*. Entre os textos que estão publicados nesta obra, destaco alguns que gosto muito.

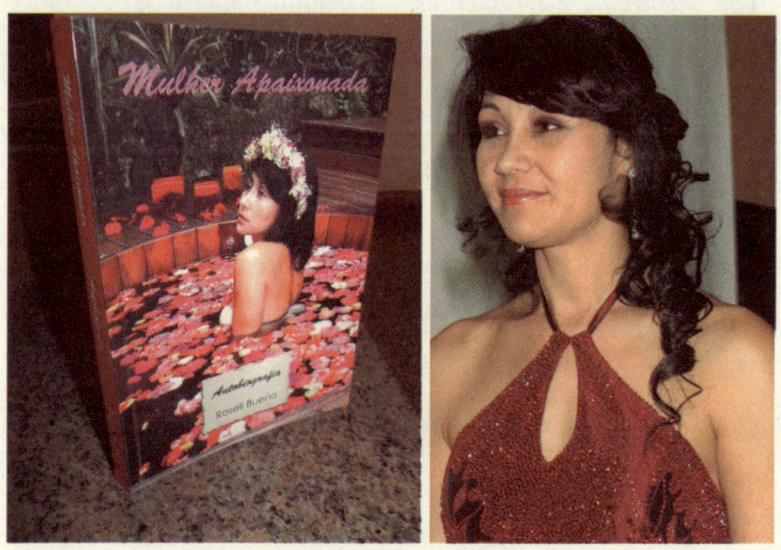

Livro *Mulher Apaixonada*, 2006.
Meu livro, meu momento, meu sonho realizado!

Ela

Ela é bonita no seu jeito de ser, morena raiz natural, sensual sempre, mulher menina, não tem frescura. Irradia sua beleza e sua doçura, contagia tudo que existe ao seu redor, assim como me prendeu em seu olhar. Ela mantém em seu coração uma chama de paixão que nunca se apagará e que a faz livre e iluminada.

Quando o sol nasce atrás dos prédios da cidade, anuncia
mais um dia de glória, mais um dia em que com toda sua graça
e simpatia, ela vai distribuindo charme e alegria por todos
os lugares por onde passa.

Você

Quem é você, que veio ao meu encontro, mostrou-se encantador, generoso, brincalhão, curioso e sedutor...
Conversamos, rimos, nos amamos, fomos íntimos...
Verdadeiros, nos desejamos e matamos este desejo.
Você que trouxe alegria, entusiasmo, quando falava de seus projetos e sonhos.
Você todo carinho, você me devolveu a essência.
Você homem obstinado e impulsivo, você que ao mesmo tempo é cauteloso.
Você é sempre bem humorado, quando parece dar tudo errado, você sempre de bem com a vida.
Você me surpreende a cada dia.
Quem é você, que invadiu meu coração, que me seduziu, que me fez ficar indefesa.
Com qual razão me toma para si...
Que força é essa que possui...
Como pode me tocar assim...
Como pode me roubar beijos...
Com quais armas vou lutar?
Que armadilha é essa?
Quem é você que me prende e não consigo fugir?

Frutos maduros e doces

Como por encanto semeada a terra, regada a contento com mãos inocentes, brotam os frutos que hoje estão maduros e doces.
Todo vislumbramento de outrora, hoje é troféu conquistado.
Todas palavras e vocabulários usados, hoje é nota 10 na

Universidade da vida.

Todo esforço e luta, hoje é batalha ganha.

As lágrimas que caíram, hoje são um mar de emoções.

As noites mal dormidas, hoje são recompensa de sonhos maravilhosos.

As muitas vezes que não pudemos fazer refeições saudáveis, hoje são mesas fartas e banquetes que todos desfrutam.

As necessidades de antes, hoje nos fortalecem e nos mostram o quanto foram construtivas, o quanto hoje podemos agradecer pelos FRUTOS MADUROS E DOCES.

Jantar emocionante na Torre Stratosphere

Coroa de Princesa- cravejada de pedras brilhantes e pérolas, mescla de ouro e prata.

Coroa de princesa

Este objeto a que me refiro, contempla uma data muito especial, que foi a nossa "Bodas de Prata", minuciosamente planejada e comemorada à altura de um casal que esta junto há tanto tempo e que superou inúmeras fases, e muitos momentos de desafios e situações como verdadeiros guerreiros, em nome de uma paixão que nasceu de uma dança, conforme relata trecho de carta abaixo:

CARTA EDEMILSON / 2006

"Minha Doce Flor"

Num instante refletida em um feixe de luz, como um arco-íris do céu refletindo um pote de ouro... pude ver a mais doce flor, toda de branco... frágil, meiga, olhinhos rasgadinhos, lábios de mel, descansando encostada ao palco, como que me chamando e me atraindo para subirmos juntos ao palco da vida... onde começaríamos, ali... naquele momento... o maior amor do mundo...

Logo que senti seu corpo pequeno colando ao meu... numa dança suave... como bailarina... pude sentir uma paixão linda que entrava dentro de mim através do aroma perfumado do seu suor, como o orvalho que exalava dos entremeios dos seus cabelos, quando por vezes me vi encostando meu rosto ao seu perto do pescoço...

Ah, transportei-me ao céu... navegando nas nuvens... que por um minuto pareceu eternidade... jamais esquecerei... assim..."me amarrei em você"... selando com um beijo quase roubado e que durou outra eternidade dentro de mim o nosso lindo amor...

Nossas vidas foram unidas como um conto de fadas... pois, nossas almas já estavam juntas desde que existíamos... faltava apenas a Benção Divina... depois do nosso encontro maravilhoso.

Minha Flor
Minha Alma Gêmea
Te amo para sempre
Ede.

Fotos: Nelson Takeyama

Nome completo: Rosemeire Alves de Barros

Idade: 48 anos   Cidade que reside: São Paulo

Profissão: Corretora

Área de atuação: Imobiliária

Perspectivas para o futuro (pessoal ou global): Sucesso, prosperidade, realização profissional.

Caixa de segredos

Certa noite fui me despedir da minha tia, irmã da minha mãe, que ia embora para Europa passar uma temporada. Ela morava em Pinheiros, na Rua Fradique Coutinho, na cidade de São Paulo, num apartamento bem bonitinho, pequeno, mas superajeitado, era a cara dela.

Às vezes eu a visitava e ficava meio que namorando aquela caixinha linda, o bauzinho, por alguns momentos eu pensava em tê-lo pra mim. Eu era pequena, nova, tinha 13 anos.

Enquanto ela terminava de arrumar as malas e seus pertences, eu fiquei hipnotizada com um bauzinho florido com uma menininha na tampa... Uma graça.

Não sei até hoje onde ela comprou, se ganhou, mas ele me encantava. Dentro ela guardava perfumes, joias... Segredos. Não são bilhetes ou cartas, e sim os segredos que só o coração consegue entender.

Ai como eu queria essa caixinha pra mim... Sempre que a visitava, via pensava... Mas nunca tive coragem de falar para ela, muito menos de pedir, mesmo sabendo que ela ia viajar.

Quando fui me despedir, dei um forte abraço, desejei sorte...

Ela me interrompeu e disse: "Tenho uma coisa pra você!"

Nossa, eu disse: O que??

Tendo minha tia percebido o quanto meus olhos brilharam pelo seu baú, o quanto aquele pequeno e simples objeto poderia significar no meu universo infantil de sonhos e encantamentos.

Ela tirou os pertences dela de dentro e para minha surpresa me deu a caixa-baú!

Naquele momento, senti uma imensa emoção, como se estivesse ganhando uma verdadeira joia: "A caixa-baú da minha tia, aquela da menininha desenhada na tampa".

E, em uma fala simples, mas contendo grande teor de ensinamento, ela me falou :

– Cuide bem dela, que ela cuidará de você! Como se a caixa-baú pudesse conter algo que transcendesse o objeto e tivesse o poder de alguma forma me transmitir segurança, algo que me desse um norte, como se ali tivesse uma luz, que ao abrir me iluminasse! E que ao colocar coisas ali, seriam eternamente protegidas...

Meu sorriso foi longe, com apenas 13 anos ainda sem tanta malícia...

Foi como uma criança ganhar um doce.

A partir daquela caixa-baú, criei uma afinidade e paixão por caixas-baús e hoje tenho uma coleção com muitos modelos, cores e tamanhos.

Esta caixa-baú me acompanha sempre, guardando minhas joias, enfeites, bibelôs, minhas lembranças, segredos, protege meus perfumes e mantém sempre viva a saudade e a lembrança de momentos mágicos, que vivi e estão guardados em meu coração.

Depois de alguns anos ela voltou, ficou morando com minha avó, até que resolveu largar tudo de novo, já idade mais avançada, foi embora para os EUA e conheceu o amor da vida dela. Vive em uma casa linda, florida, com um lago nos fundos, lugar maravilhosoooo!

Sempre nos comunicamos, ela é muito especial!

Agora entendi o significado das palavras de minha tia.

Ao longo dos anos, a pequena caixa baú se transformou em guardiã dos meus segredos!

Ela cuida de mim.

> Curiosidade:
>
> Sempre que estou meio de baixo astral, mexo na caixa, arrumo, mudo as coisas de posição e quando termino estou de alto astral e bom!

Fotos: Nelson Takeyama

Nome completo: Rosemeire Bueno Pires

Idade: 43 anos   Cidade que reside: Caieiras-SP

Profissão: Assistente Departamento Pessoal

Área de atuação: Departamento Pessoal

Perspectivas para o futuro (pessoal ou global): Tenho vontade de fazer alguns cursos, apreender tocar saxofone, entrar numa escola de dança, apreender a dançar samba rock entre outros ritmos, ter meu próprio negócio, estava pensando em uma cafeteria, meu namorado quer abrir um negócio comigo, ele estava pensando em algo na fabricação de caixas de concreto, vamos ver a viabilidade. Quero ver minha filha formada, feliz, fazendo o que ela gosta, realizada. Enfim, ver meus irmãos felizes.

Estimados chapéus, bonés e boinas

A história do chapéu é quase tão antiga como o próprio homem. Os povos da Pré-história foram os primeiros a usá-lo para proteger do sol, chuva e frio.

Ao longo do tempo, os chapéus tornaram-se um indicador de posições socioeconômicas e símbolos de tradições culturais.

Lembro-me de quando criança, na casa de meus avós, como era gostoso estar lá, sentada no sofá ouvindo os "causos" que meu avô contava, enquanto pitava seu cigarro de palha, e como sempre ele ficava sentado em sua poltrona cativa.

Quando ia sair para passear, vestia-se com terno branco alinhado e impecável, e naturalmente não deixava de usar o seu também tradicional chapéu de panamá marrom, que mantinha em uma caixa especial, bons tempos aqueles, que agora relembro.

Atualmente este acessório está sendo usado como complemento em estilos de moda casual, onde pode valorizar a pessoa, dependendo do formato de seu rosto, tipo de cabelo e altura, na verdade fica como uma dica para incrementar o visual.

Para algumas atividades, o uso do chapéu e bonés são indispensáveis, como na equitação, no golfe, e no beisebol, e os peões de rodeio também utilizam chapéus.

Carmen Miranda com seus extravagantes chapéus, Che Guevara com sua inseparável boina, marca de identidade do guerrilheiro.

Eu sou aficionada pelos meus bonés, chapéus e boinas, e ainda pretendo adquirir outros. Muitos dos que tenho foi presente, me lembram lugares e pessoas.

O chapéu – Zara ganhei de minha irmã Roseli, usei na Festa de 45 anos dela.

Alguns bonés vieram diretamente da Walt Disney World/Orlando, trazidos pela minha filha, em viagem. Daí iniciou o gosto pelos bonés.

E tem as viseiras, trazida de Resorts de Goiás e Parque Temáticos.

Se eu viajasse muito chapéus/bonés/boinas seriam meu sonho de consumo.

Esses são meus "objetos & memórias".

Nome completo: Salvatore Ponte

Idade: 65 anos	Cidade que reside: Ibiuna-SP

Profissão: Músico

Área de atuação: Bares e Restaurantes

Perspectivas para o futuro: Quero acompanhar o crescimento da minha neta Maria Fernanda e continuar me apresentando na noite para a terceira idade e ter meus familiares sempre ao meu lado.

Um presente de uma namorada

Em meados da década de 1960, conheci uma moça em um bailinho, que na época eram muito comuns, sendo cada final de semana realizado em um casa de um amigo diferente. Neste dia, estávamos somente de paquera, até quando em um outro momento tive a oportunidade de pedi-la em namoro, atitude que hoje já foi abolida. Mas, nós, desta geração apreciávamos as moças porque tínhamos que conquistá-las, para dar um beijo no rosto tínhamos que ensaiar e achar um momento especial, e sempre tínhamos a sensação e o receio de que não seríamos correspondidos, pois a criação que tínhamos era muito diferente do que hoje presenciamos, não que os jovem estejam errados ou nem quero com isso ter qualquer tipo de preconceito, porque afinal as coisas evoluíram, mas refiro-me ao "Romantismo" que não presenciamos mais nos dias atuais, e que em muitos momentos fazem falta.

O objeto pelo qual tenho apreço e lembranças boas é um abridor de cartas, que ganhei no dia do meu aniversário, em um bailinho que desta vez realizei em minha casa. Na verdade gostaria que ela me entregasse uma carta... mas o abridor está comigo até hoje, mais de cinquenta anos, e guardo não só as lembranças desta antiga namorada, mas também daquela época tão bonita, e que eu adorava pelas músicas, pelos bailes, pelas pessoas com quem convivi e isso tudo este objeto me traz à tona.

Apesar da simpatia e delicadeza com que ela me tratava, o namoro não prosseguiu porque ela não fazia o meu tipo, mas passados quinze anos nos reencontramos e quando a vi, tive a grata surpresa de ver que ela estava muito bonita, uma gata! Eu, já casado, a convidei para conhecer minha família, e quando chegamos em casa, eu fiz uma brincadeira comentando que, se ela tivesse casado comigo, seria a mãe do meu filho que tinha na época 2 anos! Minha esposa rebateu dizendo: - Este filho é meu! Levando lógico em tom de bom humor, porque, nesta época, eu já estava resolvido e feliz com a família que mantenho até hoje.

> ## Curiosidade:
>
> Sou italiano, siciliano e a tradição naquela época era homenagear o filho primogênito que deve ter o nome do avô paterno e o segundo nome do tio materno (que morreu na Segunda Guerra na Itália) e o terceiro nome do Santo do dia. Meu nome então ficou: Salvatore Gaspare Lucio Ponte – do nome Gaspare resultou o apelido "Gá" que foi gravado no meu objeto.

Nome completo: Sergio Longo

Idade: 48 anos   Cidade que reside: São Paulo

Profissão: : Instrutor de Karate-Do

Área de atuação: Diretor Técnico da Academia Associação Ken in Kan – Coordenador de Karate-Do para pessoas com necessidades especiais e idosas.

Perspectivas para o futuro (pessoal ou global): Me aperfeiçoar cada vez mais, para poder suprir as necessidades de cada praticante.

Faixa preta

Objetivo que todo jovem almeja, ao ingressar em uma academia. Foi o que aconteceu comigo. Quando conclui o Ensino Médio, não tive a oportunidade de cursar uma faculdade, pois o compromisso com a minha família fez com que eu continuasse a trabalhar para colaborar nas despesas da casa. Foi então, que comecei a frequentar a Academia Associação Ken in Kan-Ipiranga, de Karatê-do, que significa: "O Caminho da Mão Vazia". Ao longo destes anos, fui me dedicando a esta Arte, e após mais ou menos sete anos, conquistei o primeiro Dan - Faixa Preta. Foi então, que eu percebi que estava somente começando a entender o caminho.

Após estes anos, participando de vários campeonatos, treinando por mais cinco anos, onde totalizaram doze anos, foi que, em 1990, assumi a responsabilidade da Academia, como Diretor-Técnico, e que aprendi que, além de ensinar o Karatê, eu estava aperfeiçoando o "Verdadeiro Caminho do Karatê".

Em 2008, recebi um convite para dar aulas de karatê, para pessoas com deficiências, do Instituto Olga Kos, que até então, já tinha trabalhos com artes. Foi o momento em que iniciei o Projeto de Karatê-do Especial.

As aulas começaram na Academia Associação Ken in Kan, e cada vez mais, me vi envolvido com estas pessoas. Neste momento, entendi o sentido de tantos anos de treino... entendi para o quê realmente estava me preparando. Tive o apoio dos amigos e hoje estou no segundo ano do projeto.

Atualmente, estou desenvolvendo mais 4 projetos, todos envolvidos com muita seriedade, responsabilidade, ética e dedicação de todos. Assim, consegui formar uma equipe de trabalho, onde conto com ótimos monitores, compromissados em ampliar os projetos.

Quando paro e penso em tudo que se passou, vejo tudo perfeito... realmente encontrei o Verdadeiro "Caminho da Arte".

Vejo também que todos nós somos especiais, e todos temos as nossas deficiências...

Basta levantarmos todos os dias, e darmos o nosso melhor! O restante, o Universo se encarrega...

Espero que estas linhas possam colaborar com este público da melhor idade, que são esquecidos pela sociedade, que ainda não se conscientizou de que um dia fará parte dele.

Agradeço desde já, pelo convite!
Professor Sergio Longo
Quinto Dan

Curiosidade:

Logo no início do Projeto de Karatê Adaptado, por coincidência ou não, um praticante do Karatê, procurou a Academia Ken in Kan, com a intenção de colaborar com as aulas, sendo este, já Faixa Preta (Thiago Stellato). Em seguida, uma atleta da Academia se prontificou a colaborar, de início, na área da Fisioterapia (Rosana Yuasa Evangelista). São eles, os monitores que permanecem no projeto, até hoje.

Nada é coincidência: é o Universo conspirando para um grande trabalho!

Nome completo: Sérgio Ivanchuk Lopes

Idade: 45 anos   Cidade que reside: São Paulo

Profissão: Professor e Profissional de Marketing

Área de atuação: Inglês e estudos de mercado

Perspectivas para o futuro (pessoal ou global): Cursar o mestrado em comunicação e voltar a dar aulas em universidade. Comprar um sítio para receber os amigos e família. Voltar a escrever contos e poemas, continuar ouvindo e cantando as músicas que me tocam e ler, ler e ler, além de aprender, aprender e dividir.

O prego

Na realidade, não é o objeto original, mas simboliza as emoções e memórias trazidas por ele. Pode parecer muito estranho, alguém ter um "prego" como referência de emoções e memórias. Contudo, ao descrever as situações, certamente vocês compreenderão o que ele significou e ainda significa.

Na minha infância, principalmente entre 4 e 5 anos de idade, o meu pai costumava me contar histórias, a maioria era, pelo menos para mim na época, tenebrosa e apavorante. Ele tinha mania de inventar palavras e começava a história com a seguinte expressão: "Sanguiedade" – Eu já ficava curioso e tenso (mas no bom sentido). Para aliviar essa tensão, eu pegava um prego e cutucava tanto o dedo anular dele quanto o meu, conforme a história evoluía, minha mãe intervinha para que eu não me machucasse.

Hoje meu pai já não está por aqui contando histórias; talvez esteja em algum lugar especial criando novas tramas. Muitas e muitas saudades.

Hoje, vejo que minha escolha de profissão, meus esforços para ser criativo e minha disposição para dividir histórias tem totalmente a ver com as tramas inventadas pelo meu pai. O mais engraçado é que, à época, tinha outros dois irmãos – mas eles pareciam não estar muito interessados; muito menos espetavam o dedo com um prego na ânsia de saber os rumos da história.

Também interessante é o fato de que, em momentos de tensão, aperto o mesmo dedo, no mesmo local – tal qual válvula de escape até que a ansiedade passe. Muitas vezes, o prego foi substituído por "clips", ponta de lápis etc. Hoje, apenas faço pressão sobre o local, como maneira de superar dificuldades e, principalmente, para manter sempre viva a memória do meu pai e honrar a criatividade que ele fez brotar em mim.

> **Curiosidade:**
>
> O mais interessante é que os pregos sumiam da caixa de ferramenta, e frequentemente eram encontrados numa gaveta minha ou em algum lugar próximo dos brinquedos.

Fotos: Nelson Takeyama

Nome completo: Sérgio Reis

Idade: 71 anos   Cidade que reside: São Paulo-SP

Profissão: Cantor, Compositor, Ator.

Área de atuação: Música e TV.

Perspectivas para o futuro (pessoal ou global): Quando um homem chega aos 71 anos, a principal perspectiva do futuro é ter saúde e disposição para ser um idoso alegre e feliz, porque a alegria e felicidade rejuvenescem.

Sérgio Reis – Misto de voz, coração, violão, emoção, berrante e saudade

Quando adolescente trabalhou com o pai na fábrica de papelão de propriedade do avô. Os três e mais um tio de nome Henriquinho eram assíduos ouvintes do programa "Na Beira da Tuia", de Tonico e Tinoco, na Rádio Nacional. Ganhou dos pais uma viola Giannini e aos 16 anos passou a cantar em programas de rádio e casas noturnas, interpretando músicas do repertório de Lucho Gatica, Trio Los Panchos, Cauby Peixoto, Pepino di Capri e Sérgio Endrigo.

Começou cantando rock com o nome de Johnny Johnson. Em seguida, juntou-se aos integrantes da Jovem Guarda, e obteve bastante sucesso com a balada rock "Coração de papel" em 1967, que deu nome ao seu primeiro LP. Na década de 1970 mudou radicalmente o direcionamento da sua carreira, tornando-se um dos maiores nomes da música sertaneja. Nesse segmento, já vendeu milhões de discos e faz centenas de show por ano. Gravou em 1973 o disco "Sérgio Reis", com os sucessos "Menino da porteira" e "Eu sei que vai chegar a hora". Abriu espaço para a música sertaneja nas rádios FMs com composições como "Pinga ni mim", "Panela velha", "Peão de boiadeiro" etc. Atuou em produções cinematográficas e em novelas de temática rural, como "Paraíso", "Rei do gado" (TV Globo) e "Pantanal" e "Bicho do mato" na Rede Record.

Em 2000, comemorando 40 anos de carreira, lançou pela BMG a caixa "Quarenta anos de estrada", contendo 5 CDs, fazendo, nos 4 primeiros, um registro de seus sucessos, muitos deles tornados clássicos da música sertaneja, como "Panela velha", "Menino da porteira", "Adeus Mariana" e "Pingo d'água", entre outros. O disco número 5, traz interpretações do cantor para clássicos como "Chalana", "Leva eu sodade", "Assum Preto", "A volta da asa branca", "Último pau-de-arara", Uirapuru" e "Súplica cearense", entre outros. No mesmo ano, lançou, pela mesma gravadora, o CD "Sérgio Reis e convidados", do qual diversos artistas tiveram participação especial, como Chitãozinho e Xororó, na faixa "O menino da porteira", Zézé di Camargo e Luciano, na faixa "Todas as manhãs", Roberta Miranda, em "Cabecinha no ombro", Almir Sater, em "Comitiva Esperança", Reginaldo Rossi, em "Coração de papel" e Djavan, em "Estória de cantador". Em setembro daquele ano, foi o vencedor, em Los Angeles, do primeiro Grammy Latino, na categoria de Melhor Álbum de Música Sertaneja, com o disco "Sérgio Reis e convidados".

Em 2002, lança o CD "Nossas Canções" onde interpreta músicas que o Roberto Carlos imortalizou.

Em 2003, lança o DVD "Sérgio Reis e Filhos-Violas e violeiros" com seus filhos na apresentação.

Sérgio é até os dias de hoje o artista brasileiro com maior número de indicações ao prêmio latino: são seis indicações e duas estatuetas; em 2001 e 2009. Em março de 2010, participou do programa "Emoções sertanejas", da Rede Globo de Televisão, que teve como objetivo homenagear o cantor e compositor Roberto Carlos. O programa recebeu como convidados, em um megasshow, no ginásio do Ibirapuera em São Paulo, grandes nomes da música brasileira como Bruno & Marrone, César Menotti & Fabiano, Chitãozinho & Xororó, Daniel, Dominguinhos, Elba Ramalho, Gian & Giovani, Leonardo, Martinha, Milionário & José Rico, Nalva Aguiar, Paula Fernandes, Rio Negro & Solimões, Roberta Miranda, Victor & Léo e Zezé di Camargo & Luciano.

Em 2010, para comemorar os mais de 40 anos de amizade, Sérgio Reis e Renato Teixeira lançaram o álbum (CD e DVD) ao vivo "Amizade Sincera", que reuniu clássicos da música sertaneja.

FONTE:
http://cliquemusic. uol. com. br/artistas/ver/sergio-reis
http://www. dicionariompb. com. br/sergio-reis/dados-artisticos

Berrante de ouro
De Carlos Cesar e Jose Fortuna
Intérprete: Sérgio Reis

> Esta casinha junto ao estradão
> Faz muito tempo que eu parei aqui
> Vem minha velha vamos recordar
> Quantas boiadas eu já conduzi
>
> Fui berranteiro e ao me ver passar
> Você surgia acenando a mão
> Até que um dia eu aqui fiquei
> Preso no laço do seu coração

Vê ali está, o meu berrante no morão do ipê
Vou cuidar melhor, porque foi ele que me deu você

Me lembro o dia que eu aqui parei
Pra aquele viagem não cheguei ao fim
Foi a boiada e com você fiquei
E os peões dizendo adeus pra mim

Vem minha velha veja o estradão
E o berrante que uniu nós dois
Nuvem de pó que para traz deixei
Recordações do tempo que se foi

Vê ali está, o meu berrante no morão do ipê
Vou cuidar melhor, porque foi ele que me deu você

Daquele tempo que bem longe vai
Do meu berrante repicando além
Eco de choro vindo do sertão
E ao recordar fico a chorar também

Não é de ouro meu berrante não
Mais para mim ele tem mais valor
Porque foi ele que me deu você
E foi você que me deu tanto amor

Vê ali está, o meu berrante no morão do ipê
Vou cuidar melhor, porque foi ele que me deu você

Fonte: http://letras. terra. com. br/sergio-reis/589519/

Fotos: Nelson Takeyama

Nome completo: Shigueo Shimosakai

Idade: 60 anos   Cidade que reside: São Paulo

Profissão: Dentista

Área de atuação: Cirurgião Dentista
Perspectivas para o futuro (pessoal ou global): Perspectivas de futuro minhas, são as de que teremos mais longevidades seremos quase um robô, onde quase todos os órgãos poderão ser repostos, com o avanço das pesquisas sobre células-tronco, só acho que vai ser muito difícil mexer em nosso cérebro, o que é muito importante, pois poderemos ter reações cognitivas, sermos espontâneos, ter pensamentos individuais, ter a nossa transmissão de energias, e vamos amar com a cabeça e não com o coração, acho que é mais excitante e duradouro. Talvez uma vida mais longa, mas um mundo pior.

"Dna. Maria Japonesa", apelido simples, mas de uma grandeza espiritual imensurável

Estes objetos pertenceram à minha mãe que morreu com 92 anos, veio ao Brasil como imigrante em busca de uma vida melhor, pois o Japão, sua terra natal passava por uma recessão muito grande, e aqui prometia ser um novo Eldorado. As dificuldades eram imensas, japoneses chegavam em navios abarrotados de seres humanos, mas eram como se fossem animais, tamanha eram a falta de estrutura destes navios, desde a falta de alimentação adequada até a parte higiênica, imaginem os nipônicos que gostavam de tomar banhos de ofurô, tinham que tomar banhos de canecas, pois tinham baldes contados para as suas higienes pessoais. Chegando no Brasil tudo foi muito difícil, do lugar onde se podia dormir até a comida foram de grande dificuldade de adaptação, pois estavam acostumados com arroz, vegetais e pescados, e agora, nas refeições, tinham feijão com arroz e achavam que fazia muito peso no estômago, mas é nas dificuldades que se unem as pessoas, e começaram a se agrupar para formar um centro de informações sobre o que ocorria no Japão, e ter notícias dos parentes. Então se formou uma espécie de clubes (Kaikan) onde tinham notícias, diversão, lazer e mantinham as tradições nipônicas. Com a guerra mundial, eles foram alijados de tudo, até da escrita e o linguajar japonês foi proibido, nesta época eles foram muitos segregados, pois o Japão uniu-se à Alemanha, e o Brasil estava aliado aos Estados Unidos.

Passado a Segunda Guerra Mundial, começou-se a formar os templos budistas, aqui no Brasil. Os templos não eram só de cerimônias budistas: tinham escola, atividades culturais, festividades, artes manuais, cerimônias do chá, músicas, cantos, uma infinidade de atividades, todas relacionadas com a cultura oriental, e também recebíamos a educação japonesa, que, por sinal, era muito rígida. Tradicionalmente os nipônicos têm um respeito muito grande com os antepassados e fazem as cerimônias budistas com a presença de todos os amigos e familiares. Os ocidentais, pensam que é uma festa, pois tem comidas e bebidas, mas é uma forma de união familiar e de agradecer a presença de todos. As cerimônias budistas, como quase todas de outras religiões tem cânticos, e estes objetos, da foto, na verdade, são em tamanho menor, feitos para ocasiões pequenas, e servem para marcar o ritmo dos cânticos. Minha mãe usava em cerimônias familiares caseiras, quando não havia a presença do monge budista. Ela o substituía. Tenho uma grande admiração pela minha mãe, pois, com todas dificuldades, conseguiu criar 9 filhos, com dignidade e muito respeito ao próximo, ensinou-nos, a ter sua fibra, pois até aos 90 anos de idade ainda ia sozinha para os karaokês japoneses, onde cantava e dançava, bordava panos de prato e fazia seu pequeno negócio, com a ajuda da filha menor, sua fiel escudeira de nome Marie, mas nunca esquecerei que um dia, ela já deveria ter perto dos 70 anos, tinha feito a mastectomia total, e levou uma queda, e teve fratura exposta do punho, ela me ligou, falou que tinha tido esta queda, mas que eu não me preocupasse, pois ela já tinha feito os curativos caseiros, e que quando eu terminasse o trabalho, eu a levasse ao médico. Eu não acreditava, que alguém pudesse suportar tamanha dor, só para não incomodar os filhos. É muita grandeza espiritual, e nesta espiritualidade que guardo com o maior carinho estes objetos, pois sinto a sua presença nas minhas fraquezas.

Curiosidade:

A origem dos objetos é japonêsa. Feitos em metal, bronze e uma espécie de latão, usados em cerimônias budistas, servem para marcar o ritmo dos cânticos. O maior é uma espécie de sino, em japonês chamado REI; o outro é uma espécie de prato virado com um martelinho chamado SHOGO e o BUDA eram usados pela Sra. Tomiko Shimosakai, *03/10/1916 e +21/06/2008, quando fazia as cerimônias budistas menores em casa. Quando as cerimônias eram de grande porte, eram feitas no OTERA (Templo Budista). Ela veio como imigrante, saindo do Japão em 21/06/1933 desembarcando no Porto de Santos, 26/08/1933, tinha boa formação escolar para a época, pois tinha feito o curso secundário no Japão, e trabalhou na cultura do café.

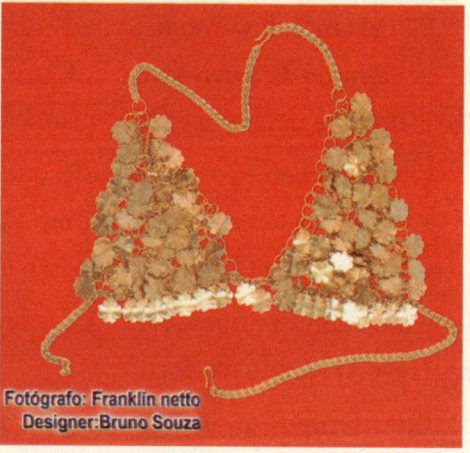

Nome completo: Suely Pingo de Ouro-Suely Aparecida Sagres

Idade: 47 anos   Cidade que reside: São Paulo

Profissão: Cantora

Área de atuação: Música

Perspectivas para o futuro (pessoal ou global): Almejo continuar fazendo shows porque adoro música; o palco e o público fazem parte da minha vida.

A chacrete cantora

Quando ainda criança por certa influência de minha mãe Teresinha Sagres, iniciei minha carreira de cantora; eu cantava e dançava, participava de eventos, shows e alguns programas de televisão.

Já um pouco crescida surgiu uma oportunidade através de um concurso "A Melhor Passista do Brasil" no programa "Discoteca do Chacrinha".

Concorri e ganhei o concurso em primeiro lugar, recebendo então o título de "A Melhor Passista do Brasil". A partir daí fui convidada pelo saudoso Abelardo Barbosa, "O Chacrinha" a fazer parte do balé chacriniano.

Fiquei atuando como "Chacrete" durante seis anos até 1987, recebendo o pseudônimo de "Suely Pingo de Ouro" criado pelo próprio "Chacrinha"; Pingo, pelo meu tamanho e Ouro pelos cabelos dourados.

O velho guerreiro percebendo que "Suely Pingo de Ouro" tinha o dom de cantar, resolveu lançá-la como cantora no programa "Cassino do Chacrinha" da Rede Globo de Televisão em 1987.

Como cantora possuo sete CDs lançados e o último com fotos do "Top Trevo Dourado da Sorte".

Bons tempos, muitas lembranças de "chacrete", até uso esse TOP como talismã do velho guerreiro.

Curiosidade:

"O Top Trevo Dourado" é de fabricação artesanal nacional. É formado por trevos ligados por anéis dourados.

O "Trevo Dourado" do top representa o "Trevo da Sorte" e dourado representa o "ouro" que teve sua origem no nome "Pingo de Ouro".

Nome completo: Tatiana de Freitas Luchezi

Idade: 34 anos   Cidade que reside: Santo André-SP

Profissão: Turismóloga

Área de atuação: Professora de Ensino Superior nas áreas de Turismo e Hotelaria

Perspectivas para o futuro (pessoal ou global): Minha perspectiva pessoal é me tornar um ser humano cada vez menos tóxico para o planeta, embora o desafio seja grande e que ao final da minha jornada, eu olhe para trás e veja que fiz a diferença. A perspectiva global é que o homem chegue o mais rápido possível no seu limite, para que comece a fazer o caminho inverso.

Um som, uma conexão

Desde a minha adolescência, fase de muitas modas e invenções, percebi um certo gosto por usar objetos e acessórios indígenas. Como eu frequentava muito o litoral paulista, adquiria esses artigos em feirinhas e exposições de artesanato. Eram brincos de pena, pulseiras de courinho e capim dourado, colares de sementes, de espinho do ouriço do mato, entre outras matérias-primas.

Com o tempo, fui ampliando meu rol de artigos e passei a comprar quadros e objetos de decoração: calendário azteca, quadro com desenhos indígenas, filtros do sonhos, cocares, estatuetas. Algumas pessoas que sabem do meu gosto por essa arte, inclusive, me presenteiam com itens indígenas trazidos de suas viagens e isso é muito gratificante.

Mas aqui vou contar a história de uma flauta. Em 2002 conheci a Luciana, uma pessoa muito tranquila e aberta a novas experiências. Conversávamos sobre terapias alternativas, espiritualidade, crenças, modo de vida e nossos laços foram se estreitando.

Em 2003, Luciana realizaria uma pesquisa de campo no Pantanal e eu encomendei artigos indígenas variados, aqueles que fossem característicos da região. Foi quando ela me trouxe, dentre outros objetos, a flauta. Contou-me que havia um espaço – o Memorial da Cultura Indígena de Campo Grande – que concentrava a exposição de artigos de diversas tribos pantaneiras, os quais estavam disponíveis para compra.

Quando Luciana me entregou a flauta, achei que o produto ficaria bem na decoração da minha casa. Mas, quando toquei o instrumento, sua sonoridade era peculiar. Era como se o som me conectasse com as tribos indígenas espalhadas pelo mundo e também com uma força maior de bem. E é o que eu realmente acredito.

Desde a aquisição da flauta, eu não procurei me aprofundar sobre o seu uso ou significado dentro das tribos pantaneiras. Optei por criar uma relação singular, minha com o instrumento.

Hoje, toco a flauta quando me deparo com uma situação difícil e que não sei muito bem o que fazer. Então, uso-a para me concentrar, relaxar e intuir a melhor decisão.

Mas também toco a flauta nos momentos em que estou bem, pois acredito que, ao tocá-la, posso somar-me às energias de bem do planeta e emaná-las a quem está precisando de boas vibrações.

Bem, esse foi o resultado de uma encomenda "às escuras" que só veio clarear minha vida.

Curiosidade:

Esta flauta foi confeccionada artesanalmente por índios do Pantanal brasileiro.

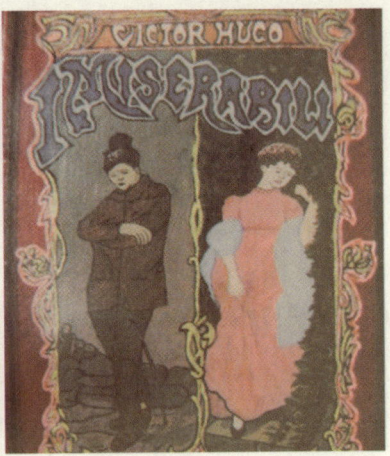

Nome completo: Telmo Paulo Jaconi

Idade: 61 anos Cidade que reside: Porto Alegre-RS

Profissão: Músico Violinista - Maestro

Área de atuação: Música
Perspectivas para o futuro (pessoal ou global): Dirigir projeto de inclusão social para jovens com perspectiva profissional, Orquestra Jovem RS, e atuar com meu grupo musical Camerata Porto Alegre.

O objeto na minha memória

Não lembro exatamente com que idade, mas provavelmente antes de estar completamente alfabetizado, comecei a ouvir de minha tia avó Deodora Fantoni, tia de minha Mãe Alice Luiza Cibelli Jaconi, esta história contada a partir deste livro, trazido da Itália pela família. Tia Dori tinha a paciência de ficar ao meu lado e contentar meu fascínio por "Giovanni Il Cricco" o Jean Valjean que norteou minha vida inteira, vim muito depois a deduzir. Fiz questão de adonar-me deste livro tendo ele me acompanhado durante toda a vida desde minha ida para a Europa aos 16 anos de idade, e através dos meus 4 casamentos, jamais tendo ficado como "herança"... .

Reli algumas vezes outras edições em português, meu francês infelizmente nunca foi suficiente para ler bem no original, assisti o músical em Londres e Nova York, vi os filmes, e tudo o mais que pude sobre "Os Miseráveis" mas nada pode ser comparável à sensação que tenho ao manusear este exemplar assinalado e sublinhado pelos meus antepassados que aqui no Brasil vieram construir sua história de vida. Ali estão os Fantoni, Cibelli, Pippi, Cervi e Jaconi de minha parte.

Comecei assim minha vida músical mais intensa em Porto Alegre mesmo na Orquestra Juvenil com o professor Gunnar larsen, um dinamarquês que veio aqui parar sabe-se lá porque. Minhas aulas eram no andar superior da Casa Condor, onde conheci Jaime e Maly Weissenblum, cujos pais hospedavam o professor. Estes dois hoje são músicos consagrados em seus instrumentos e meus queridos amigos.

Ali conheci a semente da Orquestra Jovem que dirijo hoje. Deve ter sido 1957-58... Entrei para a OSPA pela primeira vez com 14 anos, em 1964, nos segundos violinos e foi um acontecimento para minha mãe principalmente. Ela foi a grande incentivadora da minha vida músical, com sua irmã Elisa, que na época morava conosco. Era como ter duas mães... não é para qualquer um mesmo! Em 1966 aconteceu minha ida para Viena com a finalidade de me tornar um violinista de qualidade superior, conforme a orientação do professor Gunnar. Na Europa morei, estudei e trabalhei até final de 1970 quando decidi que minha vida seria no Brasil e na OSPA onde tudo estava por construir. Ingressei e permaneci até 2009 quando aceitei o desafio de assumir a condução do projeto de inclusão social – Orquestra Jovem do Rio Grande do Sul – proposto pelo então Secretário de Estado da Justiça e Desenvolvimento Social Fernando Schuller.

Imaginem quantas vezes recorri à atitude do padre que acolheu Jean Valjean em sua casa, teve os castiçais de prata roubados, e ao receber a polícia que o trazia de volta disse: -Mas eu os dei de presente! Meu filho... faz bom uso e constrói uma vida decente! Todos merecem uma oportunidade! Posteriormente, Jean Valjean se expõe a Javert para salvar a vida de um carroceiro que estava preso embaixo de uma carroça... Novamente para resgatar Fantine coloca a vida em risco em nome da moral e da igualdade social. Em momentos de indecisão, recorri constantemente às anotações que ali estavam e que me trouxeram até este momento estruturado e íntegro, procurando seguir exemplos como o da revolução em que atravessa os esgotos para salvar o amor de sua filha e do julgamento do falso "criminoso" em que se apresenta como o verdadeiro Valjean. Desenvolvi uma certeza indestrutível na verdade e retidão de princípios. Fui a igrejas, museus, parques, acompanhado deste livro e lia trechos às vezes como se fosse minha "oração direta", algo que o Padre Marocco me ensinou no Coral do Anchieta no tempo do Ginásio." Fala com Ele... sem intermediários..." A Catedral de Santo Estêvão (Stephan's Dom) em Viena muito me ouviu! Agora mesmo nestes instantes que tomei para fotografar este objeto fui vítima do mesmo magnetismo e "perdi" um tempão a folhear as anotações, percorrendo as páginas com as lembranças assaltando, as figuras da família conversando comigo lá do passado, recordações lindas, vivas como se fossem de ontem e as mensagens do livro tão atuais! Este objeto, assim como o violino, que diga-se de passagem mudou mais que o livro, por óbvias razões técnicas, é quem mais conhece minha vida em detalhes. Para quem acredita em milagres, espere o momento em que ele se decida a escrever minhas memórias... ele sabe tudo... ou quase tudo!

Curiosidade:

A edição é de 1900, Milano, e por ter sido tão usado e transportado, encontrava-se em estado deplorável de conservação nos anos 1990. Renata Straatman, no Atelier do Papel, em Porto Alegre realizou este magnífico trabalho de restauração, e a curiosidade é que ela era tesoureira da OSPA, filha de Emílio Schlabitz, também tesoureiro da OSPA durante toda a vida, onde fui Spalla durante toda minha carreira de 44 anos.

Fotos: Juliana Gigo

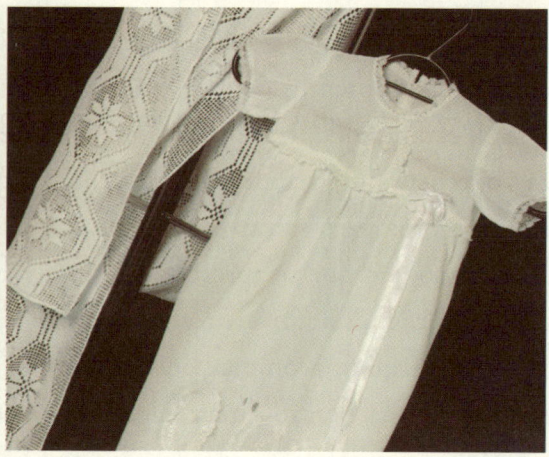

Nome completo: Teresa Cordioli

Idade: 60 anos					Cidade que reside: Sumaré-SP

Profissão: Poetisa

Área de atuação: Poesia. Blog:www. a-vida-em-versos. blogspot. com

Eu vivo o hoje, amanhã a Deus pertence, mas dentro desse contexto procuro fazer o melhor, para mim e para o planeta. Por isso tento me cuidar e reciclar, reciclar tudo, pensamentos, ações e o lixo que crio. Se cada um fizer a sua parte, o amanhã será melhor, mas se continuarmos a viver em função de destruir o que a natureza demorou milhares de anos para formar, infelizmente nossos netos não terão vida...

Minhas joias feitas de pano...

A cada seis meses abro as portas de meu guarda-roupa e faço um bota-fora. Pego as roupas que não uso mais, junto e distribuo aos necessitados. Engraçado, que há anos faço isso com esta regularidade, mas há muito tempo permanecem lá duas peças em desuso. Aquelas que não dou, não vendo, não troco, não empresto... A cada seis meses elas são lavadas, engomadas, passadas e voltam à origem, pois são joias raras guardadas com carinho. Uma delas é um vestido de batizado, o meu primeiro vestidinho. Seda pura, rico em bordados e rendas, compondo requintado e harmonioso acabamento. Nunca soube quem o comprou, se minha mãe Angelina, minha madrinha Terezinha ou as duas. Bom, não importa qual delas foi, mas por dever de justiça deixo registrado o bom gosto na escolha. Quem sabe tenha sido de ambas? Ainda hoje questiono como foi comprada aquela roupa, cujo valor excedia o minguado orçamento familiar, principalmente considerando as suas mãos calejadas pelo trabalho árduo na roça, onde moravam e eram empregadas. Sei que a minha condição de sétima filha, a caçula e única entre seis homens, contribuiu para merecer estar vestida como uma princesa, não é verdade? Dizem que a Educação vem do berço. Seria esta a origem do meu bom gosto em vestir? Desculpe, a modéstia folgou neste dia... O tempo passou, cresci e quando fiz 7 anos ganhei minha primeira boneca. Lembrei logo do meu vestidinho e pedi à minha mãe para vestir a boneca justamente com ele. Surpresa, ela disse "esse não filha. Vamos guardar para sua história, para você mostrar aos seus filhos quando crescerem". Na minha inocência, a preocupação dela pareceu inútil naquele momento. "Imagina, devo guardar até ficar velha?", perguntei. Carinhosamente, minha mãe abriu uma gaveta e de lá tirou uma bela faixa feita de crochê, colocando-a em minhas mãos e dizendo "aqui está parte da minha história. Fui batizada com essa faixa e veja, se minha mãe não tivesse guardado hoje, eu não teria o que te mostrar". Confesso que naquela hora eu não entendi nada, mas como não se discutia, obedeci, nunca mais pensei em colocar o meu vestido na boneca. Há frações de amor que não podemos avaliar com nenhuma moeda do mundo. Hoje, ao abrir meu guarda-roupa, encontro guardadas duas peças valiosas, uma com 60 e a outra com 102 anos: meu vestido de batizado e a faixa da minha mãe.

Linda lição, lindo exemplo!

Obrigada mãe! Te amo!

> **Curiosidade:**
>
> Os meus objetos são de origem nacional, duas peças lindíssimas, a faixa da minha mãe é artesanal, crochê feito à mão, com linha de carretel fio 20, confeccionada há mais de cem anos e intacta até hoje. Meu vestidinho, obra-prima, longo, seda pura, bordado e com rendas, já com 60 anos.

Nome completo: Thaianie Gomes Pires

Idade: 22 anos   Cidade que reside: Caieiras-SP

Profissão: Gerente

Área de atuação: Segurança contra Incêndio

Perspectivas para o futuro (pessoal ou global): Formar-me em Arquitetura, me casar e ser mãe.

O trevo

"Bom Dia, é... Eu estou falando com a Thaianie?"

"Bom dia, é ela, quem fala?"

"Oi, meu nome é Letícia, eu achei sua carteira e peguei seu telefone com uma amiga sua, a Ketrin."

Este pequeno diálogo me trouxe de volta à realidade, pois há algumas semanas atrás eu tinha perdido minha carteira, mas como existia em mim uma certeza inabalável de que a tinha perdido dentro da minha própria casa, simplesmente não me importei com o fato. Dentro da carteira estava meu CPF, meu Título de Eleitora e alguns cartões de fidelidade e outros de alguns locais que eu frequentava e como eu não ia usá-la em breve, não era tão importante a localizar.

Conversamos, eu e a Letícia, e marcamos de que ela me entregaria em algum local a ser marcado para os lados da Av. Paulista onde eu havia perdido.

Alguns dias depois eu tomei conhecimento de que precisaria dos meus documentos o quanto antes, pois teria de tirar Passaporte para fazer uma viajem para fora do Brasil.

Depois de algumas tentativas frustradas, de encontros e principalmente desencontros, desistimos de que eu pegasse a carteira pessoalmente e a Letícia disse que poderia me enviar por Sedex, e assim feito o Sedex chegou.

Ao abrir minha carteira eu tive uma surpresa, pois além de todas as minhas coisas intactas, notei que existia um pequeno embrulho feito com um papel de um provável bloco de notas, onde continha um trevo com os dizeres "Bom, aí está tudo, com tudo que achei; desculpa a demora foi um prazer te conhecer esse trevo é para dar sorte não que eu acredite mas... assim não vai perder mais ou se perder vai voltar a ver mais uma vez..."

Até breve

Ana Letícia Guerra.

Ao terminar de ler, senti meus olhos cheios de lágrimas, e só consegui pensar na sorte que eu tive.

Pode ser que você não consiga compreender o sentido disso tudo, mas analisando bem os fatos, ela achou minha carteira mesmo sem fazer a menor ideia de quem eu era, achou um número de celular e ligou para minha amiga, depois ligou para o meu celular, me enviou a carteira sem nem querer receber o valor do Sedex e me enviou um pingente me desejando boa sorte. É um simples gesto, mas de uma significância sem tamanho para mim, não pela carteira ou pelos documentos, mas pelo cuidado e atenção que eu recebi de alguém que até então era só uma estranha. A Letícia tem 18 anos de idade, respira e vive para o teatro e é linda.

Eu nunca vou me esquecer deste pequeno gesto, eu nunca vou me desfazer do meu trevo e espero ainda ter muita sorte. Eu pude conhecê-la, é intensa como todos da sua geração, bebe a vida em goles grandes e não deixa que escape nenhuma gota. Em comum nós amamos cinema e trocamos pelo menos 3 e-mails por semana...

Letícia, nunca esquecerei seu gesto, você mudou o meu jeito de ver e pensar a respeito das outras pessoas.

Obrigada.

> ## Curiosidade:
>
> Este trevo é um presente de família. A Letícia, quando tinha seus 13 anos, estava conversando com sua avó, que triste reclamava que se sentia muito sem sorte e que precisava arranjar um jeito de ter mais, e sua avó lhe entregou o Trevo, dizendo que agora ela teria sorte. Após alguns anos, ela resolveu passar para frente, e eu fui a escolhida para carregar esta pequena joia de família.

Fotos: Adriano Lima – Programa do Jô Soares

Fotos: Nelson Takeyama

Nome completo: The Platters

Cidade que reside: Califórnia-EUA

Profissão: Músicos

Área de atuação: Música

Perspectivas para o futuro (pessoal ou global): O grupo músical The Platters pretende seguir realizando shows pelo Brasil e pelo mundo, e continuar a embalar os corações apaixonados.

The Platters

The Platters é sem dúvida um dos maiores grupos vocais da história da música, com baladas românticas, seus shows prometem uma viagem no tempo, uma volta à magia dos gloriosos "Anos Dourados".

Desde o início da era rock and roll, na década de 1950, a banda californiana The Platters tem sido um grupo de grandes sucessos músicais, que conseguiu obter prestígio no mundo inteiro, além de conquistar milhares de fãs. É difícil encontrar alguém que não tenha escutado o refrão do hit "Only You", um clássico do rock and roll dos anos 1950, que chegou a vender mais de 5 milhões de cópias, tornando-os o maior grupo vocal de todos os tempos.

A banda norte-americana The Platters, responsável por este sucesso e outros como: "My Prayer", "Smoke Gets in Your Eyes", "The Great Pretender", "You'll never Know", "The Magic Touch", "Remember when My Prayer" entre outros, que conquistaram o mundo, com seu ritmo músical romântico influenciaram toda uma geração de casais apaixonados. Formado em Los Angeles, 1953, o grupo chegou a vender mais de 100 milhões de discos. O fundador do Grupo, Paul Robi, foi desde o início responsável pela harmonia, arranjos e direção e após sua morte, foi substituído por B. J. Mitchel, que tornou-se o mais marcante integrante do grupo, que além de conduzir com altivez e excelência o The Platters, também é responsável por todo figurino clássico e elegante, além de ser coreógrafo e coordenador de voz do grupo.

Na atual formação, o The Platters é composto por Gene Van Buren (cantor líder), cuja voz inconfundível emociona a todos com sua performance em todas as apresentações. O tenor Ronn Howard que se destaca com sua voz suave e sua incrível presença no palco. A soprano Nio Wilson é chamada de "princesa do grupo", com sua voz encantadora, esbanja simpatia e competência, e B. J. Mitchel Barítono, com sua voz grave inconfundível, que mesmo estando hoje na terceira idade declara-se jovem, fato que podemos constatar na entrevista do grupo no Programa do Jô Soares, onde B. J. Mitchel não faz cerimônia e dança como se fosse uma garoto de 15 anos, sem contar que sua performance, e carisma nos shows são sua marca registrada de bom humor e simpatia.

> Curiosidade:
>
> A incomparável gravação da canção "Only You", realizada em outubro de 1955, é imortal até os tempos de hoje e permanecerá nos ouvidos e corações do mundo.

Only You
Only you, can make this world seem right
Only you, can make the darkness bright
Only you, and you alone, can thrill me like you do
And fill my heart with love for only you

Only you, can make this change in me
For it's true, you are my destiny
When you hold my hand, I understand
the magic that you do
You're my dream come true
my one and only you

Only you, can make this change in me
For it's true, you are my destiny
When you hold my hand, I understand
the magic that you do
You're my dream come true
my one and only you

One and only you...

Somente Você

Só você pode fazer este mundo parecer certo
Só você pode fazer a escuridão brilhar
Só você e você sozinho, pode me emocionar como você faz
E encher meu coração com amor só por você

Só você pode fazer esta mudança em mim
Pois é verdade, você é meu destino
Quando você segura minha mão, eu entendo
A mágica que você faz
Você é meu sonho
A minha única e só você

Só você pode fazer esta mudança em mim
Pois é verdade, você é meu destino
Quando você segura minha mão, eu entendo
A mágica que você faz
Você é meu sonho
A minha única e só você

Um e somente você...

Fotos: Nelson Takeyama

Nome completo: Théo Vitor

Idade: 58 anos   Cidade que reside: São Paulo

Profissão: Autor, Intérprete, Compositor, Jornalista e Advogado.

Área de atuação: Educação, Cultura – Música, Teatro, Cinema, Rádio e TV.
Perspectivas para o futuro (pessoal ou global):

Pessoal: Saúde, prosperidade e longevidade.

Global: Expansão da consciência universal.

Memórias de um artista

Eu nasci com memória mnemônica, auditiva e visual, o que permite os registros em detalhes de épocas, pessoas e lugares, sendo o maior legado que um artista pode oferecer ao seu público, através de suas canções, que remontam elementos vividos e pressupostos dos sentimentos absorvidos pela essência da alma: fonte de inspiração.

No universo músical e das artes em geral, buscamos no sentido abstrato a concretização de uma ideia que nasce na emoção, que brota do próprio coração, em momentos de reflexão, onde o artista mergulha em seus sentimentos mais profundos.

Neste contexto o trecho da música " Vivi" traduz o que estou querendo dizer:

> "Todas as pessoas que eu conheci,
>
> Por todos os lugares onde andei,
>
> Por tudo que eu senti, que eu senti,
>
> Tristes e engraçadas situações,
>
> Doses de carinhos e emoções,
>
> Com você vivi,
>
> Obrigo pelo aceno, pelo aplauso,
>
> E pelo abraço,
>
> Desculpe se às vezes,
>
> Eu invado seu espaço,
>
> Porque isso faz parte da comunicação,
>
> Mas deixo aqui de coração,
>
> Meu aceno, meu abraço e esta canção"
>
> **Théo Vitor- autor/intérprete (*música do CD "Melhores Momentos"*)**

O meu objeto é o CD título "Intimidade", o qual retrata algumas épocas, tornando-se um disco antológico, pela sua própria história, reunindo canções intimistas que trazem em si momentos marcantes e inesquecíveis da minha vida, o que me dá um motivo de orgulho e realização, por registrar canções próprias, e este trabalho foi compilado com muito amor e carinho para pessoas que tem sensibilidade para ouvir e se emocionar, o que transcende os valores materiais e comerciais.

O artista é um canal da manifestação dos mestres ascensos, os quais colaboram monitorando a evolução da humanidade, trazendo a inspiração para que as pessoas encontrem motivação no seu cotidiano tão conturbado. A música é a alegria da vida e a elevação da alma, onde busca-se a exaltação e o aprimoramento porque o ser humano é um instrumento da criação Divina.

Curiosidade:

O compositor recebe a inspiração nas horas mais inusitadas; no meu caso às vezes acordo com a música pronta na minha cabeça e tenho que transcrevê-la o mais rápido possível, para não esquecê-la.

Outro dia tive que estacionar o carro no acostamento, para anotar em um lenço de papel para não perder a inspiração.

CERTIFICADO

Certificamos que, **THIAGO** foi finalista do II Festival de Férias do KARAOKÊ DESAFINADO.

São Paulo, 22 de Agosto de 2001.
KARAOKÊ DESAFINADO

Nome completo: Thiago Rizzo Zuppo

Idade: 27 anos   Cidade que reside: São Paulo

Profissão: Empresário e Músico

Área de atuação: Arte, Música e Dança

Empresa: Estúdio de Dança Fernanda Zuppo - www.estudiofernandazuppo.com.br Pessoal: http://www.myspace.com/thiagozuppo

Perspectivas para o futuro (pessoal ou global): Global: Como Empresário: Com muita dedicação e trabalho, pretendo ampliar o Estúdio de Dança Fernanda Zuppo, tornando-o cada vez mais conhecido e respeitado. Pessoal: Como Músico: Pretendo tornar conhecidas composições próprias, hoje em dia temos a ajuda generosa do Youtube pra agilizar o processo... rs

Concurso - Karaokê "Desafinado"

A história que contarei a seguir tem total influência em meus dias atuais, servindo de impulso e motivação para seguir nos "palcos" da vida...

Desde criança sempre gostei muito de música, admirado pela voz abençoada de meu querido pai, sempre o escutava cantar com muita atenção nas festas de família e sonhava um dia ser como ele.

Com o dom de emocionar as pessoas ao cantar e sempre muito humilde, meu pai foi, é..., e sempre será meu eterno professor nos palcos e na vida!

A história...

Era julho de 2001, fui convidado por um amigo pra conhecer um karaokê chamado "Desafinado", sim, esse era o nome! Achando interessante e criativo, pois se tratava de um karaokê, fui conhecer o local.

Chegando lá, tímido demais por cantar somente nos chuveiros da vida, percebo que estava tendo um concurso de karaokê. A casa estava cheia, tinham quatro jurados, um apresentador e uma plateia bem animada por sinal. Tratava-se da primeira eliminatória do concurso.

Apreensivo, e curtindo as apresentações dos candidatos, pois quem está de fora sempre se diverte muito... acabei ficando até o final da eliminatória, pois, em seguida, a casa liberaria o karaokê para que os frequentadores da casa pudessem cantar normalmente.

Encorajado por umas quatro caipirinhas, não lembro ao certo, resolvi subir no palco e cantar a música "Minha metade", do Grupo Só pra Contrariar, na época, o famoso SPC! Após cantar, um dos jurados veio até minha mesa, fez alguns elogios e acabou me convidando para participar do concurso. Em sã consciência creio que eu jamais aceitaria, pois tinha muita vergonha dessas coisas, concurso pra mim era legal assistir, competir jamais! Porém, envolvido pelo momento e pelas caipirinhas, aceitei! rssss

Duas semanas depois, dia da eliminatória em que eu participaria, acabei cantando a própria "Minha metade", acreditando somente nos elogios do jurado, pois eu não possuía um repertório "karaokista"..., e acabei passando pra próxima fase do concurso, a chamada semifinal, onde as melhores notas após as 6 eliminatórias estariam.

Feliz da vida e muito confuso, pois havia passado na eliminatória cantando Pagode (rss), sendo que praticamente todos os outros participantes cantavam grandes sucessos internacionais, eis que chega o dia da semifinal.

Bastante nervoso, por motivos óbvios como primeiro concurso de karaokê, nenhuma experiência de palco, sem repertório descente, tímido demais, dentre outras coisas que prefiro nem citar (rss)..., lá estava eu, na semifinal. Que música cantar? Como interpretar? Que roupa usar? Deus! Como isso me deixava tenso! rss Enfim, depois de "namorar" o catálogo por longos minutos, acabei optando por cantar a música "Bons momentos" do Tim Maia.

E lá fui eu, tímido e concentrado ao mesmo tempo, pois é claro que eu tinha treinado pelo menos a melodia da música para evitar micos..., acabei cantando de um jeito diferente do padrão que as pessoas faziam na época (imitavam o Tim Maia... rss), e acabei passando para a grande final, obtendo a nota mais alta entre os semifinalistas, algo que, aí sim, me deixou completamente confuso (rss), mas também confiante e motivado pra última etapa do concurso..., a grande final.

Pensem em uma pessoa travada fisicamente (pela timidez) no palco, muito prazer! Rss Graças a Deus que minha voz não seguia meu corpo, pois seria uma catástrofe. Após o encerramento da semifinal, dois jurados muito simpáticos vieram falar comigo, lembro-me que gostaram do jeito como cantei Tim Maia, sem me preocupar em imitar etc. Fiz muitos colegas naquele dia, conversei muito sobre música, falei é claro sobre meu pai, as festas de família, enfim, estava me sentindo mais "em casa" digamos assim... e comecei a acreditar que se eu escolhesse uma boa música pra final e minha timidez não me estrangulasse, eu teria chances de ficar entre os três primeiros na final. Quem diria, eu estava começando a gostar da coisa...

Rss

Final, o grande dia!

Vinte e dois de agosto de 2001, jamais esquecerei este dia! Lembro-me de tudo como se fosse hoje, sou capaz de sentir as emoções ocorridas naquela noite ao fechar os olhos...

Era a final do meu primeiro concurso de karaokê, no antigo " Desafinados", um concurso que entrei desacreditado e sem experiência alguma.

De alguma forma, eu estava lá na final ao lado de pessoas que já haviam cantado em diversos concursos, e eu cru, sem postura sem nem saber como seria aquilo tudo.

Casa lotada, todos os finalistas haviam convidado seus familiares e amigos para torcerem por eles e, é claro, eu também havia convidado minha família, algo que, ao mesmo tempo me dava muita confiança, também me deixava mais nervoso! Rss

E começa a final! Não só eu, mas creio que todos os finalistas também estivessem um pouco nervosos..., claro que eu estava mais que todos juntos, mas é aquela velha história: tá na chuva é pra se molhar! Candidato a candidato chega a minha vez de cantar...

Com a música "Se eu quiser falar com Deus", do Gilberto Gil, ensaiada em casa durante pelo menos uma semana (rss), subi no palco. Muito nervoso, porém, extremamente "sério" (concentrado), comecei a cantar. A plateia estava em silêncio e eu sabia que teria de camuflar a vergonha e timidez naquela hora ou seria uma apresentação nula; resolvi então, fechar os olhos, e foi pelo que vem a seguir, que escolhi contar essa minha história para o livro...

Superconcentrado na música, ainda de olhos fechados, comecei a perceber um burburinho na plateia, mas como minha voz estava saindo melhor com os olhos fechados, resolvi continuar às cegas... rss

Quando a música estava quase terminando, a plateia estava cochichando muito mais alto que antes, mas me mantive firme, olhos fechados, a letra da música "Se eu quiser falar com Deus" me permitia interpretar daquela forma. Na última palavra da música, ao abrir os olhos, eu finalmente entendi o cochicho da plateia, o "desespero" de meu pai e a cara de surpreso dos jurados... rss

Como podem ver na foto, eu estou de frente pro DJ, ou seja, eu cantei a música toda a partir do momento em que fechei meus olhos, de lado e de costas para plateia! Algo não muito recomendado, digamos assim, para quesitos interpretação e apresentação! Rssss

Logo, ao terminar de cantar, eu tinha certeza que não ficaria nem entre os três primeiros colocados, afinal, cantei de costas, de lado, do avesso, de todos os jeitos menos olhando para a plateia! Hahahaha

Suspense... rss

Já não tendo muitas esperanças de ficar entre os três primeiros, subi ao palco um pouco triste, pois eu sabia que tinha chances se tivesse cantado pelo menos de frente pra plateia! Rss

É chegada a hora das notas finais, jurados e candidatos presentes no palco, a casa resolve fazer um esquema muito interessante para anunciar os três vencedores do concurso, um esquema de destruir qualquer finalista... rss Eles anunciariam os três vencedores tocando suas respectivas músicas (playbacks), na ordem do terceiro para o primeiro lugar.

E começa a primeira música, referindo-se ao terceiro lugar... Quando tocou, percebi que não era o playback de "Se eu quiser falar com Deus" e fiquei mais chateado ainda, afinal, tirando a parte em que eu viajei pra outra galáxia ao fechar os olhos, eu havia cantado bem! Rss

Após as palmas se aquietarem, o apresentador anuncia o segundo colocado soltando a música do mesmo... novamente não era a minha música, foi como uma facada nas esperanças, só restava a música do vencedor e eu tinha certeza de que não seria eu devido à minha super performance intergaláctica no palco! Hehe

Após novamente o silêncio das palmas, começa o suspense que destrói qualquer candidato. O apresentador não parava de falar, elogiava a música escolhida, a forma como foi cantada e principalmente a interpretação realizada. Nessa altura eu já estava completamente sem esperanças, estava no palco apenas para aplaudir o vencedor.

Finalmente chega a hora de tocar a música do primeiro lugar, o vencedor da noite, eu já não tinha esperanças.

Após um belo suspense, tocaram as primeiras notas da música vencedora, quando ouvi não acreditei, meu coração disparou e as lágrimas cobriram meu rosto: a música do primeiro lugar era a minha!!!

Foi uma felicidade sem tamanho, que me fez acreditar no meu potencial e me deu forças para continuar cantando até hoje.

Atualmente empresário e músico, com meu próprio *home studio*, ainda lembro-me do quanto foi importante esse concurso, e mais importante que vencer foi escutar os jurados descrevendo a minha interpretação, aquela que eu mesmo desacreditei.

Essa experiência serviu de lição, e levo isso comigo para a toda a vida, acreditar em nosso potencial Sempre.

> ### Curiosidade:
>
> Objeto de origem nacional: trata-se do prêmio oferecido ao vencedor do concurso.